科学文化译丛

王春法 主编

好 奇 心

科学何以执念万物

【英】菲利普·鲍尔 著

王康友 朱洪启 王黎明 译

苏湛 吴金根 校

上海交通大学 出版社

SHANGHAI JIAO TONG UNIVERSITY PRESS

内容提要

　　本书系"科学文化译丛"之一,描绘了人类好奇心的进化史。好奇心现在是一种优良的品质,然而它也曾因对"圣洁"的亵渎而备受谴责。透过宇宙的激辩,围绕真空的争论,作者逐一揭开好奇心那神秘、僭越、聪敏、冷静的层层面纱,伽利略、玻意耳、牛顿等大师的思想跃然纸上。至于本书的开篇之问——当代的好奇心是否被过于纵容,则留待读者慢慢体味。

CURIOSITY: HOW SCIENCE BECAME INTERESTED IN EVERYTHING By PHILIP BALL
Copyright: © Philip Ball, 2012
This edition arranged with AITKEN ALEXANDER ASSOCIATES
through BIG APPLE AGENCY, INC., LABUAN, MALAYSIA.
Simplified Chinese edition copyright:
2017 SHANGHAI JIAO TONG UNIVERSITY PRESS
All rights reserved.
上海市版权局著作权合同登记号:图字 09 - 2015 - 131

图书在版编目(CIP)数据

好奇心:科学何以执念万物/(英)鲍尔著;王康友,朱洪启,王黎明译.
—上海:上海交通大学出版社,2017(2018重印)
(科学文化译丛)
ISBN 978 - 7 - 313 - 14626 - 7

Ⅰ.①好… Ⅱ.①鲍…②王…③朱…④王… Ⅲ.①科学
知识-普及读物 Ⅳ.①Z228

中国版本图书馆 CIP 数据核字(2016)第 101170 号

好奇心:科学何以执念万物

著　　者: [英]菲利普·鲍尔	译　　者: 王康友　朱洪启　王黎明
出版发行: 上海交通大学出版社	地　　址: 上海市番禺路 951 号
邮政编码: 200030	电　　话: 021 - 64071208
出 版 人: 谈　毅	
印　　制: 常熟市文化印刷有限公司	经　　销: 全国新华书店
开　　本: 787mm×960mm　1/16	印　　张: 31.25
字　　数: 370 千字	
版　　次: 2017 年 1 月第 1 版	印　　次: 2018 年 4 月第 3 次印刷
书　　号: ISBN 978 - 7 - 313 - 14626 - 7/Z	
定　　价: 88.00 元	

"科学文化译丛"编委会

建设科学文化，增强文化自信
（代序）

一

科学文化本质上是一套价值体系、行为准则和社会规范，蕴含着科学思想、科学精神、科学方法、科学伦理、科学规范、价值观念与思维方式，是人们自觉或不自觉遵循的生活态度和工作方式。在现实生活中，科学文化可以进一步细分为价值理念、制度规范、活动载体、基础设施四个层面，其中价值理念和制度规范属形而上层面，活动载体和基础设施属形而下层面，但无论在哪一个层面上，科学精神都发挥着主导和核心作用，它源于人类的求知、求真精神和理性、实证的传统，并随着科学实践不断发展，内涵也更加丰富。[①] 作为人类文明形态演进的高级形式，科学文化始终以理性主义为特征、以追求真理和至善为目的，在汇聚人类科学思维与思想成就的基础上，依托逐步形成的系统化科学知识体系及其应用的制度化形式，在科学发展的历程中逐

---

① 中国科学院学部主席团：中国科学院关于科学理念的宣言，2007 年 2 月 26 日。

步凝炼沉淀、演进和发展，并对一个国家和民族的现代化进程产生着越来越重要的影响。从一定意义上来说，科学文化是塑造现代社会和促进科技发展的重要力量，科技事业的发展又反过来推动着科学文化的兴起和发展进程。

科学文化因科学的产生而产生，因科学的发展而发展，没有科学就没有科学文化。科学作为系统化的知识体系，同时也是融知识、观念、精神于一体的独特文化形态。回顾近现代科学发展历程，它发轫于16、17世纪欧洲的科学革命时代，伽利略、牛顿、笛卡尔等天才人物取得的伟大成就明确了人在宇宙中的真实位置，使自然科学成为重要的文化力量；科学承认自然规律而否认造物主的设计，破除了许多迷信和传统信仰；科学提倡观察和实验，反对崇尚权威，使自由民主的观念深入人心。进入19世纪特别是20世纪以来，现代科学蓬勃发展，科学对社会影响的程度更加全面深入，科学文化的认知功能、方法论功能、创造功能、整合功能、渗透功能日益凸显，并在改革教育模式、优化思维方式、培育先进文化、促进人的全面发展等诸多方面，越来越充分地展现出它的时代价值，成为社会文化系统的重要组成部分。正因为如此，爱因斯坦明确指出："科学对于人类生活的影响有两种方式。第一种方式是大家熟悉的，科学直接地并且在很大程度上间接地生产出完全改变了人类生活的工具。第二种方式是教育性的，它作用于心灵。尽管草率看来，这种方式不大明显，但至少同第一种方式一样锐利。"从这个意义来说，科学不仅创造了物质财富，也创造了全新的文化形态，影响着我们的价值取向。

另一方面，科学文化通过多种方式影响着科学技术的发展。我们知道，人是一切生产力和创造力的核心，一部科技发展的历史就是科技工作者以自己的智力施之于自然现象的历史。在这个过程中，科学家既是科学知识和科学精神的直接载体，也是科学方法和科学思想的直接践行者，其思维模式和行为方式不可避免地会受到科学文化的直接、间接影响。科学文化的方法论功能使得科学家即使在面对暂时的成功、局部的胜利、认识上的一时通透和似乎难以质疑的权威时，也不会放弃对精确性和准确性的追求，始终保持着怀疑、批判和探索的态度；科学文化的价值观整合功能则能够把没有任何血缘、地缘、民族、国家、宗教这些传统联系纽带的人们联合在一起，使得不断有高度智慧和出众才华的杰出人士抛弃地位、名声、财富、荣耀、舒适、安逸这些世俗价值而投身到艰苦异常的科学事业中来，使得性情、偏好、兴趣、才能各不相同的人相互信任、相互交流、相互合作、相互提携、相互欣赏、相互赞誉，构成拥有共同目标和共同工作方式的科学共同体，从而为科学过程的参与者提供了一个共同的家园。①

　　科学文化和社会文化的关系是复杂的，既相互影响、彼此渗透，又相互促进、融合共生。一方面，科学文化依托于科学活动，而科学活动的范围、规模又取决于社会支持，这就要求科学活动必须向社会公众展示它的价值和意义，争取社会公众对科学文化的认同和接纳。同时，科学文化中的制度规则能够长期践行，客观上也需要经济、社会、法律、政治制度的配套支撑，需要社会文化与科学文化中的不同制度因素相互对接、彼此适应。另一方面，随着人们社会生活和生产活动的演变，社会文化在相应调整并走向更高形态的过程中，也会广泛认同接受科学文化中的世界观、价值观和方法论，逐步摒弃、淘汰与科学文化内容相抵牾的非科学因素，或者重新调整民族文化中各种要素之间的关系，使科学文化逐步成为社会文化的核心要素，继而推动社会文化的整体变革。

---

① 胡志强：科学文化建设的当代意义，研究报告（未刊稿），2014 年 4 月。

二

科学文化是人类经过长期生产生活实践的磨砺,在创造和使用工具的活动日益发达,自我意识和认知能力长足发展,公共语言极大丰富,社会分工格局初步形成等因素的共同作用下,经过多次思想革命之后才从朦胧到清晰、从零星要素到系统组合、从个体观念到群体信念逐步演进而来,有一个形成、制度化和社会化甚至国际化的历史过程。在人类文明总体演进的过程中,科学文化是在相当晚近的时期才开始成长出来的,包括希腊文化、中华文化、印度文化、阿拉伯文化等民族文化都贡献出了自己特有的精华要素,使之融入科学文化之中,成为各具特色的民族文化中的共同成分。

科学文化的形成始于价值观念层面。由于科学对象的复杂性、无限性,科学活动的探索性、不确定性,以及科学劳动的创造性、艰巨性,使得科学过程必须有一些基本的信念和情感来支持其长期延续和传承,这些基本信念和情感就构成了科学过程的基本价值理念。这些价值理念首先在科学共同体内部确立了"求真知"这一普遍遵循的文化共识,并把尊重科研人员的学术自主和学术自由,倡导相互宽容、相互尊重、诚实守信、理性质疑,以科学的评价体系为导向,以民主的学术批评与监督机制为支撑等作为基本遵循,促进了优良学风和治学氛围的形成,充分激发起科研人员的创新潜力。正如中国科学院学部主席团关于科学理念的宣言所说,科学及以其为基础的技术,在不断揭示客观世界和人类自身规律的同时,极大地提高了社会生产力,改变了人类的生产和生活方式,同时也发掘了人类的理性力量,带来了认识论和方法论的变革,形成了科学世界观,创造了科学精神、科学道德与科学伦理等丰富的先进文化，不断升华人类的精神境界。① 这样一些基本价值理念构成了科学文化的核心内涵，具有超越国界的普遍意义。

相比之下，科学文化的制度化在科学文化的发展过程中更具有决定意义，因为只有把价值理念形态的内容固化在具有一定约束力的制度规范之中，才能通过一定标准识别、评价和指导科学活动参与者的科研行为和交往方式，并通过一定的教化、规训程序使新进入者理解并身体力行科学活动的要求，进而有效调节和规范科学活动的认知行为和社会行为，保证科学文化以至科学活动作为整体的延续性。一般来说，科学文化的制度规范是多层面、多维度制度的总和，既包括正式的制度规定，也包括非正式的行为规则。一是科学共同体内部的制度规范，包括对科学家科研过程和结果的要求，比如观察的可靠性、推理的严密性、结果的可检验性等等，这些要求在某些情况下甚至进一步细化为对实验设计的规定、对实验过程的规范、对重复试验的强调等等。二是关于科学家之间合作、交流、评价、监督的行为规范，包括关于科学知识共享的安排，同行评议的质量保障机制，优先权的确认，科学奖励制度等等。三是关于科学共同体与社会之间的制度规范，包括国家对科学活动的法律规定如宪法保证思想自由和言论自由，专业机构的特殊组织原则如把研究和人才培养结合起来的大学制度等等。需要说明的是，由于科学文化在价值理念层面的内容往往具有总括性、模糊性、多义性，不可能通过条理清晰、整齐划一的制度充分表达出来，有关科学活动的各种制度规范并不完全是从科学文化的价值理念中简单推演出来的，也不是来自某些聪明人的整体设计，而是在科学实践中不断试错、逐步改进而来的，至今仍处于调整完善之中。正

---

① 中国科学院学部主席团：中国科学院关于科学理念的宣言，2007 年 2 月 26 日。

因为如此，科学文化的制度规范不能完全代替科学文化的价值理念，对科学文化的践行不仅包括遵循制度规范，同时也包括对价值理念的理解把握。这些价值理念和制度规范共同构成了科技界必须遵守的普遍规则，具有广泛的行为约束力。①

孕育并形成于科学共同体内部的科学文化从来不甘寂寞，总是持续不断地由科学共同体内部向社会延伸、向其他民族国家扩展，这就是科学文化的社会化和国际化。在这个过程中，科学文化争得了社会对科学价值与意义的广泛认同，催生了与科学知识生产相辅相成的社会文化，并确立了科学知识的"功利主义"价值观念。② 而融入了科学文化内涵的社会文化则充分理解、信任和支持科学进步的社会价值，相信科学能够为人们提供理解自然世界的智慧，提供思考未来世界的理性启迪，支持使科学成为公众的常识和思维习惯，从而形成尊重、宽容、支持、参与科学活动的良好社会氛围。某种意义上说，正是这种科学共同体文化的社会化过程构成了科学文化的民族特色或者说国别特征，国情、文化和历史的差异决定了科学共同体文化社会化进程的路径方式甚至具体表现形式，而这又在很大程度上影响甚至决定着一国科技发展模式和进程。

世界科技发展的历程表明，一个国家要成为世界科技强国，一个民族要屹立在世界科学之林，离不开科学文化的发展。英国成为近代科学强国，皇家学会成为现代科学组织的典范，培根等思想家的实验哲学及其关于知识价值的新理念居功至伟；法国科学强国地位的确立，与笛卡尔理性主义文化密切相关；德国在 19 世纪后来居上成为新的科学中心，洪堡等思想家倡导的科学文化精神及其在大学体制改革

---

① 胡志强：科学文化建设的当代意义，研究报告（未刊稿），2014 年 4 月。
② 清华大学课题组：科学文化建设研究报告（未刊稿），2014 年 4 月。

中的具体实践是重要基础；美国在 20 世纪中叶崛起成为世界科技强国，主要依赖于科学文化的引领和对科学发展规律的不断探索。可以毫不夸张地说，世界科技强国的形成无不伴随着科学文化变革和制度创新，而制度创新往往源于科学文化理念的创新和引领。我们说科学因其理性精神而熠熠生辉，因其文化传统而历久弥新，个中道理也就在于此。如果不能在科学文化上做好准备，不能在科学文化的引领下进行必要的制度创新，就很难摆脱跟踪模仿的发展轨迹，真正成为开拓科学发展新道路的世界科技强国。

三

中国现代科技事业发展的过程，一定意义上讲就是科学文化兴起并发展繁荣的过程，没有科学文化的充分发展和广泛弘扬就没有科学技术的长足进步。中国传统文化有值得我们自豪的丰富内涵，也有制约民族进步的消极因素。李约瑟曾经说过："从公元 1 世纪到公元 15 世纪的漫长岁月中，中国人在应用自然知识满足于人的需要方面，曾经胜过欧洲人，那么为什么近代科学革命没有在中国发生呢？"这就是著名的李约瑟难题，曾经引发国内外学术界对中国近代科学技术落后原因的广泛探讨。钱学森也曾发出过类似的疑问，那就是"为什么我们的学校总是培养不出杰出人才"？这是钱老作为当代中国杰出科学家代表的锥心之问。2015 年中国科学家屠呦呦获得诺贝尔生理学或医学奖，进一步激起了国内关于中国科研体制、科学文化的大讨论。无论是李约瑟难题、钱学森之问还是屠呦呦引起的讨论，都无一例外地指向了科学文化，或许这不是唯一的答案，但一定是最重要的答案。

毋庸讳言，现代科学技术系统引入中国至今不过 150 多年的时间，相应的科学建制化进程则更是只有刚刚 100 年的历史。直到今天，一些制约科学发展的传统文化因素仍未得到根本突破。在科学共同体内部，源自西方的科学价值观和科学方法论还没有充分发育起来，以诚实守信、信任与质疑、相互尊重、公开性为主要内容的科学道德准则还没有充分确立其主导地位，对尊重知识、尊重人才、尊重劳动、尊重创造的倡导，激励探索、鼓励创新的价值导向，弘扬求实求真、通过经验实证与理性怀疑不断推进科技进步并造福社会的精神理念，还不足以形成相对独立的科学文化形态。在社会文化层面，西风东渐、欧风美雨虽然推动着科学文化与中国传统文化的融合共生，但却始终未能使其成为主流文化的核心内涵；科学理性弘扬滞后于科学事业发展，科学精神的缺失成为中国科学文化的最大缺憾，民众科学素养长期在较低水平徘徊。① 虽然党和政府一再大力倡导，保障探索真理的自由、支持科学事业的发展、尊重专家尊重专业、通过科技进步实现国家富强的理性态度尚未成为社会价值观的主流，科学文化在保障科学事业健康发展、提升社会文明水平、增强民族理性方面的重要作用尚未充分发挥出来。正因为如此，国家科技部原部长徐冠华曾经大声疾呼："观念的创新、科技创新、体制的创新都要回归于文化的创新，这不仅是逻辑的必然，也是历史的必然。因为文化是民族的母体，是人类思想的底蕴，要实现科技创新和体制的创新，必须把建立创新文化当做一个重要前提。这不仅是历史的经验，也是现实的迫切需要。"从这个意义来说，对于中国这样一个有着深厚历史文化背景和灿烂文明的国家，如何让科学文化不断发扬光大，如何让科学塑造个人的文化品格，进而锻造我们民族的文化性格，不仅是一个重大而迫切的话题，同时也是面向未来、加快现代化进程的一个重要标志。

当前，中国正以史无前例的速度加快现代化建设，科技创新正在步入由跟踪为主转向跟踪和并跑、领跑并存的新阶段，处于从量的积

---

① 杨怀中：中国科学文化的缺陷及当代建构，载《自然辩证法研究》2005 年 2 月号。

累向质的飞跃、从点的突破向系统能力提升的重要时期，我国已经成为有重要影响力的科技大国。特别是党的十八大以来，肩负着实现中华民族伟大复兴中国梦的历史使命，党中央果断作出实施创新驱动发展战略、加快进入创新型国家行列、建设世界科技强国的重大战略部署，强调创新是引领发展的第一动力，人才是支撑发展的第一资源，要求把创新摆在国家发展全局的核心位置，大力推进以科技创新为核心的全面创新。现代化建设需要科学技术的支撑，科学技术的发展呼唤科学文化的发展繁荣。习近平总书记突出强调，文化是一个国家、一个民族的灵魂，文化自信是更基础、更广泛、更深厚的自信，是更基本、更深沉、更持久的力量，坚定文化自信是事关国运兴衰、事关文化安全、事关民族精神独立性的大问题。[①] 面对我国科技创新可以大有作为的重要战略机遇，面对经济社会发展对科技创新的巨大需求，必须充分认识科学文化建设的重要性和紧迫性，全面提高建设科学文化的自觉意识，厚植科学文化的土壤，为科技创新和经济社会发展提供源源不竭的动力，使科学文化建设成为创新自信、文化自信的重要源泉之一。

建设中国特色的科学文化，首先要在广大科技工作者中形成有认同感的文化共识、有凝聚力的共同价值观、有归属感的科学传统和有感召力的科研环境，培育既能担当国家使命和社会责任，又能最大限度激发科技工作者创造活力和不断造就杰出科技人才的科学传统，调动激发广大科技工作者的创新热情和创造活力；[②]同时还要让科学的价值理念注入传统文化的机体，让科学文化成为文化传承的核心要素，提高全民科学素质、提升民族理性，参与塑造民族的文化品格，催

---

① 习近平：在中国文联十大、中国作协九大开幕式上的讲话，2016 年 11 月 30 日。
② 袁江洋：中国科学文化建设纲要，研究报告（未刊稿），2014 年 4 月。

生理性平和、富有活力和创新意识的社会文化形态，引导社会文化走上科学与民主之路，推动形成为科技工作者创新创造提供良好保障的社会文化氛围，为我国迈入创新型国家行列和建成世界科技强国提供坚实的文化基础和肥沃的社会土壤。

四

在过去十年多的时间里，我一直非常关注科学文化和创新文化问题，其间除发表过一篇不成样子的关于创新文化的文章外，一直结合科协工作实际在学习、在思考，越学越觉得研究这个问题很有现实意义，越思考越觉得这个问题博大精深，有些问题甚至到了令人痴迷不觉的地步。比如：

其一，如何理解科学文化与科学传统及科学观之间的关系？无论处在何种发展阶段，社会公众对于类似科学技术一类的知识系统都有自己的看法，由此产生的科学文化应该是本土固有的，是这个民族与生俱来的，而不可能是输入的；如果我们把科学严格限定在科学革命以来兴起的近现代科学，那么，以科学共同体内部文化为核心的科学文化就不可避免地会随着科学技术的扩散而向社会延伸、向国际转移，这种意义上的科学文化则必然是外源的，并在这个过程中形成相应的科学传统及其国别特色。恰如有学者所说，文化的核心是传统，科学文化的核心是科学传统。[①] 在这种情况下，一国的科学文化究竟是如何建构的？其共性特征和国别特性又是如何体现的？

其二，中国科学文化的特点是什么？中国古代确实有技术文化没有科学文化，缺乏对事物本质的深刻探究和理论说明，有经验积累没有理论假说。鸦片战争后，西方科学大规模输入，对科学功能性应用

---

① 袁江洋：科学文化研究，载《科学》2015 年 7 月号（67 卷 4 期）。

的执着追求以及对科学精神有意无意的抑制,不尊重专家、不尊重专业,科学活动缺乏积累机制和传承机制,流量很大而存量很小,每一代人几乎都是从原点做起,找不到甚至也不知道巨人的肩膀在哪里。这到底是中国科学文化的特点还是缺失?

其三,是否有中国特色的科学文化? 如何构建中国特色的科学文化? 有人提出科学文化启蒙一说,科学可以起到启蒙的作用,但科学文化如何启蒙? 几乎所有科学文化学者都认为中国最应该补上科学精神这一课,让科学精神归位,可是抓手在哪里? 科学家既是科学知识、科学思想、科学态度和科学精神的直接载体,也是科学方法和科学活动的直接践行者,从科技人物研究和宣传入手来培育中国特色的科学文化是否一条切实可行的途径?

为全面贯彻落实中央关于深化科技体制改革、加快建设创新型国家的战略部署,切实承担起推进科学文化建设的历史重任,中国科协调研宣传部于 2014 年 8 月启动了"科学文化译丛"项目,旨在通过引进翻译国外优秀科学文化研究成果,为我国的科学文化建设提供更多可资借鉴的学术资源。这项工作启动以来,其困难和艰辛远远超出预期。一个主要原因在于,科学文化研究有着极为宽阔的学术边界和丰富的研究主题,科学的本质及其在人类文化中的地位与作用、科学探索与发现、科学的自组织与社会化、科学文化与社会文化之间的互动等等,都是科学文化研究的重要内容。所幸这项工作得到国内致力于科学文化研究的专家学者们积极响应,也得到出版界人士的大力支持,经过共同商议,我们从科学文化的历史、哲学、社会学、传播学及计量学研究入手,扣住科学文化发生发展史、科学文化的哲学解析和文化学解析,科学文化在各国工业革命与现代化进程中的地位与作用、科学文化传播(包括科学文化与其他文化的相互作用进程)与新文化塑造等主题,选择优秀著作加以翻译出版。

在译丛编委会、译者和出版社的共同努力下，经过两年多的艰辛工作，第一批成果即将面世。作为译丛主编，我要真诚感谢郝刘祥、袁江洋两位教授和所有参与译、校工作的研究人员，这套丛书高度得益于他们的专业精神、学术造诣和倾心奉献。感谢中国科协调研宣传部提供经费支持，中国科普研究所承担了主要的组织协调工作，罗晖、王康友同志积极推动，特别是郑念研究员的辛勤劳动，正是大家的无私奉献才使翻译任务如期高质量完成。感谢上海交通大学出版社原社长韩建民先生、现社长郑益慧先生、总编辑刘佩英女士和副社长李广良先生，正是他们的认真负责和积极推进，我们才得以较高效率出版发行本套译丛。借此机会，我还要感谢袁江洋、李正风、胡志强三位教授，正是他们在过去几年对中国科协科学文化研究项目的积极参与和深入研讨，使我对这个问题的认识和理解不断深化，他们的若干观点和本人的学习心得已经在这篇小文中有所体现了。当然，还有很多同志在这个过程中付出了心血，在此就不一一列举了。

今后，我们将继续推进这一项目的实施，把更多更好的成果呈现给大家。热情期待有更多的研究人员以宽容和多元的理念去审视和考量科学文化问题，理性观察和评判科学文化建设进程，努力撰写出中国人自己的科学文化研究专著。我相信，"科学文化译丛"作为我们研究科学文化的重要参考文献，必将成为传播科学文化的有效载体，建设科学文化的助推器，它不奢求面面俱到，但希望能够提供一个独特的视角；它可能给不出答案，但希望有助于思路的拓展；它未必绝对正确或准确，但希望能给我们留下更为广阔的思考空间。

中国科协　王春法

序　言

　　我和文学家玛丽·贝恩·坎贝尔(Mary Baine Campbell)讨论本书时,我们考虑过好奇心可能走向病态的观点。对于一些日常琐事的分析——比如说,关于"三十年战争"期间的国内财政记录,或是关于胃酶分解蛋白的具体过程,我们不是木然以对,而是屏息惊叹:"可那是多么有趣啊!"这种反应难道没有问题吗?对大多数博士生而言,重新调整好奇心的起点是一种必要的准备,然而在比学术研究领域更为广阔的世界,当好奇心泛滥,甚至不放过一丁点的琐碎或陌生之事时,难道没有某种越界或是不正常的嫌疑?

　　我们承认我们这是在一起谋陷好奇心,有些内疚,至少我是这种感觉,但是同时我觉得这对我们两人来说也是一种清醒的反思。自古有训:好奇最能奸巧惑众,是意志薄弱的体现。然而这种责难到底有没有问题?我们这个时代的问题——同时也是这个时代的大幸——恰恰就在于诱惑无处不在。现在,好奇不仅已广为接受——本书主要就是讨论这种现象的形成过程——而且比以往任何时候更易做到。我们信手可拈的信息多得令人发指,不用非得到蒙尘的地窖和古老的图书馆里去搜寻。信息就在书桌上,轻轻嗡鸣着,或者在漂亮泛黄扫描传真里,唾手可得。而且,我们可将其装在包里或口袋里,带去任何地方。诚然，这些统统不过是资料而已，杂乱而没有意义，除非我们知道如何挑选、组织和过滤。当然，这些资料也只是新时机——我们摈弃好奇心并沉迷于虚拟世界的空洞时效、喋喋不休、八卦及数不尽的"选择"的新时机——的一种副作用或衍生物而已。

但是所有这些又有什么新鲜的呢？人们对于好奇心一直诟病不断，认为它是摧毁生产力的大敌，是一种使我们工作分心的不受欢迎的诱惑。另外，正如我们将看到的，启蒙运动中，好奇心的嘲笑者往往不是《艰难时世》中"葛擂梗"那样的功利主义者，而是爱八卦、很自我的巧言不羁之徒。过量的信息总是会引来怨言。亚历山大·蒲柏（Alexander Pope）认为印刷机是"文人之罪的祸根"，会导致"作家遍地泛滥"。

我以为，信息的获取途径和对信息的好奇之间的关系仍需深入探索。不过很明显，在蒲柏的年代，成功的"好奇心教授们"都付出艰辛的努力才能获得知识，而在其功成名就之前，好奇心是其最重要的动力。人们一直对这种现象津津乐道，但是却很少有人对其进行调查或解释。玛丽是已经开始这类探索的少数学者之一，故而也是我写这本书时承情最多的人之一。她慨然应允阅读本书书稿，并对本书提出极富见地的重要意见，让我对她更加感激。布莱恩·福特（Brian Ford）、迈克尔·亨特（Michael Hunter）、尼尔·肯尼（Neil Kenny）和凯瑟琳·威尔逊（Catherine Wilson）对本书也同样不吝指正，在此我对他们一并致以诚挚的谢意。

我已有好几本书经由鲍利海出版公司（Bodley Head）的威尔·萨尔金（Will Sulkin）编辑出版，对此我深感荣幸。他将于2012年退休，届时我（和许多其他人）都会非常想念他。威尔对写作和各种思想的热忱、学识和激情一直都是一种莫大的鼓励。威尔退休后，我在编辑事宜上将仍然可以得到细心勤勉的约格·汉森（Jörg Hensgen）以及

他的同事凯·佩德尔(Kay Peddle)和汉娜·罗斯(Hannah Ross)的支
持,对此我深感慰籍。大卫·米尔纳(David Milner)出色地完成了又
一项文字编辑工作。拥有克莱尔·亚历山大(Clare Alexander)这样
的代理人是我的幸运,令我受宠若惊。此外,我的家人也一如既往地
给予我最大的慰藉、支持和激励。在家里这些时日,我很高兴地见到
好奇心之花的纯然绽放。

菲利普·鲍尔
2012 年 1 月

目　录

第 1 章

古老的问题

无论眼睛首先看向何物，只要我们多审视一点，同样都会觉得疑
惑，满满的疑惑。

——乔万尼·唐迪（Giovanni Dondi，约 1382）

最重要的事情是不要停止提问⋯⋯永远不要失去神圣的好奇心。

——阿尔伯特·爱因斯坦（Albert Einstein，1955）

"大型强子对撞机（Large Hadron Collider，简称 LHC）是一个发
现型的机器。其研究项目可能深刻地改变我们的宇宙观，延续人类好
奇的传统，这种好奇传统本身像人类的历史一样源远流长。"这段话出
自罗伯特·艾马（Robert Aymar）解释了建造对撞机的原因。他是欧
洲核子中心（Conseil Europeen pour la Recherche Nucvleaire，简称
CERN）的前任主席，欧洲核子中心位于日内瓦，是欧洲粒子物理学的
中心。

大型强子对撞机是世界上最强大的粒子加速器。它通过电磁场
将质子加速到 99.999 999% 光速，速度之快可达每万分之一秒 27 千

米。质子受挤压并相互碰撞，其撞击力比得上宇宙大爆炸的第一瞬间。人们期望这种碰撞可以产生前所未见的粒子，帮助我们理解关于物质本质的一些深层次问题，例如，为什么某些类型的粒子拥有质量。

按计划，大型强子对撞机的建造将耗资 60 亿美元，历时 25 年，这已然是大科学（Big Science）所能要求的极限。如此不辞辛劳、不计血本，到底所图为何呢？

艾马将之归因于人类好奇心的作用。他暗示这仅仅是人类对自然之好奇传统的最新延续，而这种好奇的传统植根于对人类起源的探索。他说，这是人类探索研究的一种延伸。

也许，正是因为如此，在 2008 年末大型强子对撞机首次运行前夕，媒体一直表现出可笑的恐惧，担心这个实验即便不能摧毁宇宙，也会摧毁地球，因为在传统教育中，好奇心——尤其是对于创世之说（Creation）的好奇——不能得到不受惩罚地纵容。这种最新的世界毁灭威胁论，与其说是制造恐慌的源头，不如说是娱乐公众的噱头。这一事件表明，我们仍未放松对于好奇心的警惕。

但是，大型强子对撞机不仅承载着对知识的渴望，而且也在寻求获取实际利益的正当理由。"我们一直被灌输这样的观念：我们生活在一个充满竞争的世界，在这个世界中，创新是发展和繁荣的主要驱动力。"艾马说：

> 历史教育我们，人类创新的巨大飞跃主要源自纯粹的好奇心。比如说，（迈克尔·）法拉第的电流实验是出于好奇，但是它最终为我们带来电灯，而对我们并不好奇的蜡烛，无论多少研发，永远都不会有这样的成果。

对大型强子对撞机持支持态度的史蒂芬·霍金（Stephen Hawking）曾这样猜想："现代社会是建立在纯科学的进步之上的，但是人们却没能预见到这些进步会有什么样的实际应用。"他的猜想事实上反映了一种扭曲的科学技术共生观(事实上其关系是一种内在的融合),这姑且不论。但是,艾马这里所坚持的有关好奇心、科学和技术的说法和法国哲学家米歇尔·福柯(Michel Foucault)对好奇心的辩护的确形成了鲜明的对照:

> 好奇心相继被基督教、哲学甚至是某些特定的科学理念打上恶习的烙印。"好奇"即为"徒劳"。但这句话令我觉得欣喜。对我而言,它的含义完全不同:它引起关注,是对存在之物或者可能存在之物的关注;它是对我们周围奇怪异常之事的警觉;它是力求变化又追求共通的习惯;它是理解事物存在和发展的热情;它是对传统的价值等级制度的不屑一顾。

福柯似乎希望可以被好奇心迷惑,陶醉其中,发现奇迹,感受对新奇经历突破传统桎梏的渴望。在这里好奇心是一种激进的力量。另一方面,好奇心在科学领域往往以驯服世界的名义受人利用——"理解"这点是必须的。驱动大型强子对撞机项目的好奇心(如果真是这样)可能让我们对物质和空间的理解更进一步,而这一项目和其他好奇心驱动的研究都被鼓吹为大不可测的实际利益的来源。这同 17 世纪初弗朗西斯·培根(Francis Bacon)支持的观点十分相似:好奇心是知识和力量的动力。

为什么对好奇心有完全不同的解读? 这些分歧可以调和吗? 历史有没有证明过这些观点? 在这本书里,我将试图解答这些问题。

西方对于好奇心的态度在 17 世纪发生转折,基本始于中世纪世界观的转变,终于现代世界观的出现。仅仅像历史学家尼尔·肯尼那样将这一时期欧洲文学作品中单词"好奇"(及其同源词)的使用进行列表就可以看出:这种转折变化颇具戏剧性"好奇"一词的使用频率自 16 世纪中期到 1650 年鲜有变化,然后突然增加,在 1700 年达到巅峰,之后一直居高不下。

这种思想上的转变，尤其体现在自然科学领域。自伊丽莎白一世（Elizabeth Ⅰ）的逝世（1603）至安妮女王（Queen Anne）加冕（1702）的 100 年，被称为科学革命时期。

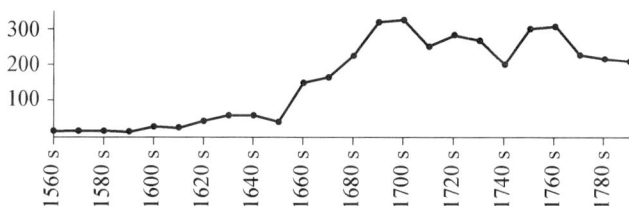

"好奇的"、"好奇心"以及其同类词在 16 世纪到 18 世纪的书中所使用的次数从 17 世纪中期开始剧增

科学革命的故事并不陌生：伽利略（Galileo）证明了哥白尼太阳中心宇宙观；艾萨克·牛顿（Isaac Newton）用他的万有引力理论解释了天体的运动，并概括出了所有机械运动的基本定律；美国科学家罗伯特·玻意耳（Robert Boyle）为炼金术敲响了丧钟；永不停歇的发明家罗伯特·胡克（Robert Hooke）一直探索着微观世界，荷兰布商安东尼·范·列文虎克（Antony van Leeuwenhoek）发现了微观世界之中微生物的蠕动。传统的说法将科学方法本身作为这个时代的关键性创新：一个调查和解释自然界中一切事物的逻辑系统。

这个说法往往意味着自然哲学家只是善于提出和回答问题，适合进行测量和试验，但放弃了会引发因果机制的重复解释或神秘推理。这有一定的道理，但是不会让我们很好地理解这些早期科学家的想法及其原因。至少它证明在传统的说法中，科学仅仅是被用于祛除迷信。现在众所周知的牛顿和玻意耳对炼金术的兴趣仅仅是新哲学真正起源的一种表现形式，这种新哲学很大程度上是在正式的大学系统之外出现的一种思维模式。对于新哲学家来说，自然世界充满了秘密，他们必须通过与神奇大自然密切相关的实验进程进行辛勤的求索。这种"求索"曾由一些神秘的国际大科学家组织来做。这些组织本身都是空想思潮的产物,而这些思想中,弗朗西斯·培根的《新亚特兰蒂斯》(*New Atlantis*,1624)——伦敦皇家学会的奠基之作影响最大。

所有这一切背后的原因是人们心中的问题产生了巨大的质变。没有什么事物可以低劣或卑微到被人无视,正如玻意耳所说,它们都是上帝的杰作,因此值得关注。玻意耳笔记本的内容令人眩晕。他的"需要记住的事物"列表显示:如果可以的话,他会对世界上所有存在或者发生的事物列出一个详尽的清单,"记住,"他写道:

> 四轮马车的使用
>
> 新生小狗的眼睛
>
> 未孵化的雏鸟的羽翼
>
> 混合拌匀的火药
>
> 万物的轮回复生
>
> 摩西举蛇,磐石涌水,
>
> 美并非万物的组成,而是万物的衍生:健康,和谐,对称
>
> 内部的形式历久弥新,与外部对象交相辉映
>
> 隔绝天气的密封玻璃
>
> 怪物,喧闹的女人们的渴望与恐惧
>
> 春日的复苏与晴雨表上破碎的玻璃气泡

这一切难道不奇怪吗? 但是有关科学革命的说法却很少有这样的质疑。虽然自然和人类活动引发的问题源远流长且饱受争议,但是它们也只限于有用、重要或普遍的问题:植物为何会生长? 清风为何会拂过? 我们为何会生病? 行星如何在天际运行? 但是,遥远星球表面的轻微瑕疵却突然引起严肃的学术争论或问题:为什么跳蚤可以跳得那么高? 为什么显微镜下可以看到矿物薄片同心彩色的光环? 英国皇

家学会的早期会议乐于讨论千奇百怪的现象与发明——其中一些是明显有价值的，例如手表如何记录经度，但是其他的听起来却像迷信或者荒诞的谣言，例如怪物的诞生和空中的怪灯。

对玻意耳贪婪不止的思想管中窥豹可见这样折中的问题：一个人如何了解这一切呢？就算你能提出问题，那也是无止境的。你如何整理所有的观测结果？你如何决定哪些现象是重要的？哪些是无足轻重的？真有事物是无足轻重的吗？那么科学工作是毫无希望的，因为你总是怀疑下一个出现的问题将挑战你现有的理论。

我对好奇心在科学中的角色的考察主要针对 17 世纪，似乎对 21 世纪的粒子物理学没有发言权。其实不然，我认为，好奇心最早就是在 17 世纪被明确断言是为科学服务的，只有对这一关键时期进行调查研究，我们才可以真正理解今天的科学家——即那些像艾马一样的人的所言所想。正是在 17 世纪，科学首次以现代化力量的形式出现，改变了我们对世界的观点和操纵能力。那样的断言曾被用作研究大型强子对撞机的理由，但是那些断言在很大程度上都是起源于对科学革命的传统描述。

科学史家现在倾向于睥睨对科学革命的妄断。或者说，他们通常接受史蒂芬·夏平（Steven Shapin）在 1996 年出版的一本书里对科学革命的妙论，这本书的开头写道："没有科学革命这回事。这就是本书的内容。"这也就是说，或许传统给了我们确凿的事实，但是却将它们以一种扭曲的方式关联在一起。对于夏平关于 17 世纪自然哲学领域发生的深刻变化的观点，我表示赞同，但是，对于我们谈论的内容不懂装懂，甚至用了"科学"与"革命"诸词，却是不利于这种变化的调查研究的。我认为可以采用一个更好的方式来理解这一关键时期，那就是审视这些变化的含义，把它和"好奇"这一概念联系起来，并加以评价。为了表示对这个时代最敏锐的历史学家之一夏平的敬意，我认为根本没有像艾马所声称的"人类的好奇传统像人类本身一样源远流长"这回事——本书正是要讨论此事。

非凡的热情

对于 17 世纪英国哲学家托马斯·霍布斯（Thomas Hobbes）来说，好奇心是人类的本质特征（并且是好的特征）：

> 想要知道为什么、怎么样的欲望，即好奇心，仅存在于人类这一种生物；
>
> 因此，人类是与其他动物不同的，不仅是因为他们所具有的理性，也因为他们具有好奇心这种非凡的热情。

霍布斯说，正是好奇心使得"知识持续不断地产生"。是"超凡的好奇心"使得艾萨克·牛顿决定探索一个特殊的光学现象，探索"它究竟是从何而来"——即其背后的规律，这远胜于一般的好奇心。霍布斯说道，"不同于肉体的激情，好奇心不会在'短暂的激情'之后消失殆尽，而是取之不尽的"——正如他曾经的导师弗朗西斯·培根所言"知识是永无止境的"。

但是好奇心并非是一件简单的事情。即使我们接受了其"渴望了解或者习得某物"①的现代化定义，好奇仍有多种方式。一个人可以以一种牛虻的方式从一个问题跳到另一个问题，略知一二，不求甚解，并不使之上升成为对于世界机制的真正理解。一个人可以像一个守财奴一样存储信息的片段，但从不将之好好利用。一个人可以慵懒轻率地提出问题，并不计划对本质进行连贯性的探寻。一个人可以对与自己根本无关的事情好奇，例如邻居的性习惯。但是一个人也可以带有

---

① 当我用这个词的时候，通常是指这个暂定的含义，除非上下文有明确的细化或者修改。

审慎和严肃的意图寻求知识——可以用塞亚·柏林（Isaiah Berlin）笔下狐狸先生的方式知道许许多多的细微事情，也可以像刺猬先生一样对一件事情体味深刻。一个人可以着迷地好奇，热情地好奇，清醒地好奇，或者冷静客观地好奇。

但是以上这些仅是这个词早期的表面内涵。"好奇心可以以多种方式进行解读，它没有什么非要不可的核心"，尼尔·肯尼如是说。人类可以好奇，物体也可以令人好奇：它是一种心态，也是一种属性。如果我们像爱丽丝一样，称某物为"越来越令人好奇"，我们一般是指它有一些奇怪的特质。这种感觉蕴含在对珍宝陈列柜的狂热礼拜之中（详见第 3 章），其中的"令人好奇"不同寻常又错综复杂，但是这种"令人好奇"对于想要理解和解释世界的探索者而言并没有多少益处。称一个物品令人好奇可能意味着它稀少珍贵、优雅美丽、异国情调、值得收藏、价值不菲、小巧可爱、不可告人或者毫无用处——但是，相反的，在某些情况下，称一个物品令人好奇是因为它平庸、有用或廉价。无论如何，令人好奇的物品是可以恰当地指引人的好奇心的物品：称它为"令人好奇"并非简单地给它打上"非凡"、"古怪"或者"有价值"的标签，而是透露出"看一看这个——仔细地观察它"的讯息。

那么，这就难怪人们往往难以判断一个特定作家是支持还是反对好奇。至少这个故事中的三位关键人物——弗朗西斯·培根，勒内·笛卡尔（René Descartes）和伽利略——在不同的时期用"好奇心"表示不同的事物。然而，古往今来，老老少少的作家、哲学家和道德家对"好奇心"发表意见时，他们头脑之中通常已有诸多含义中的一个或几个，因此他们的判断，无论是好是坏，都很难说全方位地描述出了"好奇"的含义。洛林·达斯顿（Lorraine Daston）和凯瑟琳·帕克（Katharine Park），两位最重要的"好奇的历史学家"谈及被霍布斯称赞却受中世纪神学家谴责的好奇心时说道，这两种好奇心虽有血缘关系,但却是"不具有相同情感"。

　　"好奇"最初源于拉丁语"*cura*",意为"关心",至少直到 17 世纪,一个"好奇的"人只是简单地指以勤勉和谨慎的态度进行调查的人。[①]当罗伯特·胡克谈到他在自己的显微镜下观察绿头苍蝇时,他说"在它身体的后半部分,覆盖着一层最稀奇的蓝色闪亮的护甲",这里他的意思是这护甲看起来是精心打造出来的。"*cura*"一词衍生出"*curator*"一词,意为"监护人",即用心承担义务或看管物品的人,其现代的化身即博物馆或美术馆收藏品的收集者和管理人,起源于收集展品于珍宝陈列柜上的传统。

没有好奇心的古人

　　弗朗西斯·培根将普林尼(Pliny)把百科式的著作《自然志》描述为"充满太多难以置信的事情,很大一部分不仅没有得到验证,其不真实性也众所周知,极大地贬低了充满严肃冷静智慧的自然史的信誉"。虽然他可能以同样的方式描述从罗马帝国时代到文艺复兴之间几乎所有关于自然世界的百科全书,但他确实是说到了点子上。普林尼,一位公元 1 世纪的罗马行政官,对于最奇特和不可能的故事有着一种轻信的迷恋,而且一股脑儿地收集。切开一只毛茸茸的盲蜘蛛,从它的肚子里取出两只小的幼虫,把它们放入一个红色鹿皮袋子中,在日出之前将这个袋子系到妇女的胳膊上,她就不会怀孕。在秃子头上擦老鼠屎可以使头发再生。徒步远行的人如果带上一根桃金娘木杆就永远不会疲倦。溺死的男尸总是面朝上,而女尸则是面朝下,"就像是受到自然的护佑,保存他们的诚实,掩盖他们的耻辱"。诸如此类,不胜枚举。对普林尼来讲,我们应该相信大象"不能容忍老鼠",鸵鸟"害

---

① 然而,对于罗马人来说,"好奇的"人指间谍或者秘密线人。

怕的时候将头埋起来"以示躲藏。（知者不多但也许更有争议的是他关于"被逼入绝境的雄性海狸会咬掉自己的睾丸"的断言。）

这是《自然志》最有魅力的部分，每一页都有匪夷所思、异想天开的奇闻异事，这种创造性使想象力都望尘莫及。这种传统在文艺复兴晚期半虚幻的动物寓言集和神话传说里依然兴盛，例如意大利人乔万尼·玛丽亚·伯纳达（Giovanni Maria Bonardo）所著《世界的财富》（*La minera del mondo*，英文名 *Riches of the World*），证明"在巴乐巴马山（Mount Palombra）的顶部，有一个奇妙的喷泉，饮下泉水之人有生之年都不会觉得痛苦，并且可以青春常驻。"无独有偶，学者菲尔蒙·荷兰德（Philemon Holland）执译的普林尼著作也于 1601 年出版，这是此书最广为流传的英译本之一，那时，伊丽莎白女王正迷恋于自然的神奇之中。荷兰德的译本很可能为莎士比亚（Shakespeare）所阅读，并在其作品《奥赛罗》（*Othello*，1604）中提到了其中一些新奇的主张。约翰·多恩（John Donne），一位玄学行家，也在他的作品《灵魂的进步》（*Progress of the Soul*，1604）中提到了大象和老鼠。

但是，普林尼认为他的奇闻异事杂记应该被视为一本人类已知万物的严肃指南。他写道，"（我）谈及万物并为之自负文责，我收集一切，将它塑造成艺术与科学的完整集合（希腊人将之称为百科全书），但如果掺入对精妙智慧的过多好奇，这一切就会变得不可知或令人疑惑"。普林尼也承认，其他人也曾写过类似的作品，但是它们不是过于含糊不清，就是过于冗长沉闷。而他的作品则是当之无愧的平民作品：将所有的知识以一种简洁易懂的形式呈现出来。为获取素材，他声称阅读了 100 位不同作者的 2000 本书，并从中精选出"20000 件都值得重视和考虑的事情"。

从这样的奇事汇编之中，人们大概可以推断出好奇心的古老传统。但也不是完全那样，在某些方面，甚至是完全相反的。众所周知，普林尼的同胞们对这世界上与科学研究相关的任何事物都漠不关心。他们满足于从古希腊人那里获取知识，罗马人认为希腊人已经发现了一切（即使很多现已遗失）。"没有什么遗留下来的东西是未经（古人）实验和尝试的，"普林尼写道，"没有什么是秘而不宣的，他们希望一切都能为后代谋福利。"显然，我们要感谢普林尼写出这本中世纪的百科全书——动物标本、宝石标本和植物标本——但它却从未试图解释或理解所展示的一切。它是一个奇怪混合物，既是追求轰动效应的展览，也是一本务实的指南。并且，因为真理在中世纪往往是以符号的形式而非文字的形式被表达和被感知的，所以，这些藏品也可以提供一系列道德象征。正是出于这个原因，对于描述精确度的需求并未被强烈地感受到。

对希腊人来说，好奇没有一个精确明晰的概念。在某种程度上，它完全不被承认，它与它善变的兄弟——怀疑，形成对照。亚里士多德（Aristotle）认为所有人天性渴求知识，但是他觉得好奇（periergia）对于哲学来说少有作用。探知与我们无关的事情是一种漫无目的、无知的倾向。但怀疑（thauma）要有意义得多，它是探究的真正根源："正是由于他们的怀疑"，他写道，"才使得现在和过去的人类开始哲学思考。"[①]达斯顿和帕克认为，直到 17 世纪，怀疑受到尊敬，而好奇遭到诟骂。

好奇心是世界上所有不幸的根源，这些不幸都是爱管闲事的潘多拉女神从魔盒中放出的。"并不是她的狡猾或诡诈促使她打开盒子"，古典主义学者雅各布（Jacob Verdenius）在他对赫西奥德（Hesiod）神话的评论中这样说道，"而是她的好奇心。"在他的《道德论集》

---

① 哲学、科学或知识"始于怀疑，并且终于怀疑"，长久以来，很多人都持此观点，其中包括塞缪尔·柯勒律治（Samuel Coleridge）和阿尔弗雷德·诺斯·怀特海德（Alfred North Whitehead）。

（*Moralia*）中，普鲁塔克（Plutarch）认为好奇是那些窥探和打听别人事务者的恶习：那种爱管闲事的人在希腊语中被称为"polypragmon"。①普鲁塔克建议了一种戒掉这种恶习的方法：爱管闲事者可以把自己的注意力从别人的事情转移到自然界的问题——诸如为什么月有阴晴圆缺？为什么水果形状各异？——并且他坚持认为"这些真的是大自然的秘密，那些揭秘的人既不会得罪自然女神，也不会令她不高兴"。但是，在传统世界中，好奇的人就是爱管闲事的人，是令人生厌的社会危害。

反对好奇心

在基督教时代早期，局面更为糟糕。现在我们对好奇心只是皱皱眉头，还没有将其谴责为一种罪行。公元 2 世纪基督教的辩护人德尔图良（Tertullian）写道："拥有了耶稣基督之后，我们不想再有好奇的争论"，"享有福音之后，就不再需要查究盘问"。《圣经》告诉了我们所有我们需要和想要知道的。

在基督教经典之中，从一开始，好奇心的危险就显而易见。在中世纪的等级制度中，人类毫不含糊地处于最顶端，但是令人惊讶的是在《创世记》中，亚当和夏娃是上帝最后创造的生物，比海中的游鱼和天空中的飞鸟都要晚。对此，公元 3 世纪的罗马作家拉克坦提乌斯（Lactantius）这样解释：最后登场，亚当就不会看到万物是如何被创造的。（显然，亚当的后代现在正在通过重放《创世记》的录影带来破解上帝的这一防范措施。）

让一些知识成为人类的禁区当然是基督教创世神话的重中之重：因为这是人类堕落的根源。"如果你吃下智慧树上的果实，你的眼界

---

① 在拉丁语中，periergia 和 polygragmosyne 通常都被翻译成好奇（curiositas）。

将会开阔,你将成为上帝",蛇这样对夏娃说道。在基督教神学中,好奇心逾越了道德是不容反对的主题。《圣经》的信徒被无数次警告要谨守探究的界限,不要知道得太多。"秘密属于我主上帝",《申命记》里这样写道。所罗门在《传道书》里警示道:

> 更多的智慧带来更多的悲伤;更多的知识带来更多的苦痛。

他又说:

> 不要探寻过于艰深的东西,或是穷究你所不能企及的……上帝若将之束为秘密,就请你远离;不要匆匆忙忙追寻你力所不及的。

詹姆士国王也写道:

> 不要对不必好奇的东西过于好奇;人类身边有太多勿需理解的东西。

人们认为圣保罗(St Paul)的警言"不要企求了解高高在上的事物"也重复了这一观点。但是事实上他根本没有写下这样的话,而这一事实本身就意味深长,暗示着误译其实就是普遍的偏见。在公元 4 世纪的拉丁通行本《圣经》里,这句话被翻译成"noli altum sapere, sed time",意为"不要骄傲,要心存敬畏"。这是对道德智慧虚假宣称的非难;但是,明智地说,"sapere"确被误译成类似"scire"的意思,而"scrie"一词却意为"世俗的知识",是"科学"一词的词根。因此,在 15 世纪晚期的意文译本中,整句就被误译成"不要企求了解高高在上的事物",这使得圣保罗的翻译不可避免地同对好奇心的谴责联系在一起。"不要以科学或艺术为傲",15 世纪托马斯·安·坎佩斯(Thomas à Kempis)这样写道,"也不要对你所听到的过于担心"。15 世纪英国僧侣伯拉纠(Pelagius)争辩说圣保罗并未试图降低人们对学习的兴趣,但是谁会听伯拉纠——一位声名狼藉的异端人士的胡言乱语呢? 16 世纪鹿特丹学者伊拉斯谟(Erasmus)曾传下醒世大智,却受人漠视,但他一如既往地争辩道："这些言辞之间并未谴责学习，而是试图使我们从过度世俗之中解放出来。"但是对好奇心的不信任和对人情世故的渴望在中世纪基督教徒的头脑中根深蒂固，这使得异议之声无人聆听。

毕竟没有人会去质疑早期基督教圣父圣奥古斯丁（St Augustine）的权威，他在《忏悔录》中表示，好奇是一种"疾病"，是所有犯罪之源的恶习或贪求。在神的语言中，它被称为"眼睛的欲望"，他写道，"出于相同的动机，人们对自然的工作机制进行探索，这已超出了我们的知识范围——人们了解这些东西并无益处，人们只是为了了解而去了解"。奥古斯丁认为，好奇易使人走上邪路，会产生对"神奇效果和奇异景象"之类的兴趣。它会使人们沽名钓誉：

> 上帝也不会只临近那些痛悔前非者，艺术也不是那些骄傲者发现的，不，好奇是不可能数清星星和砂砾的数目或是测量星空的浩瀚①或者追踪行星的轨迹的。

因此，天文学家观测日食之后，惯于堂而皇之地断言他理解日食，而不是心存敬畏地臣服于这种神启的力量。

好奇被视为是想要了解太多，多到超出了有所裨益，并因此使人产生厌恶之感。这种看法不是起源于基督教世界——苏格拉底也曾经说过，"我们不应去关注高于自身的事物"——但是基督教为之建立起一个强大的道德基础。12世纪西多会的神学家，克莱尔奥的圣伯纳德（St Bernard）认为好奇是"一切罪恶的起源"：

> 不要寻求对你来说太过高深的东西，不要觊觎对你来说太过强大的东西
>
> ……待在你自己该待的地方，以免在向上寻求伟大美好的东

---

① 在《沙计算手册》（The Sand Reckoner）之中，阿基米德试图计算填满宇宙需要多少颗沙砾。这种无尽的演算需要阿基米德估计宇宙的大小并发明一种记录超大数量的单位符号。

西的时候跌倒。

圣伯纳德认为，"撒旦就是因为好奇而背离了真理，他追求梦寐以求的东西，采取不正当的行为，并且相信自己能够得到"。而结果是：

六翼天使为这种无耻不智的好奇心设置了界线，撒旦再也不能探寻天堂和人间的秘密。

并不是所有的好奇都事关大数字演算；也可能是对细枝末节事情的琐屑追求——"一种探知不必知道的事情的热情"，公元 13 世纪巴黎主教奥弗涅的威廉（William of Auvergne）这样说道。托马斯·阿奎那（Thomas Aguinas）——此人对探求知识的欲望并不反对——却也表达了他对好奇的厌恶。在经典模式之下，它同心理和道德的惯性与惰性有关，但这并不可悲。好奇的核心问题是它源于过度骄傲。无意义的学习累积的风险不在于一个人会成为第二个撒旦，而在于会使这个人在上帝面前不是恭顺俯首，而是精心装扮，孤芳自赏，洋洋自得。12 世纪晚期的神学家亚历山大·尼卡姆（Alexander Neckam）疾呼，"噢，好奇！噢，自负！噢，自负的好奇！噢，好奇的自负！"

虔诚的谦卑令奥古斯丁眼中的奇迹成为必然，而好奇心则沦为一种罪恶。关于奇迹，没有什么不屑或欢快，它饱含了敬畏之意，提醒我们在上帝的荣耀面前，人类自身虚弱无力，毫无意义。这就是为什么在壮丽的自然景观面前，惊叹被认为是受过教育者应有的反应，愿意相信奇迹不仅值得称赞，也是一种宗教责任。而存有好奇心，就像喜欢怀疑一样，表明你缺乏奉献之心与真诚之心。

独立思考

所有这一切都太容易助长中世纪的陈规陋习，这个中世纪严厉刻板，反对智识，由动辄禁止责难别人的牧师统治。这仅是这个故事的其中一部分。越来越多的古希腊人的作品经阿拉伯人被翻译成拉丁版本，尤其是亚里士多德的作品，从 12 世纪开始，伴随而来的是对于自然的真正兴趣——不是作为柏拉图式的寓言，而是其本身就是一个值得研究的实体。亚里士多德不是经验主义者，但是，他对世界的细节感兴趣，如动物、植物和矿物种类之间的区别，而且他是一个细心的观察者。随着 13 世纪亚里士多德学说的兴起，在视觉和造型艺术领域，现实主义应运而生：植物和动物都不再那么程式化，而是作为特定的物种更加易于辨识。

但是，亚里士多德主张汇编自然事物和现象并不意味着，也不能令人意识到一种解释和理解它们的需要，除非它们是用来阐述通则的细节。这些通则正是哲学家们的追求目标。任何人都可以看到自然世界的丰富多彩，但是这些"意外"本身无关紧要，其目的并不是解释自然史的全部，而是为了消除冲突与瑕疵，直到基础轮廓显现。

直到 13 世纪，亚里士多德的思想和方法被称为经院哲学（scholasticism），作为智识活动的一部分，开始主导自然哲学。经院哲学支配着天主教学校和大学，开始在巴黎、蒙特利比、牛津、博洛尼亚和其他欧洲大城市蓬勃发展。直到最近几十年一直有一种倾向，将"科学革命"和文艺复兴时期的人文主义与之前的一个所谓停滞和教条主义并行的时代相对比。在那个时代中，怯懦和死板的经院哲学家花费时间整理和涤新古代权威们著作中繁琐零碎的正反观点。这一形象，反映出 16—17 世纪的学者们的夸大其词，这些学者们热衷于强调自己观点的新颖性，对于中世纪思想的多样性和活力缺乏公断。在这个时代中，诞生了哲学家式的神学家，他们机巧而勤奋，例如牛津伟大的多米尼加人托马斯·阿奎那、艾尔伯图斯·麦格努斯①（Albertus Magnus）、罗吉尔·培根（Roger Bacon）、罗伯特·格罗塞特（Robert

————————————

① 艾尔伯图斯·麦格努斯（1200—1280），中世纪欧洲哲学家和神学家。——译者注

Grosseteste）、奥卡姆的威廉（William）、约翰·邓斯·司各脱（John
Duns Scotus）和让·比里当（Jean Buridan），这个时代不应被视为智
识的荒地而不予考虑。

　　但是有一点是真实的，那就是中世纪人们所传习的实际上是对旧
的知识体系的重组（而这旧的知识中很多都是虚假的），而不是加入新
的知识内容。人们对新的思想往往持怀疑态度，它们未经过时代严格
的筛选，为什么人们要相信它们呢？ 具有独创性的思想是一种不健康
的骄傲的标志，在一些中世纪作品中显而易见的迂腐和扭曲逻辑几乎
不可能被误读为好奇。人们期望自然哲学家符合亚里士多德学说的
原则——一种正统，自从被阿奎那"基督化"之后，它几乎已经和《圣
经》一样无懈可击。自然现象通过与亚里士多德首要原则的某种变
换、排列、组合达成一致从而"得到解释"，这种先验的方法被称为演绎
推理。这种无可辩驳的理性和逻辑的展开，如几何原理的合理与可靠
一样，是获得世界上知识的唯一途径。它不仅规定了特定的方法，还
定义了允许研究（或者至少是值得研究）的问题的范围。

　　经院哲学式亚里士多德主义的方法使它免受严峻的挑战。当大
学的学者往往孤立地考虑世界所有问题，往往在提出他们自己的解释
之前，罗列出对一种现象的某种解释的赞同或反对意见。没有人试图
找出不同现象之间的联系，因此人们几乎没有注意到亚里士多德目的
论主义的认识论中矛盾和不一致的地方，更毋宁说解决它了。这种知
识的分裂意味着总体框架本身永远不会受到怀疑。如果经验本身与
亚里士多德有冲突，经验的境遇就会更糟糕：根据定义，偏离"规范"，
难有结果。

　　即使一些最有创新性的思想家也发现将学习和好奇心分离是一
种权宜之计，他们认为这与亚里士多德同步，是一种漫无目标的对琐
事的窥探，不同于真正的投入学习。"不正当的好奇不可能出现在智

识之中"，阿奎那坚持道。而艾尔伯图斯·麦格努斯则写道：

> 好奇是对一些问题的调查，而这些事件对于被调查的事物没
> 什么关系，或者是对我们没什么意义；另一方面，谨慎仅仅涉及关
> 于事物或者关于我们的那些调查。

艾尔伯图斯·麦格努斯说，正是好奇导致了对细枝末节不适当的痴
迷，而不是导致对亚里士多德式一般性理论的真正目标的确立。当他
描写植物和动物的时候，他倾向于描述"典型性"的事物，并且仅仅在
最后才列出具体的特征。他谦虚地承认，"对于学生来说，明白事物的
本质是令人愉快的，对生活和城市的保护来说也是有用的"——但是
那几乎不是哲学家所关注的。当他在他的《植物》(*De vegetabilibus*)
里列出植物的特殊种类时，他明确表示他仅仅是在"满足学生的好奇，
而不是满足哲学家的好奇"，因为哲学没有细节，也不会有细节。

通过这种方式，比起未受过教育的人，在学校学习的人可以保持
在一个较高的知识层面。关于植物、动物和矿物，手工艺人、体力劳动
者和农民知道的比哲学家多得多，但是那不算数，因为他们仅仅知道
次要的、浅表的细节。哲学家不需要解释世界为什么是我们所看到的
那样，但是，他们需要从中提取普遍真理（最重要的是，从古代先贤已
有的论述中提取）并传递给学生。

反叛天使

有人仍然公然反抗在应知知识和应问问题方面的限制。不可避
免的后果是他们要遭人指控为异端、渎神和巫术。就算最终成为了
教皇（西维斯特二世）(Sylvester Ⅱ)，10 世纪令人敬畏的学者、天文
学和数学方面的权威奥里亚克的吉伯特(Gerbert of Aurillac)也未能
摆脱研习阿拉伯法术并与魔鬼签订灵魂契约的谣言。诺尔曼学者
威廉(William of Conches)对于那些公然抨击他嗜好提棘手问题的

人回以反击:"他们对于自然之力一无所知,并且一直想同这种无知为伍,他们不希望人们观察任何事物;他们希望后代像农民一样盲从,不问事物背后的原因。"正如他在 17 世纪的精神继承人一样,他为调查自然的冲动辩护,理由是理解这个上帝创造的世界中我们所能理解的一切是基督徒的责任。他相信上帝运用理性创造的世界,是一个通过可理解的规则运转的系统。对于那些争论说"不仅寻求规则是傲慢的,而且暗指上帝也受这些规则限制也是异端的",威廉回应道:

> 人们会说,认为人是那样创造出来的这种说法同神圣力量是相冲突的。对此,我要回应的是:相反,这夸大了神圣力量,既然我们把赋予世间万物一种本质并因此创造人类这件事归功于上帝……当然,上帝能做任何事情,但是重要的是他只做这样的事情,却没有做那样的事情。当然,上帝可以将树干做成一只牛犊,正像乡下土包子所说的那样,但是他可曾那么做过呢?

人们很不公正地只记得中世纪最好奇的人之一是一位古本书籍的译者——巴斯的阿德拉德(Adelard)地从遥远的英格兰西南部一路行米寻求知识,先后在法国的图尔市、拉昂和沙特尔游学,然后大约在 1116 年将之传播到西西里岛。之后他又长途跋涉到萨拉森人的土地,潜心阿拉伯智慧的研习。在这里,他拜访了安提俄克和塔尔苏斯,他在那儿发现了多本译成阿拉伯语版的希腊著作并将它们译成拉丁版,其中有一本是最卓越的古代几何学专著——欧几里得的《几何学原理》(*Elements*)。他也被认为最可能是《小钥匙》(*Mappae clavicula*,英文名 *The Little Key*)一书的译者,这是一篇关于配制颜料和其他化学材料的论文,原著语言为希腊语,是了解古典世界的化学技术最好的窗口之一。虽然也有几个译本被错误地认为出自阿德拉德之手,但是,很清楚的是，在将阿拉伯的几何学、天文学及数学知识传播到西方方面，他起到了主要的作用。"去拜访不同国家的有学识的人是一件值得做的事情，"他写道：

> 要记住，在任何情形下，凡是你所发现的都是极好的。高卢学派所不知道的，阿尔卑斯山麓的人可能恰巧知道；你在拉丁人那里学不到的，博识的希腊人却会教给你很多。

如果说阿德拉德一生的细节粗略不详，那此人原创作品中跃然而出的个人形象则是生动的：冷静，固执并且深深地为自然界所吸引，他是中世纪的伊拉斯谟。他抱怨同时代人拒绝一切原创性思维的保守倾向，因为这种原创性思维缺乏古老权威的认可。正是由于这个原因，这个时期很多作品都假借著名的希腊人和阿拉伯人之名："因此，当我有一个新想法的时候，如果我想将它发布，我就将它归为他人所作，并且宣布：'它是这样这样，谁谁说的，不是我说的。'"

但是，阿德拉德也以自己的署名出版了一些作品，其中最著名的一部是对于哲学研究的挽歌——《相同与不同》（*De eodem et diverso*，英文名 *on the Same and Differnt*），还有一部是歌颂对于世界提出问题的喜悦与价值的——《提问自然》（*Quaestiones naturales*）。（两部作品没有一部可以确定具体日期，但是均写于 12 世纪初期。）前一部包含着对于未来科学技术不可思议的预告，这似乎是好奇的中世纪人的一种专长。预测望远镜和显微镜时，阿德拉德写道：

> 无论是对于最大的或者是最小的物体，人类的感觉都不是可靠的。谁曾以视觉理解过天空的距离？……谁曾以肉眼区分过微小的原子？

《提问自然》一书中有一段关于自然史各种好玩问题的语篇，以一种虚构对话的形式呈现，对话的双方分别是叙述者和他的好奇但有些天真的侄子,对话发生在叙述者刚从阿拉伯之地返回之后。[1] 侄子在对话中起到衬托的作用,便于阿德拉德可以直指经院哲学家在古代权威胜于理性方面的固执。当侄子问及动物的时候,他回答,"对我来说很难同你讨论动物。因为我在理性的指引之下,跟随阿拉伯大师学习;而你,被权威的外表迷惑,牵制于脖颈之上的绳索。"但是侄子也被愚蠢的怀疑所束缚,这阻碍了理性的思考:

> 我知道黑暗主导着你,它包围所有对事物秩序不够确信的人,并且引导他们进入错误之中。对于充满怀疑和陌生的灵魂来说,当它从远处带着恐惧和憎恶考虑事情的结果而不考虑事情的原因的时候,它从未摆脱过混乱与困惑。如果更仔细地观察,考虑周围情况,提出原因,你就不会对结果产生怀疑。

这里所研究的"自然问题"的列表揭示了在缺乏对自然进行系统探索的情况下,哥特时代初期觉醒的好奇心与驾驭这种好奇心的困难。其中的一些如下:

> ——当一株树被嫁接到另一株树之上,为什么所有的水果都是嫁接部分的?
> ——为什么有些动物会反刍?
> ——为什么一些动物没有胃?
> ——为什么一些动物喝水但是不排尿?
> ——为什么海水是咸的?
> ——为什么男人头顶前部会变秃?
> ——为什么人类没有角?

---

[1] 这种涉及提问的对话形式是一种探索超越亚里士多德的问题常用的手段,预示了伽利略日后在他极具煽动性的著作——《关于托勒密和哥白尼两大世界体系的对话》(*Dialogue Concerning the Two Chief World Systems*,1632)中所使用的相同手段。在这本著作中他挑战了亚里士多德地球中心论的宇宙学说。(见第 7 章)

　　——为什么有些动物在夜间视力更好？

　　——为什么我们站在黑暗中可以看到光亮中的物体，但反之则不然？

　　——为什么手指长度不等？

　　——为什么婴儿不能一出生就可以行走？

　　——为什么我们会害怕死尸？

要回答上述问题，没有理论基础也可，除非一个人满足于古人草率的赘述。但是对于阿德拉德来说，提这样的问题无伤大雅，也无妨害。

实验与秘密

　　阿德拉德直白的好奇和普林尼百科全书的民粹主义包容传统与中世纪记录和传达知识的做法确有不同。它更像一种贮藏囤积，最多算是在少数有特权的人之间的分享。它成为一种秘密的知识，因此，导致一种神秘的、危险的，甚至是异端的气氛。中世纪鼎盛时期流传最广的百科全书之一，《秘密中的秘密》（ *Secreta secretorum*，英文名 *Secrets of Secrets*），被错误地认为是亚里士多德的作品，但是事实上它是一本阿拉伯语著作，大概可以追溯到 10 世纪，并且基于更古老的来源。在 12 世纪的时候，它被翻译成拉丁文，是一本政治学、伦理学、炼金术、占星术与医学多学科混合的书。根据 13 世纪牛津方济会修士罗吉尔·培根的说法，阅读并理解此书的人将发现"人类此生或者人类发明能够企及的最伟大的自然秘密"。

　　据传培根知道这些秘密；有些人说他是一名巫师，涉足恶魔活动。今天培根拥有开创性实验主义者的名声；他乐意通过实验了解世界为他赢得了"第一位科学家"的称号，尽管这一称号意义不大。毫无疑问的是培根在他的研究中运用了技术资料和设备——他对于光学和光的性质尤其感兴趣,并可能进行了炼金术相关的研究。但是,他大部分的"实验"是在头脑中进行的:它们是描述性的,在亚里士多德的演绎模式中,就是在怎样的环境中会发生怎样的事情,而不是对于真正发生的事情进行实证调查。

培根领会到将一些知识保密的具体原因。他用火药进行实验,有时人们认为是他将火药引入了西方。他提倡使用我们现在称之为"科学原则"的方式来发展战争机器和其他的军事技术,用以捍卫基督教世界。他呼吁教皇克莱蒙特四世(Pope Clement Ⅳ)因此支持科学,(相当似是而非地)争论说"通过知识的途径,亚里士多德能够将世界交给亚历山大"。对于培根来说,知识也是力量。

但是,秘密的知识真的就是科学吗? 对亚里士多德来说,"科学"是事物原因的实证。但是,"秘密"是一种典型的现象,不能遵循亚里士多德的第一原则得到证明。他们不是以亚里士多德科学的方式被认识的;它们的原因被隐藏起来,保持神秘。磁性是典型的例子:奇妙并且不可否认,但同时也是神秘和不可解释的。这些事情对理性之光来说是奇迹的、一次性的、不可预知的和难懂的。这就是为什么在古代,它们没有被认为是知识的一个重要部分——不是因为它们的实证效度受到怀疑,而是因为这些现象似乎是独立的、与世隔绝的。它们是纯粹和简单的经验,也是为柏拉图学派和亚里士多德学派所广泛不信任的经验,柏拉图学派认为它是肤浅的,亚里士多德学派认为它是偶然发生的和凌乱的。无论罗吉尔·培根是否称得上是一位实践型的实验者,他给出了大大改变游戏规则的提议,建议经验主义是知识的一种有效形式——有值得学习的东西,不能仓促推导出来。

虽然这两种知识的来源都在力所能及的远处:一种通过理性,一种通过经验,人们一般认为前者更有优势。13 世纪法国的医生伯纳德·戈登(Bernard de Gordon)以自视高人一等的评论总结了当时的经院哲学的偏见："因为年轻人非常喜欢实验，那我就给出一些例子。"发现问题而非解决问题并不出格，但这像是纵容一个无伤大雅的爱好。

中世纪的观点将好奇视为一种欲望与罪恶，该观点在 17 世纪早期并未悄然消退，我们将看到这对于弗朗西斯·培根来说是一种指责与控告，弗朗西斯·培根不得不捍卫他新的实验哲学以示反抗。意大利作家利帕（Cesare Ripa）广为流传的寓意画册《标志》（*Iconologia*，1593），展示了人类经典化身的形象，他将好奇描绘成一个狂野的、头发蓬乱的女性形象，以文字清楚有力地传达了这一信息："好奇是那些寻求超越他们应该了解的事物者的放肆的欲望。"出生于安特卫普的耶稣会牧师马丁·德尔·里奥，在他对魔法的非难之文《魔法诘责》（*Disquisitionum magicarum*，1599—1600）中写道：好奇之灾是一种苦难，在"去获知他们不应该获知的秘密"的人群中蔓延开来。但是那时候像里奥这样的道德家有很多诘责的对象——因为好奇使整个欧洲着迷。

在利帕的《标志》中描绘的"好奇"

第 2 章

秘密研究院

我们必须允许自然使我们与其所有秘密保持很远的距离,只展现给我们一小部分物体表面特性的知识;她掩藏了力量和原理,而万物正是凭借这些发挥影响。

——大卫·休谟(David Hume),《人类理解研究》

(*An Enquiry Concerning Human Understanding*,1748)

在秘密或神秘开始的地方,堕落或欺诈已经不远。

——塞缪尔·约翰逊(Samuel Johnson)

列奥纳多·达·芬奇(Leonardo da Vinci)善于捕捉研究课题,但不善于完成它们。他特别着迷于水的特性,尤其是涨潮显示出来的形式和其中蕴含的愤怒,这一主题吸引了他在艺术、科学和工程三方面同等程度的感知。他仔细地研究了关于这些事物的大量细节,并意图写一本名为《水的性质》(*The Nature of Water*)的书,但是有无成书不得而知。我们接下来要谈到的是一篇名为《莱斯特手稿》(*Codex Leicester*)的简略论述,其标题为《关于水的性质、重量和运动》(*On the Nature*,*Weight and*

Movement of Water）。在这里，达·芬奇为他的宏伟计划列了一个提纲，很快就有足够的证据证明这仅仅只是一个梦罢了。

这本著作计划包含 15 本自成一体的"书"，书名如下：

1.《水的性质》

2.《海洋》

3.《地下河流》

4.《河流》

5.《深度的特性》

6.《障碍》

7.《砂砾》

8.《水的表面》

9.《水面浮动的东西》

10.《河流的修复》

11.《沟渠》

12.《运河》

13.《水流推动的机器》

14.《水位抬高》

15.《水的消耗》

所有这些并非所自然的或者明显的探究范畴，对于水力工程师、自然哲学家达·芬奇来说，它们是一堆杂乱无章的问题。这个列单可以无限地继续下去：水的结冰或者沸腾？瀑布？雨、雪和山雾？

但是，在《莱斯特手稿》里，我们很快就能看到倒霉的达·芬奇淹没于这样的问题之中。他寻求漩涡和波浪的分类。他突然转向对于《圣经》洪水的思索。他列出了有关水运动的 64 个描述性术语，从"旋转"和"弹回"到"淹没"和"汹涌"。他试图描绘海洋和湖泊、河流和小溪、泉水和池塘的差别。让我们来看一看他关于河流性质的问题列表：

水表和水底不同的流速。

水表和水底不同的交叉斜面。

水表不同的涌流。

河床不同的涌流。

河流不同的深度。

水覆盖山脉不同的形状。

水未覆盖山脉不同的形状。

哪里的水流底部湍急,上部平稳。

哪里的水流底部平稳,上部湍急。

哪里的水流底部和上部平稳,中部湍急。

哪里河水延伸? 哪里河水缩短?

哪里河流弯曲? 哪里河流笔直?

哪里河面平坦? 哪里河面崎岖?

哪里河流中部低两侧高?

哪里河流中部高两侧低?

哪里河水中部水流直行?

哪里河流蜿蜒曲折?

水面下降,斜面不同。

这些都是需要细致观察的问题,往往需要有控制和有系统的实验来解决。达·芬奇调查了人工渠道里和经过障碍物的水流,以绝妙的优雅素描绘制了涟漪和漩涡的形式。这些记录表面上看起来像是现代的实验科学:研究者创建了一个特定的环境来观测如何限制自然的环境,仔细地在实验簿里记录结果。事实上,不仅达·芬奇提出的一些水流模式符合现在流体动力学的认识,他甚至还提出了一些至今仍在沿用的实验技巧,例如"示踪剂"的添加,像加入一些漂浮的种子或染料使得流体形式更加明显。

　　但是我们经常会犯的错误是将达·芬奇看作一位现代科学家。因为他的实验项目是无休止的：源源不断的问题，并且很明显是以一种它们随机蹦入大脑的顺序排列。这仅仅是一个现象的分类，不包含任何关于自然如何运行的基础假说。想要像今天的科学家那样，从这个项目中析出液体流动如何发生的整体规律几乎是不可想象的。[①] 当

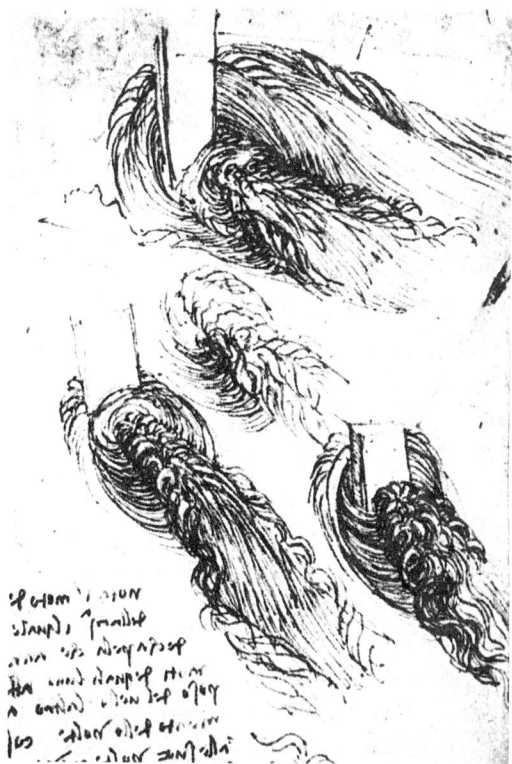

达·芬奇关于水流的素描展示了对细节的惊人关注

① 液体的流动可以通过纳维尔·斯托克斯方程以数学的形式加以表达，方程发明于19世纪末，是将艾萨克·牛顿的第二运动定律即时应用于液体的一种基础表达式。这个方程是某种"理论"，但是其实用性很有限，除非在一些非常特别的环境之下。那么，问题不在于理解所发生的事情，而在于预测将要发生的事情。当达·芬奇认为力学是"数学的天堂"时，艺术历史学家贡布里希（Ernst Gombrich）恰巧指出"对于流体力学最基础教科书的粗略了解将使你确信这一分支是数学的地狱"。

然,如果达·芬奇可以自由地探索自己的每个问题,他将能收集到一长列的细节,其中没有一个细节是可以从其他细节里推断出来的:它是一个整体的事实,没有一个解释的框架。

这不是因为达·芬奇有一个不守成规的思维——至少,不仅仅是因为那样。达·芬奇无法制定一个前后一致、条理清晰的研究议程,因为不存在这样的研究传统。更糟糕的是,当时主流的学术传统是精确地沿着达·芬奇选择的方向进行划分和进一步的细分,在事物和问题的类别之间做更精细的区分。使达·芬奇区别于他人的不是他用于研究水流性质的方法,而是他认为值得率先研究的问题:他不是痴迷于列单,而是痴迷于他的研究对象。

因为对新柏拉图主义的共鸣,有人也把达·芬奇与其他的经院哲学家区别开来。考虑海洋、天空和它们之间的水循环反应,他不断地意识到拥护古老传统的文艺复兴斗士们所感知到的宏观和微观之间的关系:当他称"河流"为"地球的血液"的时候,这不仅仅只是一个比喻。这种对于自然不同形式和效果的内在统一性的信奉促使他使用了类比:光线类似于水波,水波类似于发丝与硝烟。

达·芬奇的新柏拉图主义解释了为什么最后他并非是一直自命的自然的忠实纪录者。一如他所自命如此的那样。他的水流形式是理想化的、夸张的,更加形近于波浪,宛若编起的发辫——这些都是无知的眼睛几乎看不到的联系,但它却熟练地揭示了世界的深层结构。对于艺术史家马丁·坎普(Martin Kemp)而言,这些草图是"观察和理论建设的复杂合成,两者互不可分"。达·芬奇对于隐藏的形式的迷恋不是我们所认为的那种科学家式的,而是那种哲学家式的,他认为自然具有天生的创造力,艺术家只需要模仿其创造力。"绘画",达·芬奇说,是"一种微妙的发明,带着哲学和微妙的猜测,考虑所有形状的性质"。特殊的现象——例如,特定类型的水流——与其说被认为是一些隐性数学过程的显现，不如说是基于其上的突变。

达·芬奇认为艺术家可以期望透过这种突变做出一个关于自然的令人信服的描述——他的目标不是将他所思所见尽可能巧妙和精准地描述出来，而是把握并说明各种在起作用的力量。正如坎普所说的，"在某种意义上来说，每幅画都是达·芬奇理解的证明。"达·芬奇认识到很少有艺术家拥有耐心（或者才能）进行如此细致的观察，他承认说"在这一点上……对手声称他不需要如此多的知识，来描绘自然的事物，对他来说，实践就足够了。"但是，那将使一个人只停留在世界的表面，为武断的发明和表演者所蛊惑："对此的答案是：在我们的判断中，没有什么比我们的自信更容易欺骗我们，使我们脱离理性。"

密封保护

因为正式放弃经验哲学家乏味的逻辑和那种毫无创意且不含解读的经验主义，达·芬奇似乎将对实验的信仰与对究根问底的探索结合在了一起，而这正塑造了今日科学所具有的特征。一方面，"那些脱离科学、迷恋实践的人就像一位水手登上一艘没有舵和罗盘的轮船，无法确定自己要去向何方"；在另一方面，"虽然自然开始于某种根源，最终被人类感受到，我们也必须逆向而行，也就是说，从我们的感受开始，并通过它调查出根源"。他的实验方案，如果我们可以如此称呼它的话，甚至需要复证：

> 在这种情况下，在你把它构建在一种法则上之前，测试它两三次，观察测试是否产生相同的效果……实验应该重复多次以确保证据不受阻碍或篡改，因为无论实验是否欺骗了研究者，它本身可能是假的。

他的信念也显得很"先进"，他认为自然是受法则的约束的，因此可以预知，也可以信赖："自然不会打破她的法则；自然为其法则的逻辑必

然性所约束,而这种逻辑的必然性是其内部固有的。"此外,今天的物理学家都赞成他的一个观点,即这些自然法则都是极其简单的:

> 啊,伟大的必然性,借着最高的理性,你限制所有的果,使其成为因的直接结果,每一个自然行为都通过至高而不可改变的法则以尽可能短的过程遵循于你……必然性是自然的主人与向导。

同样,他们也会欢呼庆祝他提出这些必然的法则是数学:

> 一个人在何处运用某种数理科学,或者这其中哪一个同数理科学关联,都是不确定的。无论谁谴责数学的极端可靠性都是出于混淆,都不能平息各种诡辩科学的矛盾,从而导致永无休止的招摇撞骗。

但是,达·芬奇又一次颠覆了我们的想象。以他对"实验"的依赖为例。在文艺复兴时期,这个单词经常或多或少地同"经验"同义:不是那种经过精心策划的,经常为科学家们所用的、高度受约的人为控制的过程,那种过程被用于探索某种特定的孤立现象,并检测有关如何孤立的假说,而是一种对于自然的简单、亲身的观察。从 17 世纪开始,科学实验愈来愈多地成为一种对自然发生的事情的抽取和操纵。正是因为这种自然环境通常涉及如此多的复杂因素和影响,诠释才变得困难。这种自然和实验之间不断加宽的鸿沟也愈来愈受到争议。

达·芬奇并不打算像我们今天所做的那样,用实验测试假设。相反,他提供一种方法来确定理性必须解释的事物是什么。"首先",他宣称,"在我进一步之前,我要通过实验来测试,因为我的意图是:首先参考经验,然后使用推理来展示为什么这样的经验一定会以这样的方式起作用。"这可以很容易地为换汤不换药的重复研究,以及束缚古代自然哲学的"就是这样"的武断研究提供解决方法:尽管理论必须符合我们的经验,但是,它仍然可以通过脱离实际的逻辑与推理来阐述。

更重要的是,达·芬奇相信自然界的数学秩序与简单性的信念,但他并没有必然地把简单性归因于经验。在文艺复兴时期,自然的"法则"不像今日所被赋予的那样具有约束性。在托马斯·阿奎那阐述的亚里士多德学派观点中,一个法则描述的是通常的情形。但是自然,就像一个工匠,可能犯错,也可能偏离正轨:怪诞、荒谬、奇妙的现象可能发生,并不仅仅是——像许多人所认为的那样——因为它们是神圣的征兆,也是因为自然在形成过程中出现了错误或者突变。这里达·芬奇的立场有些模糊。正如我们所看到的那样,他感到自然享受到了创造和多变的自由,尽管他不太确定这种简单性是否是因为法则的允许,或者是因为它们本身就不严苛,或者是因为原本就存在比我们想象多得多的法则:"自然充满了无数的人们从未感受到的原因",他这样写道。

最重要的是,新柏拉图主义预告了达·芬奇对于有序宇宙的信仰,尽管它对于早期科学的发展有着深刻和公认的影响,但它与今天这个想法的动机不同。在《蒂迈欧篇》(*Timaeus*)中,柏拉图断言宇宙是由造物主通过几何分割过程,根据简单比例法则创造出来的,就像剪纸和折纸一样。作为一个结果,数学的比例与和谐性被编织到这个世界的每一根纤维之中。一些基督教会的创始人,包括奥古斯丁和波伊提乌(Boethius),都对这一想法表示赞同,这种想法在 11 世纪和 12 世纪之间盛极一时,直到人们对亚里士多德的依赖使得柏拉图主义黯然失色。文艺复兴时期的新柏拉图主义将几何宇宙学与赫尔墨斯主义的神秘传统结合在一起,后者起源于古希腊并且促进了自然法术和炼金术的研究。佛罗伦萨的哲学家马尔西利奥·费奇诺(Marsilio Ficino)是这种结合的主设计师之一。受该市城主美第奇(Cosimo de' Medici)之邀,他在城外山中卡雷吉(Careggi)的一幢别墅里,创立了柏拉图学院。1462 年,费奇诺为科西莫翻译了新发现的古希腊诺斯替教的作品《秘义集成》(*Corpus Hermeticum*)、新版的《蒂迈欧篇》,以及柏拉图的门徒、新柏拉图主义的奠基人普罗提诺(Plotinus)的作品。

如果我们将已经在达·芬奇身上用之甚多的陈词滥调用于费奇诺身上,那也没什么不好——他是一位多才多艺的人——如果我们完全推翻他是他那个时代的产物这种说法。并不是那个时代每一位受过教育的人都有多种才能——伊拉斯谟没有绘制过祭坛画,拉斐尔(Raphael)从没有演奏过鲁特琴——尽管如此,"全人"是可以胜任各种角色的,而今天我们认为在各个方面都是泾渭分明的,这确保哲学家们,只要他们愿意可以轻易成为医生或诗人。费奇诺不仅是意大利文艺复兴时期著名的学者,也是一位牧师、医生和音乐家,他在七弦竖琴上演奏俄尔普斯赞美诗,取悦米兰公爵(Duke of Milan)。尽管费奇诺身材不高,还有轻微口吃,他给所有遇到他的人都留下优雅和精致的印象,毫无疑问,这受益于他天使般金色蜷曲的秀发、优雅的气质和广为人誉的获取最好葡萄酒的能力。

达·芬奇在佛罗伦萨韦罗基奥车间做学徒工的时候,费奇诺也在这座城市里活跃着。有一个有趣的故事,说是费奇诺似乎是从马嘴里获知了新柏拉图主义。

虽然费奇诺同佛罗伦萨的艺术家关系密切——他是波拉约洛(Pollaiuolo)兄弟的朋友,显然也负责审查波提切利(Botticelli)在普里马韦拉(Primavera)的工作——但是没有证据证明他认识韦罗基奥最有前途的学生。同样,达·芬奇所阅读的《蒂迈欧篇》,很可能是费奇诺的版本。

隐秘的自然

新柏拉图主义关于宇宙秩序的论断——尽管只是缺乏实证依据的神秘主张——却不仅一度在早期近代科学中弥漫,也一直盘桓在此后的科学活动中。许多科学家仍然相信，宇宙从根本上受秩序与规则所约束，这些规则可以理解、可以名状（哪怕其描述难以意会），而且对那些具备审美情感、可以理解它们的人而言，还很可能呈现出美感来。时至今日，我们仍找不到合乎逻辑的理由来判断这种论调是否属实，但不可否认，目前人们仍对这种蕴含无限变化的宇宙规律满怀期待。

但近代科学启蒙时期的新柏拉图主义还留下了另一笔遗产。可以说，正是在它的影响下，好奇心文化开始兴起。在柏拉图眼中，对世界的认知不能仅停留在表象上：粗浅的表象不过是海市蜃楼，是充满缺陷的意外的显像器，其背后才隐藏着永恒完美的现实。因而，我们难以窥见真理，它简直玄妙不已。而在新柏拉图主义者看来，只有专家才可以解释充斥在人们原始经验中的种种迹象。他们中的一些人跟随《赫尔墨斯总集》(*Corpus Hermeticum*)①的指引，信奉炼金术宇宙论，认为大宇宙和小宇宙是通过各类化学物质相随相生而达到和谐统一的。另一些人则更倾向于《蒂迈欧篇》的哲学，推崇数学几何化，而非化学式的宇宙统一情形。但所有新柏拉图主义者都认为，自然世界充满不可知的奥秘，而自然哲学的目的就是揭示这些奥秘。关于这些奥秘的真相并不存在于旧纸堆里，唯有通过诱导的方式（即实验）才能展现自然世界的原理。在文艺复兴后期，这一观点促使对自然界的研究逐渐形成。

于是，"隐秘的自然"常被公然喻为忸怩作态的年轻女性，必须诱骗她来显示自己的隐私。那一时代所特有的厌女情结极其邪恶，认为自然就像少女一般，只有通过狡诈诡计或顽固暴力才能"揭下面纱"。这种倾向广受女权主义历史学家诟病，尽管有人辩解这种带有胁迫性

---

① 一套 24 部用希腊语撰写的圣文总集，又名《秘文集》或《炼金术大全》，包含了所有赫尔墨斯学派倾向的公理与信仰。——译者注

质的语言并不暗示着"强暴",但它却难逃咎责。对于广泛使用这种话语的男性群体而言,要否认这种明显带有挑逗意味的隐喻,就像狡辩称那些装点文艺复兴时期油画的女性胴体只是纯粹欣赏对象一样,都是徒劳枉然的。当自然哲学家们思考着该如何扒下自然的衣服,窥探她的"秘密"时,你甚至可以听到激动的喘息声。这种猥琐的或被高尚化的性暗示不仅让人不快,而且是有意为之。

　　但自然的诱惑并不仅限于肉欲。有途径获取自然奥秘即象征着特权,同时也象征着力量,一个人能借此获得更多。熟知金属转化知识的炼金术士可以腰缠万贯,在宫廷中如鱼得水;掌握医学奥秘的医师也是如此。发现流水的秘密后,达·芬奇便声称有能力控制河流洪水,颇得王公贵族赏识。他并未停留在理论层面:他曾与尼可罗·马基雅维利(Niccolò Machiavelli)①合作过一个项目,通过将阿诺河改道,切断了佛罗伦萨城敌城比萨的水源。弗朗西斯·培根的名言"知识就是力量"虽已成老生常谈,但我们必须承认,这句格言建立于自然奥秘纷繁复杂的传统之上。

　　此处所谈论的"秘密"不仅仅停留在修辞层面上。自然在大多数情况下都晦涩难懂,这是不争的事实。科学之所以存在,是因为自然规律并不能让每个人都一目了然。它需要专注、耐心和潜心研究,而用"秘密"来加以形容只是反映了事实而已。如今,我们仍在书籍或电视节目中揭示植物、细胞或宇宙"奥秘"等日常不可见的事物。然而,"自然难以被理解"和"自然隐藏着秘密"这两个观点存在重要区别,因为后者有故意隐瞒的意味。自然要么是忸怩的(此时令人兴奋不已),要么是妒忌的(此时令人丧气,使用武力才适得其所),而无论怎样,都只有通过狡猾诡计才能揭露她(虽使用了这种性别拟人,但我并不认

---

① 意大利政治思想家和历史学家,著有《君主论》。——译者注

同）。这种观念与如今盛行的科学观点大相径庭，现在的科学家只要发现某种自然奥秘，人们只会夸他/她聪明机智。而在 16 世纪末，科学家需要一定程度的狡猾。

秘密社团

1585 年，一个叫托马索·加尔佐尼（Tommaso Garzoni）奥古斯丁修士出版了《世界职业类型汇总》（*The Universal Piazza Of All The Professions Of The World*），并在书中提出了一个新职业领域："秘密学教授"，此类人士专门探寻晦涩和神秘事物。他说，这些秘密

> 是起源晦涩不明的事物，以至于即便为大众所知，本质上却只有极少数人了解；即便如此，它们仍有潜在的探索价值，有智之士定能通过这些秘密尽快找到获悉真理的途径。

尽管这些秘密有些是"好的"，而追求这些秘密也算高尚，但加尔佐尼显然并不看好这些教授，他们往往寻求"荒谬和徒劳的奥秘"，对人类毫无益处可言。他表示，更有甚者"有些人对秘密这一领域地过分热忱的投入，结果他们对秘密的渴望甚至超越了对生活本身的需求"。加尔佐尼引用的这一古老形象正是痴迷的炼金术士，他们甚至不惜毁掉生命，也要愚蠢而徒劳地寻求"点金之石"。画家布勒哲尔（Brueghel）就作过这类可怜虫的讽刺漫画，画中混乱的实验室正是对炼金术士愚蠢追求的最著名嘲讽。与炼金术士一样，秘密学教授也是赫尔墨斯哲学传统的产物，他们混淆了经验主义与自然魔法，试图为众生提供了解自然之道，然而其作为并不光彩。

那些曾被加尔佐尼称为"秘密学教授"的人还包括意大利的阿莱西奥·皮埃蒙特（Alessio Piedmontese），他在 1555 年发表的《秘密》（*Secreti*）一时间风靡全球，经久不衰。该书出版的前四年间至少再版 17 次，直至 17 世纪末仍在出版，之后再版 104 次。

　　但在当时,这位"来自皮埃蒙特的艾力克西斯"还名不见经传。在该书序言中,他自诩是个虔诚人士,游历世界,从平民百姓那里采集信息,对"秘密学"知识的积累与经院学术毫无瓜葛。其真实身份一直众说纷纭。当然,由于神秘学从未见诸任何畅销读物,阿莱西奥的头衔肯定是一种营销策略。但既然他口口声声说,赫尔墨斯学派的奥义太过强大,不适合向世人公开,却又著书立说,向世界"揭露"珍奇秘密,他必须为该行为提供道德辩护。他解释说,自己曾向一位医师隐瞒良方,因为担心他会"贪图私利和虚名"。医师的病人最终因不得医治而亡,阿莱西奥这才意识到,有价值的信息应该公开给所有人。

　　这些秘密究竟是什么?想要借此洞察世界本质奥义的读者将大失所望。另一方面,加尔佐尼曾出言不逊,认为秘密学缺少实用价值,这番言论实在令人费解,因为《秘密》一书充斥着日常生活用品的实用配方:药品、香水、肥皂、乳液、化妆品、烹饪食谱,甚至还有专门的工艺程序,如制作金属或颜料的配方。《秘密》略显浮夸的标题和颇接地气的内容形成强烈反差,从而揭示了它所代表的传统的真正范围和重要意义。首先要注意的是,作为技术工艺手册,这本书与大学学科研究没有任何关系。即便作为学术学科的医学,也往往只是教授希波克拉底和盖伦等古代作家论述过的无用理论;而在实践中,医生则需要依靠江湖郎中来习得实用医术,了解各种草药和矿物的配制,与民间用药相比,他们制作出的药品成本更高。这些"秘密"以工艺为基础,在很大程度上缺乏理论,因而受到大学教授的蔑视,认为其不过是粗率的经验之谈,而非理性和逻辑的产物。然而在 16 世纪,这种被称为"工艺手册"①的诀窍类书籍十分流行,阿莱西奥的作品不过比较受欢

---

① *Kunstbuchlein*,16 世纪中期用德国方言写成的一系列关于各种祖传秘方、秘术的短篇论文。——译者注

迎罢了。尽管如此，他们仍声称与自然魔法的传统有密切联系，借此获得声誉。

阿莱西奥声称自己有一剂治疗胸膜炎的秘方，这个方子是博洛尼亚一位名叫吉洛拉谟·卢赛利（Girolamo Ruscelli）的绅士给他的。这位卢赛利也位列加尔佐尼的秘密学教授名单当中。关于阿莱西奥的故事最引人入胜之处在于：如今一些历史学家认为，阿莱西奥就是卢赛利本人。这种说法起初似乎很有说服力，因为 1567 年卢赛利曾在遗作《新秘密》（Secreti nuovi）的前言中写过这样的话。然而我们决不能轻信卢赛利——鉴于他的职业，他很可能通过攀附阿莱西奥来获得殊荣。

卢赛利是 16 世纪中叶一位杰出的神秘学教授。他生于托斯卡纳，就读于帕多瓦大学，随后在意大利南部阿布鲁佐大区瓦斯托城侯爵手下称臣，担任诗人和外交官职位。侯爵死后，卢赛利搬去威尼斯，在出版商文森佐·瓦勒格里斯（Vincenzo Valgrisi）手下从事写作和校对工作。其工作职责就是极尽溢美之词：作为一名所谓的"写手"，卢赛利会按出版商要求写出任何东西，从剧本到旅游手册无所不有，大都是比较通俗、针对大众市场的读物。因此，卢赛利很可能参与到搜集民间《秘密》合集的工作中，这样一来，那位神秘作者阿莱西奥便可能是捏造出来的。

然而，在秘密学教授身份的确立上，卢赛利可能扮演着更重要的角色。他自称在那不勒斯王国创办了一家"实验学院"，将其命名为"秘密学学会"（Accademia Segreta，英译名 Academy of Secrets）。学会不仅搜集秘密，本身也是一个秘密组织：24 位成员曾宣誓，除非得到他人批准，否则不得向任何人透露学会的存在。卢赛利拒绝透露该学会赞助者身份，这位赞助者是一位王子，与学会成员每月定期会晤。据称他可能是萨莱诺王子费兰特·圣塞韦里诺（Ferrante

Sanseverino）。

卢赛利认为，学会的初衷是"学而不倦，因为它要对自然及其万物运行规律进行剖析"。虽然知识都秘密地搜集而来，最终目的却是无私而平等的。卢赛利说，"除了为自己谋求快乐和实用价值，我们同样致力于为世间大众造福，我们让知识更加明确真实，让各种有用的、重要的秘密能为人所用，无论其富有或贫穷，博学或无知，男女老幼咸宜"——这句话似乎预示了弗朗西斯·培根那句科学就是要"造福于人类生活"的名言。卢赛利认为，一旦秘密学会搜集到它所寻求的所有秘密，神秘事物的面纱都将被揭开："它将昭示天下，成为最尊贵、最圣洁、最值得追求的东西，举凡各国王公贵族或世间任何美好崇高心灵无不争相企及。"这番话也是为了吸引富有的赞助者的注意。

那不勒斯的秘密学学会不仅搜集配方，还在确定收编前对它们进行仔细测试。这样一来，只有真正有效的配方才会最终得到公布。文艺复兴早期，人们盲目从众，轻信"经验主义"一无是处；与之相反，此时达·芬奇的重复实验验证法得到了系统性实践。即使不能称得上是怀疑主义，秘密学学会至少将其工作建立在审慎辨察的基础之上。关键之处在于，他们的实验不是对理论进行检测（秘密学学者总体上对理论持怀疑态度），而是对特定工艺和配方的有效性进行检测。为协助实验筛选过程，学会聘请包括药剂师、金属工、香水师和园丁在内的各种手艺人。

听起来，这似乎和 100 年后蓬勃发展的科学学会的人非常接近，但也有不同之处：秘密学学会究竟真实存在，还是仅存于卢赛利的想象中，至今尚不明确。除他本人证实之外，没有其他证据能表明学会的存在，而一个如此庞大的机构始终不为人知，也让人难以置信。围绕着阿莱西奥·皮埃蒙特的所有这些模糊因素都让人怀疑卢赛利并不可靠，他拒绝透露学会成员、赞助者或所在位置的任何细节，更令人心生疑窦。

然而，他的言论也并非无稽之谈，严格保密也许是出于一定的政治动机。在当时的那不勒斯，西班牙统治者们常担心私人社团会煽动社会动乱或颠覆宗教。1543 年，西班牙托莱多总督唐·佩德罗（Don Pedro）就以涉嫌异端为由关闭了人文主义组织——庞塔尼亚那学院，并将其领袖希皮奥内·卡佩斯（Scipione Capece）①从那不勒斯大学免职。作为回击，费兰特·圣塞韦里诺王子将卡佩斯带去萨莱诺城，任命他为法学教授，这种反抗行为可被看作王子资助卢赛利秘密学学会的一个证据。4 年后，那不勒斯的一次起义促使唐·佩德罗关闭了王国里所有的哲学和文学学院。可以设想，这种危险的政治环境可能是促使卢赛利 1547 年前后移居威尼斯的原因所在，也因此才使用笔名发表《秘密》一书，记载秘密学学会的所有发现。

尽管存在这些障碍，那不勒斯仍在文艺复兴晚期的自然研究领域处于中心地位。人文学者博纳迪诺·特勒肖（Bernardino Telesio）在阿方索·卡拉菲（Alfonso Carafa）、诺塞拉公爵（Nocera）及其儿子和继承人费兰特的故乡度过了大半生。在故乡卡拉布里亚以南的科森扎市，特勒肖成为了克森蒂娜学院的院长，该学院专门教授当时经院学院里不屑开设的自然哲学。

特勒肖对亚里士多德和盖伦等古典权威进行了批判，认为其过于依赖理性，不重视感官证据。他在伟大作品《论物性原理》（*De rerum natura iuxta propria pincipia*，英译名 *On the Nature of Things According to Their Own Principles*，1586）中曾阐明过这一立场。他反对亚里士多德哲学按照形状和材质来描述物质世界的方式。特勒肖认为，感官不是为了支撑人类敏感的灵魂，它们仅仅是获取经验的

---

① 意大利法学家、诗人，那不勒斯大学法学教授。——译者注

渠道,并通过空气和光的律动表现出来。在特勒肖看来,理智并非源于分析推理,而是来自于感官。

在宇宙当中,亚里士多德哲学的目的论媒介,亦即托马斯·阿奎那所指称的上帝意志,并没有必然的作用。物质自有其运行规律,并通过冷热两种趋势的相互作用获得动力。特勒肖从未质疑过上帝创世说,他曾做过本笃会(Benedictine)修士,甚至被罗马教皇庇护四世授予科森扎大主教的头衔(虽然被他婉拒)。但他认为是神塑造了自然,使其按照自然法则不受干扰地运转。假若不是他与当时教会最高权威人士保持着良好关系,这些观点必然会给他带来麻烦。

鉴于上述所有这一切,我们很容易理解弗朗西斯·培根对特勒肖的评价:"现代第一人"。但当深入其信仰本质时,众多现代科学家都会对特勒肖所代表的"现代"不那么苟同。其观点接近于神秘的泛神论:他认为物质精神遍及自然万物,想要认识自然,就需要与这种精神相联结。通过学习人性的生死存亡,对自然的研究就成为了一种道德追求。

特勒肖决意为自然现象寻求理性的和机械论的根源,而这正是自然魔法传统的一个标志。意大利医生和数学家吉洛拉谟·卡尔达诺(Girolamo Cardano)是帕帷亚城的居民,他也倾向于通过"赞同"和"厌恶"这两种相反力量的冲突与平衡来解释自然事物的动因。这也使得卡尔达诺更关注自然现象的机械论解释,而非事物本身的真实性,这就是为什么他终其一生都在试图让种种迷信说法合理化。例如,八月新月后下的蛋不会腐烂,打人后在手上啐痰能减轻受害者的痛苦。卡尔达诺如此明显地耽于幻想,而且对占星术无比狂热[1],这使

---

[1] 卡尔达诺在出版物中推测耶稣的出生星位,因而在 1570 年被指控为大逆不道。

得历史学家林恩·桑代克（Lynn Thorndike）①不禁对其产生了厌倦情绪："他的大作"，桑代克说，"通篇皆是冗长的重复，丝毫没有要停止的意思"。但桑代克的那句抱怨——"他们所说的那套东西世上没人感兴趣，除了作者自己"——起码说明，卡尔达诺具备一位自然魔法师典型的无穷好奇心。他想寻求宗教影响的具体原因，而不是亚里士多德式的一般解释：在安第斯山脉高处，没有雨就无法长出玉米，因为那里太阳光较弱，只能刚好保持土壤表面干燥而已；而爱尔兰的土地上没有蛇类动物，因为土壤中的"沥青"（泥炭）散发出的气味杀死了它们。

然而，即使是桑代克也不能否认卡尔达诺在某些领域的聪敏，尤其是数学方面。在他的代数论文《大术》（*Ars magna*，英译名 *The Great Art*，1545）中，他提供了三次和四次代数方程的一般解法（其中包含三次方和四次方的变量），他还是已知第一个提到虚数（所有包含 -1 平方根的数）的人。其著作《论投骰游戏》（*Liber de ludo aleae*，英译名 *Book on Games of Chance*）通过投掷骰子第一次给出了概率论的基本概念——他在这方面拥有大量可供研究的素材，但也有着异于常人的浓厚兴趣和奇妙理论，最终他被大学开除，并被迫通过赌博来维生。他曾距离理解燃烧的化学本质只有一步之遥，直到两个世纪后，安托万·拉瓦锡（Antoine Lavoisier）才发现燃烧的氧化理论，指出火焰其实是空气的燃烧现象。

对卡尔达诺来说，一个人对奇妙事物的感叹和欣赏激发了好奇心。他说，这种奇迹在自然当中的表现远比艺术要丰富得多。他在《论世间万物》（*De Rerum varietate*，英译名 *On the Variety of*

---

① 林恩·桑代克（1882—1965），美国历史学家。心理学家爱德华·桑代克的弟弟。——译者注

Things,1557)中提出一种世间奇观的分类系统:"地球奇观"、"水的奇观"等等。他认为,虽然有些事物的确美妙无比(甚至难以用理性来解释),但除此之外,有些事物"就只是值得欣赏,但不算是伟大的奇迹",还有的事物则没有任何奇观可言。在他第一级分类里是类似"蓝色的云"的事物,据说有人在远离南美洲一角的麦哲伦海峡曾远远目睹过;在第二级分类里,有墨西哥城的跳脚杂耍艺人——这一分类表明,新大陆的发现拓展了已知世界可能存在事物的类别。(详见第 6 章)

魔法学人

在 16 世纪 60 年代那不勒斯有了本土的秘密学学院(Accademia dei Secreti),其创建者是吉安巴蒂斯塔·德拉·波尔塔(Giambattista Della Porta),又一位加尔佐尼"秘密学教授"花名册上的人物。可能在政治环境稳定下来后,正是这样一群人代表了卢赛利精神的复兴。然而,德拉·波尔塔很可能也是卢赛利学院的成员之一。

如果说,把特勒肖置于现代科学的奠基人地位似乎让人颇感不快,那么,让德拉·波尔塔居此地位则更加糟糕。他于 1558 年出版的《自然的魔法》对自然蕴藏各种神秘事物的观点进行了确切论述。一位魔法书的作者怎么能成为科学家们的先驱呢?

为了理解这件事,很大程度上我们需要暂时搁置自己所了解的"魔法"。当代科学家们对这个字眼的鄙夷态度的确情有可原,因为它在今天的意义已被贬低了许多。最近理查德·道金斯[①](Richard Dawkins)和大卫·阿腾伯勒(David Attenborough)[②]的谈话中,道金斯谈到了他即将要出版的儿童科普书时,对此就有很好的说明:

[①] 英国演化生物学家、动物行为学家和科普作家。——译者注
[②] 英国生物学家、英国广播公司电视节目主持人及制作人。——译者注

　　道金斯：这本书名为《事实的魔法》，我所要面对的问题之一
就是，"魔法"这个词在此处的使用，与我们采用它较为诗意的意
义用来描述宇宙、世间生命时的含义有什么区别。

　　阿腾伯勒：不是的，我认为魔法与奇迹之间是有区别的。在
我看来，魔法是指事物本来并不具备的样子。比如，兔子不可能
生活在帽子里，这就是魔法。

我们很可能已经从阿腾伯勒的奇迹观中得到了一些暗示（后续还会得
到更多），从历史的视角来看，阿腾伯勒的观点是有问题的。尽管作为
一名著名的自然历史学家，我们有理由相信他的"兔子案例"，就如同
他的黑桃魔术一样。魔术意味着"事情并不是真实的样子"本身只是
一个故事，因为在 16 世纪中期，魔术和实验科学本就难以被人们区分
清楚。它主要的拥护者认为，自然魔法是用来驱逐魔鬼和上帝等超自
然存在的最有力方式。这些支持者始终反驳对宗教异端的控告，宗教
异端坚称，上帝是万能造物主和原动者这一观点，与自然魔法并不互
相抵触。自然魔法论者们则相信自然现象被一股无形的力量操控着，
这和现代科学家的观点相似。并且，历史学家威廉·埃蒙（William
Eamon）[1]解释道，自然魔法就是"一种尝试给出合理而自然解释的科
学"。自然魔法论者们知道如何去利用自然界固有的力量与趋势，而
不是使用超自然方法。16 世纪早期，这种魔法艺术的支持者科尼利厄
斯·阿格里帕（Cornelius Agrippa）[2]解释道：

　　魔法师们就像大自然里小心翼翼的探索者，引导着自然提前
预备好东西，把主动向被动整合，然后总是成功地预测结果。所
以，这些东西不过是对自然规律运行的预测，却被吹捧为一种奇

---

① 新墨西哥州立大学荣誉学院院长、历史学终身教授。——译者注
② 文艺复兴时期欧洲哲学家和卡巴拉学者之一，撰写了关于魔法的论文《神秘
　学》。——译者注

迹。结果,人们误认为魔法规律超越自然或抵触自然,因为它们
只是从自然中剥离出来,并且与魔法和谐共处。

埃蒙认为,自然魔法论者们相信充满隐秘力量的自然可以通过人类进步来效仿、改善乃至得到开发。出于这个原因,没有人再试图挑战那些禁忌的知识——好奇心作为一种美德也不再变得更加正当性——这些都是自然魔法造成的。

德拉·波尔塔在他的时代里被认为是"自然秘密最勤奋的审查员"。在伽利略之前,他是意大利科学界的领军人物。据说在 16 世纪末,除了波佐利城著名的罗马浴场外,德拉·波尔塔本人就是那不勒斯王国最大的旅游名胜。今天,当我们发现他作为一名技巧过人的剧作家是多么的声名显赫,更凸显了他的价值。他至少写了 33 部戏剧,尽管其中的一些已不复存在了。

他出生在那不勒斯一个富裕的家庭(原本来自萨勒诺城),据称他15 岁便创作出了《自然的魔法》。尽管我们不知道他确切的出生年代(约 1535—1540),很难去了解这一说法的真实性。[1] 但是德拉·波尔塔的确是个天才:1558 年,在阿莱西奥的《秘密》出版后的一年,他的这本书就出版了,那时他估计还没超过 23 岁。比起阿莱西奥的秘诀汇编,《自然的魔法》和神秘学的思想传统联系更为密切。但从另一方面来看,他们并没有那么不同。在开篇章节,它解释了自然和人工现象既"昭彰"又神秘的原因之后,《自然的魔法》接着根据对形式和物质的同情与反感的理论以及它们受到天体的影响,列出一系列的技巧、实验还有化学过程:如何写秘密信件,如何制作化妆品和春药饮剂,宝石和石头的特殊力量,以及怎样用镜子、魔术灯和带有光的图片的暗箱

---

[1] 这也是德拉·波尔塔所作的一部分:常常谎报年龄,歪曲事实,这样有利于他的名声。

操控一系列视觉魔术。后来的版本扩充了内容，合并了各种有用的农业知识，例如怎样杂交繁育植物和动物，如何保护水果。此书中大多有关平凡的大自然的内容无疑帮助解释了这本书的流行与人气："魔法"是每个人都能使用的。

《自然的魔法》精确地展示了好奇心在 16 世纪中期的地位。自然魔法传统的吸引力对于那些有好奇心性格的人来说是很明显的：这种吸引力不那么教条，可随时体验，并且能容纳任何你喜欢的主题，从密码学到苹果种植等等不一而足。没有什么是禁止的：正如德拉·波尔塔所言，"魔法就是整个大自然课程的知识"。"你不需要成为一个博学的教授就可参与这一大自然的探索，也不需要深陷在古典辩论修辞的沼泽。自然的魔法很大程度上是从宗教的禁令中解放出来的，同样也是从亚里士多德的规则中解脱出来，它尝试告诉大自然什么能做，什么不能做。如果那不被你自己直接经验所证实，古代的证明其实并不重要。这些大多不是真正的科学，但是这些证明为科学铺平了道路。

从另一方面来说，这样是有风险的。最直接的后果，就是你可能会因巫术和通灵术而受到谴责。德拉·波尔塔就常常受此困扰，他在 1589 年版的书中抱怨道，法国法学家让·博丹（Jean Bodin）①曾谴责他是"那不勒斯大巫师"，并声称应该烧了《自然的魔法》，因为它包含了巫师制作的软膏（德拉·波尔塔坚称其处方不是来自神学的作品）。通常，不用魔法本身的暗示，只是其中包含的实验就足够引起怀疑了。在 16 世纪 70 年代，德拉·波尔塔被宗教法庭所追查，即使在他关闭了神秘学学院后，宗教法庭仍在调查他。被捕后，他很可能曾被迫公

---

① 让·博丹（1530—1596），法国律师、国会议员和法学教授，因主权（sovereignty）理论而被视为"政治科学之父"。——译者注

开承认自己的一些观点是错的,并且不得不参加耶稣会,每星期都会花上一天时间去履行宗教义务,以忏悔自己不虔诚的行为。尽管如此,为了能出版他的书,他还是竭力去获得教会的支持,如果他没有得到罗马高级法庭的允许就那么做的话,很可能遭受被逐出教会的风险。

奇怪的是,传统科学史急切地想从哥白尼跳跃到伽利略,却忽视了这些事情:想要为科学牺牲,好像自己必须是"正确的"——或如有些人所说,要符合某种特定说法。在某种程度上,德拉·波尔塔的自然魔法比哥白尼的日心说天文理论更具威胁性,因为它试图削弱迷信对教会权威的依赖。圣物和信仰疗法的功效要求无条件接受那些被自然主义解释所破坏的神迹。如果德拉·波尔塔的这些主张没有发挥其相应的作用,那些对恶魔的宗教式谴责,以及消除干扰的教堂仪式,都显得如此多余。正如埃蒙所说:

> 就在教会加强反对大众迷信时,德拉·波尔塔正在研究一个破坏整个迷信概念的理论……教会既需要恶魔,也需要亚里士多德……巫术通过手段行使权力,使其权威变得合法。

在科学启蒙阶段,人们不愿摆正自然魔法的位置,这也许是因为其另有风险,仔细回顾一下,便会发现这一点显而易见:盲信的危害。如果能在自然中行使超自然力量,你能辨别出它们能做什么,不能做什么吗?如果罗盘针在世界的任何地方可以通过神秘力量定位北方,那么,可以恢复视力受损的"神水"(如德拉·波尔塔曾发誓在他身上发生过一样)或某些可以对抗疾病的宝石,或托勒密那个可以看到 600英里外船只的魔镜(也许是个镜片),这些又有什么不能相信呢?德拉·波尔塔和同时代(包括早期科学界公认的)英雄人物一样,也很容易受骗。《自然的魔法》中一些雄心勃勃的宣言和秘诀貌似可信:例如毒品会使人觉得自己是一只鸟或一条鱼,饮食会对梦产生影响,或有

办法让狗停止吠叫等。书中介绍的其他幻想现象，如自然发生说已经
被普遍接受。

更重要的是，德拉·波尔塔变得鹤立鸡群不是因为他相信的内
容，而是因为他相信的理由。他相信，即使最不可思议的事也必须有
自然主义的解释，且一定是由自然的力量而不是上帝或魔鬼造成的。
让·博丹因被德拉·波尔塔激怒而发起了谩骂，因为后者对能让女巫
飞行的药膏提供了合理解释：德拉·波尔塔认为，这是因为女巫只是
觉得自己在飞翔，因为她们在身上涂抹了这种致幻药物。这种颇具暗
示的批判，最终导致宗教法庭在罗马审讯德拉·波尔塔。

德拉·波尔塔的书开创了自然魔法的实验方法。他说自己亲自
检验了古老作品中那些无人相信的说法，同时排除了不能成立的说
法。千万不要相信艾尔伯图斯·麦格努斯，因为德拉·波尔塔亲验了
其萝卜汁或"蚯蚓水"回火可使铁更坚硬的说法，而事实证明这是假
的。（实际上，刻意夸张容易破坏其实验的可靠性，他描述说"让铁如
铅般柔软"）。在 1589 年版《自然的魔法》中可发现，磁铁吸引力通过
与大蒜摩擦可被抵消这一结论也没有通过实证测试（同理，用山羊血
摩擦来增强磁力也不能成立）。然而，所谓"去磁"的实验证伪却常被
认为是由英国自然哲学家威廉·吉尔伯特教授（William Gilbert）在
1600 年的《论磁》（*De magnete*）中所提出，也许因为这位教授是科学
界备受尊崇的先驱之一。德拉·波尔塔抱怨称，吉尔伯特"把整个《自
然的魔法》的第七册分成许多书，做了一些变化……他自己加进去的
那些材料都是假的、反常的、可悲的"。不过，德拉·波尔塔并未将吉
尔伯特关于"地球不断处于运动当中"这一说法归为"疯狂的想法"，从
而让自己的论断丧失了说服力。但是，在是否将世纪转折点上的人分
为"现代人"或"中世纪人"的问题上，我们应当保持警惕，无论他们是
否信仰哥白尼。

德拉·波尔塔对光学特别有深入见解，在 1584 年版《自然的魔法》中，他解释说：

> 凹透镜让人看远方的东西时最清楚。凸透镜则让物体看起来近在眼前。所以你可以根据视力要求对它们加以利用。凹透镜可以很清晰地看到远方事物，凸透镜离物体越近时看见得越大，只是不甚清晰。如果你知道怎样把它们组合在一起，不仅可以看到远处的事物和近处的事物，还可以看得更加清晰。我帮助了自己的很多朋友看清东西，他们看远处很费力，看近处又太模糊。

看起来，他在此描述的并不是望远镜或显微镜，而是眼镜以及其他矫正视力的方法；特勒肖认为我们的感官是机械的，如果这一点正确的话，那么人的感官确实可以通过机械辅助手段得到补充和加强。

德拉·波尔塔的自然魔法在 16 世纪后期和 17 世纪早期成为了除亚里士多德自然哲学之外的主流思想。虽然它仍然根植于费奇诺所提倡的新柏拉图主义和赫尔墨斯主义，展现出对炼金术、占星术和新"化学药物"（并非全然盲目）的无比热情，却在不同的人中展现出不同面貌。这一时期最著名的魔法世界观支持者或许也是最疯狂、最名不见经传的那位——那不勒斯的修士乔尔丹诺·布鲁诺（Giordano Bruno）[1]。他爱好争论，性格傲慢，注定让自己麻烦缠身。时至今日，想要摘掉有人给布鲁诺的"科学殉道者"称号，似乎是一种奢望；也许我们只能通过布莱希特（Brecht）[2]在《伽利略传》（*Galileo*）中的话来宽慰自己："需要英雄的土地是不幸的。"

事实上，布鲁诺在 1576 年接受宗教法庭控告时，哥白尼主义未被

---

① 乔尔丹诺·布鲁诺（1548—1600），文艺复兴时期的意大利哲学家、数学家和天文学家。——译者注
② 布莱希特，德国戏剧家、诗人。——译者注

提及,而 1592 年那场让他困于审判的罪名也未被提及。在 1600 年最终导致他被烧死在火刑柱上的异端指控如今只有两项纪录在案,均模棱两可地涉及神学问题。其许多观点都遭到教会强烈反对,比如"道成肉身"和"三位一体"这种敏感话题,更不用说他与声名狼藉的人士保持长期往来了。布鲁诺之死让一贯容忍自由思想的教会蒙受了污点,却并未彰显出他对科学的态度。布鲁诺对世界灵魂的拥护,就魔鬼或其他神灵的存在发表过的宏篇大论,以及世间万物运作的独特体系,都没有让他在那样的时代与众不同——即便是被追封为科学圣殿圣徒的资格都没有。

好奇者学院

在招致罗马人愤怒之前,德拉·波尔塔在那不勒斯的家中召集来了秘密学学院的成员。"我从未想过在我家开设好奇者(这里的确缺少)学院",他写道:

> 那些尝试做实验的人,慷慨地自掏腰包,尽最大努力,帮助我编撰并扩充这卷《自然的魔法》,它需要如此大量的开销、工作以及研究,我曾在之前准备了很长时间。

意大利作家旁派·撒奈里(Pompeo Sarnelli)对德拉·波尔塔的信件进行了编辑,他表示,这些访客"争相为其研究加入新发现"。和卢赛利的秘密学学会一样,他们都是有钱人,会花钱找工匠来协助实验。

自然魔法确立了 17 世纪科学计划的议程。从某种意义上说,其目的往往不是我们所说的科学,即消除那些神秘的特质和现象,而是通过合理解释去接纳它们。磁力、重力和光等"隐藏"特质不仅没有被边缘化,反而提供了一些新哲学主题:这正是传统经院哲学所无法解释的事。最为重要的是,自然魔法并不认为自然世界是一个逻辑谜题,通过阅读古老书籍就能破解;它是一种微妙的、自发的、神秘的构成,其规则需要用巧妙的、狡猾的和敏锐的观察来攫取。

德拉·波尔塔、特勒肖、卡尔达诺及其追随者的神奇宇宙学,为好奇心的合理化提供了空间,同时也让其声名狼籍。这一新哲学同时受到保守派学者和教会的蔑视与怀疑——很大程度上是因为它挑战了安逸的既定现实和传统,以及它对世界的迂腐的见解和僵化的求知界限。它拒绝接受我们(尤其是亚里士多德)尚不了解的世界不值得了解的看法。德拉·波尔塔曾说:

> 无知的哲学家,当他们无法按照亚里士多德的原则(好像他万知万能)解释事物时,就认定其为迷信。然而在这浩瀚世界里,对于所看到的无限多事物,有智之士明白:他们知道的连沧海一粟都算不上。

然而,认可好奇心本身并不能为一种新的自然哲学正名。这些关于秘密和自然魔法的书却往往与颠覆性探究的真实目的背道而驰:它们很容易变得空泛,成为一系列散漫的断言、秘诀和奇迹,它们受众广泛,却缺乏连贯的解释或结构。对自然魔法详尽理论的厌恶其实是一种优势,因为这就允许各种声音存在,避免了草率的猜测。在那个年代,这些草率猜测往往更容易出错。但它同时也是一个弱点,因为它约束了理解的广度和深度。德拉·波尔塔的解释植根于新柏拉图主义的宇宙目的论,即宇宙的创造是为了展示上帝的杰作,这往往走向自我肯定的死路。他关于力的吸引和排斥、亲近和敌对的理论带来了神秘的影响,且几乎具备无限的通用性。它们将会"解释",为什么芸香和铁杉互相排斥,芸香引起的炎症却能够被铁杉的汁液所缓解,反之亦然。这些关联和相互作用通过识别标志教义在事物的本质中变得显而易见,这种教义就是:上帝把微小的视觉双关融入世界的构造中,因此我们可以得知万物的目的。解读这些符号就是一种游戏。在自然中,游戏本身不只是沉迷于玄妙的秘密之中,更在于阐述它们时得到的乐趣。如威廉·埃蒙所说，德拉·波尔塔描绘的自然是"永恒变化的，永远有趣的、微妙的、巧妙的、惊人的"。这更是一种对好奇心的诱惑，这也意味着，我们往往不能解释过多：我们回归到某种类似于亚里士多德的哲学，只要使用几个宽泛的原则便足以传达自然的推力，而其中的种种转移和变化不过是反复无常罢了。

同样，这也值得我们去探寻它们，因为谁也不知道它们可能揭示什么。在德拉·波尔塔对一些草率得出的知识进行辩护时，这一点最为明显。他承认，知道磁石不会因摩擦大蒜而失去磁性看似真的微不足道，但微小真理总比伟大谎言更可取。对于这种见微知著的科学观，有句话可以为其代言："对于他们而言，没有什么事物是真正渺小的，任何渺小的东西都能让他们去发现更伟大的事物。"倘若这话没错，那么我们就应该对一切保持好奇。

第3章

好奇心剧场

他们说奇迹都是过去，我们要让哲人，超自然现象和神秘难解之事与现代接轨，让他们为人熟知。

——莎士比亚，《终成眷属》(*All's Well That Ends Well*，约 1604)

天堂、海洋以及整个地球（从千汇万状的地表到资源深藏的内部），上帝创造出的这一切都可以为你所用。

——约翰·伊夫林(John Evelyn，1667)

在 16 世纪和 17 世纪初，有兴趣研究自然的人不外乎属于这几种情况：如果你腰缠万贯，有大把时间可供挥霍（当然还是男性），那会是最棒的；如果你能保住一份稳定的大学教职工作，每个月虽有固定收入，却只能循规蹈矩地做些研究——虽然不至于那么一板一眼尊崇亚里士多德学派，但定然不会有什么惊天动地的发现；一些教士和神职人员在履行宗教义务的同时，也可以满足自己的好奇心。如果不能满足上述条件，那么你需要找一位资助者：他不仅会为你支付生活费、书本费和可能需要的器材费，而且还会捍卫你的才智权威，如果你违背了教会原则，他甚至会替你担保。

哲学家对于资助者的需求常被科学正史所忽略而疏于记载。众所周知的是伽利略和培根等人曾经说过什么，但他们谈话的社会和专业背景却鲜为人知。然而，资助事实上会对哲学家造成种种限制，其中不仅包括他表达思想的方式，还影响其研究的性质和探索范围。资助者需要被打动，需要被取悦，也需要知道他们的投资物尽其用。这种侍臣般的角色迫使哲学家们谨言慎行。正如现代科学的发展有赖于资助机构一样，早期科学的形成也与资助传统息息相关。

受文艺复兴时期人文主义的影响，接受自然哲学的宫廷贵族环境慢慢兴起。在中世纪，宫廷贵族往往沉浸于打猎和战争所彰显的英勇无畏之中，而甚少对艺术或学识上心。意大利外交家、作家巴尔达萨雷·卡斯蒂利奥内（Baldassare Castiglione）在其著作《廷臣论》（*The Book of the Courtier*，1528）中曾略显夸张地描绘了这种情况：在舞会上，一位女士希望邀请（他笔下的）一位典型廷臣跳舞，而后者

> 不仅拒绝了，甚至对音乐充耳不闻，也不愿参与到其他娱乐中，连连抱怨着，好像这浮华的一切都与他无关。终于，一位女士来和他攀谈，问及他的职业时，他便怒目回答："战士"。"那么在我看来，现在你既没有在战场，又没有在战斗，"女士反击道，"莫不如和你的作战装备一起上好润滑油，在柜子里老实呆着，这样你就不会像现在看起来这么愚钝。"

正如卡斯蒂利奥内所说，时代已经变了。贵族和廷臣们拥有更多闲暇时间，似乎被强加上了这种全新的学术态度：随着社会流动性的提升，金钱取代世袭爵位成为权力的跳板，贵族也不再是统治的唯一核心。文艺复兴时期的王子更希望自己博古通今，能够在吟诗奏乐的同时高谈治国之道和人生哲学。而且，无论听众是贵族抑或是平民，他都应平易近人、毫无矫揉造作地表现出这些品质：冷静得体，老练娴熟，而

不是像学究辩论那样毫不相让、唇枪舌剑。科西莫·德·美第奇的孙子洛伦佐（Lorenzo）据说是这一形象的完美代表，他曾经师承马尔西利奥·费奇诺和列奥纳多·达·芬奇，也可谓佛罗伦萨文艺复兴的巅峰人物。[①]

与以往不同的是，这些王子和公爵不再通过炫耀，而是通过吸引杰出艺术家、工匠和学者来展示高贵地位。通过和他们对话，甚至相互较量口才、音乐和艺术素养，来彰显自己的贵族修养。与此同时，作为资助者，他们希望门下这些术业有专攻的廷臣们能够创作出颂扬自己的美妙作品：一如现在，很多学者会因维系学术机构的声望而出版作品。如果没有这些附势的成分，可能会在一夜之间失去资助。

宫廷贵族礼仪对作品风格起着决定性作用。它必须具备感召力，优雅的同时还不媚俗。当然这种能力往往不能与才智底蕴相吻合，有时甚至还相互抵触：宫廷哲学家会空洞而浮夸地炫技，例如为王子呈上一台精巧复杂的自动仪或其他机器。如果从实用性和经济性的角度来衡量，这些东西一无是处。这些能工巧匠的谄媚甚至可能将无用变成一种美德。如果谴责德拉·波尔塔过度沉迷于肤浅（而非机智）的花招和幻象，他这种哗众取宠的方式恰好体现了当时的传统。

鼓吹和怂恿神秘是当时的风潮。"如果想让作品看起来更棒，"德拉·波尔塔写道，"那就一定要保持神秘。"如今也许没有比这更加与科学透明精神背道而驰的言论了。但在这里，保密的目的并不是像炼金术

---

① 意大利美第奇家族曾大力资助过达·芬奇、米开朗基罗、费奇诺等意大利文艺复兴时期巨匠；其中科西莫·德·美第奇（1389—1464）曾大量资助艺术和公共事业，其孙洛伦佐（1449—1492）是文艺复兴鼎盛时期佛罗伦萨的实际统治者，被称为"伟大的洛伦佐"。——译者注

师一样小心翼翼地守着秘方，唯恐他人觊觎，而是最大限度地夸大展示效果，让观者感到愉悦。亨利·范·艾顿(Henry van Etten)①在其机械类专著《数学消遣》(*Mathematical Recreations*，1633)一书中写道："如果想为展示的作品平添更多魅力，就要尽可能地隐秘遮掩……因为若让观众沉浸于感官冲击却不得其原因，他们会体验到前所未有的刺激。"值得注意的是，无论对德拉·波尔塔还是其同时代的人而言，这种方法只是在模仿自然女神的种种行为：她也同样(在各个方面)极尽俏皮，用狡猾的本事来守住秘密。

隐藏起"花招和小把式的秘诀"本身也是宫廷习俗的体现。正如画家掩盖自己的笔触那样，廷臣也需要看似毫不费力地展示自己的学识和技艺。廷臣们心照不宣，愿意把自己费尽心力准备的表演展现得轻而易举且潇洒自如，同时还要做到优雅得体。激情、热忱和勤奋都是不得体的。

廷臣们要展现这些特点，也就是要展现意大利人所谓的(并且擅长的)"雅趣"。科学史学家艾利斯泰尔·科隆比(Alistair C. Crombie)曾说："一个有雅趣的人，会像造物主一样理性行事，拥有掌控任何局势的智慧，能够随心所欲，就像建筑师能够依据自己的设计建造出高楼大厦一样，不会因为任何突发情况而妥协。"这种环境造就了一批学者，他们将朝臣的优雅和学者的才智融合起来，呈现出大师的形象来。

科隆比认为，大师应是"在任何事情上都能保持理性的艺术家"。这意味着他们不仅要有艺术造诣，还需对透视学、解剖学等有科学见解。(毕竟现在，"大师"这一称号也仅留存于艺术领域。)大师有权沉

---

① 亨利(亦称"海因里奇"或"亨德里克")·范·艾顿是法国作家让·乐里雄(Jean Leurechon)的笔名。他这本《数学消遣》第一版出版于1627年，但1633年的版本流传更广。该书于1653年由数学家、对数函数的先驱倡导者威廉·奥特雷德译为英文。

迷于纯粹的好奇心,当然他们也被给予这种厚望:探究自然或艺术的各个方面,无论多么细致入微,也要从中获得知识。这种探究的冲动无需受到任何限制,无需系统性的计划,也无需通过个别研究推演出总体规律。实际上,那些罕见、稀有而非普通、乏味的事物更容易吸引大师的眼球,正因如此,探求整体规律是十分危险的。正如亨利·皮查姆(Henry Peacham)① 在其著作《完美绅士》(*Compleat Gentleman*,1634,又译《纯粹绅士》)中写道:

> 满足这种猎奇心理的代价是高昂的,但恰恰凸显出贵族的身份,或是贵族的情怀……这些人能够将其运用自如,也因此被意大利人称为“大师”。

这种廷臣和学者的融合定然和社会阶层密切相关:若要成为大师,先要成为绅士。皮查姆一语中的。

自此,好奇心的新模式出现:只要具备冷静风度,探究求知就可被接受。正如威廉·埃蒙所说:

> 在所有理想化“博学贵族”(当然也包括理想廷臣)的品质中,有两点对于其宫廷科学至关重要:好奇心和精湛技艺……17 世纪复兴的好奇心很大程度上都是大师感性的产物。

开放私藏

皇室贵族这种优雅的学术好奇心,也被小贵族和富裕家庭纷纷效仿。吉安巴蒂斯塔·德拉·波尔塔即在这种环境下长大;他最小的弟弟乔凡·费兰特(Giovan Ferrante)收藏有大量水晶、宝石和其他地质标本,而他的哥哥乔凡·文森佐(Gviovan Vincenzo)则拥有数目众多的精致把玩物件:弹珠、半身人像和勋章。

---

① 亨利·皮查姆(1578—1644),英国文艺复兴时期作家。——译者注

实际上，我们如今可以将它们看作为满足好奇心而进行的私藏。
德拉·波尔塔也有自己的私藏，其中包括各种植物和植物标本、宝石、
石材以及其他稀奇古怪的物件。16世纪末至17世纪初，贵族统治者
和学者都收集了大量藏品，占用自己家或宫殿中的几间屋子用于陈
列，还在藏品名录中对之进行详尽赘述。那不勒斯药剂师费兰特·伊
佩拉托（Ferrante Imperato）的藏品涵盖书籍、标本瓶、动物标本、贝壳
和植物。在费兰特过世20年后的1645年，英国作家约翰·伊夫林参
观了他的收藏室。他所描绘的"稀世珍宝"包括一对雌雄变色龙、一只
硕大的鳄鱼、一只火蜥蜴和数对雌雄天堂鸟。此前一年，伊夫林还在
罗马拜访了"大师"卡西亚诺·戴尔·珀佐（Cassiano Dal Pozzo），同
样为其藏品所震。丹麦医生、博物学家欧雷·沃尔姆（Ole Worm）的
私藏同样举世闻名，其中包括不同品类的矿石、金属、木材、水果、香
草、珊瑚、奇形怪状的葫芦和头骨、多叉鹿角、巨型龟壳、民族服饰、武
器和乐器。

这些珍品陈列柜或"藏厅"①在物质层面上表现出好奇心自身的转
变，及其在对自然世界的探究中所起到的作用。乍看上去，它们好似
散发出贪婪的求知欲。然而即便有的话，它们在发现世界的过程中又
做出了什么贡献呢？这些藏品是如何被搜集并整理的？它们意味着
什么呢？

这些珍品陈列柜可以视为中世纪王室贵族和教会宝库的遗物：奢
华的壁毯、珠宝、绘画和精致的金器，就像12世纪法国圣德尼皇家修
道院的苏杰院长（Abbot Suger）所描述的那样浮夸。圣德尼皇家修道
院的藏品不仅包含宗教文物、中世纪主要教堂的珍宝和法国王室用
具，还包括那些十分稀有、罕见和珍奇的物品，比如"罗兰号角"（由一

---

① 原文为德语 Wunderkammern，意即"奇妙物品藏厅"。——译者注

那不勒斯药剂师费兰特·伊佩拉托的私藏，图片来自其 1599 年出版的《自然历史》（*Dell'historia naturale*）一书卷首插图

支完整象牙制成）、格里芬爪①和一只独角兽角。

　　将贵重藏品拿出来炫耀是中世纪法国勃艮地和贝里地区宫廷的特色，而后这一做法也被哈布斯堡家族②采用。然而，和这些富人囤积贵重材料和工艺珍品不同，珍品陈列柜通常储藏纯天然的物品。由于这些收藏通常是由稀有度区分，因此，它们也有金钱价值。不同于那些地质收藏，他们会将火山岩和花岗岩放在钻石或紫水晶旁边：只有罕见、炫目、绝妙的藏品才有收藏价值，这些藏品统统会放在一起，无论它们隶属何种"科学分类"。这样来看，这些珍品陈列柜无非也是社

① 即狮身鹰首兽爪。——译者注
② 即哈布斯堡王朝，欧洲历史上统治领域最广的王室，主要统治区位于奥地利。——译者注

会地位的象征罢了。在 15 世纪后期，它几乎成了北意大利贵族的标准配置。这样的珍品陈列柜，费拉拉的莱奥内洛·德埃斯特（Leonello d'Este）有一个，彼得罗（Pietro）和弗朗切斯科·德·美第奇（Francesco de' Medici）在佛罗伦萨有一个，曼图亚的伊莎贝拉·德埃斯特（Isabella d'Este）有一个，（掌管某庞大而著名图书馆的）费德里科·达·蒙特费尔特罗（Federico da Montefeltro）在乌尔比诺也有一个。这一传统一直延续至下世纪初的德国。在中世纪晚期，富庶商人和其他城市新贵也加入了收藏家和鉴赏家协会的行列。

　　向众人"展示一下我都有什么"不足以彰显陈列柜的作用。珍品陈列柜被赋予的力量不仅仅是神圣的，甚至也不仅仅是象征性的。最为理想的是海纳百川式的收藏，但这并不意味着要包含世界上任何一件物品（尽管会出现这种十分挥霍的做法），而是构造出一个完整的微观世界，是世界的缩影。但是，把这种微观世界视作现在科学家们阐释结构所用的模型还是有些夸大其词。这一比较并不恰当，毕竟现今的模型主要用于在实验和理论上研究现实世界的运作模式。佛兰芒的塞缪尔·奎奇伯格（Samuel Quiccheberg）[1]医生曾掌管巴伐利亚公爵阿尔布雷希特五世（Duke Albert IV）在慕尼黑的收藏室。他将珍品陈列柜称作"知识的舞台"[2]，意味着世界上的一切都能够在其中独具特色地展现出来。而珍品陈列柜并不是严格意义上的柜子，它可能是任何封闭的空间——大的甚至可以占据几个房间，从地面到天花板都摆满了物品，可能还配有一个小间实验室。在讲述如何整理藏品的《藏品收纳指南》（*Inscriptiones vel tituli theatri amplissimi*，1565）一

---

① 博物馆学开创者。——译者注
② 通常认为，将世界视作"舞台"的说法源自莎士比亚笔下的"整个世界是一座舞台"，"演戏最大的目的……是要拿一面镜子照一照人心和人性"（让很多吟游诗人难以忘怀），而这实际上是文艺复兴晚期学士们的共鸣。

书中,奎奇伯格指出所有的藏品应"由真实的材料制成,并能作为万物的准确代表"。拥有了这样一个微观世界,那些贵族收藏者不仅彰显了自己的地位,甚至还行使了万物之主的权力。在此之中,陈列室充当了一间联络万物的精神实验室,可以同时满足实验和诺斯替教徒①寻求启示的需要。陈列室的收纳方式借鉴了寻找事物关联、进行类比的新柏拉图主义,在不同事物中寻找形状和形式的相似之处:这一前科学方式被用于研究万物的规律。简而言之,陈列室是深入探究事物内在规律的渠道。

早在弗朗西斯·培根之前,知识就意味着世俗权力。罗伦佐·德·美第奇曾说:"知识让你无所不能。"可能因为这个原因(当然由于记载较少也不排除存在其他原因的可能),大部分的陈列室都有详细编目而且打理得井井有条,不存在杂乱堆放的情况。如果不对藏品了如指掌,又怎么能声称自己的收藏应有尽有呢?培根本人劝说贵族和国王设立了一个"秀雅而巨大的陈列室,它整理并收藏任何因精湛手工或精致驱动而变得珍稀的物品、样式和机械装置,任何因机缘巧合或重整物品所发现的宝贝,任何大自然创造的需要新的生机并可以收藏的杰作。"这样看来,此类收藏是通过一种半神秘的方式探索知识:"因此,如果阁下您想要更加增进对知识的了解、彰显自己的权力,您只需成为特里斯墨吉斯忒斯(Hermes Trismegistus)②"。也就是说,统治者需要向赫耳墨斯神秘主义的创始人赫耳墨斯·特里斯墨吉斯忒斯学习。

但大部分陈列室的藏品并不能严格做到应有尽有,甚至不具备代表性。它们大多是稀有的,也是精致的,却往往带有神秘的魔法色彩。

---

① 相信神秘直觉说的早期基督教派。——译者注
② 宙斯之子,畜牧之神,也被视为行路者的保护神、商人的庇护神、雄辩之神。——译者注

这和它们最初的宫廷属性密不可分：这种稀有性恰恰符合收藏者自我陶醉和妄自尊大的心态。当然，也有一些学识渊博者为了研究和参阅而设立的陈列室，这些收藏涵盖各种物品，还包括一些微不足道的东西。例如，意大利博洛尼亚大学哲学和自然史教授乌利塞·阿尔德罗万迪（Ulisse Aldrovandi）的收藏当时享誉欧洲，尽管阿尔德罗万迪既非皇宫贵族又非位高权重的朝臣。他的藏品数目高达11000件，其中包括动物、植物和矿石，还有数以千计的植物压缩标本。如果他找不到藏品的原型，阿尔德罗万迪会找来画师绘制它们的图像。1571年的一位参观者曾说："他的博物馆汇聚了天上地下陆地海洋的一切自然之物。"

即便这些被视为自然史的收藏的陈列室，也免不了有部分人工制造的藏品：仿真雕塑、浮夸金属制品和精致画作。当然，这种区分也是模糊的，实际上一些物品既有自然属性也具备人工特色。千姿百态的石雕是常见的藏品，其中很多因为类似人形或物形而具有收藏价值，很多艺术家也会将其加工成巧妙的造型。这些巧夺天工的藏品有赖于自然的鬼斧神工：玛瑙上卷曲的条带被绘成滚滚红云，贝壳做成了眼睛和嘴唇，珊瑚则变成了雕塑的手指和头发。大自然就是这里的艺术家，是制造众多珍宝的最佳工匠。"在大海里可以找到形态各异的贝壳"，法国医生昂布洛瓦斯巴雷（Ambroise Paré）说，"因此，我们可以说大自然是上帝的侍女，造出万物百态。"

这样一来，这些收藏很可能因为过度强调细节或炫技而变得武断又无意义：它们展现了精湛技艺和贪得无厌，置未知世界于不顾。而对于伽利略这样的人，这种对万事万物的痴迷则可以掩盖自己对简单统一原理的追求。他对比了"王宫贵族一间藏有数百个经典雕塑、无数大师经典画作以及世间一切极好事物的皇家藏馆"和

平民书房中收集珍玩的陈列柜，这些藏品或是年代久远或是

稀有罕见或是有其他收藏原因,但实际上只是一些小玩意儿。毫无疑问,这种看似"微不足道"的收藏有时很有必要,但也表明,区别表象和细节中的普遍规律是自然科学的永恒难题。

有时,这些收藏也可以帮助自然哲学家发现新研究对象和不同事物之间的新联系。布拉格神圣罗马帝国皇帝鲁道夫二世(Rudolf Ⅱ)[①]的皇家天文学家约翰尼斯·开普勒(Johannes Kepler)在 1611 年关于雪花的研究中提到,他曾在德累斯顿撒克逊选帝侯的王宫里发现了一块"镶嵌着银矿石的镶板,呈正十二面体,榛子大小,纹路半嵌,仿若花开"——这一匠心独具的工艺品激起了开普勒的灵感,通过类推他发现了晶体的多面结构。

奇迹之殿

开普勒还享有另一处近在咫尺的灵感源泉,那就是鲁道夫二世闻名全欧的藏厅。那不仅是一组组置物架上的藏品,还包含藏马厩、观鸟园和观兽笼,以及花园池塘、工作坊和图书馆,它们共同构成了一个微型世界,自然、艺术和科学在其中和谐共融。在鲁道夫位于赫拉德卡尼的城堡中,这些藏品分别置于四个大房间中,分为"自然类"、"人造类"和"科学类"(即钟表和天文仪器等器材)三大类别。对于前来拜访的使臣和达官贵人而言,能够一睹这些藏厅已是至高的荣耀了。

在藏厅中坐拥自然与艺术之后,鲁道夫又将目光延伸到城堡外的事物上,希望能够同样了解并掌控它们。在鲁道夫御用画师朱塞佩·阿奇姆波尔多(Giuseppe Arcimboldo)那些异想天开的画作中,人像的脸都由水果、蔬菜和花朵排列构成,虽然也不至于那么诡异,但是成

① 哈布斯堡王朝的神圣罗马帝国皇帝(1576—1612 年在位),匈牙利国王、波希米亚国王和奥地利大公。——译者注

功满足了皇帝的虚荣心。这些画作让他以为，无论是在自然层面还是在宫廷政治中，自己都能近乎完美地掌控世间一切元素的秩序、和谐与形式。

当然，可怜的鲁道夫本身并不具备这种神乎其神的本领。讽刺之处在于，他所在的神圣罗马帝国既不神圣，也不罗马，甚至和"帝国"二字也不沾边。传言鲁道夫是一个无神论者，他在布拉格的波西米亚宫廷（始终在维也纳），以及他的帝国都摇摇欲坠，四分五裂。众多分封王国诸侯甚少关注这个弱势而优柔寡断的统治者，甚至认为他更适合与巫师和占星师一起消磨时间，而不是同使节和王公贵族一起研究政事。

在他统治的后期，谣言愈演愈烈，更有他已经疯掉的传言。1609年托斯卡纳游者丹尼尔·艾利米塔（Daniel Eremita）到访布拉格时写道"由于受到某种忧郁症的困扰，他开始变得孤僻，经常把自己锁在宫殿中，仿佛置身牢笼"。这种传言让鲁道夫的反对者们很受用，但那充其量也只是诽谤。鲁道夫处于一个抑郁而尴尬的地位，即便在和平时期也要竭尽所能地管理国家。鲁道夫可以说生不逢时。当时愈发残暴和教条的教会以世俗主义的名义，插足帝国统治。而其王位则长期被加尔文主义和路德教派的德国统治者觊觎。这些统治者在血统和文化上享有亲属关系，实际上却和罗马有着不可调解的矛盾。尽管宫廷艺术家将鲁道夫描绘为一个满副武装的战士，气宇轩昂地骑着战马、挥着长枪，但他窘迫的眼神却暴露了真实想法：他更热衷于待在图书馆研读长篇巨著。这位不幸的皇帝只希望获得宁静，而整个欧洲都坚决与他为敌。

作为马克西米利安二世（Maximilian II）的继承人，鲁道夫依据哈布斯堡王朝的传统被送往西班牙接受教育。其拘谨的性格深受马德里宫廷冷酷教条传统的影响。1572 年，20 岁的鲁道夫被加冕为匈牙

鲁道夫二世在战马上（约 1603 年），由艾芝迪乌斯·塞德勒（Aegidius Sadeler）依据亚德里安·德·维里斯（Adrian de Vries）的草图雕刻而成

利国王。1575 年在其父亲过世后，他继任为波希米亚国王，并在次年成为神圣罗马帝国皇帝。

　　收藏艺术品也是鲁道夫的家族传统。他的叔叔蒂罗尔大公爵斐迪南（Ferdinand）也有一个陈列室，而阿尔钦博托（Arcimboldo）则打理鲁道夫父亲和祖父收集的艺术品。在艺术领域，鲁道夫是位慷慨的资助者——保罗·委罗内塞（Paolo Veronese）和丁托列托（Tintoretto）[①]都投靠其门下，他的画廊中有3000多幅画作，其中包括

————————

① 两位均是意大利威尼斯画派画家。——译者注

博施(Bosch)、勃鲁盖尔(Brueghel)和丢勒(Dürer)等画家的作品。其
御用画师阿尔钦博托自己也是一位文艺复兴时期的艺术巨匠。无论
是创作肖像,还是制造仪器,甚至制作乐器或设计舞会礼服,他都一一
在行。在某种意义上,他也被视为自然历史学家,阿尔德罗万迪还雇
佣他绘制鸟类和其他动物的画像。

但科学才是鲁道夫的主要追求。尽管作为皇帝,他有着诸多不
足,但他却为布拉格吸引来了一批当时基督教世界最杰出的能人志
士。其宫廷天文学家,丹麦人第谷·布拉赫(Tycho Brahe)在观测天
体运动方面的勤奋和执着无人能及。而布拉赫随后又雇佣了开普勒,
后者继承了布拉赫的职位及其一流的海量天文数据。

鲁道夫专为炼金术师们开设了实验室。在这些炼金术士中,最突
出的要数德国人迈克尔·梅耶(Michael Maier)了。他是当时欧洲最
权威、最杰出的自然领域学者之一,也是首席御用外科医生。直到皇
帝去世后,梅耶才离开了布拉格,开始发表一系列专著。他的第一本
书《秘密中的秘密》(*Arcana Arcanissima*,英译名 *Secret of Secrets*,
1614)揭露了依旧兴盛的"秘密"传统。梅耶更像是炼金术的宣传者而
非冶金理论大师,其知名度最高的书是《逃离的亚特兰大》(*Atalanta
fugiens*,1617)。该书优美而晦涩地描绘了一系列炼金术,并辅以诗
歌和音乐。他的《忒弥斯·奥利亚》(*Themis aurea*,1618)一书副标题
为《蔷薇十字会之准则》,在 1656 年被翻译成英文出版,并被蔷薇十字
会[①]用作宣传册。鲁道夫去世后,梅耶曾拜访英国,在詹姆士一世
(James I)的宫廷逗留,还可能与志同道合的神秘炼金术师罗伯特·弗
拉德(Robert Fludd)见了面。之后他受雇于黑森-卡塞尔的莫里兹伯

---

① Rosie Cross,蔷薇十字会,即 Rosicrucian,在德国由学者和改革家所组成的神秘社
群,研究冶金术、占星术等玄术。——译者注

爵,担任外科医生。

　　来到鲁道夫统治下的布拉格的其他著名炼金术师还包括海因理希·昆特拉(Heinrich Khunrath),以及瑞士外科医生巴拉塞尔士(Paracelsus)创办的"化学哲学派"的追随者奥斯瓦尔德·卡罗尔(Oswald Croll)和迈克尔·森迪威古斯(Michael Sendivogius)。乔尔丹诺·布鲁诺曾路过此地,而曾为伊丽莎白一世服务的占星师和数学家约翰·迪伊(John Dee)在英格兰王室失宠后,也前往布拉格寻求财富和资助。鲁道夫曾试图重金引诱伟大的约翰·迪伊为自己服务,但最终没有成功。当然,来鲁道夫宫廷的人也鱼龙混杂:来自各地的骗子摇旗呐喊地前往鲁道夫的高堡,希望能略施计谋蒙骗过关。一位威尼斯观察者曾写道,"他喜欢听各种关于自然和人造事物的秘密,只要能把握这一点,皇帝永远会饶有兴致"。

　　如果说鲁道夫开启了一项国家资助的科学项目,那就有些言过其实了。然而,其统治期间的一系列举动都表明,如果一位财资雄厚的资助者将所有优秀能人志士都聚在一起,必然会收获颇丰。值得一提的是,布拉赫和开普勒的共同努力改变了人们对天空的认识,他们不仅空前细致地绘制出天体运行的轨道,还揭示了控制其运行的数学规律。而鲁道夫对于新柏拉图主义和赫尔墨斯主义的热情,则促使其门下的早期科学家出于对自然的好奇,倾向于实验研究。当然,鲁道夫也不能说是一个完美的资助者,因为他常会言而无信,不付该付的钱。开普勒时常会追讨工资,他和布拉赫都必须要从事星象预测的工作,但常常因资金分心。尽管他们在思想体系上对鲁道夫并无异议(占星术原则上在当时广为人接受,虽然在实践上并非如此),但总是追讨工资在时间上也是一种浪费。另外,在众多御用科学家中,鲁道夫并没有促进团体意识的形成。他采取的是一种老套的管理模式(英国伊丽莎白一世也采取了这种模式):众多谏臣围绕在统治者周围,争先恐后地博取其注意和青睐，结果他的门下都只是为特定的事情临时进行协作，并且这种协作还受阻于各人的争强好胜。

独冬之王

鲁道夫的统治漏洞百出，但却维持了欧洲岌岌可危的和平。通过推诿责任，他从未卷入日益逼近的宗教冲突。16 世纪末，罗马教廷开始怀疑这位对其他异教表现出容忍态度的皇帝的忠心。然而鲁道夫的宽厚让布拉格日益发展为知识界的中心：在他的统治下，犹太人得以安身，而开普勒等新教徒也能在名义上的天主教宫廷受到款待。这也与波西米亚的非国教主义传统息息相关。1415 年，改革家杨·胡斯（Jan Hus）因异教徒的罪名被烧死，而随后胡斯党的追随者击败了十字军团。因此，摩拉维亚教会（Moravian Church）①自然与清教徒有所共鸣。

到了 1600 年，驻波西米亚教皇大使红衣主教菲利波·斯皮内里（Filippo Spinelli）不得不向教皇克莱蒙特八世（Pope Clement VIII）②谏言："布拉格的天主教徒一致认为皇帝已被蛊惑，且与邪恶为盟。"实际上，他看起来只是因为精神崩溃而变得郁郁寡欢、心神不安。最终促使与自己疏远的弟弟马赛厄斯（马克西米利安二世并未给这个儿子留下任何遗产）（Matthias）③领兵篡位，截至 1611 年，他已先后占领波西米亚、奥地利和匈牙利等地区。尽管被剥夺了实权，鲁道夫还保留着皇帝的虚名。他被允许滞留在布拉格城堡，一年后，这位破败而可怜的前国王去世。在 1618 年马赛厄斯过世后，在施蒂里亚的裴迪南

---

① 也称摩拉维亚弟兄会或波西米亚弟兄会，起源于 14 世纪末的杨·胡斯运动。——译者注
② 1592—1605 年担任教皇。——译者注
③ 1612—1618 年担任神圣罗马帝国皇帝。——译者注

大公爵（Archduke Ferdinand of Styria）①带领下，哈布斯堡王室被掠夺。这位狂热的耶稣会会士攻下了波西米亚教堂，由此引发了著名的"布拉格扔出窗外事件"（Defenestration of Prague）②，最终直接导致了叛乱。接下来令人憎恶的"三十年战争"（Thirty Years War，1618—1648）便开始了，这场一直延续至 17 世纪中叶的战争最终让德国满目疮痍。

　　这些政治和宗教阴谋，不仅是 17 世纪初自然哲学转型的背景，还决定了当时的时代氛围。1619 年，波西米亚叛军拥护新教徒弗雷德里克五世（Frederick V）为王。他是莱茵河领地的选帝侯，并领导德国各邦新教联盟。6 年前，他娶了英王詹姆士一世的女儿伊丽莎白·斯图亚特（Elizabeth Stuart），成为了他的女婿。在伊丽莎白一世统治时期良好关系的基础上，这次联姻稳固了英格兰和德国清教联邦的结盟。

　　这对夫妇并不是普通的皇室成员，他们温文尔雅，鼓励发展以实验为基础的炼金术。在弗雷德里克委托妻子打造的海德堡宫廷花园中，他对于神秘和精巧事物的热衷显露无遗。他们邀请了曾辅佐英国斯图尔特王室并担任过伊丽莎白家庭教师的法国工程师萨洛蒙·得·高斯（Salomon de Caus）设计花园。花园集中展现了后文艺复兴时期景观设计的寓言特性：这一充满奇迹的小世界可与奇妙物品藏厅相媲美。德·科斯被视为蔷薇十字会运动的一员，他们将花园视为宇宙的缩影，并运用几何和数学规则进行规划。他们大多充满好奇，对机械奇迹十分痴迷，例如空气助动的汽车和会唱歌的机械鸟。依据罗马工程师维特鲁威（Vitruvius）的图纸，德·科斯制造了一台水风琴。

---

① 1619—1637 年担任神圣罗马帝国皇帝。——译者注
② 1618 年 5 月 23 日，波西米亚新教代表将信奉天主教的哈布斯王朝代表从布拉格城堡三层的窗户扔了出去。——译者注

他还重塑了埃及人在古城底比斯为传说中的埃塞俄比亚国王门农（Memnon）①所建的雕像，据说阳光洒在其上时雕像就会奏响乐章。他将自己关于自动机和神奇机械的专著——《运动力学原理》（Les Raisons des Forces Mouvantes），呈献给弗雷德里克的新婚妻子，该书传达了对皇室雅趣好奇心的推崇。

和所有的珍品陈列柜一样，这些珍品与其说引人入胜，让人耳目一新，不如说是神秘智慧的展现。它们表明，诸如水利液压原理等自然力量可以为人所用，并且以某种"难以察觉"的方式模仿自然。这些小发明显然是异想天开的，但它们却是后文艺复兴时期科学和技术的重要应用。约翰·迪伊曾为伊丽莎白一世时期的戏院设计了精妙的舞台特效。1613 年弗雷德里克和伊丽莎白大婚时，弗朗西斯·培根曾帮助设计婚礼的娱乐项目。詹姆士一世曾被荷兰发明家、艺术大师科尼利厄斯·戴博尔（Cornelius Drebbe）蒙骗，他曾经在皇廷前展示一个装置，它能够"呼风唤雨，招来雷电……这样你就能像上帝一样操纵天气"。这些神乎其神的发明在诸多畅销书中均有描绘，例如约翰·贝特（John Bate）撰写的《自然与艺术之谜》（The Mysteries of Nature and Art，1634），以及约翰·怀特（John White）的《多彩藏阁：丰富多样的发明》（A Rich Cabinet，with Variety of Inventions，1651）都着力描绘了当时种种炫目而唬人的实验所带来的最新科学仪器的进步。这并不是真正的科学探索，但在当时却恰恰是机械和工具追求匠心独具的体现。

鲁道夫布拉格式的民主、人文气息也在 17 世纪初期传到了德国，海德堡几乎和布拉格享有同样的盛名。因此，作为最具权势的帝选侯，弗雷德里克成为波西米亚人摆脱新皇枷锁后显而易见的靠山。但

① 古希腊神话人物，曾参加特洛伊战争。——译者注

这是个错误的开端。弗雷德里克的军事力量无法和哈布斯堡王室比肩，后者于 1620 年 9 月入侵巴拉丁领地，并于 11 月在布拉格附近的白山战役（Batlle of the White Mountain）①中击垮新教徒军队。弗雷德里克和伊丽莎白在波西米亚的统治仅仅维持了从 1619 年至 1620 年的一个冬天，他们因此被戏称为"独冬之王"和"独冬之后"。罢黜后，他们被流放海牙，在那里建立了一个欢迎各路学者的朴素朝廷。勒内·笛卡尔曾将自己的《哲学原理》（*Principia philosophiae*，1644）献给他们的长女，另一位伊丽莎白。

拨开云雾

　　吉安巴蒂斯塔·德拉·波尔塔早已远扬的名声（以及开普勒的高声赞美）使他成为鲁道夫最希望引进布拉格的人才之一。但在 1610 年，已经上了年纪的德拉·波尔塔又找到了新靠山，年轻的安布里亚公爵费德里科·切西（Federico Angelo Cesi）。1603 年，18 岁的切西召集创办了"神秘科学探索者"学会，仿照了秘密学学会的运作模式，而讨论的灵感则源于德拉·波尔塔的专著和示例。学会最初只有 4 个成员：除了切西，还包括荷兰医生约翰尼斯·范·海克纽斯（Johannes van Heckius）、意大利数学家弗朗西斯科·斯泰卢蒂（Francesco Stelluti）以及同样来自意大利的机械师安纳斯塔西奥·德·菲力依思（Anastasio de Filiis），他们年纪都不大。他们将德拉·波尔塔在《自然的魔法》中的宣言作为自己的信条，即学者应"以山猫般透彻的眼睛来观察事物的本质"。因此他们自称"林琴学院"，即"山猫学院"（Accademia dei Lincei，英译名 the Academy of

---

① "三十年战争"时期发生在布拉格附近的一场决定性战役。战斗中巴伐利亚公爵的天主教军团击败了波西米亚弗雷德里克五世的新教军团。——译者注

Lynxes）。

据斯泰卢蒂描述，林琴学院旨在"深入了解事物内部，探究其中原因和内部运行原理。恰如山猫，不仅能看见事物的表象，还可以透视隐藏的内部。"①换句话说，他们坚信神秘和玄机是自然界的常态，而探索其中奥秘则需通过精湛的技巧、敏锐的洞察力和超乎常人的观察力：即具备"卓越不凡的远见"。海克纽斯将学会称作"一群最精明练达的探究者，致力研究自然的神秘，坚持信奉巴拉塞尔士信条"。正如敢于打破传统的瑞士医生巴拉塞尔士一样，他们不愿依赖过去的权威著作，坚定地将实践主义作为探究自然奥秘的不二法门。他们探访安布里亚的山丘和低谷，搜罗各式标本。他们制造各种仪器设备，例如用于测量恒星位置的庞大而复杂的星盘，为了解中世纪穆斯林的研究评述他们还专门学习阿拉伯语。

与宫廷哲学家不同，林琴学院抛弃了雅趣那种冷静淡然的面具，公开对科学表现出热忱。"我讨厌布拉格那样的朝廷和朝臣"，切西曾说。他们一致同意抛弃诸如宗教和政治一类的争议性话题，将所有精力投入科学。他们像过分虔诚的青少年，还给自己起了华丽的拉丁名：切西是克伊里瓦古斯（Coelivagus，即"天堂漫步者"），海克纽斯是伊鲁米内图斯（Illuminatus，即"光明之主"），德·菲力依思起名伊克里萨图斯（Eclipsatus，即"让万物黯然失色"），较为谦逊的斯泰卢蒂起名为塔底格拉杜斯（Tardigradus，即"后起之秀"）。

而提出这些新观点的学会仍未受到反宗教改革领导者的支持，甚至连身为阿夸斯帕尔塔公爵（Duke of Acquasparta）的切西的父亲，蒙蒂塞洛的马尔切塞（Marches of Montecello），都无法接受儿子的这种

---

① 传说中山猫具有透视固体事物的能力。普鲁塔克曾说，"山猫敏锐的视线能穿透树木和岩石"。

危险喜好。由于担心来自北方的新教徒海克纽斯转变儿子的信仰（而海克纽斯实际上是一个几乎狂热的荷兰天主教徒，可见父亲对此知之甚少），他极力要求切西解散学院。他诬陷海克纽斯为宗教异端，并将其逐出罗马。

但切西并没有如此轻易地知难而退。他和会员们一直保持书信联系，尽管由于距离问题，联系海克纽斯变得困难。开始游历欧洲的海克纽斯逐渐变得忧郁而偏执，最终精神衰退。毫不出奇的是，他最终投靠了鲁道夫的布拉格朝廷，并在此结识了开普勒。1605 年，切西资助海克纽斯出版了关于一年前所发现的"新星"的专著。一年后，开普勒再次印刷的版本则流传更广。但切西觉得有必要淡化海克纽斯对第谷·布拉赫的无端谩骂，诸如咒骂他是加尔文主义者和反亚里士多德主义者。切西意识到，对于林琴学院而言，这些天文学后起之秀是天然盟友，不应疏远排斥他们。对于未经他同意而产生的新变化，海克纽斯有些歇斯底里（切西也清楚的明白，他决不会同意）。但他还是同切西保持着联络，因为他们有着共同的热切追求。

1608 年，安纳斯塔西奥·德·菲力依思卒世。海克纽斯的状态捉摸不定，难觅游踪。1610 年切西的父亲去世后林琴学院仅剩切西和斯泰卢蒂两人。1604 年，切西前往那不勒斯拜访了德拉·波尔塔，后者的支持让他深受鼓舞。所以这位新晋年轻公爵，在终于可以自由追求自己的梦想后，毫不费力地邀请了德拉·波尔塔成为学会的第五位成员。在切西的伶牙俐齿和百般恭维下，这位备受尊崇的学者欣然答应。

一年后，学会迎来了第六位成员。在罗马的一次宴会中，切西结识了一位刚刚震惊世界的天文学家。在其发表的名为《星际信使》（*Sidereus Nuncius*，英译名 The Celestial Messenger，1610）的手册中，他描绘了如何通过望远镜观测到月球的崎岖表面。切西认定，这就是能为林琴学院增光添彩的人。这样一来，伽利略也加入了这个包括自然魔术师吉安巴蒂斯塔·德拉·波尔塔在内的学院。

年老体衰、日益消沉的德拉·波尔塔和精力充沛、不断上升的伽利略这对组合，常常意味着科学自身的转变：迷雾、解码、符号和神秘力量等自然魔法传统正在衰退，并逐渐屈服于伽利略所代表的观察、开放和怀疑主义。即便德拉·波尔塔本人已经奄奄一息，但他代表的世界并未如此。实际上，有很多和他观点和做法相同的人，其观点在布拉格和其他地方正获得重生。在这样的环境中，可以说伽利略才被当作异类，而非德拉·波尔塔。但伽利略和德拉·波尔塔本人并未察觉出他们自然哲学方法上的巨大差异。他们的分歧导致他们之间的关系有些棘手难处，却仍保持相互尊重。他们两人也曾有过短暂的争吵，那是为一个科学当务之急问题，而不是思想体系或方法论问题。

然而，伽利略加入林琴学院并不意味着旧神秘主义和隐晦主义已经衍变为新的透明主义的理想模式，也不意味着对自然的研究从陶冶自我情操衍变为利用知识谋求人类福祉。1616 年，切西声明林琴学院的学识不会用于谋求名利，而将用于帮助全人类。因此，一切内容将公开发表。对伽利略而言，成为一只"山猫"显然值得骄傲。他甚至在自己的专著封面上印有学会的字样，包括切西资助出版的《关于太阳黑子的书信》(*Letters on the Sunspots*，1613) 和《试金者》(*The Assayer*，1623)。

几乎在所有 17 世纪早期科学的相关描述中，林琴学院也只是偶尔出现在脚注当中，它值得更多关注。林琴学院的一系列活动，尤其是切西的努力，从未获得应有的重视。学院的目标和宗旨影响了该世纪众多杰出人士。林琴学院尤其指出，不应仅对世界进行编目，而是需要发现整理和分类的依据，并从中发现万物的规律。因此，切西希望能够超越海量的中世纪和文艺复兴那些随意而又混乱的寓言集和自然志。他并没有成功。但显而易见的是，很多有类似思想的有志之

ISTORIA
E DIMOSTRAZIONI
INTORNO ALLE MACCHIE SOLARI
E LORO ACCIDENTI
COMPRESE IN TRE LETTERE SCRITTE
ALL'ILLVSTRISSIMO SIGNOR
MARCO VELSERI LINCEO
DVVMVIRO D'AVGVSTA
CONSIGLIERO DI SVA MAESTA CESAREA
DAL SIGNOR
GALILEO GALILEI LINCEO
Nobil Fiorentino, Filosofo e Matematico Primario del Serenis.
D. COSIMO II. GRAN DVCA DI TOSCANA.

IN ROMA, Appresso Giacomo Mascardi. MDCXIII.
CON LICENZA DE' SVPERIORI.

伽利略《关于太阳黑子及其特性的历史回顾和论证》（*Istoria e Dimostrazioni Intorno Alle Macchie Solari e Loro Accidenti*，Rome，英译名 *History and Demonstrations Concerning Sunsports and their Properties*，1613）一书的封面，其上印有林琴学院的徽章

士也没有成功，其中就包括弗朗西斯·培根和罗伯特·胡克（Robert Hooke）。种种迹象表明，培根和林琴学院有着相似的出发点，我们将在下一章具体说明。

在 1625 至 1626 年，当林琴学院才华横溢的成员卡西亚诺·戴尔珀佐作为外交使节，和教皇乌尔班八世（Pope Urban VIII）①的侄子主教弗朗西斯科·巴贝里尼（Francesco Barberini）一同前往法国后，他

——————————

① 1623—1644 年出任教皇。——译者注

向学院推荐了培根入会。（卡西亚诺并没有发现适合入会的法国人；据他所说，法国人只对女人感兴趣。）

林琴学院向来是个小众的存在：前后只招募了 31 名会员，同一时期的成员从未超过 20 名。1630 年，45 岁的切西去世，他们失去了资金来源和统一领袖。斯泰卢蒂希望伽利略的朋友、1623 年成为"山猫"的弗朗西斯科·巴贝里尼能够接任，而后者并没有答应。斯泰卢蒂不得不亲自主持，1652 年他去世后，林琴学院解散。但他们在很多领域影响深远，下文我们也会有所提及。

乌托邦兄弟会

到 17 世纪中期，成立一家勤勉探索自然的学会的理念在各个方面均已成熟。它的成长得益于神秘学教授和拿破仑自然魔法的宣传者。其成果则展现了此类渊源。

这些好奇心学会——一些是真实存在的，一些则仅为虚构——大多都是乌托邦式的存在。意大利哲学家、道明会修士托马索·康帕内拉（Tommaso Campanella）笔下曾描绘过影响最为深远的一个学会。其中诸多错综复杂、勇于开拓创新的学者，却因不符合传统科学革命的说法而鲜被提及。康帕内拉于 1568 年出生在卡拉布利亚，20 岁时在博纳迪诺·特勒肖的家乡科森扎偶见其作品《论物性之原理》。康帕内拉被书中的新自然哲学理念深深吸引，该书强调经验，弱化了对亚里士多德和书本知识的崇拜。1589 年，他在访问那不勒斯时加入了德拉·波尔塔的圈子，但与乔尔丹诺·布鲁诺的遭遇一样，这也难免给他带来了麻烦。1594 年，宗教法庭指控他有异端嫌疑并将其关押，出狱两年后，他又因参与了一场将西班牙人赶出那不勒斯的阴谋活动而再次入狱。令人惊奇的是，他通过假装精神失常逃过了死刑，但还是被继续监禁了 27 年。在这 27 年里，康帕内拉仍然坚持研究和写作。〔林琴学院成员约翰·法伯尔(Johann Faber)作为德国教皇的医生,曾为释放康帕内拉一事向那不勒斯的总督求情,但没有成功。]他最终被流放到法国,并在那里受到了路易十三王朝的热情款待和追捧,可以说盛极一时,直到 1639 年去世。

康帕内拉有着明确的哲学主张。他研究了费奇诺及其对柏拉图的点评,并把亚里士多德称为“思想的暴君”,但他同时赞成普林尼在《自然志》一书中的主张,即对大自然应当充满无限好奇。他所著《论万物感知与自然魔法》(*On the Sense of Things and On Natural Magic*)一书使得这一传统在北欧发扬光大。实际上,他从遇见德拉·波尔塔时就开始写这本书,但直到 1620 年才发表,当时法兰克福出版商托拜厄斯·阿达米(Tobias Adami)去监狱探望康帕内拉时将他的部分手稿带回萨克森。康帕内拉赞扬了德拉·波尔塔为揭开自然奇迹的神秘外衣、使人们不再迷信妖魔鬼怪而做出的努力,但同时指出,波尔塔在《自然的魔法》一书中对所描述的奇异怪诞现象的成因并未做出理性解释。

然而康帕内拉也没能给出更合理的解释。他的世界观多少带有泛灵论的意味:万事万物,从矿物、金属到人类,都通过某种灵气或某种“感觉”来实现自我保护。而自然奇迹就在于对“灵气”这种微妙而无所不在的东西进行改变与操纵,从而为现有的各种奇迹正名。例如,若把一种被称为武器药膏的乳液涂抹在刀刃上,就可以修复该刀刃造成的伤口;再比如,敲响狼皮鼓,就可以制造出“恐惧感”而将羊皮鼓击碎。

与康帕内拉这种有点衍生意味的自然奇迹论相比,他提出的“科学如何指引社会发展”这一理念则具有更深远的影响。他早前写过的另一本书《太阳城》(*City of the Sun*,1623)出版于法兰克福,故事描述了一位曾跟随哥伦布(Columbus)航行去过美洲的热那亚水手和一位医院骑士（Knight Hospitaller）①之间的对话。水手向骑士讲述了他在航海过程中去过的一片未知国土，这里的城市四周高墙耸立，市民们都专注于科学地认识世界。城市有七层同心圆的城墙，墙上绘有各种图形和图表向市民传授艺术和科学，因此，这也是一个百科全书式的壁画，所有人都可以从中学到知识。墙上画有恒星和行星轨道分布图，有各种几何图形，有自然界各种动植物和矿物的描绘图，还有各种精巧的发明设计和手工艺术介绍。那些发明里有些机器颇具"科幻"色彩，这些预言性声明让我们不时为之屏息，普通人难以想象为什么那些技师先辈们会想到要像飞鸟一样翱翔在天空，像游鱼一样穿梭于水底，不再靠随意的风推动船舶前进。更令人吃惊的是，在壁画当中，手工艺术竟被放在首要位置：那些在亚里士多德眼中不配成为真正公民、双手肮脏、满头是汗的工匠和体力劳动者，在康帕内拉的太阳城中倒成了一种正面形象，一种美德。在这样一个乌托邦社会里，孩子们围着城墙跑几圈，就能在十岁之前学会各种科学知识，"寓教于乐"毫不费力地得以实现。

　　该城崇尚精神信仰，但这种信仰不具备明显的基督教特征：基督及其使徒以"立法者"的形象出现在外层城墙上，其他立法者还有摩西（Moses）、奥西里斯（Osiris）、朱庇特（Jupiter）、墨丘利（Mercury）和穆罕默德（Mohammed）。虽然那里的市民同样也相信灵魂不朽，也相信有神灵在支配宇宙，但康帕内拉想法的危险和大胆之处在于，他倡导了一种由星宿主宰的宗教。他曾在一首诗中这样写道："我要以天空为庙宇，以繁星为祭坛"。市民们向天空祈祷，而天文学家和占星师就是神父。城市自身的设计也参考了天文学理论，其七层围墙对应行星

---

① 最古老的天主教军事组织，出现于 1048 年，在 1530 到 1798 年间盘踞马耳他，后被称作"马耳他骑士"。——译者注

的七个运行轨道,而中央神坛则象征着太阳。因此,《太阳城》中的宇宙学说遵循了哥白尼的日心说体系。

与托马斯·莫尔(Thomas More)①曾在 1516 年虚构的另一个乌托邦王国相比,康帕内拉乌托邦构想的最不同之处在于,它更强调学习和自然历史,而非政治和社会组织形式。与莫尔的作品不同,《太阳城》没有讽刺文学的元素(不过终究还是出乎意料地回归到"乌托邦"文学作品),它主要塑造出一个和平而平等的社会②,那里没有私有制,居民们靠勤奋劳动为生,拥有各种各样的宗教信仰(除了无神论),但科学技术在这一中世纪末期的乌托邦幻想中几乎没有任何地位。而莫尔所描绘的乌托邦者们即便怡然自得、颐养天年,却也未表现出一丁点好奇心来。

蔷薇十字会

当波希米亚人推翻了弗雷德里克五世短暂的统治后,许多人都希望实现一个康帕内拉笔下那种兼具神秘主义和科学特征的乌托邦。蔷薇十字会宣言于是应运而生,宣言呼吁这一神秘兄弟会的成员们公开身份,这在当时整个欧洲学术界都引起了轰动。前两份宣言文件被世人称为《兄弟会传说》(*Fama Fraternitatis*)和《兄弟会自白》(*Confessio Fraternitatis*),分别于 1614 年和 1615 年出版于信奉新教的黑森州卡塞尔市,但几位作者身份从未被公开。不过在与普拉蒂纳特相邻的符腾堡州,路德教会的约翰·瓦伦丁·安德烈亚(Johann Valentin Andreae)③于 1616 年发表了第三份蔷薇十字会手册《基督

---

① 欧洲早期空想社会主义学说创始人,英国人文主义学者兼政治家,著有《乌托邦》。——译者注
② 在莫尔那个年代的道德规范中,市民是可以拥有奴隶的。
③ 德国神学家。——译者注

徒罗森克鲁兹的化学婚礼》(*The Chemical Wedding of Christian Rosencreutz*)(下文简称《化学婚礼》)，人们怀疑他也参与过前两份宣言文件的撰写。

《兄弟会传说》提倡直接从上帝和自然界获取智慧，构建出不同于亚里士多德和盖伦(Galen)的新哲学；换言之，这在本质上与德拉·波尔塔、特勒肖和康帕内拉等人推崇的赫尔墨斯主义并无二致。安德烈亚《化学婚礼》一书解释认为，这种思想是由 15 世纪一位叫做克里斯汀·罗森克鲁兹①的荷兰人从遥远的东方借鉴而来，并通过专业人士的秘密关系网进行传播，这些人的后继者(由大量学者、魔术师、秘术师、医师和哲学家组成的蔷薇十字会)已经遍布整个欧洲。三部宣言宣称，已经到了恢复兄弟会组织的时候了，他们要从自然之书中整理出"一套涵盖所有艺术的完美方法"。蔷薇十字会宣言在文字上大量

蔷薇十字会《化学婚礼》一书再现了迪伊发明的一种被称为"玄秘单子"的神秘符号，可见它确实对伊丽莎白时期神秘主义进行了大量借鉴

---

① 传说中的蔷薇十字会创始人，在三部宣言中均出现过。——译者注

借鉴了约翰·迪伊的《玄秘单子》(*Monas hieroglyphica*, 1564),《化学婚礼》就复制了迪伊在书中引用的一些神秘符号(一种宇宙密码),这一点人尽皆知,而《兄弟会自白》的一段介绍文字也引用了迪伊书中提到的定理。

这一宣言不只局限于哲学层面上,同样也是一种政治宣言,此时恰逢波西米亚人希望有王权的选帝侯带领他们进入一个崭新的黄金时代,这绝非巧合。《化学婚礼》提及了弗雷德里克五世和伊丽莎白·斯图尔特的联姻,而《兄弟会自白》则谴责教皇是反基督徒。在弗雷德里克的政敌看来,这些宣言传递的政治信息非常明确,因此在弗雷德里克战败后,攻击独冬之王的图片经常四处散布,其中对宣言方方面面的讽刺随处可见。

蔷薇十字会运动为更多新哲学支持者提供了关注点,而英国新柏拉图学派医师罗伯特·弗拉德就是其中一个支持者。他认为应当废弃古典的权威教义,发展自然秘术、炼金术和法国亨利四世王宫中盛行的帕拉塞尔苏斯(Paracelse, 1493—1541)[①]派"化学医学"。1615年,撒克逊医师安德烈亚斯·利巴维斯(Andreas Libavius)曾发表对蔷薇十字会宣言的公开批判。作为回应,弗拉德在其 1617 年发表的《蔷薇十字会的辩护论》(*Apologetic Tractatus for the Society of the Rosy Cross*)中公开支持科学界和学术界的彻底革新运动,表示应当推翻各种公理、定义、定理的传统数学方法,采取毕达哥拉斯学派的诺斯替方法,以揭示蕴藏于世界万物之中的普遍和谐规律。

弗拉德与利巴维斯的辩论表明:他的对手并非全是那些急于为亚里士多德辩护的保守派。其万物和谐理念也引起了约翰尼斯·开普勒的警觉,当时开普勒的相同主题著作《世界之和谐》(*Harmonices*

[①] 瑞士炼金术士,试图将医学和炼金术结合起来成为一种新的医疗化学。——译者注

mundi，英译名 *Harmonies of the World*，1619）即将结稿。因此，开普勒急于抢占先机的行为也就不足为奇了，他在书中添加了一则附录，对弗拉德的赫尔墨斯式方法作出了有利于自己的批判。开普勒认为，弗拉德的解释是"神秘的、象征的、赫尔墨斯式的"，而他自己却是基于清晰明确的数学原理。这似乎有点道理，不只是因为如开普勒所说，如果对真实世界的定量观察（尤指恒星和行星的运动）并不符合假说，那么他愿意做出改变，而不是像弗拉德一样固步自封。作为回应，弗拉德将开普勒称为自己恰恰最反感的、那种"只知道沉浸于定量分析阴霾"中的数学家。两位卒逝后均留名后世，而我们现在很容易发现，开普勒才是现代的进步分子，而弗拉德则是愚昧的神秘主义者。事实上，两者之间的辩论非常激烈，毕竟他们学识相当，历史上这样的例子屡见不鲜。正如科学史研究者艾伦·德布斯（Allen Debus）所说，"开普勒比弗拉德更相信宇宙灵魂的存在"，比他更相信"神一般存在的太阳就是世界中心"，比他更"相信恒星具有生命"。

　　即便有这些争论，也没人能肯定蔷薇十字会的成员究竟都是谁，这就是秘密社团的问题所在：你不知道谁是其中的成员，谁又不是。据说，蔷薇十字会曾成立一个"隐形学院"，在巴黎则被简称为"隐形者"。传言称许多知识分子渴望加入学会，却苦于找不到恰当的联络人。据说也有人曾被神秘人物邀请加入，炼金术士迈克尔·森迪沃格思（Michael Sendivogius）似乎就拒绝了两位蔷薇十字会成员的邀请。他当时离开了鲁道夫宫廷，在波兰的一个偏远城堡工作，居然在那里被找到。有天主教徒认为，蔷薇十字会成员是邪恶术士和颠覆分子。此类批判人物包括法兰西神父马林·梅森（Marin Mersenne）①，当时他也卷入了与弗拉德令人沮丧的论战中，辩论的主题是炼金术士是否

① 法国神学家、哲学家、数学家、音乐理论家。——译者注

有权通过工作得出宗教性推论。梅森和他在巴黎的朋友皮尔·伽森狄（Pierre Gassendi）①一样，都是勒内·笛卡尔机械哲学的拥护者，他们试图用物质微小颗粒之间存在的机械相互作用与碰撞来解释所有物理现象。这也是一种新哲学，但与由帕拉塞尔苏斯创立、由弗拉德等蔷薇十字会成员详细阐述的赫尔墨斯学派化学哲学相比，两者所遵循的规律大相径庭，其数理演算甚至所有逻辑推理都倾向于运用类比，而非演绎和论证。

　　这个秘密社团无需遵从宗教限制。毕竟，受教成为耶稣会会士的笛卡尔也据传在 1619 加入了德国的蔷薇十字会（也有说法称他只是试图加入但没有成功），虽然他当时只是为了在德国加入巴伐利亚公爵的军队，以镇压弗雷德里克五世对波西米亚王权的争夺。实际上，笛卡尔似乎在效忠君主方面表现得反复无常，令人费解。不久他就对巴伐利亚的大业丧失兴趣，却仍然加入了正在参加白山战役的天主教军团，亲眼目睹斐迪南二世的凯旋之军进驻布拉格。但他接着又热忱地为"独冬之后"的女儿伊丽莎白当起了家庭教师，甚至还搬到了莱顿，离她居住的城市海牙更近一些。他还在《哲学原理》一书中赤诚地将伊丽莎白称为波西米亚国王之女，而这一称号是弗雷德里克的政敌不可能给予的。"独冬之后"伊丽莎白本人在学术上依然保持着活力，也因此赢得了各派学者的好感②。当时欧洲各地的军事冲突催生了大批流亡者，以及来自普拉蒂纳特、波希米亚等地的新教徒，他们都来到海牙归顺于她，尽管她无权为其提供经济资助。这些人中有普鲁士学者塞缪尔·哈特利布（Samuel Hartlib）及其导师、胡斯教波希米亚兄弟会的主教——摩拉维亚人约翰·阿莫斯·夸美纽斯（Johann Amos

---

① 法国哲学家、牧师、天文学家和数学家。——译者注
② 其孙乔治后来在 1714 年成为第一个汉诺威的英国君主。

Komensky)①。哈特利布曾是埃尔宾一家类似蔷薇十字会的秘密社团的核心成员，天主教攻占埃尔宾之后就逃离了普鲁士。他于 1628 年定居英格兰，并在那里高调宣传社会和科学改革。通过乌托邦寓言的形式，哈特利布和夸美纽斯都传递了一幅更加美好的社会愿景。

甚至在"独冬之王"战败前，约翰·瓦伦丁·安德烈亚似乎就已下定论，认为蔷薇十字会这样的秘密阴谋活动并非改革学习的最好方式②。大约从 1617 年开始，他推动创立了"基督教社团"，更加公开地宣扬科学知识，以及慈善与仁爱。他在《共和基督城绘本》（Reipublicae Christianopolitanae descriptio，1619）中陈述了自己的计划，书中描绘了一个叫"基督城"的基督教社团。他曾向身在伦敦的哈特利布写信，称自己事实上已经在德国某处着手建立了这样一个社团，并受到了一位无名贵族（可能是布伦瑞克-吕内堡公爵奥古斯特）的支持，直到"三十年战争"爆发时才以失败告终。1628 年前后，他曾试图在纽伦堡重启该计划。

基督城也是一个孤立的乌托邦岛国。像太阳城一样，基督城的城邦也是依照几何轮廓（这次是同心正方形）进行规划，而且整个社会也崇尚机械和手工艺："那些工匠们几乎都很有学问"。同样，有些知识也通过易被接受的视觉手段进行传播：自然历史实验室的墙壁上画满了各种动物和自然现象。同康帕内拉一样，安德烈亚也以柏拉图主

---

① 捷克教师、哲学家、神学家，现代教育之父。——译者注
② 安德烈亚是"好奇心历史"上最复杂的人物之一。作为蔷薇十字会运动的支持者（有人甚至说他是发起人），他很容易让人认为也崇尚探究玄秘这一传统。但他在 1620 年发表了《好奇心危害论》（Treatise on the Pestilence of Curiosity）一书，谴责了这一传统，将其称为"窥探人类固有灵性的一种无礼冲动"，并认为它阻碍了基督教社团的建立。更令人困惑的是，这本书竟然攻击蔷薇十字会自身，说他们是"这个时代最好奇的一群人"。虽然安德烈亚从来没有公开承认创作了《化学婚礼》和《兄弟会传说》，但我们似乎有充分理由相信他曾参与其中。难道他改变了初心，或者他又是一位可能拥有对立观念的近代早期思想家，抑或是安德烈亚只是用"好奇心"这个多义词表达了一个道德观点而已？

义为基础,认为上帝创造了由和谐所支配的神圣秩序理念,构建了一幅宗教信仰与科学知识相融合的市民生活画面。

　　"三十年战争"爆发之初,安德烈亚仍保持着乐观,而四年后夸美纽斯在其《世界迷途》(*The Labyrinth of the World*,直到 1631 年才发表)一书中流露出的悲观情绪与之形成鲜明对比,这一对比无比形象地反映了"三十年战争"的破坏性。夸美纽斯也描述了一个参照百科全书进行规划设计的城市,不同街区代表不同的学科分支。但对于来访的朝圣者而言,这里显然没有秩序与和谐可言。各教派和贵族在街头混战,夸美纽斯还暗示,所有的知识在这里都是那么苍白无力,不可信任。

　　夸美纽斯约在 1641 年搬至英格兰,他的情绪也似乎开始乐观起来。他在《光明之路》(*Via Lucis*,英译名 *The Way of Light*,写于 1641 年,发表于 1668 年)一书中预言了一个崭新时代,这时世界上所有的知识汇集成智慧:"一门囊括了各种艺术的艺术,集结了所有科学的科学,包罗了不同智慧的智慧,融汇了一切光明的光明"。他提议建立一个神圣的学院或社团,致力于为全人类的福祉上下求索。然而,世俗冲突再次粉碎了他的梦想:1642 年英格兰陷入内战,他不得不折返波兰。宗教改革(见第 5 章)之后英国成立了皇家学会,夸美纽斯又从中看到希望,将藏书捐献给皇家学会,并(以一种相当新柏拉图主义的措辞)称他们为"先觉者"和"启蒙时代的火炬手"。

　　17 世纪初,呼吁新哲学取代陈腐经院哲学的热情高涨,如火如荼。学者们自发组织成立兄弟会,企图通过实验科学和经验知识照亮世界上每一个神奇的角落。倘若没有后来的那些政治事件,他们最终将可能取得非凡成果。康帕内拉、迪伊和梅耶等人阐述的神秘主义哲学在布拉格、普拉蒂纳特以及(某种程度上)英格兰詹姆士一世的宫廷中生根发芽,并得到蔷薇十字会和赫尔墨斯派的真传,如果不是"三十年战争"的爆发粉碎了这一梦想，击垮了这些追随者，它们或将成为一种主流社会模式。不过，谁又能知道这种科学模式成熟时会怎样呢？无论如何，这种哲学梦想的影响力远超出了一般设想。因为正是在这一语境下，我们才得以理解弗朗西斯·培根那引发了整个科学革命的新哲学起源。因此，传统上将培根视为摆脱了神秘主义蒙昧时代的现代经验主义者的观点便不再牢靠。据 17 世纪的作家约翰·海登（John Heydon）称，培根本人就是蔷薇十字会成员——不论真实性如何，这一说法本身就具有重大意义。

大法官的乌托邦

　　弗朗西斯·培根从小就立志成就伟业，但他毕生取得的成就却几度受损，似乎连自己也不甚满意。其父尼古拉斯·培根爵士是英格兰伊丽莎白一世的掌玺大臣，这是都铎王朝的中枢国务职衔之一。培根起初就读于剑桥大学三一学院，后来进入伦敦格雷律师学院学习法律。1589 年，他在伊丽莎白星法院中被派任枢密院书记，却始终无法自由履职，直到 1604 年詹姆士一世上任时才得以实现抱负。在此期间，培根因反对伊丽莎白向英国国会索要更多资金而与女王闹翻。1601 年，曾帮助过培根的埃塞克斯第二伯爵罗伯特·德弗罗（Robert Devereux）因参与公开叛乱活动以叛国罪受审，培根当时提供了对其不利的证词，有人认为此举意在挽回女王好感。无论如何，培根对审判的参与最终导致埃塞克斯第二伯爵被处以死刑，这件事不仅广受诟病，而且对其晋升加爵丝毫未起作用。

　　詹姆士一世继位后，雄心勃勃的培根在仕途上渐有起色。他在1603 年受封为爵士，十年后开始在国务机关里平步青云，扶摇直上。他后来被任命为首席检察官，并于 1616 年成为国王枢密院的一员。第二年他又迈入先父职位，并在 1618 年晋升为大法官（相应地受封为圣·奥尔本斯维鲁兰男爵)。他一跃成为整个国家最有权势的人。正因如此,1621 年他身败名裂时也引发了广泛关注:他后来被指控滥用职权,贪污受贿,被监禁于伦敦塔内。虽然他最终只是付出了轻微代价(由于国王干预,他只被关押了三天,四万英镑的罚金也被豁免),却被终生逐出宫廷,不得出任任何官职。其实,培根此前早已为自己设定了新自然哲学的研究计划,这一点在其酝酿 30 年后问世的《伟大的复兴》(Instauratio Magna,英译名 Great Instauration,1620)和《新工具》(Novum Organum,英译名 New Organon,1620)中显而易见。之后,他虽然远离了政治,却仍十分富足,因此有足够时间去阐述《新亚特兰蒂斯》(Nova Atlantis,1624)一书中的乌托邦思想。1627 年,也就是他逝世一年后,该书英文版问世。

民间传说认为,实验科学是培根的克星:据说他在研究肉类可否通过冷冻进行保存时罹患感冒,不治身亡。培根最后一任文书助理、哲学家托马斯·霍布斯曾向约翰·奥布里(John Aubrey)[1]讲述了这一过程,奥布里在他的《短暂的生命》(Brief Lives)中对这则轶事津津乐道:当时天气严寒,培根乘坐长途车前往海格特,他下车买了一只母鸡,并把地面上的积雪塞到它的肚子里。从此他病情迅速恶化,不得不在阿伦德尔伯爵府中卧床休养,三天后就去世了。虽然培根确实死在那里,但世人一直质疑"鸡肉"故事的真实性。培根可能确实在途中患了病,也确实在阿伦德尔伯爵府中寻求了庇护,但这场恶疾可能另有原因。阿伦德尔伯爵当时并不在家,他被查尔斯一世传唤到伦敦塔商讨秘密政治活动。当时培根向他写信解释了这次冒昧造访,说他自己呕吐不止,但"不知道是结石、饮食过度、还是感冒所致,也或者三种

---

[1] 英国作家、哲学家。——译者注

原因兼而有之"。历史学家丽莎·贾丁（Lisa Jardine）[1]和阿兰·斯图尔特（Alan Stewart）[2]曾怀疑可能是另一种实验致其丧命：培根死前不久正在研究鸦片的作用，很可能是过度沉迷[3]。

虽然《新亚特兰蒂斯》通常被认为描绘的是另一幅关于技术治国论的乌托邦梦想，但令人吃惊的是，该书在场景设置上耗费了大量笔墨。（很难说这样的篇幅究竟有多少，因为这本书最终并未完稿，直到最后也以未完成的形式出版。）据说培根虚构的本萨利姆王国与柏拉图《克里提亚》（*Critias*）一书中的亚特兰蒂斯存在于同一时期，后者在洪水中毁于一旦，而本萨利姆王国却幸存下来，后来又通过掌握先进科学知识，避免了灾难和衰亡。然而由于其他国家航海技术日渐衰退，腓尼基人、迦太基人等再也无法找到本萨利姆王国，其存在也渐渐被世人淡忘，除非像书中叙事者一样被偶然带入其中。耶稣受难20年后，这一岛国接受了上帝启示，开始信奉基督教。

培根用相当长的篇幅描述了本萨利姆的基督教传统，因为这是其作品主旨的关键部分：如同安德烈亚所描绘的基督城一样，这一通过掌握自然规律而实现的完美社会也必定要扎根于基督教信仰。本萨利姆王国在一座名为所罗门学院的"科学圣殿"里汇集和应用各种知识，从而实现对自然的控制。这里有一群科学神父，他们用知识为市民创造各种神奇的物品，并仔细掌控信息的公开与屏蔽。在谈及所罗门学院的宗旨时，培根采用了关于"自然奥秘"的古老论调："学院的终极目的是寻本问源，了解事物的运动秘密，扩大人类王国的认识范围，使一切成为可能。"

---

① 英国历史学家，伦敦大学学院人文交叉学科研究中心主任。——译者注
② 澳大利亚政治家。——译者注
③ 贾丁和斯图尔特认为，培根写给阿伦德尔的信只是其另一个政治计谋（即使在那样的绝境下）：他并不信任这位伯爵，因此想制造自己住在他家的证据。

如今正是"一切皆有可能"这句话饱受争议,有人借此赞美科学的精巧绝伦及其对人类的救赎,也有人以此谴责培根对自然规律的强制态度。虽然双方观点各有利弊,但若脱离原文语境去理解培根对所罗门学院种种奇迹的描述,难免会背离本意。

首先,从培根对手工工艺、机械工艺和农艺的赞誉中,我们可以体会当时自然魔法传统的影响力。自 16 世纪初以来,技术对经济、工业和军事的影响日渐增强,科技类问题也因此引起了广泛关注。统治者们意识到,海军工程、弹道学、采矿技术、计时法、印刷术和纺织机械等技术的发展与其财富和政权息息相关,但对这些问题的严肃对待仍与学术传统有别。德国学者格奥尔格·阿格里克拉(Georg Agricola)[1]作为学院派医师,出奇地创作了关于采矿的权威论文《论矿冶》(*De re metallica*,1556),而当时几乎唯一一本相同主题的重要手册《论铸造技巧》(*De la pirotechnia*,1540)也是由一位锡耶纳铁匠和军事工程师万尼乔·比林古乔(Vanniccio Biringuccio)[2]所创作,并且是以意大利方言而非学院派拉丁文出版。拉伯雷(François Rabelais)[3]笔下的高康大(Gargantua)为了学习印染、点金、冶金和印刷等技术,一定要跟随师父去拜访工匠,以获得第一手资料(只有拉伯雷这种反传统人士才将这种事当作正当教育的一部分)。总而言之,关于此类题材的书面记载仅存于描述各种传统秘术的"工艺手册"中。

不过最先展现在培根笔下叙述者面前的还是采矿和冶金技术。他饱览了一系列设计精巧而又绝对朴实的奇迹,其中不少是对堆肥技术的描述,例如制备新型土壤"使农田更加肥沃"等。水井和喷泉可以产生各种矿物质和盐分,还有宽敞房屋用来制造雪花、冰雹和雨水。

---

① 德国自然科学家。——译者注
② 意大利炼金师。——译者注
③ 著名法国文艺复兴时期作家,代表作为长篇小说《巨人传》。——译者注

果林和花园里种有各式植物，开花结果不受季节限制，有些比天然品种更快，也有些果实更加香甜，或带有特殊口感、气味、颜色和形状（这一切无不让人想起德拉·波尔塔对园艺育种技术的钟爱）。动物经过育种或化学改造可以产生新品种和变种，其中不乏繁殖能力更强或更弱的"杂交动物"与品系。那里还有绝佳的"酿酒屋、烘焙屋和厨房"，因此完全不必担心这里会缺少上好的美酒佳肴。装饰艺术也不容小觑：有各种新型染料、纸张、丝绸和纱织品。声乐馆里飘出从未聆听过的"曼妙音乐"，还有"奇怪的人造回声"、模拟人声和各种飞禽走兽的鸣叫声。光学实验室（"景观室"）里也上演着一部奇迹："人们借助眼镜和工具（伽利略不久前才描述了他的显微镜）可以清晰无瑕地观察微小物体"和人造彩虹，"可以用于制造各种错觉和障眼法的光与颜色"，以及"多种颜色，不是彩虹或宝石棱镜中呈现的混合色，而是各种单一色彩（这很容易让人想到后来牛顿开展的有关光与颜色研究的著名实验）。直到讲述完上述这些有点琐碎无聊的技艺之后，叙述者才象征性地提及传统学院派所期待的"一个摆满了各种几何学和天文学精密仪器的数学馆"。

培根丝毫没有贬低魔法之意；相反，他将魔法的实验求证态度与自然哲学推理相结合，试图勾勒出一套真实有效的自然研究方法。尽管他谴责占星术、自然魔法和炼金术"对人类的想象力而非推理能力进行左右"，但他却认为这些魔法更需要被革新，而不是遗弃。魔法有其"古老而令人敬畏的一面"，也即"卓越的智慧或一种对自然万物普遍联系的认知"。培根认为，正是"这样一种科学使人们得以发掘隐藏的知识并产生显著效果，它将药剂与病人联系起来，建立起我们观察自然的主要方式"。培根指出，一般情况下书本所描绘的自然魔法"为我们呈现的往往只是一些幼稚的迷信，万物相吸相斥的观点，或者一些神秘特性，其中琐碎实验鱼龙混杂，呈现的也并非魔法本身，而是其各种表象"。即使炼金术真能把金属变成金子,我们在实践时也不应参照晦涩的原理和术语,而应该对"重力、颜色、延展性、稳定性、挥发性等本质,以及金属及其溶剂的规律"加以了解。

在康帕内拉的太阳城中,科学知识虽然很受推崇,但都是现成的、无需推敲:所有知识都已汇总在城墙上,人们只需浏览阅读即可。但是这些学问从何而来? 相比之下,安德烈亚的基督城就有了更为积极的研究方案:城里有实验室和解剖室,还有摆满了珍稀样本的陈列室,听上去仿若自然历史博物馆一般。不过培根的想法更加系统:本萨利姆王国将一项可靠的研究创新计划列为其核心,他还暗示,如果哪位君王想要掌握技术的力量,遵循这一思路将十分明智。

这样的君王并不存在。培根孤注一掷,其希望政府出资建立科研机构的提议并未得到认真对待。他曾认为,在 1603 年加冕的詹姆士一世可能比伊丽莎白女王更接纳自己的实验哲学方案,因为这位斯图尔特国王对新哲学很感兴趣。1590 年,詹姆士一世去丹麦迎娶新娘——弗雷德里克二世的女儿安妮,当时便拜访了第谷·布拉赫,还与约翰尼斯·开普勒保持过书信往来(詹姆斯甚至还邀请这位德国天文学家定居英国)。然而,詹姆斯国王并未采纳建立所罗门学院的建议。这并非是因为詹姆斯不注重科学价值,而是培根也未能说清这样一家公共机构究竟该如何运作。培根不厌其烦地描述所罗门学院的各种细节,甚至连学者的内衣颜色(白色)都要进行赘述,表现出近乎幼稚的兴奋,却未能说明这家机构该如何融入公民社会当中,如何进行财政支持,与皇室有何联系,如何招募成员并对其进行培训等。毕竟,一国之君需要的并不只是梦想。

学问的进步

《新亚特兰蒂斯》在启示性梦想中并非独一无二,它只是描述了乌托邦的循环延续，在追求知识方面，又毫无保留地借鉴了蔷薇十字会[1]的设计。夸美纽斯和塞缪尔·哈特利布分别在《光明之路》和《著名玛卡里亚王国的描述》(*A Description of the Famous Kingdome of Macaria*，1641)中所虚构的乌托邦均以《新亚特兰蒂斯》为蓝本。哈特利布借鉴了莫尔《乌托邦》一书中一个王国的名字，但其乌托邦却更多以本萨利姆为原型，尽管他更强调社会改革而非技术能力。哈特利布似乎想推进一个切实可行的方案，曾寄望于英国国会将其付诸实践。他对改革的热情与约翰·弥尔顿(John Milton)[2]如出一辙，在与这位普鲁士学者进行探讨后，弥尔顿创作了《论教育》(*Of Education*，1644)一书。内战后，奥利弗·克伦威尔(Oliver Cromwell)[3]建立了英联邦共和国，期间哈特利布曾被国会任命为"推动普遍学问和公共事业的代表"。

　　他确实是这一职位的绝佳人选，此时的他近乎我们现在所说的社交活动家，他无人不知、无人不晓，清楚每一个人的下落。弥尔顿也一样，与他共事的人包括约翰·奥布里、约翰·伊夫林、罗伯特·玻意耳、著名的剑桥柏拉图派代表人物亨利·莫尔以及伊丽莎白·斯图尔特朝中的约翰·杜里(杜里曾在海牙给查尔斯一世的长公主、荷兰王后玛丽当过家庭教师)。夸美纽斯来到英国也部分是出于哈特利布的邀请，哈特利布很赏识这位摩拉维亚人提出的泛智教育理念。对于该理论，历史学家露丝玛丽·塞夫雷特(Rosemary Syfret)曾这样评价："它不仅囊括了人类可能通晓的一切知识(无论亘古不变还是转瞬即逝，无论精神或物质，无论高雅或世俗)，还以一种通俗易懂的方式表

---

① 如前文所言，约翰·海登明确了培根是蔷薇十字会成员，他将所罗门学院差不多等同于蔷薇十字会神殿。
② 英国诗人，代表作为《失乐园》。——译者注
③ 英国著名军事家、政治家，建立了英联邦共和国。——译者注

述了出来。"①这一百科全书式的知识大汇总的终极目标非常理想化：正如夸美纽斯所写的那样，"如果所有人都能相互了解，人们就会像一个种族、一个民族、一家人、一个教派一样和谐共处"。换句话说，17 世纪 40 年代那些毁灭了他和哈特利布的家园、让英格兰遭受蹂躏的战争就不会发生了。

人们都希望以所罗门学院和基督城为模型建立一个科学家（或许还有人称之为大自然神父）的联合学院，从而指引社会走向和谐。哈特利布建议成立名义上的办事处，像秘密社团一样对早期著作中的实验观点进行验证，从而实现科学知识的搜集和传播。伊夫林呼吁在伦敦附近成立一个社团，以开展实验并搜集"珍奇万物"。对超自然奥秘十分着迷的哈特利布开始设想将该社团命名为"隐形学院"，公开引用蔷薇十字会曾在欧洲广泛使用过的这一名字。在韦鲁勒姆公爵（培根）的鼓舞下，这样一个社团组织似乎终于在 17 世纪 50 年代建立了。

---

① 这种将世界缤纷万物进行系统分类的百科全书式的尝试，一度受到历史学家迈克尔·奥克肖特的摒弃，他认为这是一种幼稚的"浪漫主义痴心妄想"。但我们可以认为，它所表达的理念是，科学家坚信世界基于有序规律而运行。

第 4 章

潘神的狩猎

人类对知识的习得与渴求,有时单纯是为了满足好奇心和求知欲,有时是为了怡情,还有时则是附庸风雅而已。

——弗朗西斯·培根,《学术的进展》(*Advancement of Learning*,1605)①

上帝给予人类万物为其所用,唯好奇心不得满足,因为它无穷无尽。

——约翰·伊夫林,《写给挚爱的孙子的回忆录》(*Memoires for My Grand-Son*)

虽然"莎士比亚戏剧的真正作者是弗朗西斯·培根"的说法只不过是维多利亚时代学界的愚昧揣测,却碰巧揭示了一个意义更为深远的事实:莎士比亚和培根的作品均将童贞女王伊丽莎白一世新柏拉图

---

① 完整书名为《论神圣与世俗学术的精通与进展》(*Of the Proficience and Advancement of Learning,Divine and Human*)。——译者注

主义的新教神秘运动推向了顶峰。培根对新哲学的呼唤其实是文艺复兴晚期自由人道主义传统的体现,他鼓励对世界的好奇心,同时坚信这是赫尔墨斯哲学试图传达的理念。鲁道夫时期的布拉格和伊丽莎白一世时期的英格兰是这种自由传统的最鲜明体现,因为两者都幸免于反宗教革命的严厉非难。从好的方面来看,培根的思想并不同于罗伯特·胡克,马林·梅森和笛卡尔,而是可与莎士比亚、埃德蒙·斯宾塞(Edmund Spenser)①、沃尔特·雷利(Walter Raleigh)②、吉安巴蒂斯塔·德拉·波尔塔以及约翰·迪伊相提并论。

历史学家弗朗西斯·耶兹(Frances Yates)曾说:"伊丽莎白一世时期的主导思潮严格意义上就是神秘主义。这种神秘主义充满魔幻和令人忧伤的力量,试图深入每一个角落,无论是理论还是经验,科学还是精神,却惧怕前路危险和它所遭遇的强烈反对。"这种思路显然不符合当时的学术传统,但绝大多数 17 世纪早期的"先锋"学者一定程度上认可这种提法,反对声音主要来自当时的怀疑论者和机械师,这类人中包括保皇党人托马斯·霍布斯、威廉·哈维(William Harvey)③,也包括耶稣会信徒梅森,甚至包括参与了反独冬之王战争的笛卡尔。直到 18 世纪才终于涌现的新旧交替的理性与科学仍然极为粗糙。而正是那时,开普勒和牛顿的数学理论才第一次被严肃对待。

因此,在忽略宗教及政治背景的情况下,不可能像解读培根的唯物主义经验论一样准确解读莎士比亚作品中仙灵的含义。耶兹认为《仲夏夜之梦》(A Midsummer Night's Dream)④、《温莎的风流娘们

---

① 英国著名诗人、桂冠诗人,著有叙事诗《仙后》。——译者注
② 英国伊丽莎白时代冒险家、作家、诗人、军人、政治家。——译者注
③ 英国医生,实验生理学的创始人之一,他发现了人体血液循环和心脏的功能。——译者注
④ 莎士比亚在约 1590 年到 1596 年间创作的浪漫喜剧,首演于 1594 年。——译者注

儿》(*The Merry Wives of Windsor*)①中的仙灵意象，以及游吟诗人的
悲剧作品中提到的女巫和鬼魂，并不是取自民间传说，而是源于 16 世
纪早期以降科尼利厄斯·阿格里帕②和帕拉塞尔苏斯的神秘哲学，他
认为这些意象的作用在于高歌童贞女王的"纯洁信仰"。现在，大家普
遍认为《温莎的风流娘们儿》的创作是为了纪念 1597 年的嘉德盛宴，
盛宴的举办者一说是乔治·凯里，他是莎士比亚的"国王供奉剧团"的
赞助人，并在该盛宴上获得了嘉德勋章。他本人是伊丽莎白一世重要
的"神秘朝臣"，同时资助着两位英国炼金术士詹姆斯·弗罗斯特
(James Forester)和西蒙·福尔曼(Simon Forman)。在《温莎的风流
娘们儿》这部作品中，也有一则有关炼金术的寓言，福斯塔夫
(Falstaff)被一堆衣服压在洗衣篮的最底下，然后被放在火上慢慢地
炖，就像一块坩埚里的黑铅一样，粗鄙尽现。

　　耶兹认为，莎士比亚作品中的仙灵形象和斯宾塞的长诗《仙后》
(*The Faerie Queen*，1590)同源，后者也是赞颂伊丽莎白一世的作
品，文中充满了神秘主义和占星意象。"如果在阅读莎士比亚的仙
灵意象时，没有考虑到当时童贞女王即代表着纯洁信仰这一社会情
况的话"，她说，"就无法理解这些意象设置的共同目的，即继承斯宾
塞的观点和表达(赞扬女王)，这是这些隐藏在魔幻表面下仙灵形象
最为重要的作用。"

　　文学评论家查尔斯·尼科尔(Charles Nicholl)认为，莎士比亚的
多部作品里都有炼金主题的渗透，尤其是《李尔王》(*King Lear*)③，在
这部剧中，李尔王所遭受的苦难是必须的，正如同一块普通石头要在

---

① 莎士比亚所喜剧作品，著作时间公认应早于 1597 年，首次出版于 1602 年，又译《温
　莎的风流妇人》。——译者注
② 文艺复兴时期欧洲哲学家和卡巴拉学者之一。——译者注
③ 莎士比亚著名的悲剧之一，1605 年间写成，早期版本于 1608 年以 4 开本的形式出
　版。——译者注

点金石的作用下变成金子,就必须经受灼烤。虽然很难相信这就是这部剧作的主要寓意,但它仍引发了思考。莎士比亚借鉴神秘主义哲学(occult philosophy)最明显的作品集中于后期的晦涩戏剧作品中,例如为弗雷德里克五世及其妻子伊丽莎白·斯图亚特的婚礼而创作的《暴风雨》(*The Tempest*)①。在这部剧中,普洛斯彼罗公爵象征着"白魔法"——一种虔诚而庄重的魔法形式——用以抵抗经院学者对此的诋毁,他们认为所谓"白魔法"实质就是邪恶的巫术和咒语。当时很多人都受普洛斯彼罗公爵这一形象启发,甚至包括莎士比亚本人。这种说法难免牵强,因为所有文学人物的创立都受到了各种影响。然而,约翰·迪伊提供了一个更可考的量化模型。

女王的巫师

作为伊丽莎白一世最著名的巫师兼算术师,迪伊将布拉格法庭和英格兰法庭联系在一起,向人们展现了 17 世纪早期大师的另一面。他宣扬的哲学与当时英国皇家学会严谨的风格截然相反。和德拉·波尔塔一样,迪伊只是在理论上简短回顾了英国早期的神秘主义,但很快就被遗忘。毕竟,对于一个宣称自己可以通过水晶球和天使对话的人,我们还能期待些什么呢?

但迪伊的影响不容小觑,连培根都十分敬重他。在很多方面,他甚至比伽利略更能代表 17 世纪早期的初级科学观念。和开普勒、伽利略以及后期的牛顿一样,迪伊同样认为世界的终极奥秘隐藏在数学和几何学中。在他翻译的欧几里德《几何原本》(*Elements*,1570)一书的序言中,他引用了文艺复兴时期柏拉图主义哲学家皮科·德拉·米

---

① 莎士比亚悲喜剧作品,最早出现在 1610 至 1611 年之间,也被认为是莎士比亚最后一部独自完成的戏剧和悲喜剧。——译者注

兰多拉（Pico Della Mirandola）的说法："于数字玄妙之中，可得万物运转之机理"。这些我们现在努力去接受的观点正是当时迪伊和开普勒思想的核心，培根和伽利略对此有更微妙的说法：数学不仅是一门神秘的艺术，同时也是一门实在的艺术，它是自然万物的隐秘密码，也能提高航行能力和建筑水平。它是宇宙和谐与量化科学的终极奥秘。

迪伊似乎注定从出生起就为皇室效命。其父亲是一位富有的纺织品商人，曾做过查理八世的裁缝。迪伊小时候在剑桥学习希腊语，也是在那时有了对数学的热情。他曾做过多位贵族的家庭教师，并经历了玛丽都铎王朝的血腥统治，此后，他投入在伊丽莎白一世同父异母的姐姐（同时也是她的亲信）门下做占星师兼炼金术士。他的居所位于伦敦西部的莫特莱克，在那里他建了一座蔚为壮观的图书馆，并在此邀请多少带有些意大利"经验学院"气质的同僚举行聚会。迪伊偶尔也为女王工作并赢得了女王喜爱，因为她本人也对炼金术抱有极高热情——对她而言，这是扩充皇室收入的大好办法。但迪伊对朝堂上的阴谋知之甚少，并且无法获得长期稳定的赞助收入。

1582年，迪伊遇到了爱德伍德·凯尔雷（Edward Kelley）①，他是一个奇怪的人，一个病态的幻想家，他让迪伊相信自己拥有操纵神秘的力量——或许他本人也对此深信不疑。凯尔雷声称可以通过迪伊的水晶球和天使对话。此后，两人一起开始学习"亚当语"，即伊甸园里使用的语言。由于失宠于皇室，两人携家室随艾尔布莱希特·拉斯基（Albrecht Laski）的随从队伍离开英格兰，前往波兰，后者是一位声名狼藉、穷困潦倒的波兰王子，对占星有着浓厚兴趣。此后六年，他们一直待在那里，直到1584年才出发去布拉格，希望在鲁道夫二世的宫廷内寻找富有同情心的赞助人。起初，迪伊受到了鲁道夫外科医生塔

---

① 英国文艺复兴时期神秘学领域人物，自称为"灵媒"。——译者注

德阿什·哈依克(Thaddeus Hajek)的热情招待。但是,当他被引荐到国王面前时,他却说他的"天使"向他控诉鲁道夫是一个罪恶累累的人,由此引发了灾难性的后果。更糟糕的是,他在宫廷上得罪了兼具政教身份的数学家,所以不久后便被指控使用妖术和其他暗黑法术。最后,他被驱逐出了布拉格。

此后,事情戏剧般地恶化着。凯尔雷向迪伊宣布,他们俩必须与彼此分享观点:显然两人不得不遵守这种模式,但也预示着未来内部关系必将破裂。凯尔雷作为占星师逐渐声名鹊起,他认为自己已经不再需要迪伊,所以将身无分文的迪伊独自留在了波西米兰南部,自己只身返回布拉格。狡猾的凯尔雷很快就赢得了国王欢心并轻松获得了男爵爵位。但是他命运依旧多舛。1591 年,他被鲁道夫以莫须有的罪名抓捕,虽然事实上他也的确做了许多可供抓捕的事。1595 年,他致信已返回英国多年的伙伴迪伊,邀请他再次为国王效力。其最后结果如何,到现在还没有明确说法——有人说他在当年 11 月末去世,也有人说 1598 年时仍有人遇到他行骗。与此同时,别无选择的迪伊于1589 年底再次回到英格兰皇室,发现自家房子被洗劫一空。即便他竭力恢复自己在伊丽莎白皇室的孱弱声誉,并最终获得了曼彻斯特大学教堂的看守工作(这一结局喜忧参半,大学在 1547 年的溃败中失去了地产和财产),他仍然债务缠身,被指控使用巫术,最终于 1609 年在伦敦的出租屋中去世。

经过这么一段曲折历史,很难想象会有任何人尊重迪伊。但那个时代几乎所有的自然哲学家,如第谷·布拉赫、开普勒、伽利略、培根等,都经历过类似遭遇:皇家资助和教会支持的不确定以及被责难为非法的魔法狂热主义。现在我们很难想象一个和天使对话的人能够在当时的科学领域做出任何建树,这是因为我们已经习惯把数学、几何的逻辑思维与所谓的魔法区分开来,但在文艺复兴时期,它们却紧密相连。

也有说法认为，本·琼森作品《炼金术士》(*The Alchemist*)中的角色萨托尔(Subtle)也是受迪伊的启发而创作，这个角色是和普洛斯彼罗公爵齐名的骗子，却没有后者那么惹人喜爱。表面上看，琼森的作品为空洞乏味的炼金情结开出了一剂理性解药：声称可以制金的萨托尔实际上是个不折不扣的骗子。但在那个时代，其作品不仅是对炼金江湖骗子的警告（虽然很有必要这么做），还对整个伊丽莎白一世时期的神秘主义传统造成了巨大冲击。当观众们看到萨托尔装扮成奇异仙灵行骗时，都知道那是在说斯宾塞。通过夸张讽喻，琼森抨击的不仅是炼金术，甚至也是迪伊的整个数学科学体系。在其体系中，代数也是一种"巫术"。也许萨托尔本人是个彻头彻尾的无赖，但《炼金术士》这部作品却暗示，即便严肃的炼金术士和实验哲学家也没有比他好多少，他们可能语言精湛甚至为之付出了很大努力，却让一切归于枉然。

若在台上表演得当，琼森的讽刺仍旧十分诙谐有趣（老实说其喜剧价值甚至高过《温莎的风流娘们儿》），所以我们可以把他的作品理解为对炼金术荒诞流程及虚伪本质的理性揭露。而他却通过嘲笑一个已被自然哲学系统接纳的形象（即孤独行骗的炼金术士，浮士德式的骗子）来表达观点。从某种程度上来说，琼森的作品是对整个实验哲学系统的一次打击，既保守又难以琢磨。

在琼森引发对炼金术讽刺热潮的同时，莎士比亚的另一个有力对手克里斯托弗·马洛(Christopher Marlowe)①也从道德角度批判了文艺复兴时期伊丽莎白的炼金崇拜。其作品《浮士德博士的悲剧》(*Doctor Faustus*)也被认为是在讽喻迪伊。该剧可能于1594年首演，

---

① 英国伊丽莎白年代的剧作家、诗人及翻译家，为莎士比亚的同代人物。——译者注

恰逢迪伊因被指控巫师而失宠于英国皇室。马洛在剧中暗示，炼金术士将遭天谴。早在 1587 年，《浮士德博士的悲剧》就已用德文出版，书中故事根据书商施皮斯(Johann Spiess)出版的民间故事书《浮士德博士的故事》改编而来，但马洛的版本充斥着说教意味。《浮士德博士的悲剧》为接下来几个世纪中反对科学、反对好奇心的人提供了绝佳样板。

伟大的狩猎

如果读者真的读过维鲁拉姆男爵(即培根)的作品，就绝不会同意"弗朗西斯·培根才是莎士比亚作品的真实作者"这一说法。这并不是说维鲁拉姆男爵写得不好，更不是说他的表达太晦涩难懂。很容易看出，培根并不是一个可以开启人类智慧并让人类精神自由翱翔的人物。他对新哲学的观点即使没有完全成熟，却体系分明，娴熟地运用了 16 世纪中期以后逐渐形成的哲学思考。虽然其哲学有时过于晦涩，却足显其自身追求的本质。由此，读者将不得不认同威廉·哈维关于培根的一句玩笑话：培根写作时就像一个大法官，非常中规中矩。

但培根不失为一个懂得使用类比和隐喻的新柏拉图主义者。他写了很多文章讨论古老寓言和神话故事里的讽喻用法，认为它们就是通过这样的手法解释了整个世界以及人类在其中的位置。由此，其中的很多概念"得以通过非常形象的方式加以阐述"。《学术的进展》里谈论到了希腊神话里山林之神潘神的象征意义，培根的提法表现了他的神秘主义观点："这个神话故事可以说是古代神话中最奇幻的，其中充满了自然的奥秘。'潘神'原意为全宇宙。"值得一提的是，培根提出了对潘神神话故事的一种解读，即希腊人是经由埃及人知晓犹太人的故事后，发展出了希腊神话中潘神的故事。潘神的故事"核心不在于世界的创始，而在于世界的终结"。潘神向人类揭示了亚当伊甸园之外的另外一个世界。这个人头羊角的牧神也正是从劝诫的道德角度来象征着自然。

潘神是最奇妙、最难以名状的古希腊诸神之一，这也象征着其背后种种传统的复杂联系。被驱逐出奥林匹亚万神殿的他丑陋而冲动，制造了无数麻烦，其古怪行为让人无法区别他是无赖还是十足的恶棍。即使在希腊神话中，低级的色诱也等同于强奸，但好色的潘神仍然经常顶风作案。这个神话故事显然源自生殖崇拜，不过它更多地借用了酒神祭祀中女巫狂欢或女人醉后的疯狂元素，而非传统圣洁的五月花柱舞场面。大家可以轻易看出，这个浑身是角、多毛偶蹄的半人半兽代表着公元后的哪个人物。事实上，潘神比较接近剑桥神学家威廉·帕金斯（William Perkins）的作品《咒语的艺术》（*Discourse of the Damned Art of Witch-craft*，1608）中的人物魔鬼（Devil），后者精通一切自然规律，例如人类和其他生物的构造，植物、根系、兽群和矿石的种类、特性和生长规律以及天体运行带来的影响等——历史学家约翰·亨利（John Henry）认为，魔鬼可以说是"第一位科学家"。

也许潘神在照看兽群时不那么认真，但在狩猎时却充满了活力，无愧"阿卡狄亚狩猎之神"的称号。据说，有一次潘神外出狩猎时，找到了之前失踪的司耕种女神刻瑞斯（Ceres）①。在这个故事里，培根发现了一个完美的寓言，在探索野性大自然（即潘神的狩猎）的过程中，潘神发现了有利于人类的女神：

> 这则寓言故事安排潘神在外出狩猎时无意中找到刻瑞斯女神，而其他神专门去寻找她时，却始终找不到。这样的设定其实包含着一个谨慎的劝诫，即我们在日常生活中是无法找到有用的

---

① 刻瑞斯，丰收女神，她是17世纪艺术家最热衷表现的艺术形象，特别是在Holland和Flanders的作品中。Rubens的画作记录了1615年潘神狩猎时和她的相遇。

东西的,而只有当我们和潘神一样,大胆探索未知世界时,才有可能无意间发现有用的东西。

"运气在前沿科学中起着重要作用"的观点现在已被认为是陈词滥调,除了前文说到的例子外,氧气的发现(有人说)、合成染料的发明、聚四氟乙烯的发明、微波炉的发明以及宇宙大爆炸理论的提出都是运气占主导成分的。这一点让很多所谓的纯理论研究有了科学依据,研究者纯凭兴趣开展研究,从不考虑未来的用途(虽然很多基于运气的发现都是研究者在做另一项具体研究的过程中偶然得到的)。在今天这个迷恋目标的年代,鼓励保持这样的好奇心并不是一件坏事,但在培根那个时代,开放的、基于好奇的科学研究却是一个新奇的概念。

然而,培根对潘神神话最著名的化用还在于他对狩猎精神的唤醒。今天人们同样会用狩猎来类比科研——我们"猎取"癌细胞、新粒子、人造化学元素等。但是当代科研更多着力于寻找(或者说印证)预设存在的实体或现象,培根却更多地期待一头扎进自然不可预测的丛林里,去寻找自然奥秘。这种"狩猎"不同于打开抽屉去找一只丢失的短袜,而像是向着未知的、迷人的陆地发起探险。这是一种对新鲜事物的渴望,一种超越"了解已知"的野心,一种发现亚里士多德和柏拉图甚至不敢想象的新事物、新现象的强烈愿望。此后,不断有致力于新奇的新哲学诞生于 17 世纪:培根的《新工具》和《新亚特兰蒂斯》,炼金术士圣地弗奇(Sendivogius)的《化学的新光》(*The Novum lumen chymicum*,1605)、玻意耳的《物理力学的新实验》(*New Experiments Physico-Mechanical*,1660)等。弗朗西斯·培根的《伟大的复兴》在卷首插画中展示了大力神双柱,表达了传统学术的限制。[①]

---

① 文学评论家玛丽·贝恩·坎贝尔还提供了另外一种可能的解读:这本书其实是一本有关殖民征服的寓言故事。的确,我们可以注意到,经常是艺术家为了迎合他们以及他们希望侍奉的保护人,借助实验科学,揭示"新世界"图景的。

弗朗西斯·培根的《伟大的复兴》在卷首插画中展示了大力神双柱

　　自然哲学家不仅是因为新知难以发掘所以才去"猎取"，更是因为
这些知识被大自然刻意隐藏了起来——她可是很吝啬地在保护着自

己的秘密。这不只是一个简单的拟人,因为培根及其同时期的人都将自然视作自治的、科学的、甚至在某种层面上充满智慧的机体。无论是否按字面意思理解,17世纪晚期英国皇家学会的学者们都是这样来理解自然的形象:这一观点的领袖约瑟夫·格兰维尔(Joseph Glanvill)①曾经这样写道:"大自然以她看不见的手来操纵世间万物",与此同时,该观点最著名的实践家罗伯特·胡克也曾发表演说阐释大自然的"奥秘与肌理"、"深奥而隐秘的运行机制"。这暗示着,自然对人类的态度不只是晦涩的,同时也是暧昧的,实际上也许还是惯于欺骗的。罗伯特·胡克认为,大自然"变幻莫测,极力避免人类发现其本来面目"。面对这样一位狡猾的对手,哲学家们不可能通过演绎推理的方法了解真相。

这就要求学者们摆脱冷静的、慢条斯理式的迂腐,像猎人一样高度警觉。他们得像山猫一样,目光敏锐,对猎物的任何踪迹都保持敏感。猎人必须有耐心,收集并牢记每次捕猎的路线,通过每一丝微妙痕迹和微弱气味寻找前路。他们必须长时间徘徊于边缘地带,纠结于直觉和逻辑两种心绪之间。他们得看到别人不能看到的事实,并深刻理解其含义。史学家卡洛·金兹堡(Carlo Ginzburg)②认为,科学区别于其他思维方式的根本,就在于证据的论证模式并非起源于哥白尼和伽利略的经典几何数学证明,而是起源于猎人精神。

作为一个猎人,仅仅勤奋是不够的,他必须具备某种程度的狡猾,也即希腊人所说的"精明智慧"(mêtis)。这不仅需要敏捷和勇气来超越现象寻求本质,同时也需要具备判断力和洞察力,而不是仅仅靠猜测。很多伟大的科学家的确具备这些特质。然而,由于它们很难浓缩

---

① 英国作家、哲学家、神职人员。——译者注
② 意大利历史学家,微观历史的倡导者。——译者注

为一种技能，更不可能被传授，所以很少有人将其纳入所谓的科学方法。科学方法注重推演的验证而非过程。诚然，如果依靠这种大胆而精明的思想并未创造出与证据相符的观点和理论，那么它们其实意义不大。如果说在经过一番想象和直觉的飞跃后，科学便应运而生，也未免太奇怪了。

培根似乎还不满足于"精明智慧"，他提倡通过武力或暴力来搜集数据。他明目张胆地主张人们用武力甚至是残酷的方式来攫取自然秘密，因此饱受批判。他在说下面这番话时，很容易让人联想到拇指夹和拷问台：

> 正如同人只有在被拷问时才会表露真实想法，普罗透斯（Proteus）只有在穷困或者被捕的时候才会改变外形，所以大自然的特性和变化只有在磨难和恼怒中才能显现，而非轻轻松松就能获得。

但这并不是唯一的解读。"考验和折磨"也许是指通过工具和实验对其进行严格质询。即使最终得到的信息质量可能相同，但测谎仪和炙足器还是有区别的。不过，显而易见，严刑逼问下的结果并不一定真实，所以通过这种方式向大自然索取答案的可靠性也值得讨论。也许这就是为什么罗伯特·胡克赞扬显微镜这种让自然展示自我而非暴力逼迫的科研方式。正如培根用暴力作为类比一样，胡克也表示，"不同于直接破开她的大门来攫取私密"，显微镜可以让人们"悄悄地从窗户窥探，让她保持原来的样子不受惊吓"。

培根将科学比喻成狩猎的描述是新哲学最中心的观点。但这种说法并不是由他提出，而是最早由吉安巴蒂斯塔·德拉·波尔塔在其著作《自然的魔法》中引入。因此，"猎取"也成为 16 世纪晚期经验哲学爱好者所熟悉的一种象征。1596 年在威尼斯成立的科学协会（仅存在了很短时间）也因此被称为"猎人学会"。显然，这种形象无疑让那些寻求赞助者的自然哲学家在文艺复兴后期的皇室面前具备了意义和吸引力。

这一类比一直沿用到 18 世纪。在著作《人性论》(*Treatise of Human Nature*)讨论好奇心的部分中,大卫·休谟写道,"这世上再没有哪两种热情的相似度可以比肩狩猎和哲学,无论第一眼看来它们是如何有天壤之别"。两者都需要专注力和敏捷来克服长期的困难与不确定。他还富有洞见地认为,只有那些有着明确目标的追求者才能体会令人兴奋的激情和满足,即使那只是一个虚无的目标。富人们并不需要亲自捕猎来获取食物,但是他们从射击松鸡和山鸡的过程中获得的乐趣是用袋子捕乌鸦、喜鹊所不能替代的。"结果或意义本身并不足以激发真正的热情,而是为想象提供了支撑。"休谟说。正如在当代科学家心中,想着研究可能带来的实际效用,可以让他们更加心安地进行深奥的理论研究。一旦真正的狩猎开始,这种假想的目标就开始变得不重要:"在两种活动中,行动的目的会自动消失,在行动进行到最激烈的时候,我们会将注意力自动投向结果,于是一旦遇到任何不符合预期的情况,我们会变得很焦虑,如果错过了或犯了错,会感觉遗憾。"我们需要一种模式,只激发需求,却无须维持。

机器学习

伽利略将自然看作一本"开放的书":任何能够懂得其语言(就是他所说的数学)的人都可以享受阅读的乐趣。值得注意的是,他似乎只关注那些用数学知识可以解释的自然领域,比如天体运行或者物体运动的规律,但这并不意味着他这些富有洞见的发现没有价值。他之所以有这样的观点,是因为从未想过去了解植物如何生长、矿物如何形成这样的问题。但是对于事无巨细都要研究的培根来说,自然是一个完全不同的存在。他认为自然从本质上来说是有秩序的,但这并不是简单的逻辑秩序或几何秩序，而是一种隐藏在茂密丛林深处的、特殊的、与众不同的秩序。他写道：

> 大自然对人类而言就像一个迷宫，每条路上都有无数岔道，不同物体和标志是如此相似，令人迷惑，大自然完全不按常理出牌，各种现象互相纠缠、盘根错节。但有时候，自然又会给你一些指引，有时天光大亮，有时乌云密布，探索向前的哲学家们穿越经验和细节的丛林。而那些愿意引路的人（据说）自己也迷惑不已，错误和迷途者也多了起来。

由此我们可以发现，是培根（源于自然魔法传统），而非伽利略（同时看重定理、公理的学术推演以及观察的作用）对自然的设想最终孕育了经验科学的诞生，这一过程被称为"科学革命"。对后者而言，实验仍然是探寻新事物并进行展示和阐述的重要工具。然而，自然哲学家无法确定自己可以从显微镜头和坩埚中发现什么。

不过，如果世界如此难以捉摸，人类又是怎样进步的呢？

首先我们要明确，前人并非万知万能，一定还有大量被人类忽略的事实。"我们从古希腊先哲那里获得的知识只是沧海一粟"，培根写道。经院学者对过去的迷恋意味着，在他们看来"哲学和科学……就像是耸立的雕像供人瞻仰膜拜，却永远不会进步"。

培根还认为，现在我们找到的只是低垂的果实，是那些大自然表现出的最明显易懂的规律。他说，"目前艺术和科学的所有成就"：

> 可能都是通过实践、沉思、观察和辩论的方式得到的——因为它们最接近人类的认知方式，而且符合人们目前对世界的认识；但如果想进一步地了解自然那些更为隐秘的部分，就需要优化人类的认知模式，提出一种更加充分利用人类智慧的科研方式。

培根总结道，"没有任何人会在日常生活中思考现有的事实和经验"。

我们需要更努力地去寻找,我们需要时刻关注宇宙万物,因为我们并不知道哪些方法最有效,更无从判断原因的真假。正如吉安巴蒂斯塔·德拉·波尔塔所说,"即使最微不足道的现象也可能蕴含着伟大真理";又或者如培根所说,"当铁被用作铁棍的时候,人们觉得习以为常,但是它被做成细针的时候,人们才发现了它的磁性"。他描述了一个著名哲学家的轶事:

> 当他在抬头仰望星空的时候,不小心掉进了水里。如果他低头,他会在水中看到星星;但如果他抬头看天,却不能在星星里看到水。因为以小可以见大,反之却很难实现。

所以对世界保持好奇的状态不仅是应该的,而且是必须的:我们不可以将任何事当成理所当然。

但这又引发了一个疑问,即什么样的信息才最有价值? 对于亚里士多德的追随者而言,珍品陈列室中被好奇心信奉者津津乐道的奇迹,恰恰因为过于异常而没有任何价值。亚里士多德并未完全否认经验在哲学中的作用,但培根认为,他只是对这些观点进行了过滤和再造,剔除了那些与自己观点不相符的部分,让其"符合自己的观点",从而显得"非常局限"。"太阳从东方升起"这一现象对亚里士多德的信奉者来说意义非凡,因为它每天都发生。但是一块奇石对这类哲学家来说却毫无意义,因为它和其他石头都不一样。换句话说,古代和中世纪的科学都通过观察来解释"已知"事物,也即用已知理论来解释未知现象。如果现象的发生没有规律,就不值得仔细审视。

痴迷珍品陈列室的狂热分子则走向了另一个极端,他们只关注那些反常的东西,喜欢囤积居奇,还能将这些奇怪现象归结到自然体系当中。培根选择了中间路线,他认为现象的变化是给人类以启示,帮助人类找到新秩序和新规律。培根还有着强烈的热情,要将自然观察转化为工艺生产,所以他把自然奇观看作是一种"创新",它们提供了世界格局的新思路，因此也可为手艺人提供创作灵感。"通过自然奇观"，他写道，"可以最快地帮助艺术家创作出伟大的艺术品"。自然是无数艺术作品的大集合。但怀抱万物的好奇心却被认为是附庸风雅或幼稚的，所以培根正式为其正名。威廉·埃蒙曾说，"培根的科学团体十分在意那些令文艺复兴时期陈列室的访客惊羡不已的奇珍异宝"，因为他们是揭露潜在规律的重要线索。①

培根选择中间路线的代价，就是必须用理性来分析奇异现象。这样一来，就不存在真正奇异的事了。奇异现象虽时有发生，培根的追随者们却不会再感到惊奇。正如培根所说，"只有当我们可以借助某种现存秩序和规律来理解奇异现象时，我们的探寻才算终止"。

为了编纂详尽的自然现象合集，培根一直在搜集各类信息。在此过程中，他坚持认为随机实验没有任何意义。"我们必须依照线索行事"，他说，"我们做每件事情，都要在行事之初立下完整计划"。他认为一个合格的实验应该探寻以下几个方面和特点：

（1）变量（Variation）。改变实验环境。例如，在加热而非摩擦的情况下，琥珀还能吸起稻草吗？

（2）重复（Production）。在不同的环境下重复实验。例如，在温暖和寒冷的室内重复。

（3）转换（Translation）。用实验通过一个现象的环境来调查研究另一个现象。

（4）反演（Inversion）。寻找反面影响。例如，当你发现放大镜可以使物体升温，那么应该进一步思考它是否有可能使物体降温？

---

① 对异常的关注一直都是科学的核心驱动力——这也是 20 世纪初量子力学诞生的原因所在。正因为经典物理学不能解释个别的物理现象，量子物理学才得以诞生。

（5）检验（Compulsion）。检验实验对象是否会毁灭。"其他狩猎活动的目的是抓住猎物，而这次活动的目的是灭杀猎物。"

（6）应用（Application）。将实验结果在其他环境下进行运用。例如，在得知同体积的水和酒具有不同质量后，人们就可以检测出酒里是否掺水。

（7）综合（Conjunction）。检验一系列实验的结果是否不同于单个实验单独进行的结果。例如，众所周知，摘除玫瑰花苞和将玫瑰根浸泡在温泉水里都会推迟花期。但是如果同时进行两项处理呢？

（8）偶发（Chance）。漫无目的的尝试对于实验也至关重要。"这种类型的实验是不基于理性的，甚至是疯狂的"，他坦言，"有时你想尝试某种实验，并没有明确的目的，也没有先行的实验引导，单纯因为之前没有人这么做过，这种单纯对'不同寻常'的追求有时也大有裨益"。

最后一个原则显然更易于接受，主要是因为它展示了培根科研方式的疯狂之处。一方面，人们会有各种疯狂的实验思路；另一方面，没有预设结果的实验一般都没什么用。然而，我们并不急着否定培根的这一条实验方法；相反，我们不得不承认，偶然性对现代科学具有重要意义。

培根深知，这种原始数据和经验（自然历史）的积累只是手段而非目的——为了"在布满经验的迷雾森林里找到一条未被涉足的路，通往新的公理"。他批评自然魔法家，并非是因为他们迷恋自然界美妙奇幻的现象，而是他们自满地不去解释现象背后的原因，让它保持神秘面纱：

真正的科学要做的，就是提供科学的解释，揭开这些神秘的面纱。而伪科学做的恰恰相反，他们极力渲染事情的玄乎之处，让其看起来更美。

但是如何深入处理这些原始数据，使哲学家更接近事实真相呢？这是培根的"归纳科学"所要解决的核心问题：如何从偶然的现象中筛选出重要线索。亚里士多德从未考虑过这个问题，因为当他在观察自然的时候，并不相信通过观察就可以得出规律。他觉得哲学家的任务就是在浩繁的哲学世界里找到一个先验公理来解释所见之事。对培根来说，事情正好相反（至少大多数时候如此）：人们用理论来套现象或加以总结时，应该十分审慎，除非能找到所有证据。然而，这显然是一个不可能完成的任务，因为无论培根还是其他任何一个人都无法提供一个标准，来决定证据的充足性。正如达·芬奇所说，人人都可以永远不停地追问下去。

然而，培根坚持不懈，最终酝酿出了一套将观察转变为理解的体系。但这恰恰显露出其方法的无效性（更不用说完整性）。培根这些伟大的努力到头来只是证明，单纯从毫无假设的观察中得到科学方法是行不通的。

他想造出可以自动将实验现象转化为理论的机器。亚里士多德的六本关于逻辑的著作是其公理和演绎哲学的基石，这些著作也被称为"工具"，表达工具或机制之意。培根想用自己的新工具论来代替亚里士多德的逻辑范式。"科学迫切需要的是归纳法"，他说，"一种可以分析经验并将其分散成小块，然后按照一定程序剔除后形成必然结论的方法"。

培根认为，第一件事就是将所有相关数据和现象都列出，然后用系统的方式找到相同点和不同点。他列了一张表，记录下了27种所谓"系统的方式"，他将这张表称为"特例表"。比如，我们在比较四足动物时，就要思考一头大象和一只猫的区别在哪里。然而即使是这些标准也没能建立起这项浩大工程的地基，毕竟我们得知道要比较的对象都是些什么。那么,是不是应该按照是否坚硬、是否易燃、是否在特定环境下易折断等特点把事物分门别类地整理起来呢? 那么蝙蝠应该归入鸟类还是啮齿类? 再比如,树和肺部(或者循环系统)的分支结构非常类似,这种现象被达·芬奇发现并推测其功能也可能有深刻联系,这一点的确也是对的。那这是否意味着我们要把树、花归在一类,或者是和所有有分支结构的物体归在一类? 简而言之,不可能存在一种明显而唯一的方式,将大自然的参差多样按照不交叉的方式分门别类。

且慢,让我们继续来说大法官的"知识蒸馏器"。这种机器运行的基本原则就是,搜集与某一现象相关的所有数据,包括各种改变环境和表达方式的实验操作,实验者必须区别不同的实验结果和环境,才能甄别出哪些是受环境影响的,哪些才是本质的。只有后者才能最终提供对现象本质的解释。这种方法称为"消除归纳法"。

培根用对热的研究来解释这种操作方法。在一张"现象和本质"的列表里,他列举了热存在或产生的每一种情况:太阳射线、火焰、有温度的热体、摩擦后的身体、撒在水中、动物身上的生石灰等。然后,他又准备了一张"接近偏差表",列举了与以上情况相联系,却并没有产生热的所有情况——比如月光。

所以培根相信,热产生的原因,可以通过研究"是什么让热在一种情况下存在,在另一种相似情况下消失"而得到推理。从原则上讲,这是一个好方法。如今的科学家也经常使用改变实验条件的方法来找出特定环境下起决定作用的条件或变量。例如,太阳的热量似乎与其在天空中的位置有关,当它位于头顶上方时更热一些。小型生物暖起来比大型生物更快一些,或者用培根的说法,"质量越大,导热越慢"。

这么多比较之后,我们可以开始下结论了——但在此也只是提出"初步的解释",或引用培根曾以酒做过的一个巧妙比喻,此时才到"初酿年份"。仅就热而言，可以作出以下结论：

> 热是一种受限制的膨胀运动，更易于影响较小的粒子。即使
> 向外扩张，其膨胀也受上升趋势所控；其运动并不缓慢，而是活跃
> 的甚至是猛烈的。

按照现代的观点来看，热是组成物体的原子处于无规则运动状态的表
现，并可通过原子间的碰撞进行传递。在那个年代能够得出这样的定
义，也算相当不错了。然而，这并不是基于观察记录而得出的必然结
论。一方面，它假定了物体由"更小的粒子"（即物质的原子模型或其
他微粒模型）组成，虽然这也被当时的实验哲学家们广泛接受，但充其
量不过是他们的共同信仰。况且，说热可以（均匀）膨胀，同时却有"上
升趋势"，这句话又有何寓意呢？

　　然而，这只不过是初次的收获罢了，还有更多的内容尚待发掘。
以上结论还需要通过九个步骤加以完善，那些"特权的实例"不过是第
一步。培根只把这第一个步骤作为典例进行了具体阐述，然而，仅仅
这样就已经占去《新工具》一书将近 100 页的内容了。哪怕培根能完
成其他论述，他也得用同样长的篇幅来解释"归纳的凭借"、"归纳的修
正"、"特权的性质"等其他步骤。在这一点上，我们多少得不加深究地
认为，天才培根"可能的确"对他所提出的知识体系有全面的认识。不
过，即使培根果真完成了所有论证，恐怕我们也会怀疑，这样诡秘的知
识体系到底能否用来加工原始数据，产生真知灼见。这样看来，培根
的整个体系似乎过分拘泥于让人不快的教条主义，或说得更严重一
点，陷入了繁琐的经院哲学泥潭。正如约翰·亨利所说，"对方法描述
愈加详尽，方法本身愈显失色"，从威廉·哈维的经历就可见一斑。据
说，詹姆斯一世就曾公然否定培根的知识体系，还机敏地把它与上帝
的旨意相比较，因为两者都"超越了人类的理解范畴"。

　　并没有证据显示培根或其他人曾使用其方法论发现任何新知；事

实上,培根自己也没有提出过哪怕一个重要的科学发现。然而重要的
是,这一推理过程是准机械的,体现了循序渐进的算法思想,因此任何
人都能按照这个过程进行推演,而不需要诉诸于灵感或智者之见。培
根写道:"我们这种发现科学的方法,大多能拉平人们的智慧,而甚少
依赖个人的卓越性,因为在这里,一切事物都遵循最可靠的规则和论
证。"你无需成为天才,做到谨慎细致即可。正是这一点,而非培根自
己那套玄奥神秘的自然观念,让其学说与其他相信巫术的自然学者区
分开来,后者的代表有帕拉塞尔苏斯、卡尔达诺和德拉·波尔塔,他们
认为科学研究需要具有过人的智慧或洞察力,才能得到诺斯底式的真
理的顿悟①。

　　换句话说,《新工具》让科学得以民主化。的确,这本书宣称,发现
科学的任务应该指派给那些终日辛劳而不动脑筋的人,他们能够耐心
地收集所有的数据,同时缺乏足够的想象力来一举得出结论。"我十
分确信一点,"培根写道,"人类的智识增长,所需的并非羽翼之丰满,
而是知识之重量。人类远远未能认识到一点,研究事物的原理和本质
是严肃、严谨之事,自然只留下何其渺小的一部分供人类评判"。言下
之意是,科学必须制度化与专业化,相当于要形成　个"知识产业"来
专注于批量制造科学知识,就像面包师大量生产面包一样。1667 年,
托马斯·斯普拉特(Thomas Sprat)的《英国皇家学会史》(*History of
the Royal Society*)一书也表达了类似的观点,他提出这样一个模式:
"(一群)纯粹的、努力工作的观察者,(他们)不能形成太多知识,却有
辛勤劳作的双手和未经玷污的双眼。"通过这种等级分明的工作分配,
研究者被分成了不同类型和级别,还都取了天花乱坠的名头,比如智

---

① 这里颇有讽刺意味,通过瞬间的灵感使伟人认识并理解科学,正是过时的辉格党对
　科学的阐释,比如伯纳德·杰夫(Bernard Jaffe)那本畅销的化学史《严峻的考验》
　(*Crucibles*)。

慧的掮客、掠夺者、神秘人、开拓者、编辑者、天赋异禀之人、接种者以及大自然的诠释人。培根提出的体制可以认为是现代军工复合体的蓝图。

于是，我们可以自然地推断，好奇心也应该制度化。这样就再没有"好奇心"一说，而应称之为"彻底性"：我们进行全面的发问，纯粹是为了确保培根的"哲学量表"（指培根在《新工具》一书中提出的三表法）没有重大的认知鸿沟。如果一个人希望在推广自然学说方面无所不能，那么他更应该采取一种勤奋而非渴求的态度来学习。培根的后继者用"好奇（curious）"一词来赞美自然哲学家，往往还暗含另一层意思：这里的"cura（curious 的拉丁文同族词根）"是治愈的意思，而不是指对万物充满求知欲或热忱。

然而，即使粗略一瞥，培根体系的主要缺陷也显而易见：没有明确的方法来规定调查的范畴。如何能够确定哲学量表已经论证充分？显然培根也不希望不加鉴别地收集数据，但他没有提出进一步的规则，告知调查者该如何进行辨别。因此，人们总是认为，培根法所实现的是一种盲目的知识广度，尽管详尽无遗，却也非常消磨耐性。

培根新哲学的其中一个核心驱动力是，哲学应该产出"有用的"（培根称之为"有利的"）知识。寻求公理不仅是为了了解它们，而是因为"一旦发现正确的公理，与之相关的所有著述便随之而来，不是偶然孤立地出现，而是成群结队地现身"，培根对此深信不疑。历史学家斯蒂芬·高克罗格（Stephen Gaukroger）认为，培根的自然哲学"保障了我们对环境的掌控权"。这意味着，自然知识本身并非中立，而是与人类如何利用自然的问题相随相生，由此一来，自然哲学就带有道德哲学的一些特征。培根蔑视那些完全出于乐趣来研究自然的人，那是半吊子肤浅的沉溺。培根只认同一种功利主义的乐趣，那就是找到新的方式来模拟自然过程，并将此视为一门博大的"艺术"。

这也意味着，从培根的观点来看，一些最紧迫的研究问题与人类如何改变和操控自然相关。亚里士多德式的科学体系并没有明确指出，这些问题能否被纳入自然知识的范畴。既然重物（如石头）的性质是落到地面，用人工方法把它们举起来就是违背自然的，这种异于自然的情况就无益于我们认识世界的运作机制。但是在培根看来，正是这种运动才最有益处，机器的运作就是很好的例子。培根的观点暗示着，亚里士多德式的哲学找错了对象，或者说找错了方向。现代科学已经习以为常地认为，实验室操作人工化程度高且严格控制条件，对揭露自然规律不仅有所助益，而且大有必要可言。然而在培根的年代，他提出把人工操作作为科学研究的核心，正如我们将在下文看到的，这个充满争议的新观点并没有被人们轻易接受。

这合适吗？

培根实验哲学的支持者们直面宗教神权对好奇心的打压，他们效仿中世纪那些充满好奇心、攻击传统观念的斗士，宣称对自然世界产生兴趣并非傲慢；恰恰相反，那是尊崇与敬畏的表现。罗伯特·玻意耳是牛顿之前最伟大的英国实验哲学家，他认为，"神创万物并以之为荣，人既与神同形，当以一窥万物奥秘为耀"。这是用自然神学的方式为科学辩护，号称对上帝创造的万物了解越多，只会增进我们对上帝的敬畏和赞美，愈发惊叹上帝的神力与智慧。这种态度被许多基督徒接纳，至少持续到 19 世纪，在今天仍能找到类似的观点。

然而，如果上帝打算让我们领会自然的所有奥秘，为何又在亚当堕落①后夺去他的知识？培根认为事实并非如此：

　　人类之堕落，并非出自亚当获得了纯粹、纯洁的自然知识，并

---

① 指亚当、夏娃偷食禁果，被逐出伊甸园。——译者注

　　　　根据万物属性为其正当命名。堕落的源泉在于,人类因获得伦理
　　　知识而骄傲自大、野心勃勃,妄想据此评判善恶,或导致最终背弃
　　　上帝并实现自律,这方为诱惑的根本形象与呈现方式。对于部分
　　　依然敬畏自然的学科,神圣之哲学家(所罗门)断言,"深埋真相乃
　　　是上帝之光,将其找出方为君主①之荣。"

因此,培根主张,保持好奇心并无大碍,只要"我们切勿冒昧认为,通过
对自然的沉思冥想就能理解上帝的奥秘",而是应该"用知识使自己获
得安心与满足"。一些现代科学家还牢记着培根的劝诫,"若任何人企
图通过探询物质世界来寻找上帝的本质或旨意,他实则已被空洞哲学
所毁"。

　　在这里,培根为科学提出了两个引人瞩目的断言。首先,科学有
可能带领我们回归一种伊甸园式的状态,我们就能重新享有上帝赐予
亚当的对自然的统治权。这个想法同样出现在罗伯特·胡克 1665 年
的著作《显微图谱》(*Micrographia*)的序言中,他认为像显微镜这样的
仪器或许能弥补人类自身的视力缺陷("损伤与瑕疵")。这种缺陷是
人类咎由自取,部分原因是由于"天生的堕落"或原罪:

　　　　在历史之初,人类因偷食智慧之树的禁果而堕落,身为后裔
　　　的我们或许也在某种程度上重蹈覆辙。这不只是由于远观与沉
　　　思,而是我们同样偷尝了自然知识的禁果——虽然从未被真正禁
　　　止过。

其次,中世纪时期普遍认为上帝把自然规律隐藏起来,是因为她不希
望规律被发现。培根反对这种观点,他希望人类迎面挑战上帝创造的
这个玄妙难题。人们不该学习畏首畏尾的僧侣,而要像高贵的猎人,
带着勇气和激情承担风险。培根写道,所罗门曾声称:

———————————

① 对君主政体的恭维在培根的思想中从不鲜见。

> 上帝创造心灵如同制造玻璃,使其不仅映照宇宙全景,而且渴望接收来自宇宙之信息,好比眼睛追逐光明;人类心灵不仅满足于认识万物之丰富多样与沧桑变迁,而且竭力寻求观察到的枯荣变化背后之规律。

其他神学家和伦理学家提出了不同的反对意见,他们认为,与其怀疑人类推究神创的万物是否恰当,不如说反对这种行为挥霍了本可更好地用来虔诚祈祷的时间与精力。剑桥柏拉图主义者约翰·诺里斯(John Norris)抱怨道,看到"一个人忙于凡尘俗事,似是在为来生修道,结果只是在象限仪、望远镜、冶炼炉、虹吸管和抽气机之间庸庸碌碌",这是多么得"荒谬与不敬"。这种控诉在当今依然有力,用世俗的话来说,研究那些毫无意义的问题纯粹是在恣意挥霍时间、精力与金钱,看起来已将社会责任都抛诸脑后。培根承认,有些人的确认为这样做会损害人类心灵的高贵品质,也即花费

> 长久的时间密切接触一些局于感官、限于物质的实验,特别是因为这些东西要搜求是费力的,要沉思是不值的,要讲起来是粗俗讨厌的,要实践是收效甚微的,而其数目又是无限的,其精微处又是过于细致的。

培根还承认,一些政客认为过度学习会让人"过分好奇、优柔寡断",变得"不好相处,失去能力"。但是培根的观点与他们相反,他认为学习能使人们免于无所事事,因为它可以"捍卫心灵免遭懒惰和享乐的侵蚀"。

古人坚信,好奇心是对"无用之事"的着迷,而培根对这个观点持有保留意见。他解释道,好奇心"只存在于事物或语言之中,也就是说,要么是尽心竭力地研究无益之事,要么就是浪费过多精力在语言的技巧上"。培根认为,后者正是经院哲学家们所走的歪路。他指责他们在修道院里闭门造车,只有在少数几个教条主义的老学究指导下

学习，编织"学习的蛛网，蛛丝之精巧的确值得赞扬，然而却没有任何实质的内容或益处"。他还蔑视一些简单地"出于天生的好奇心和好刨根究底的性情"所得到的知识，或只是为了"用各种花样和乐趣来娱乐心灵"，又抑或只是"心灵在走神时的一次漫步"。

或许会有人说，培根在为好奇心辩护时并没有将其称为"好奇心"，只是把这个词语留作贬损之用，来贬低那些闲散、无目标、无成果的探索。

转变思想

培根对着眼于神秘事物和自然魔法的哲学传统充满批判，但他批评的是其实践而非原则。他支持传统的自然观念，赞同自然是神秘力量的相互作用，但他主张在新的时代背景下进行理解。自然哲学家不再是离群索居的人，或者是某个神秘教派的一份子，只会用艰涩难懂的行话掩饰自己的研究，苦心孤诣地捍卫自己的发现。培根志在成为社会的公仆，在一个完备的组织制度下谋求公共福祉，即为国家服务。

培根认为，如果国家能够支持利用他的新工具论来进行实验哲学研究，这将使君主获得强有力的知识权威，道德权威也将随之而来。不仅如此，培根反复强调"实用"知识的重要性，这说明，培根敏锐地觉察到科学对军事、工业和经济领域的益处。这也是许多学者寻找赞助人时所用的诱饵（尽管成败难料），那些皇家学会里的科学家尤其如此。在今天，我们依然见证这种做法代代相传，历久弥新。

培根认为，科学家不仅要在新的制度背景下工作，还要改变自己的性情。培根还指出，哲学家不只是要有良好的意图与态度，还要积极自省，认识到自己存在的假设和偏见并努力克服。这需要对心灵进行重塑，抹去习惯性的盲目。虽然方法和途径各有不同，但在这点上，伽利略和笛卡尔都认同培根的观点：新哲学家不但要推翻经院哲学的种种原则,而且需要拥有完全不同以往的心态。

这标志着知识地位本身的一次根本转变。像帕拉塞尔苏斯,甚至是盖伦这样的人,或许就不再会凭借其出众的智力、过人的勤奋、更为优异的求解方法或是对知识来源更加明智合理的分析,来对自然做出权威的论断。恰恰相反,培根认为一个人要想献身科学,他并不需要拥有特别的能力,只要他能通过自我净化来使心灵做好准备即可。培根不是为了说明聪明才智或过人的洞察力不再重要,他的目的是将科学过程完全"去人化",从而消除主观性的弊病。这就是培根式知识机器的重要性所在:它是"人工的、纯粹的、严谨的",它获得知识的路径公正无私,不依赖于研究者的敏感性与洞察力。正是由于这一点,这个知识机器才有望阐明现代科学的雄心壮志。(我将在最后一章里阐述,科学是否能真正运用这种方式运转。)

培根式的哲学家需要成为反传统的斗士——不需提出大胆或激进的观点,但要实实在在地分解心灵的"假象"以及阻碍领悟的惯性思维方式。培根认为有四种造成错误判断的假象,他分别给出了四个颇为艰涩难懂的命名。"族类假象"束缚和牵制着所有人的认知。人们倾向于把自然人格化,设想"自然行事如同人类"。每个人也都有着容易令人误解的思维习惯,这就是"洞穴假象"。语言与交流中存在的模糊性与种种圈套造成"市场假象",而"错误的理论学说或哲学体系,以及歪曲的论证法则"则是"剧场假象"。

与此同时,培根坚持着那个由来已久的观点,就是自然哲学家应该以道德约束自己的行为举止。在古希腊和中世纪时期,一个学者研究工作的价值还与其是否端庄得体相关。16 世纪早期的异议者,如科尼利厄斯·阿格里帕和帕拉塞尔苏斯,他们的敌人就可能污蔑他们是邪恶、堕落又野蛮的人,借此来诋毁其学说。然而,所罗门学院(Solomon's House)里的科学家神父则可信又可靠,因为他们能控制自己的激情，始终表现出自控与自尊。培根说，奋锐党人（Zealots）往往是那些"年岁未长、认识肤浅的年轻人，出于一种偏袒的敬意被其偶像俘虏"，他们"从无知直接跃至偏见"。

培根主义者认为，这种危险的狂热正体现出建立理论之迫切。只是从"事实的集合"一下跳到"事实的解释"，这样的匆忙与轻率是不恰当的。培根赞扬这样的人：

> 不热衷于猜测与预言，而是渴望发现与了解；并不打算设计与模仿大千世界，而有志于查验与分析这个世界的本质。

培根说，这样的宏伟目标要求一个人"必须亲自调查所有事实"，因为事实就是事实，不能受到任何相互竞争的观察者的质疑。不过另一方面，理论和解释本身就具有争议，在最乐观的情况下也常常难以被证明。正是由于这个原因，连冷静慎重的笛卡尔也被指控为是不可信赖的"狂热者"，因为他不满足于纯粹的观察，坚持要建构出现象的解释理论。古典学者梅里克·卡索邦（Meric Casaubon）[①]在其 1668 年的著作中提到笛卡尔：

> 然而从他的《方法论》中，我看得出来，过度的骄傲自负已经使他完全丧失智慧。我无法相信，如此荒谬且渎神的言论（过去与现在我都这么认为），竟然出自一个冷静清醒的人。

假设结果

弗朗西斯·培根和约翰·迪伊不仅在自然本质的问题上看法一致，还都对推行自然哲学推导程序怀有相同的目标，那就是实现国家的荣耀，尤其是在深受人民爱戴的童贞女王伊丽莎白一世统治下的国

[①] 必须提到是，卡索邦信仰正统英国国教，认为所有新哲学都是无神论和通灵术的温床。他指责约翰·迪伊跟魔鬼打交道，认为皇家学会充斥着狂热与主观的"热忱"。

家。在追逐权力的过程中,知识得以寻求其德性。然而如今看起来,两人的观点大相径庭,是因为迪伊以文艺复兴早期的术士为模范,就像一个不合群的智者,只用神秘隐晦的方式与内行人交流他的"特权知识"。然而,培根却是在倡导一个国家级的研究计划,并认可这项任务的重大意义——收集古往今来所有自然或人工现象的"历史",这是一项不可能独立完成的工作。培根认为这没有捷径可言,也没有神秘的天启能带来被遗忘的智慧或密码,进而通往泉涌式的知识理解。培根正确认识到,自然之难以捉摸的程度简直让人沮丧,因此研究自然哲学需要大量人力,天才也不例外。

在这一点上,培根的观点完全正确。然而在 17 世纪伊始,人们还没有清楚认识到这一点,有些人仍偏好用迪伊的方式来追随自己的无限好奇心,来探索炼金术士对宏观世界与微观世界的神秘理解,比如罗伯特·弗拉德。我们所了解到的是,弗拉德的方法受到了一些"新哲学家"的批评,包括开普勒和梅森。事实上,天文学家塞斯·沃德(Seth Ward)就认为,"世上相去最为遥远的研究方法,莫过于维鲁拉姆男爵阁下(即培根)和弗拉德博士,前者基于实验,后者基于神秘而合乎理想的理性"。但是,两者的差别并没有沃德之流所想象的那么明显。毕竟,两人都曾做过实验,也都更相信实验而非古代的权威。即使后世证明了两人孰对孰错,我们也不可能将现代观点与神秘主义完全区分开来。弗拉德在威廉·哈维之前就曾提出血液循环,虽然他的辩证是神秘主义而非实证的,只是通过类比行星的公转得出结论,但是哈维后来也有引证他的观点。此外,对于哪种"新哲学"更加可靠,显然当时的人们并没有达成共识。弗朗西斯·耶兹坚称,迪伊的《数学序言》(*Mathematical Preface*)

被普遍认为比 35 年后出版的培根的《学术的进展》更具有重要意义,因为迪伊完全理解并强调了数学研究在科学发展中基础性的重要意义，而培根则低估了数学的重要性。迪伊的《数学序言》影响深远，直到 17 世纪下半叶仍广为流传。

只有当我们认识到，在玻意耳、胡克、牛顿、惠更斯将现代科学研究方法明确下来的同时，弗拉德与迪伊的观点也在盛行，且成为当时强有力的知识力量，我们才能理解，为什么好奇心的崛起并不是简单地用开明的实证科学取代宗教的束缚。赫尔墨斯主义哲学家在现代科学早期发展的洪流中受挫，并不是由于他们所信奉的观念，而是由于他们用了错误的方式来推行其观念。他们没有意识到，对知识的好奇追索之旅需要转变，它不该效仿个人诺斯底式的寻秘旅途，更应该像一项国家事业；而培根意识到并做到了这一点。

第 5 章

万物之宗师

在过去的百年里(基督教界的所有大师都投身哲学研究),一个新自然将要展现在我们面前,这不是显而易见的吗?

——约翰·德莱顿(John Dryden,1668)

除了教父与圣灵,其他一切他们都可肆意纵情,不必忍让。

——托马斯·斯普拉特《皇家学会历史》(1667)

1648 年,约翰·威尔金斯(John Wilkins)主教成为牛津大学瓦德汉学院(Wadham College)院长,出版了《数学魔法》(*Mathematical Magick*)一书,这本书成为年轻的艾萨克·牛顿之最爱。从这么一个书名里,我们或许会认为这是一本家庭数字游戏汇编,或是一本数字命理神秘主义的严肃著作,然而它却两者皆否。威尔金斯的这本著作对机械装置进行了阐释,从简单如杠杆的装置,到复杂如萨洛蒙·得·高斯在海德堡的皇家花园里使用的自动化装置,书中都有涉及。书名告诉我们,数学与魔法传统与实用而奇妙的机械机件都紧密相联,其中后者略带几分神奇把戏的成分。威尔金斯提到,无知的大众总把机械之精巧和数学之巧妙归因于魔法，他则从现代意义上理解这种非理性的迷信。约翰·奥布里证实，在上一个世纪里，人们"烧毁数学书籍，认为那些是魔法之书"，甚至到了 1651 年，培根的朋友约翰·罗利（John Rawley）还被一位乡村牧师起诉，说他在测量教堂尖塔高度时使用了魔法，其实他用的只是几何算法。

约翰·迪伊巫师的名气部分源自他的机械奇才。1547 年，迪伊把阿里斯托芬（Aristophane）的喜剧《和平》（Pax）搬上剑桥三一学院的舞台，他甚是以这次经历为傲，"其中一幕里，粪甲虫背着一个男人和他的一篮子干粮飞到天上，那简直是个奇观。演员们纷纷表示，那个场景多么深入人心，这种表演手法多么具有影响力"。事实上，他只是用了配重块和钢丝绳来完成这一场景，但对一些民众来说，魔法才是他们更愿意接受的解释。

在他给欧几里德《几何原本》所写的《数学序言》中，迪伊促成巩固了数学理论与精巧机械的结合，他坚称几何之美也体现在工程上的伟绩，比如建成水泵和自动化装置，比如那些用于时间、建筑与导航的测量仪器。实际上，历史学家彼得·泽特伯格（Peter Zetterberg）表示怀疑，"读完迪伊那篇令人兴奋的序言后，很多人就对《几何原本》平淡乏味的风格和主题失去了兴致"。亨利·皮查姆在他所著的《完美绅士》一书中也强调了数学的这种奇妙之处，并提议"几何学不是仅用于制造战争武器的无趣研究"，它同样可以用来创造奇迹，比如公元前 4 世纪的木质飞鸽〔相传由毕达哥拉斯主义哲学家阿尔库塔斯（Archytas）所造〕，又如 15 世纪德国数学家雷格蒙塔努斯（Regiomontanus）所造的铁苍蝇。

不过，与迪伊同时代的其他人仍觉得，古代的机械数学家简直具有神力。威尔士数学家罗伯特·雷科德（Robert Recorde）曾撰写过阿基米德的卫国故事，阿基米德如何建造武器来帮助叙拉古

(Syracuse)抵御马克卢斯(Marcus Claudius Marcellus)的侵略。雷科德写道,阿基米德"懂得如何从天上盗火……(他)使自己化身宙斯,从宫殿之巅降下雷霆之怒,让天空电闪雷鸣"。罗伯特·伯顿(Robert Burton)在 1621 年的《抑郁的解剖》(*Anatomy of Melancholy*)中写道,阿基米德是"一位凡世之神,而不只是凡人"。威尔金斯也指出,毕竟是阿基米德宣称可以用一根位置合适的杠杆撬动地球,他还把阿基米德的名字加到他书中关于机械的章节中。

　　而威尔金斯也不是那种闭门造车的数学家。根据约翰·伊夫林的说法,威尔金斯在牛津的住所里摆满了精巧的设备,当年的阿基米德和亚历山大利亚希罗(Hero)也对这些机械玩意儿深深着迷。

> ……一个能发声说话的中空的塑像,人能从远处通过一根通到嘴巴的长管子对它说话,这景象在一开始当然令人深感惊异;他(威尔金斯)的宿舍和走廊上,堆满了各种各样的投影仪、刻度盘、透视仪……还有许多其他人造的、数学的、不可思议的新奇事物:"识途仪(Way-Wiser)"(用于度量走路的距离),温度计,巨大的磁铁,圆锥及其他剖面,还有一个设在量角器上的天平。

威尔金斯曾亲眼见过萨洛蒙·得·高斯的发明。当时他是一名教士,服务于查尔斯·路易斯王子(Prince Charles Louis),即弗雷德里克五世和伊丽莎白·斯图亚特的次子。王子身处英格兰异乡时,由于长兄逝世,他成了帕拉丁选侯的继承人。《威斯特伐利亚和约》(*Peace of Westphalia*)的签订使日耳曼各邦国的经年战争姑且告一段落,查尔斯·路易斯也得以夺回他在下帕拉丁(Lower Palatinate)的部分继承的领地。随后,威尔金斯陪同王子回到海德堡那个绝妙的行宫,重返那里的花园。

　　这位瓦德汉学院的院长不仅熟读迪伊和弗拉德的著作,还对他们所代表的哲学传统烂熟于心。他于 1641 年出版著作《墨丘利神,或秘密、快速的信使》（*Mercury，or the Secret and Swift Messenger*），书名就明显具有神秘色彩（墨丘利是罗马神话人物，对应希腊神话里的赫尔墨斯），其研究"密码语言"的主题与迪伊和另一位德国自然巫师特里米修斯（Trimethius）的著作有所联系，后者的《速记法加密》（*Stenographia*）一书就是密码语言领域的早期著作之一。阿格里帕自己在提到机械发明时，曾评价那是一种"数学魔法"。威尔金斯的这本著作，在观点上似乎更接近弗拉德那本百科全书式的《两个世界的历史》（*Utriusque Cosmi Historia*，1619）。威尔金斯与夸美纽斯和哈特利布的圈子有所联系，与蔷薇十字会运动也有关联。在《数学魔法》里，威尔金斯提到一种地埋灯，与"在培根墓室里见到的类似，也更常在兄弟会的告解里被提及"。

以上种种事实都解释了为何威尔金斯是实验科学发展历程中的一位重要人物。他是一条纽带，将好奇心的品性传统与新一代自然哲学家连接起来，比如那些以玻意耳和胡克为代表、在皇家学会里地位日益提升的新学者。皇家学会早期由威尔金斯之流所主宰；这些大师更愿意沉迷于事物的神奇之处，而不是它们背后的道理；他们只在口头上附和培根，背后却视培根的指导为无物，反而追逐他所禁止的所谓"玄妙的实验、无用的秘密、肤浅的骗局"。然而，另一位这类学者的代表约翰·伊夫林，他本身并非科学家，却用其美妙文笔拥护并推动了新哲学滚滚向前的发展之轮。有一回，他在欧洲大陆小住一段时间，在一个陈列室里看到一件神奇的器物，并用文字记录下来，行文间流露出典雅的好奇心与科学认识之间的差距："一个巨大的垂吊式烛台岔开几个凹座，看上去都只是摆着普通的蜡烛，然而其中一个灯芯里冒出的不是火焰，而是潺潺的水流。"而他的评论里明显带着几分失望，他说这个装置"当时看起来真是一件奇异的珍品，可惜用压缩气体理论就能解释其原理"。显然，他更喜欢德拉·波尔塔式的故弄玄虚，故意使人们感觉不可思议。

心灵手巧的绅士

在约翰·奥布里看来，威尔金斯"甚是心灵手巧，精通机械"，"非常支持实验尝试"。奥布里甚至赞美他是"牛津大学实验哲学的主要复兴者"。从 1649 年起，威尔金斯每周都在他的大学宿舍里召开一个"实验俱乐部"，奥布里认为那就是"皇家学会的摇篮"。

然而据悉，皇家学会的源头还要早于威尔金斯的这个牛津俱乐部，实际上源自 17 世纪 40 年代早期，威尔金斯与一些志同道合者在伦敦进行的聚会。其中一位是数学家约翰·沃利斯（John Wallis），他称这些成员"对自然哲学和其他人文学科刨根究底，对新哲学或实验哲学尤为兴趣盎然"。沃利斯将这种"新哲学"归功于培根和伽利略。在沃利斯看来，那些伦敦聚会的发起者是德国神学家西奥多·哈克（Theodore Haak）。哈克来自帕拉丁，长年背井离乡。在 1645 年沃利斯加入聚会的几年前，哈克和夸美纽斯就彼此相识。还有一位成员是克伦威尔的医生乔纳森·戈达德（Jonathan Goddard），当查理一世被议会收监时，戈达德就是照顾他的狱医。这么一个团体可能会聚在伍德街上戈达德的家里，或是"齐普赛街上一个合适的地方"（圆头酒馆），又或是主教门街上的格雷沙姆学院。

格雷沙姆学院成立于 1596 年，定址于其赞助人托马斯·格雷沙姆（Thomas Gresham）的宅邸。格雷沙姆是一位富商，资助了法律、医学、修辞学、音乐、神学、几何学和天文学[①]等专业领域的许多大学教授。我们并不清楚格雷沙姆创立这个研究中心的动机，但我们知道的

---

① 培根从来不认为格雷沙姆学院是他理想中的英国所罗门学院，这或许有点出人意料，因为格雷沙姆本人是培根的舅舅。

是，他与教授们立下约定，他们需要每周给伦敦受过良好教育的绅士举行公开讲座。尽管绅士们往往不大感兴趣，但对那些教授来说，格雷沙姆学院就像一个虚幻但美妙的大学，否则那个城市里再没有这样的学术团体。因此，格雷沙姆学院成为伦敦新哲学家群体的集中地也就顺理成章了。在沃利斯加入前，每周的讲座由天文学教授塞缪尔·福斯特（Samuel Foster）进行，哲学家们习惯每周在他的讲座之后碰面交流。

沃利斯所支持的观点是，皇家学会源于伦敦学会，而非后来的牛津俱乐部。沃利斯出身于伦敦学会，在成为一名皇家学会成员之后，他不无自私地写下自己所偏好的对学会发源的解释，并挑战其学术对手威廉·霍尔德（William Holder）关于皇家学会起源于牛津俱乐部的观点。不过，伦敦城里的那些聚会与牛津俱乐部有很多相同之处，很多成员也同时属于两个组织①。沃利斯指出，他们感兴趣的话题包括：

> 血液循环……哥白尼的假说，彗星和新形成的恒星的本质，木星的诸多卫星……月球凹凸不平的地表及对其的研究……望远镜的发展……空气有无重量，真空是否存在……重物的落体运动及其加速度。

说到最后，皇家学会到底源于伦敦还是牛津，不过是习惯问题而已。有资料显示，牛津俱乐部曾进行过一些实验，而伦敦学会则没有。不过，很多皇家学会成员也并非实验主义者——他们只是聚到一起，相互打听新哲学的最新进展。如果对牛津的那些"实验"活动过于重视，似乎有默认这种实验性的研究方法正是在牛津发明之嫌。同时，我们

---

① 奥布里支持的是霍尔德的观点。显然奥布里一点也不喜欢沃利斯，还指控他"极其贪婪，甚至窃取别人的成果成就自己"。奥布里对此事的评论也明显有所偏袒。

也该谨慎对待托马斯·斯普拉特所写的皇家学会"正史",毕竟斯普拉特是威尔金斯的门生,他也是在 1667 年受人所托才写就该书。这样记录下来的"历史",里面必然有很多宣传的成分。弗朗西斯·耶兹认为,斯普拉特——本身并非一位科学家的他,或许只是作为一名雄辩的宣传者才被皇家学会接纳——受到皇家学会的鼓励,故意轻描淡写 17 世纪 40 年代伦敦集会的作用,因为当我们追溯历史时并不难察觉,当时的伦敦学会有一股颇为浓重的蔷薇十字会式的乌托邦主义氛围①。

无论如何,皇家学会的成立,其实还得感激另一个同在伦敦的实验哲学家团体。他们独立于威尔金斯或沃利斯的组织,由塞缪尔·哈特利布领导,都信仰培根哲学,成员包括德国哲学家兼神学家亨利·奥尔登堡(Henry Oldenburg)和社会改革家约翰·杜里(John Dury),而杜里的女儿就是奥尔登堡的妻子。罗伯特·玻意耳也经常与哈特利布通信。哈特利布认为,科学不是个人自发的对自然的探索,而是符合培根愿景的致力于改善全人类福祉的一项事业。

克伦威尔时期对保皇党人的清洗使牛津大学多了很多空缺的岗位,一些新哲学家便乘虚而入。因为这个原因搬到牛津去的有威尔金斯、沃利斯、戈达德,以及后来的玻意耳和奥尔登堡。奥尔登堡后来被玻意耳的姐姐拉内拉赫夫人聘为她儿子的私人教师,还受聘成为玻意耳的编辑和译者。这些人都有参加威尔金斯在瓦德汉学院举办的学会活动,后来也不断有新成员加入,包括萨维尔天文学教授塞斯·沃德、天文学家劳伦斯·鲁克(Laurence Rooke)、数学家兼博学之士威

———————————

① 斯普拉特著作的可靠性一直饱受争议。历史学家迈克尔·亨特评价该书"忠实记录事实的部分与其作为信仰告解的部分一样多"。即使它并非纯粹是"威尔金斯讲述的故事",这本书的写作也没有受到严格的监督指导,一些皇家学会成员并不满意它所呈现出来的学会创始历史及其愿景。许多舆论认为应该对其进行修订,或者交由另一位作者撰写续篇,但是目前还没有任何行动付诸实施。

廉·配第(William Petty)，以及当时还是本科生的克里斯托弗·雷恩(Christopher Wren)。

有一种说法是，这些绅士们聚到一起，是为了创造现代科学。但是，从威尔金斯狡猾的"数学奇迹"来看，显然学会里洋溢着一种16世纪晚期的宫廷匠心文化，他们的集会一方面是为了了解世界，另一方面是为了展示自己的技能与才智。保皇党人沃尔特·查尔顿(Walter Charleton)医生这样描述当时的场景：

> 他们平日的消遣就是实践各种"视觉错觉"，即物体的形状、大小、运动、颜色等变化。要是你也在场，或许会惊叹于那些屈光或反射的稀罕事物，如果是古人看到也必定大吃一惊，以为那是魔法……要是修道士罗吉尔·培根重生，他定会忏悔自己怎敢当"魔法师"(Conjurer)之圣名，因为其成就还不及这些绅士在玩笑间经常拿来炫耀的把戏。

与威尔金斯对培根实验哲学的肯定态度相称的是，他有着广泛的好奇心，其著述涉及植物学、农学、水力学、航海术、热学、磁学和机械学。不过他并不赞同培根对君主制的半神秘推崇：在英国内战期间，威尔金斯是议会的支持者(这一点与查尔斯·路易斯王子出奇的相似)，并在1656年与克伦威尔寡居的妹妹罗比娜(Robina)结合。这导致王政复辟后，一名保皇党人取代了他当时的职位，即剑桥三一学院院长，于是威尔金斯只得在1660年返回伦敦。他继续举办"哲学俱乐部"，首先回到齐普赛街上的圆头酒馆。当他们的团体日益壮大，小酒馆再也容不下时，就想到了更早一些时候沃利斯举办聚会的场所：格雷沙姆学院。威尔金斯一些被赶出学校的同事已经成为格雷沙姆学院的教授：1648年，劳伦斯·鲁克担任天文学讲师之位，后来转向几何学；威廉·配第主讲音乐；乔纳森·戈达德在1655年成为物理学讲师；克里斯托弗·雷恩接替鲁克讲授天文学。

　　稍稍了解配第和雷恩的人都会知道，他们在格雷沙姆学院的头衔甚是随意，让人不禁怀疑，是否只要有足够的才智、接受过一定教育，就能在格雷沙姆学院随意转换学科？试想，今天各学科之间隔行如隔山，有时堪称防御森严。此外，担任这些职位所需的不过是些门面功夫，因为在职的讲师们同时还从事其他行业。比如配第，他在格雷沙姆学院畅谈音乐，同时还是牛津大学布雷齐诺斯学院的解剖学教授。1651 年，他被任命为驻爱尔兰英军的主任医师，此后就对前面两个职位甚少上心了。即使在爱尔兰，配第的实际工作也跟照料部队健康大相径庭，因为他被分配去测量国家土地。到最后，跟上述所提都不相同的是，如今配第是作为社会统计学的先驱享有盛名，他在《政治算术》(*Political Arithmetick*)[①]一书中主张，我们能够通过基于量化手段的科学分析来更好地治理国家。

　　如果说配第是一名博学之士，又该如何评价雷恩呢？要知道，作为一名天文学家，雷恩在 1666 年的伦敦大火后参与重建了伦敦大部分区域。如今看来，这样浩大的工程却仿佛只是雷恩闲暇时的消遣。雷恩的父亲（又名克里斯托弗）是温莎教长，他在威尔金斯时任查理一世外甥（即查尔斯·路易斯王子）的牧师时与其结交，后来雷恩便受到威尔金斯提携。1657 年，雷恩被任命为格雷沙姆天文系主任，当时他才 25 岁。而其前任鲁克之所以转向几何学，只是因为这门课的教室条件更好——这从另一方面表明，只要身处正确的圈子，谁都可以得到这些职位。因此，也就不难理解那些"神秘学教授"的继承者会被称为"万物教授"的原因所在了。所谓博学——当时流行的说法是泛智主义——正是那个年代的风气。"一个人若非通才，就难以成为优秀的学者。"艾萨克·巴罗(Isaac Barrow)写道，他是牛顿前任的三一学

---

① 该书在他逝世后于 1690 年出版。——译者注

院卢卡斯数学教授。

1660 年 11 月 28 日，在雷恩的一节天文学课后，伦敦哲学俱乐部的成员们聚在鲁克的格雷沙姆教室。他们认为，是时候借鉴意大利人的做法了：为了推广新的实验哲学，他们要让自己所做的种种努力规范起来。皇家学会的官方记录这样记载道，"他们提出：

> 可以想出一种更常规的方法，一方面为了改进集会，使其成为一种更常规的辩论方式；另一方面借鉴他国学术界人士自愿结社的方法，促进研究学习的整体进步。由此，他们可以在此为推广实验哲学成就一番大事。"

于是，这为"伦敦皇家自然知识促进学会"（Royal Society of London for Promoting Natural Knowledge）拟定了蓝图。威廉·布鲁克尔爵士（Lord William Brouncker）也出席了这次集会，他是一名杰出的数学家，不过他对羽翼未丰的皇家学会所做的贡献，更多在于其关系网而非才智。他是保皇党人，于 1662 年成为查理二世的皇后、布拉甘扎的凯瑟琳公主（Catherine）的大臣。另一位与君主有干系的是苏格兰人罗伯特·默雷（Robert Moray），他对皇家学会成立所做出的贡献远比后人归功于他的要多。默雷的人生在查理一世统治期间精彩纷呈，先是为法国枢机主教①黎塞留（Richelieu）所用，成为间谍；然后与苏格兰国民誓约派成员一同行军，于 1640 年在纽卡斯尔大败英王军队。不过，默雷为调解那些反叛的苏格兰人与英国人做了巨大贡献，因此查理一世在 1643 年还授予他爵位。在"三十年战争"期间，默雷在法国与苏格兰卫队作战，后在巴伐利亚被俘并拘禁；在摄政时期，他返回苏格兰，于 1650 年参与起义支持查理二世，最终被流放法国。王政复辟后，默雷于 1660 年的夏末回到英国，同年 11 月前就在格雷沙姆

---

① 即红衣主教。红衣主教是教外人士的称呼。——译者注

学院立足,成为常客。作为新王的心腹,默雷帮助这些格雷沙姆成员
的计划得到查理二世的关心。据塞缪尔·佩皮斯(Samuel Pepys)记
载,默雷和布鲁克尔不时在白厅里的实验室进行化学实验。默雷同时
还是威尔士人、帕拉塞尔苏斯派炼金术师托马斯·沃恩(Thomas
Vaughan)的赞助人,后者在 1652 年将蔷薇十字会宣言首次翻译成
英语。

　　在 11 月份的这次格雷沙姆人聚会中,亚历山大·布鲁斯
(Alexander Bruce)①、保罗·内尔(Paul Neile)②、乔纳森·戈达德、威
廉·巴勒(William Balle)③、劳伦斯·鲁克、亚伯拉罕·希尔
(Abraham Hill)④等人显然都是才华横溢的学者,但可以毫不过分地
认为,他们在这一历史篇章里并未发挥什么作用。不过,最后要提到
的罗伯特·玻意耳并非如此。

　　中世纪自然哲学的发展大多仰仗那些具有好奇心的牧师,他们既
能接触到大量书籍,又有闲暇去思考读到的东西。到了文艺复兴和启
蒙运动之间的过渡时期,这种研究传统由经济独立的世俗绅士传承下
来,因为他们无需依赖赞助者来追求自己的兴趣。玻意耳是英国人,
他的父亲是位精明的投资者:17 世纪早期,他趁国王下令在爱尔兰进
行土地没收与再分配的大好机会,获得了规模可观的地产;在爱尔兰
政府中,他从枢密院官员升为王室财政大臣,最终在 1620 年成为第一
代科克伯爵,这期间其地产还在不断扩大。1627 年,玻意耳在离科克
25 英里远的利兹莫尔城堡出生,当时他的父亲已经富甲一方。成年
后,玻意耳继承了父亲的地产,每年有 3000 英镑的收入,因而有财力

---

① 苏格兰发明家、政治家、法官和共济会成员。——译者注
② 英国天文学家、政治家。——译者注
③ 英国天文学家。——译者注
④ 英国商人。——译者注

建造私人实验室，并聘请人员协助他进行实验研究。17 世纪 40 年代晚期，玻意耳接触到实验哲学，这是一个启示——玻意耳称其为"一种极乐"。他的第一个实验室建在多塞特郡斯托尔布里奇的私人庄园里，在那里，他开始"研究自然之书"。

　　与其他对哲学浅尝辄止的绅士们不同，玻意耳对哲学的兴趣持久而深远，而且受到英格兰最睿智思想的引导。其科学研究受到强烈宗教信仰的支配与驱动，对玻意耳来说，研究大自然的运作机制是一种虔诚的行为，是为了展示上帝创造万物的智慧。玻意耳认为，极端理性主义会带来威胁宗教的无神论，而科学可以给出反驳的论据。如今，人们提到玻意耳，大多会想起他对气体运动①的研究，以及其著作《怀疑派化学家》（*The Sceptical Chymist*，1665），这本书还常被误读为对炼金术的抨击。不过，实际上玻意耳对 17 世纪科学的每个方面都抱有兴趣。在 17 世纪 60 年代前，其思想已经涉及自然哲学的各个领域且广受崇敬。只要玻意耳发话，就象征着权威，仿佛其观点早在中世纪就得到了亚里士多德的肯定；如果没有玻意耳参与，成立皇家学会这样一个机构是无法想像的。和大部分实验哲学家一样，玻意耳几乎不读亚里士多德的著作，他认为亚氏对现象的赘述对于预测具体的实验结果并无裨益。玻意耳认为，亚里士多德派的学者

　　　　使所有自然现象的概述变得轻而易举，但也让人觉得，对其
　　中任一现象进行详细分析都难如登天。

有资料记载，离开牛津后，玻意耳住在姐姐位于伦敦帕尔摩街的宅邸里，显然说明当时的玻意耳处境优渥，而且他研究的实验科学在很大程度上归功于培根和古老的神秘学传统：

　　　　他最喜爱化学。在姐姐的宅邸里，有一间属于他的条件优越

---

① 这个规律被不恰当地命名为"玻意耳定律"，内容是气体体积与其压强成反比。

的实验室,日常由几个仆人(学徒)进行打理。他对生活窘迫的聪明才俊十分慷慨,来自外国的化学家们都能证明他的乐善好施。为了获取任何稀奇的秘密,玻意耳从不吝啬。他宣称,实验是对自然的刨根问底、格物推究。

据说玻意耳的住处"总是对好奇之人敞开大门"。根据约翰·伊夫林的说法,玻意耳"从每个人的身上、从真实的实验、从他(空间宽敞、设备齐全)的实验室中学到的东西,比从书本上学到的更多[①]"。玻意耳也自称,就对石头的了解而言,"与普林尼或亚里士多德及其评述者相比,我从两三个泥瓦匠和切石匠身上能学到更多"。

鞭策好奇

约瑟夫·格兰维尔自封为"大师的辩护者",在皇家学会的推广上不遗余力。对他来说,这个团体代表着弗朗西斯·培根的"伟大构想"得以实现:一个团体同时致力于探寻科学知识并服务国家。默雷曾向查理二世申请皇家特许状并于 1662 年获批,不过国王对学会的活动几乎不放在心上,与其说印象深刻,不如说是被他们弄糊涂或逗乐了。皇家学会的皇室身份只是代表他们可以免除特定的税务,可以聘请职工、购买地产,可以出版自己的刊物、保持国外往来,以及拥有自己的盾形徽章。国王并不相信培根的观点,不认为一个科学学会能够服务于国家的政治利益,这从他从未给皇家学会下拨分毫经费就可以看出,学会因而总是在资金短缺中挣扎。学会不能雇请太多职工,也总是发不出薪水——奥尔登堡从 1662 年起担任学会秘书长,但直到7 年后才拿到报酬。也因此,学会无法利用其财产购买权:会员们仍旧

---

① 这种评论促生了一种错误看法,即玻意耳在家中没有藏书室。事实上他的书房藏书
  丰富,但是如今里面的藏书都已佚失不存。

每周一次在格雷沙姆学院举行聚会,学会免费提供一间公共教室供他们讨论,另一间用来存放设备、书籍、报告材料和其他稀罕物件,而且"如果情况确实需要,还能提供一些临时住所"。他们一直尝试募集资金,还制定计划建造属于学会的建筑,一所真正的培根式所罗门学院,然而他们的努力在 1667—1668 年间终告失败。

为了维持开销,皇家学会征收高额会费,这意味着其会员群体大部分限制在上流阶级。一开始,会员能缴费实际上比他们能听懂或参与讨论更为重要。虽然在 17 世纪 60 年代晚期前,学会已经积累了260 名左右的会员,但其中很多都是贵族,他们出席聚会主要是期待看到有趣的奇景。这限制了皇家学会的学术高度,因为学会不得不迎合这些业余爱好者(dilettante)①的随心所欲。实验示范不能过于深奥让人费解,能够得出戏剧性或出人意料的结果自是最好。当时,学会把重点放在巧妙又有趣的小机械玩意儿,以及约翰·威尔金斯喜欢的那类奇珍异宝上。

当时,每周的实验由一位实验负责人进行设计与展示,他有义务在展示前进行精心准备。学会初创阶段只有一位负责人,只能由他一个人承担过多的工作,每周需要展示"三四个重要实验"。1662 年,罗伯特·胡克被非正式地安排到这个岗位(三年后得到正式任命),此后马上开始了每周在格雷沙姆学院住上四天的生活,要是交给哪个创造力和独创性不如胡克的人,这或许会是不可能完成的任务。

胡克是一个穷学生,出生于怀特岛上一个清贫家庭。就读牛津大学基督教会学院期间,胡克在机械方面的出众才华吸引了瓦德汉学会的注意。后来,胡克被他们聘为技师,还被引荐给玻意耳,此后玻意耳

---

① 在 17 世纪,"业余爱好者"一词还没有今天的贬义含义——就像字面意思所示,它只是代表"某事物的爱好者"。

雇他为助理,胡克就到玻意耳位于牛津城高街上的实验室里工作。玻意耳和胡克之间虽然相互敬重,但他们的关系很像主仆——胡克形容自己"属于"玻意耳,甚至在 1663 年玻意耳为了皇家学会的利益"释放"了胡克后,后者还是坚持这种说法。不过也由于他对玻意耳及其他学会成员的尊崇,胡克开始得到机会显露出自己作为实验家和哲学家的能力。其职务促使他对万事万物产生兴趣,但是他的好奇心似乎也是自发产生的。假如社会阶层的限制使他永远不能成为一名"万物教授",他就只得满足于做一个通晓万物的技师。

17 世纪 60 年代,胡克列了个清单,以下是他打算研究的部分课题:

　　　运动理论

　　　　运动定律

　　　　光学原理

　　　　引力定律

　　　　磁学理论

　　　　火药原理

　　　　天体理论

　　　改进航运

　　　　——手表

　　　　　光学

　　　　——用于商品贸易的发动机

　　　　——用在马车上的发动机

　　　研究物体的形状

　　　　——物体的特性

在今天看来,这就是一个异想天开的计划。如今,科学家穷尽一生单独研究磁学或引力的一门,如果能在其学术领域做出一项真正重大的贡献，就可以认为学术生涯成果丰硕了。此外，研究引力所需的专业知识，与改进汽车技术或爆炸物化学过程所需的专门知识，两者并无多大联系。这不是说一个领域的专家就不可能转行，而是这些学科风马牛不相及，即使只考虑时间和精力问题，它们也很有可能互不兼容。

这其中部分原因在于，我们知道大部分研究问题是多么困难——或许有人会说，那是因为最易获取的战利品早已被前人摘取，所以现代科学才变得如此艰难。比如，给马车改进减震器是一件设计活儿，而制造一辆氢动力汽车则完全是另一回事。我们将在下文看到，发现引力的平方反比公式绝非易事，然而今天在学校里就能学习这个公式；要想调和万有引力和量子理论，或许还需要尚未被发现的数学公式。尽管如此，如果说在胡克的年代研究科学更为简单，这就有所误解了，因为在当时，即使（或许正是）世上最平淡无奇的领域，也还隐藏着许多未知事物等待发现。胡克的清单里流露出显而易见的远大抱负，也显示了一种自信——一旦我们掌握了实验哲学这种普遍的方法，自然终会向我们展现她的秘密，这也有点像糖果店里孩童的口吻。一旦一群志同道合者打开了好奇之匣，其中最优秀的思想家就会一发不可收拾，对万事万物进行发问，希望自己能抢到其中最引人入胜的问题来研究。在这一点上，胡克或许比同时代的其他人都更为典型，他以自己为例，证明了培根无所不包的研究计划与人类天性有所冲突，因为人性不会满足于仅仅钻研自然哲学中这个或那个问题的细微之处。人们总会努力去占有那些最宏大或最可牟利的问题，并（就胡克而言）随时准备好捍卫自己的优先权。

然而值得注意的是，胡克的清单并不仅是逞能或幼稚的热情，因为他在其中的很多领域，乃至没有提到的领域都贡献卓绝。他引领设计了手表和显微镜，设计并建造出新型马车，用数字表述长杆负重的弯曲程度，还帮助玻意耳发现了气体运动的规律。至于最有名的，莫过于他协助雷恩重建被大火摧毁的伦敦城，设计了城里的几座纪念性建筑物，其中就包括伦敦大火纪念碑，这个大型的纪念柱（它还是一个隐藏的天文台）建在大火发生的地方。1680 年，约翰·奥布里描写道，胡克证明了自己是"这个时代最伟大的机械师"。

胡克的想象力几无止境，其程度之深，体现在他决心抢先研究所有领域，哪怕只是一时心血来潮。在其 1675 年的一本著作中，他匆匆写就另一张清单（"为了写满下一页"，也有人怀疑或是为了树立自己的名声），"只是我打算发布的发明创造中的九牛一毛……只要我有机会和时间"。清单里包括：

> 调节所有手表和计时器走时精度的方法
>
> 所有不同类型建筑拱门的数理与机械形式
>
> 弹性或弹力的正确理论
>
> 用于望远镜和显微镜的新型物镜
>
> 新型月镜（Selenoscope）（用于观测月球）
>
> 用于磨坊的新型水平风帆
>
> 新型长途驿车
>
> 新的哲学模型

此处重申，这个清单并非纯属狂言，实际上胡克实现了其中的大多数目标，甚至更多。不过，我们偶尔也会对胡克抱有几分怀疑。他宣称发明了一种"弹弹鞋"，能让穿鞋的人跳到 12 英尺高的空中，在格雷沙姆学院的四角庭院里展示时，简直像变魔术一样让人津津乐道。不过，胡克喜欢夸夸其谈，因此其中的真实性颇值得商榷。

所以，胡克总是努力在下一件事使他分心前完成一些事情，这并不令人意外。这种过多的渴求不仅源于胡克自己难以控制的心血来潮，也来自其他人总是希望他带来新奇事物的呼声，尤其是那些傲慢无理的皇家学会成员，他们总把实验负责人当作呼之即来、挥之即去的仆人。不过，胡克如此努力地研究天下万物，与其说是出于义务来实践培根的"全面知识生成方案"，不如说出于自己永不满足的"求知欲"。胡克倒也成功避免了漫无目的地收集一些孤立且古怪的观察结果（因为那些观察结果有时也让皇家学会颇为困扰），而且虽然他并没有明确发展出条理清晰的研究程序——当时也没有人做到——但是他时而会删减自己的研究问题，把重点放在最可能产出成果的研究上。

胡克的成就无疑堪比名声更响的雷恩和玻意耳。要是胡克有门道，他的名气也能超过对手艾萨克·牛顿，后者卓越的数学才能和不留情面的政治才干（且不说牛顿比胡克活得更长）让他成功占据上风。胡克是个怪人，既急躁易怒又好交际，容易自大自负却也清楚自己的缺点所在，因此饱受折磨。但这些怪癖并不会改变一个事实：那个时代里人们好奇心的不断变化，也许正是在胡克身上最为集中地得到体现。

在玻意耳和胡克身上体现出来的广泛好奇心，是整个科学研究的决定性特征。一份显然由罗伯特·默雷写就的手稿清楚记录了他们预想的研究范围：

> 皇家学会的事业和意图，在于增进对自然万物和实用技术的了解，比如生产、机械实践、发动机和实验创造。同时，并不干预宗教玄学、道德伦理、政治学、语法学、修辞学、逻辑学……
>
> 为了验证古今名家大师发明、记录或实践过的一切，所有与自然、数学或机械相关的系统、理论、原理假设、基本原理、历史及实验；为了形成可靠完整的哲学系统，用于详细解释所有自然或技艺的现象……

这种兼收并蓄的规划，一开始就从皇家学会的记录性刊物《哲学汇刊》（*Philosophicol Transaltions*）中可见一斑，这是皇家学会秘书长亨利·奥尔登堡的首创。他是学会里另一个尤为活跃的成员，如果没有他，皇家学会几乎不能支撑下去。奥尔登堡是个多面手，集外交手腕、高度热忱、多语言技能和新闻天赋于一身，这使他成为涵盖英国国内外的新哲学家团体交际网络的中心人物，他的观察结果与研究发现充实了刊物的内容。1665 年 3 月 6 日，《哲学汇刊》创刊号出版，其首页上写着，读者能在这里找到"在世界上的一部分重要地区，那里的才俊正在进行的事业、研究及其工作的解释说明"，并列出其中一些内容：

> 在罗马进行的光学玻璃改良……在英格兰观测到的木星环上的暗点……最新预测的彗星运动轨迹……关于黄金的实验历史……关于一只极为怪异的丑陋牛犊的故事……位于德国的一个特殊铅矿……一种匈牙利药丸……百慕大群岛的美洲新型捕鲸技术……关于怀表摆成功应用于海上航行时的经度测量……最近离世的图卢兹参赞费马先生（Fermat）发表的哲学著作的目录。

接着，托马斯·斯普拉特向所有人宣布并阐释了学会的愿景："他们不给自己限制学科；他们如实进行记录，不为给出完整的观念体系，而为展现永无止境的历史。"牛津大学化学家、皇家学会学士罗伯特·布拉特（Robert Plot）是阿什莫林博物馆的第一任馆长，从他写的《牛津郡博物志》（*Natural History of Oxford-shire*，1677）来判断，说这些历史永无止境是毫不奇怪的。布拉特在目录中清楚地告诉我们，读者几无可能在牛津郡长居。书中涉及的话题广泛，从"天空和空气"到"成型的石头"（形状古怪，仿佛经由雕刻而成）、"男人和女人"、"艺术和古董"，不一而足。我们很快就能看出，书中的牛津郡就是全世界的缩影。比如说，关于生育孩子的最高年龄，书中提到了两个例子，一是普林尼，二是住在班伯里附近塞特福德的凯瑟琳·泰勒（Catharine Tayler）。泰勒告诉布拉特，她在 60 岁高龄生下一个儿子（"活蹦乱跳，生气勃勃"）。所以说，这本"自然志"不仅是对当地传说与传言令人愉快的概述，而且可以说是从布拉特的后院里看到了世间万象，布拉特只是一个记录者。这其中寓意深刻，能让人感到自由解脱却也望而生畏：为了了解万事万物，你可以随时随地踏出第一步。

大师的特征

培根、笛卡尔和伽利略认为，改造自然哲学的主要内容就是重新定义"哲学家"。当时"秘密学教授"一派提倡在宣布一项理论为真之前，须用实证研究法检验和再现那一理论的现象和方法。但是这一手段对于剔除轻信和偏见并未起到什么作用。如果说培根、伽利略和笛卡尔的理论体系有什么相同之处，那就是他们都试图严格约束自己的实验方法，仔细规避不成熟的假设，剔除感性经验。虽然没有一项实验能达到他们所说的绝对客观，但其目的已经表现得很明显，那就是要用一种全新的道德态度来对待自然哲学。对于培根来说，这还包括放弃冲动和习惯，进行能够扭转固化思维误区的神智净化。因此在17世纪早期，同新教和清教热潮一道，刮起了一阵新哲学禁欲主义的风潮。不过新哲学派明显抗拒传统权威，这一点从英国皇家学会的格言"追求真理"（Nullius in verba）——勿轻信人言就可以看出来，这也引起了天主教和一些保守派以及保皇者的怀疑。同时，其表面的漠然让英格兰复辟人士感到困惑，实际上这已经冒犯了这些自由主义者的敏感神经。有关社团以及一些特权专家学会的言论甚至惹恼了英国国教徒，尤其是那些清教徒，他们看到了宗教狂热的幽灵。

不仅如此，要成为实验大师，除了要摆脱某些思维模式，还得放弃那种刻意创新的想法。只有在一种近乎无知的状态下，那些看起来相关的事件和客观对象才不会因为偏见而被忽视，而导致这些偏见的原因正是自以为是。可以说，所有事情都必须被当作是特别的，充满了不确定性的,所以科学家在进行研究时必须要严谨勤勉。或许可以通过刻意的"决定"来让自己认为这个东西是奇妙的,来强迫自己去发现研究对象的迷人之处,对此胡克有过一段描述:

> 在进行观察和实验时,必须要细致入微,注意到每一个察觉范围内的事物。虽然随着这种观察和实验越来越普遍,观察者也逐渐习惯这个过程,他还是应努力将这些实验和观察视为最伟大的珍品,假想自己来自一个陌生国度或从未从事过这个行业,也从未听说过或见过这些东西。那么,那些他先前可能由于太过熟稔而一扫而过的现象和反应,将会被重新审视,也能看看能否凭借更严谨的态度从那些曾经因为普通而被忽视的事物身上发现更有价值的东西。

也就是说,要化"腐朽"为"神奇"。世界必会复魅,而使其复魅之物随即为之所拒。正如历史学家凯瑟琳·威尔逊所说,"科学将我们所熟悉的世界打碎,并用一个全然陌生的图像替代它,它使人纵情想象,同时却容不得人类将自己的价值观投映其上。"

这种陌生感的觉醒源自于一个假设,假设自然隐藏了自身的运行机制,藏在了各种行为模式中。这种隐藏是间接的,只有摒除并且同那些表面的明显联系区分开来,才能测量和观察到这些机制。从这一层面来说,胡克和牛顿研究的力与微粒之网,同帕拉塞尔苏斯的超自然哲学并没有多大差异。为了察觉这些网的蛛丝马迹,观察者要保持恒久的仔细观察状态。就像达斯顿和帕克所说那样"生怕漏掉了什么",自然哲学家"绷紧了每一根神经去抓住每一个细节。而这种持续保持精神高度集中的技巧难之又难"。他们需要一种人为好奇心的支持,这种好奇心是一种刻意制造和选择的心理状态。笛卡尔派哲学家尼古拉斯·马勒伯朗士(Nicolas Malebranche)对此状态的描述可谓一针见血:

　　　　我们有必要欺骗自己的想象力以振奋精神，同时又要代表自己希望用新方式来研究的客观对象，这样才能时不时在内心激发奇妙之感。

在实践中，要想保持胡克提倡的那种全无偏见的观察态度是不可能的。正如我们不可能让自己忘掉如何说话一样，我们不能指望消除所有的预设和推测。即使我们可以保持这种无偏见状态，我们也不能这么做。因为一旦那么做了，事情将会变得无法理解，就像英国人读阿拉伯语的课文一样。而我们将永远面对这些问题：我们在实验台上看到的这些行为，会在黑暗或寒冷中发生吗？会在满月之时再现吗？会在非洲或是两极重演吗？

　　诚然，实验者必须有意识地观察以前认为是理所当然的东西，胡克的这一观点已经成为了科学事业的一个重要方面。但是采用这种高度人为建构的观点可能会面对一些问题，最棘手的就是，在局外人眼中这个观点很荒谬。坚持认为腐肉是深度怀疑的来源，这不是胡说八道吗？把自己改变成日常世界的旁观者，变成一个傻子，仅仅是跳蚤和灰斑就能让他大吃一惊！我们会在下文看到这个观点遭受到了怎样的讥讽嘲弄。

事实至上

　　培根对于理论构建有严格的态度，认为除非集齐所有的实证，否则不能立论。然而有些时候这一观点同皇家学会一道，变成了一种表面上的决断，即避免对整体做因果解释。正如政府收藏家和古董商人在自己的架子上摆满古玩一样，一些成员乐此不疲地收集事实。而这些"事实"收藏家对其藏品的偏好着实让人不解，他们更喜欢那些对感官有更强刺激的东西，比如最多彩的、最华丽的或是最有趣的，却全然不顾它们本身所携带的信息。达斯顿和帕克说过，这些事实"过于奇异以至于难以归类,更别说理论化……感觉将它们挑出来就是为了阻止人们对其进行解释和概括"。托马斯·斯普拉特曾批评普林尼,说他只考虑那些"最伟大的藏品"而不管"最细微平凡的事物"。你能发现其实这一批评适用于许多杰出的哲学家,比如他们那花里胡哨的报告。法国最近有一个叫《四个太阳》(Four Suns)的报告,看了这个报告读者唯一能做的事情就是摇摇脑袋,然后咕哝一句"哦,有这么一回事"。甚至在考虑一些平淡无奇的东西时,他们也必须让自己的观察显得非常独特,以使自己的存在合理化:葡萄酒的颜色和悬挂着的铁链形状都能变得"新颖"、"奇特"、"不寻常",最终走向那个必然的结果——"令人好奇无比"。

为什么如此怀疑理论推测?培根警告人们,解释分析不仅很容易发展过快而脱离事实依据,而且还容易形成学校里教的那种僵化武断的结论。不过反对因果推测最主要的原因则是过多的推测以及争执取代观察很可能引起混乱。而在好奇心理论的发展过程中,其成员都避免将粗俗之说作为论据,这种彬彬有礼的传统深得皇家学会的喜爱。

无论有多强的自制力,都不能完全抑制住人类追根究底的本性。成员们尝试用谦卑来解释自己的不置一词,或者用极为模糊的措辞提出他们的假设,以至于根本没人知道他们到底有没有提出过假设。关于这一点,托马斯·斯普拉特声称,"学会以人类可以达到的最大限度的审慎和稳重工作着。他们一方面谨小慎微,避免刚愎自用,不武断论因果;另一方面也在防止自己陷入多疑的境地"。这也是为何罗伯特·玻意耳在讲到自己观察会发光的躯体(见第 10 章)时含糊其词:"对于一项新的或是独特的课题,在给它建立假设或者去证明假设这方面,你很难知道什么样的现象是有用的,反正就我所知,目前我们并没有建立出来一个很好的假设。"与此同时胡克也提出,建说立论时要极其谨慎，读者充其量只能将理论当作一种主观意见："无论何时，倘若（读者）发现我胆敢作出一点小小的预测，预测我所观察之物的因由，我恳请他将这视为'存疑之处'和'不确定的猜测'，而非确定无疑的结论或者无可辩驳的科学。"艾萨克·牛顿甚至大胆地提出"实验哲学不承认假设"。但是人类的本性还是占了上风，虽然刻意拒绝从观察迈步到推理解释，但这对于胡克、牛顿和他们同时期的哲学家来说收效甚微，尤其是胡克和牛顿，他们还是陷入了解释的苦涩争论之中。

皇家学会并不是唯一公开表明反感理论推测的机构。法国科学院秘书伯纳德·德·丰特奈尔（Bernard le Bovier de Fontenelle）就曾向年刊《皇家科学院纪事》第一期（1702）的读者保证，科学院的出版物中不会有任何的理论或假设，只有"分离的碎片"以及"刻意蓄力"使其保持客观状态的纯粹事实，"到目前为止"，他写道，

> 科学院所了解的自然是零碎的，并不构成整体章法……今天发现一个事实，明天又找到另一个毫不相干的，一如既往。偶有关于因果的推论，但也只是推论而已。所以学院发行的年刊不过是收集了一些碎片，彼此并不相干。

达斯顿和帕克这样描述 17 世纪末的科学，"陈列事实，充满了实验的细节，明显脱离解释和推论"。更重要的是，推动他们收集这些事实的原因通常不是那种"我想知道为什么……如果……如何……"，这种事实的叠加使得人们猜测任何事都有可能发生——倘若真的如此，怎能妄想为其作出解释？上帝的变化无常曾打击人们的信心，不再那么信任解释各种现象的科学原理，而如今"上帝的无常"面临着被"自然的无常"取代的危险。确实，事实有一股无法扭转的力量，它能驳斥亚里士多德的确论；但如果事实过于异常、稀有，且只能存在一次，那他们又如何能帮助我们改善任何事？

有趣的是，这种赋予自然创造和精心构思能力的意愿其实是一种

踌躇,踌躇不决于是否应该更加重视精密测量。胡克的弹性定律提供了最早的几个准确的因果数学关系式之一,细致如他,也曾承认"自然本身并不能精确规定自身的运作,但是规定了一个自身运作的活动范围"。当今所有科学家都意识到自己的实验普遍受到自然的影响,虽是偶然却能造成测量值间的微小差异,从而导致实验完全变样——不过胡克所说并非完全针对这种现象。他并不认为自然现象是由各种精确外力结合一些随机干扰量化决定的,而是将其视为一个自主主体,这一主体十分随意,并不会刻意去保证自己的表现从头到尾都一模一样。虽然在这两种情况下,进行实验性测量的结果可能是相同的,因为从得出的数值来看,表面上指向的是相同的情况;但是胡克的观点告诉我们很重要的一点,就是他和他同时代的人是如何看待自然法则的。诚然,这些法则具有数学精确性,但是并不能强行让自然严丝合缝地遵守。将自然看作一个受缚于规则的机制就好像将其视为一个智能的、自主的主体。

坚持实证主义和拒绝创建理论,这一点使皇家学会和欧洲大陆的新哲学区分开来。由笛卡尔和他的同事皮尔·伽森狄①以及马林·梅森创建的新哲学明显崇尚演绎与理性主义。笛卡尔派学者力图用唯物论而非机械论来解释各种自然现象,他们认为只有在物质微粒进行机械碰撞的情况下才会发生力的转移。基于这种观点,笛卡尔声称自己要解释潮汐、彩虹、磁场、结冰和沸腾、笑话和神经运动所有这些现象,而就此作出的假设基本上都无法用实验检测。

有时候人们会将笛卡尔的机械论体系视作早期神秘观点的一大进步。但正如磁学和引力说所展示的那样,有时候神秘的解释更有效,而且实际上更先进。艾利斯泰尔·科隆比说笛卡尔追求的是一种"建立

_____

① 法国哲学家、神父、科学家、天文学家、数学家。——译者注

在自然第一原则之上的完满的自然科学，这些法则就像数学论证一样没有丝毫错误"，当他这么说的时候不自觉地流露出一个观点，就是笛卡尔的理论仍未完全脱离亚里士多德的旧公理模型，尽管两者所持公理有所不同。笛卡尔的"我思故我在"（cogito ergo sum）体现了一个自容式推论系统面对的风险，因其无法用实验证明或是改善。即使通过观察收集到了信息，他们也会急于寻找其中的基本原理，这就变成了一个同义重复的过程：这些原理，按他们的话来说是在实验中推导出来的，然后他们又用这些实验来"支持"这些原理。很明显，不管是无限收集"事实"而不推理的过程，还是盲目从"事实"跳跃到理论的过程，都无法对世界产生一个深刻且可靠的认识，也就无法满足人们的好奇心，更无法为现代科学提供一个坚实的基础。

遍布世界的研究网

采集信息编写"历史"，需要很多人共同倾尽心血，英国皇家学会甚至曾试图把整个欧洲的人都招来做这件事情。奥尔登堡也与国外一些值得信赖的消息来源建立了通讯，其中包括荷兰的克里斯蒂安·惠更斯（Christiaan Huygens）①和意大利首位英国皇家学会会员、物理学家马塞洛·马尔比基（Marcello Malpighi）②等。1667 年奥尔登堡给正在西西里岛的马蒂尼寄了一封信，信中内容便极具这种事实探索事业的特点：

> 我们真挚地期盼您一切安好，这样您也能告诉我们一切您认
> 为值得纪录的信息，我们相信西西里岛上有许多这样的信息，比
> 如和植物、矿物、动物、昆虫有关的，特别是桑蚕以及它们的吐丝

---

① 荷兰数学家和科学家。——译者注
② 意大利生物学家、物理学家。——译者注

量,最后还有您和其他资深人士所获得的天文学和地震方面的信息。

如我们所见,意大利曾经是原始科学社会的摇篮,而今这些科学仍在蓬勃发展。17 世纪 60 年代中期,伽利略实验科学的拥护者,天文学家、数学家杰米尼亚诺·蒙坦雷(Geminiano Montanari)在博洛尼亚成立了特雷西亚学院(Accademis della Ttaccia,英译名 Academy of Traces)①,到了 90 年代学院突然更名为因盖地学院(Accademia degli Inquieti,英译名 Academy of the Restless Ones)。塔斯肯的西芒托学院(Accademia del Cimento,英译名 Academy of Experiment)早于英国皇家学会成立,可以说是皇家学会的参考榜样。学院创始人利奥波德·德·美第奇(Leopold de' Medici)曾经是伽利略的学生,学院成员还包括了伽利略的收官弟子文森佐·维维亚尼(Vincenzo Viviani)②和维维亚尼后来的导师埃万杰利斯塔·托里拆利(Evangelista Torricelli)③,他也是当时最优秀的实验主义者之一。虽然学院只维持了 10 年时间,但从《西芒托学院自然实验文集》(*Essayes of Natural Experiments Made in the Academie del Cimento*)④里可以看到,它的哲学理念与后来的皇家学会的理念有着相通之处。文集驳斥了宗教对于好奇探索行为的反对,表示"上帝创造人类灵魂的至高善行并不阻止灵魂去探索上帝巨大且永恒的智慧,片刻也不能"。虽然有伽利略的伟大贡献,学会还是承认仅靠数学推理木身是有局限性的,"最可靠的是经验……依靠重复实验,反复推理因果关系……最后才能成功"。

---

① 在传统斗兽行为中这是一种狩猎暗示。
② 意大利数学家、科学家。——译者注
③ 意大利物理学家、数学家,发明了气压计。——译者注
④ 英国皇家学会会员理查德·沃勒(Richard Waller)于 1684 年出版的学院记录。——译者注

如其前身赛格丽塔学院(Accademia Segreta)一样，西芒托学院也提倡验证古代和当代的权威理论，"我们的主要意图是激励别人用最严谨和最细致的态度，自己再做一遍那些实验，就像我们现在所做的冒险一样"。同英国皇家学会相似，学院认为所有的推论都只代表个人观点，并不可靠。他们呼吁"同欧洲大陆上最杰出、最著名的人群自由交流"。不过也许伦敦的杰出学者们的观点并没有传播到意大利来，因为他们认为沃勒译本里记录的气体力学、力学、物理学和化学实验十分老套和稀松平常。

不同于英国皇家学会，法国皇家科学学会受益于国家的积极支持。1666 年，法国财政大臣让·巴普蒂斯特·科尔贝特(Jean Baptiste Colbert)征得了国王路易十四的同意，在巴黎建立了法国皇家科学学会。学会在成立伊始之际相对低调，大概 30 名学者每周会在国王的图书馆里开两次会，但此时的学会只是一个可以雇请科学家的政府附属机构，因此看上去更像培根的所罗门学院。克里斯蒂安·惠更斯说，他第一次请科尔伯特创建学会的时候，其灵感就是来源于培根：

> 在我看来，这个组织最主要也最有益的工作就是研究博物学，依照培根的设计来探寻自然的发展进程。在这个探究过程中只有两件事——实验和观察，这也是追溯自然事物发生、发展之源的唯一途径。重力、热、冷、光、色彩、大气组成颗粒、水、火以及其他所有物体，这些东西的本质是什么？动物为什么要呼吸？金属、石头和植物是怎么形成的？对于所有这些问题我们知之甚少，甚至是一无所知，然而事实却是世界上再没有比这更让人渴望得到答案，比这更有用的事情了。

在德国，许多早期的自然哲学研究学会借着蔷薇十字会运动之势纷纷成立。其中之一的丰收学会(Fruchtbringende Gesellschaft，英译名

Fruitbearing Society)成立于 1617 年,位于德国魏玛附近的霍恩施泰
因城堡,其创始人是一群贵族,投资人则是安哈尔特-科森的路德维希
王子。王子同时还资助了佛罗伦萨秕糠学会(Accademia della
Crusca),一个由语言学家和哲学家组成的学会。而丰收学会本身和
神秘的"不可分离学会"(Orden der Unzertrennlichen,英译名 Order
of the Inseparables)有直接联系。后者建于 1577 年,专门从事炼金术
和采矿工艺,有传言说这就是蔷薇十字会的前身。虽然有这些传闻,
学会的会标也是植物图案①,约翰·瓦伦汀·安德烈亚也是学会成员,
丰收学会最主要的兴趣还是研究语言文学。

　　安德烈亚、哈特利布和夸美纽斯共同的朋友,数学家和物理学家约
阿希姆·朱尼厄斯(Joachim Jungius)于 1622 年在德国罗斯托克建立了
研究调查学会(Societas Ereunetica sive Zetetica,也作 Collegium
Philisophicum,英译名 Society for Research 或 Investigation),学会存
在时间不长。很明显,这一蔷薇十字会是仿照安德烈亚的基督城建设
的。1672 年,一位阿尔道夫的数学和物理学教授约翰·克里斯托弗·
斯特姆(Johann Christoph Sturm)成立了好奇心与实验学院
(Collegium Curiosum sive Experimentale),不过 1695 年教授逝世之
后,学院就关闭了。1652 年,一群物理学家在施韦因富特小镇上成立
了自然好奇者学院(Academia Naturae Curiosorum,英译名
Academy of Those Curious about Nature),主要从事医药学相关专
业:植物学、配药学、解剖学、化学和物理学。1670 年后,学院模仿皇家
学会的《哲学汇刊》开始发行校刊《奇闻杂集》(*Miscellanea curiosa*)。
后来在 1677 年,学院得到了神圣罗马帝国皇帝利奥波德一世的正式
认可,发展成为德国科学院(German Academy of Sciences,德译名

---

① 蔷薇十字会的标志是置于等臂十字架之间的玫瑰花图案。——译者注

Leopoldina）。戈特弗里德·莱布尼茨（Gottfried Leibniz）在1675年提出建议，认为应该建设科学院来展示当代伟大的科学设备和仪器：计算机（他自己就发明了一个）、气泵、钟摆、奇迹录（比如各种光学奇迹）……还有稀奇古怪的动物和人造流星。这么做有两个目的：一是激发大众对科学的兴趣（他表示，"所有体面人都想见见这些新奇事物，这样就能在人前高谈阔论了"）；二是为尚未建成的学会吸引潜在成员和投资人。显然，这些新哲学家们对奇迹的宣传价值了然于心。莱布尼茨的计划虽然最终落空，却在25年后帮助成立了柏林的普鲁士科学院，并担任第一任院长。科学院得到了勃兰登堡选侯弗雷德里克三世的支持，不过其资金来源却是在公国垄断销售日历（莱布尼茨的主意），这样学院就保持了独立性。

神奇的皇家学会

几乎所有学会都开始将科学作为一种正式的、有组织的集体事业来看待，但是它们并未严格按照历史剧本来走，彻底变革科学实践和对世界的科学定义。同所有历史潮流一样，所谓"科学革命"就是许多想法和手段交错存在，无论新旧，看起来毫无关系的想法和实践在每个人的脑子里并存。如果不加整理，过后再回首这段时期，只会让人觉得头晕目眩。凯瑟琳·威尔逊指出，这种把历史事实变成口径一致的历史记录的潮流，曾扭曲了人们对"科学是如何发展的"认识：

> 从前人们所见到的科学史是一部累积史，人们将一个个事实发掘出来，然后摆放在标志着人类成就的宝库里，而这一过程中的错误则早已被剔除。现在的重心却是相互联系的事实和观察本身，人们相信只有在一个更大的理论框架下，其意义才会显现，也只有在同其他假设和背景条件相联系的情况下，他们才能发挥

　　自己的重要作用。

当今一些科学家认为,科学史应该奖励那些发掘事实之人,而非探讨前人是如何思考的,他们会抱怨后一个观点看起来过于相对,这很危险。这和那些后现代的观点没什么不同,认为科学知识是一种社会建构,与客观世界毫无关联,和其他知识体系相比也没什么特殊。然而事实并非如此,那不过是一个自证其明的观点,知识并非凭空造就,也不会以纯粹事实的样貌出现。将大量观察和推测酝酿之后,滤去时代的偏见,沉淀下来的才是知识。诚然,气压和气体的体积确实如玻意耳所述那样相互联系;木星的确有卫星环绕;池塘里的确有微观浮游生物。但并非人人都能接受这些被发现的事实;即使有人接受,也并非人人都能理解他们的意义;而在那些接受并理解这些现象的人中,很多人是出于社会和哲学原因,并非因为其智力超群而无囿于偏见。

　　最能说明这一观点的无疑是玻意耳和牛顿对炼金术的痴迷。长久以来,许多人对此费解不已:一个人怎么会在一个科学领域表现得如此聪明正确,却在另一领域变得那么愚昧糊涂呢? 同旧时期将牛顿哲学视为现代科学之动力的观点相反,亚历山人·蒲柏将牛顿称为带来光明的人,他认为牛顿是一个具有两面性的人,一面是进步的物理学家,转身却变成了中世纪炼金术士和占星家,而这一说法现在越来越广为接受。我们也大胆猜测,他从未在同事面前表现出第二面性格,因为他害怕遭到嘲笑。这样做虽然显得不明智,却能给这件让人震惊的事情一个说法,即便牛顿这种让人困惑和自相矛盾的个性特点在当时已屡见不鲜。玻意耳和牛顿一样,也相信点石能成金,并且会轻易上当。有好几年,他都被一个叫做乔治·皮埃尔·得·克劳斯特(Georges Pierre des Clozets)的人骗得团团转,这个神秘的法国人声称自己同欧洲炼金术行家圈有着深刻渊源。玻意耳为此在这个法国人身上浪费了大量金钱和时间，直到最后才意识到他是个骗子。玻意耳死后，牛顿给他们共同的朋友约翰·洛克（John Locke）寄了好几封信，信中内容充满了迫切渴望，牛顿认为玻意耳将他的遗产给了洛克，希望洛克能帮他买到价值不菲的红色长生药。

我们可能没法相信，整座皇家学会中还流传着不少巫术和魔鬼之说。这并非因为成员们迷信或是轻信（至少不是所有人都这样），而纯粹是因为在 17 世纪，人们都有这种思想观念。牧师约翰·韦伯斯特（John Webster）的《展示巫术》（*Displaying of Supposed Witchcraft*）于 1677 年由皇家学会出版，在书中他表达了对巫术的怀疑，然而格兰维尔却攻击了这一试图用理智驱逐迷信的做法。[1] 玻意耳的想法也一样，事实上他希望能证明魔鬼的存在，这样就可以大大打击无神论了。出于这一目的，他为短文《马斯康的魔鬼》（*Devil of Mascon*，1658）作序，并积极支持其发表。文中描写了法国勃艮第地区的长官弗朗西斯·佩罗（Francis Perrand）家中的魔鬼活动。

约瑟夫·格兰维尔认为，英格兰的鬼怪传说至少有一部分有据可循，他建议皇家学会在汇编培根所说的博物志时，为"灵怪世界"另开一栏。罗伯特·布拉特还发起调查，探寻仙女光环是否出自女巫和亲信的舞蹈（他最终认为大概不是）。所以这再次证明，信仰鬼怪并非奇异之事，问题在于这对世界产生了多大影响。相形之下，自然魔法则为这些影响提供了相对系统甚至机械式的思考方式，历史学家查尔斯·韦伯斯特（Charles Webster）就认为：

> 自然和谐，宏观宇宙与微观世界相类，强力无处不在，一如喜爱憎恶，历史前进过程中万物有灵，能量放射和社会等级将物质

---

[1] 迈克尔·亨特认为这本未通过教廷审核的书之所以能由皇家学会出版，是因为学会的审查系统将它漏掉了。而且，这本书是由物理学家、皇家学会会员马丁·李斯特（Martin Lister）推荐出版的。他指出，皇家学会的图书馆里没有这本书的副本。

> 世界和非物质世界相连,这就是 17 世纪前瞻性思想家最常提及
> 的理论假说。

这并非单纯表明,科学家要摆脱那个年代的迷信有多么困难。实际
上,其思想体系并非受到了迷信的影响,反而对其进行了包容,原因在
于这些思想的起源。

　　同样,在学会的集体研究项目里,魔法向来无关轻重,充其量只是
某些成员的兴趣爱好罢了。格兰维尔的灵怪专栏建议根本没人理睬。
迈克尔·亨特也表示,学会对炼金术、占星术和魔法不明确表态,也说
明"学会的整体政策明显是要压制这方面的研究"。总之,学会对于这
些魔法的兴趣不大,兴许他们觉得避开这种成员意见分歧较大的话题
才最明智。不过有件事可能更能说明问题,亨特也曾指出,自 18 世纪
起,这种小心躲避魔法事物的务实态度改头换面,变成了一个新的传
说,那就是皇家学会曾积极驱逐迷信,保卫科学。这反映出,人们内心
中需要科学站在传统迷信的对立面上。这种转变很早就开始了:文史
学家迈克尔·温希普(Michael Winship)说,大主教弗朗西斯·哈钦
森(Francis Hutchinson) 在其 1718 年的著作《巫术历史散秩》
(*Historical Essay concerning Witchcraft*)中,"重写了思想恢复史,将
巫术的式微归功于皇家学会的影响"。虽然当今的科学史学家做出了
最大努力,诸如这种重写历史的行为还是阻碍着大众看到科学史的真
正面貌。

培根的皇家学会

　　成立之初,皇家学会主要是根据培根的设想来运作,其主要任务
也是很实证主义地收集数据而非建立假说,学会本身也是按照所罗门
学院建立的一个研究机构。有一些较早的记录记载了学会在现代科
学起源中的作用。例如 1960 年,学会 300 周年之际,历史学家玛杰

丽·珀弗（Margery Purver）就说，从记录中可以看出，通过培根式的归纳探索，17世纪中期的这些英国科学家在短短几十年内完全改变了今后的科学实践方法。这么说其实还远远不够。①

　　首先，皇家学会成员的目标并非完全一致，其科研方法也不尽相同。成员们有着不同的社会背景，有些是拥有地产的贵族，有些来自工农家庭，有些则是牧师。因而其态度、研究重点和期望都有差异。我们早就发现，学会因为经费原因不得不吸纳一些有钱的门外汉（虽然有人未缴会费或未及时缴纳），而他们来此纯粹是为了消遣，对科研学术没有任何帮助。其他人则包括约翰·伊夫林、约翰·洛克和塞缪尔·佩皮斯，他们对学会事业积极投入，却没有接受过自然哲学方面的训练，所以大部分时候是以观察者和宣传者的身份工作，而不是研究者。实际上，几位创立学会的关键人物，例如威廉·配第、罗伯特·默雷和亨利·奥尔登堡，都在科研方面收获甚微，因此称不上"科学家"（这一词汇在当时也并不恰当）。甚至在那些真正的学者之中，也没有什么共识，他们对炼金术、占星术和自然魔法领域的研究价值有不同看法，对合适的研究方法有不同意见，对实验和理论的权衡也有不同见解。在各自的前进道路上，基本没有人是严格的培根信仰者。诚然如此，迈克尔·亨特也指出，培根的自然哲学对有些人来说只是借口，他们"想象力匮乏，无法为自己不做哲学思考找到托辞"。他们无聊地堆砌事实，假称是响应维鲁拉姆公爵的要求，但就其有限的智慧来说，绝不会想到这么做也可能是"必须"的。

　　皇家学会宣称专注于培根所说的"有结果的实验"，即出于实用目

---

① 除此之外，玛杰丽·珀弗还曾迅速地让玻意耳和牛顿停止了炼金术的研究，说两人
"在皇家学会没有立足之地"，这无意中表现出了她陈旧的实证主义偏见。实际上当
时有很多成员在进行炼金术（更好的说法是化学）实验，玻意耳还在《哲学汇刊》上发
表了一些文章。

的将自然哲学应用于技术,这种宣言也存在问题。玻意耳也曾公开承认,这是他的目标:"我不敢认为自己是个真正的自然主义者,除非我能让花园里的花草更加繁茂,果园里的树木结出更多果实,田地里的谷物长得更好,产出的奶能做出更好的奶酪,能比那些不懂生理学的人做得好。"但是玻意耳做到了哪怕一点吗? 并没有。而他的学会同事也没有。他们强调培根的科学主张,将其渲染成服务于国家的高效手段,在医药、计时、造船术、农业、酿造和染色方面却几乎没有取得任何成果。这并非因为科学家们无能,而是他们往往低估了这些挑战。即便在今天,将事实发现和奇思妙想运用于实践依旧是一大科学难题,且科学家们在这一方面也多是力有未逮(一般来说有很多原因)。学会的绅士们天真地以为凭着自己超群的智力可以迅速掌握任何一门工艺,并且将这门工艺改善到那些无知的工匠们只能望尘莫及的地步。很快他们就发现,事情并没有想象得那么简单,那些工匠也的确不是一无所知之辈。有时候他们会为自己的失败辩解,说那些商人和工匠们无知而又保守,不接受他们提出来的改进意见。其实这样说也有道理,行会的人对自己的工艺有很强的保护意识,也不会轻易做出改变,但是就普遍情况来说,这些科学家提出来的工艺改进方案被拒是因为它们不切实际且无甚效果。可能正是因为缺少实用的实践方案,截至 17 世纪末,皇家学会已经不怎么重视技术了。

最终,对其创建者来说,皇家学会令人失望透顶。学会没能成为强大的研究机构,没能取得可与所罗门学院相匹配的辉煌成就,甚至在这一目标的追求上还存在分歧。17 世纪 60 年代,学会没有研究重点和研究项目的缺陷已经显现出来。到 70 年代,在威尔金斯、奥尔登堡和默雷都去世之后,学会遭遇了严重危机。为了恢复和改革,大家起草了各种方案,最终都被束之高阁。虽然学会最终度过了危机,但到了下一个十年,危机又卷土重来。而学会在漫长的过程中,逐渐零

星又或是无意地取得了一些成就，这些成就并不是建成科学机构，然
而从长远角度来看却比此更有价值、更有意义。培根提倡用实证方法
来获取知识，这一并不完整且令人费解的计划，被皇家学会付诸了实
践，大大解放了好奇心。

第 6 章

天地之间的更多事物

自然的多样性是多数人的绊脚石，为了理解自然他们头破血流，像盲人一样常常撞柱又碰壁：不然又为之奈何？毕竟自然界的活动是无限的，而人类的理解力是有限的。

——玛格丽特·卡文迪什（Margaret Cavendish），《对实验哲学的观察》（*Observations upon Experimental Philosophy*，1666）

人流熙来攘往，知识日积月累。

——培根，《伟大的复兴》之卷首箴言（*The Great Instauration*，1620）

1520 年，阿尔布雷特·丢勒看到了阿兹特克人（the Aztecs）的黄金装饰艺术品，这些艺术品在一年前被西班牙征服者赫南·科尔特斯（Hernán Cortes）用船运回西班牙。"在我此生之中"，他写道，

我从未见过如此令我血脉偾张的艺术品。我从中发现了绝妙而高贵的元素，我为陌生岛屿上的人民这种精巧的独创性而惊叹。

这对欧洲人来说是世界还存在未知之地的首轮暗示中的一个。未被

列入远古世纪的百科全书，这些外域王国产出不可思议的陌生民族艺术，以及新奇的水果、植物、动物、贝类和矿物。其中一些新奇事物则不那么受欢迎。在丢勒盯上阿兹特克的财富之后六年，西班牙作家贡萨洛·费尔南德斯·德·奥维耶多·巴尔德斯（Gonzalo Fernández de Ovieo Y Valdés）发现，哥伦布船队从新世界带回的新事物中包括最早出现在那不勒斯港口的"西班牙病"：梅毒，它由意大利医师吉罗拉莫·弗拉卡斯托罗（Girolamo Fracastoro）于 1530 年命名。这一点是否属实尚有争议，但是这种可怕的疾病在希波克拉底或盖伦的书中确实无药可医。实际上，希波克拉底拥有这样一种信念，认为当地的疾病可以在当地找到疗法，在他对梅毒起源的神化叙述中，他解释了一位名叫亚美莉丝（Ammerice）的女神如何在西印度群岛的植物中找到治疗梅毒的药物。欧洲的水手们自 1517 年开始从海地伊斯帕尼奥拉岛（Hispaniola）进口一种叫做愈疮木的密纹木材，煮开后可制成一种难喝的汤剂，有支付能力的梅毒病人争抢服用（买不起的人只好吞服水银）。新世界也贡献了其他的药材，其中最贵重的是一种秘鲁的金鸡纳树或奎宁树的提取物，用来治疗疟疾。这种植物是抗疟疾药物奎宁的唯一来源，直到 20 世纪发明了治疗疟疾的合成替代物。

由于第一次遇到这样的新事物，航行至非洲、亚洲和美洲地区的探险家们按捺不住对这些事物的好奇。当哥伦布于 1492 年 10 月抵达古巴，他在日志中写道：

> 这里有上千种不同的树木，结着各式各样的水果，好闻极了，这是一种奇迹。如果没有遇见它们，我就是世上最可悲的人。我敢说这些都是有价值的东西，我会带回它们的一些样本，还有其他的植物样本。

哥伦布的航行揭开了新世纪的序幕，昭示了更多远在欧洲版图之外的世界奇迹的发现。直到 17 世纪末期，好奇心几乎是被蓬勃发展的旅行题材作品中的新视野所激发而生。1703 年,克劳德·拜伦(Claude Biron)描述了他从印度群岛的两次航行中带回的自然和艺术珍宝,而在十年之前,方济名会(the Capuchin)传教士迪奥吉尼·达·皮亚琴察·卡里(Dionigi Da Piacenza Carli)对他在非洲、亚洲、美洲和欧洲发现的所有奇珍异宝和吸引眼球之物做了"古怪而真实的解说和描述"。很明显,如沃尔特·雷利所言,"比之伦敦和斯坦斯所有的,世界上尚未发现的陌生事物要多得多"。

这些发现不仅吸引了哲学家和博物学家的好奇心,并且扩大了他们视为正当合理的界限。人们会悬置对异国他乡遇到的、在家乡被认为不太可能的奇迹的怀疑,这是一种可追溯至中世纪的古老传统,正如旅行家约翰·曼德维尔(John Mandeville)所记述的那样(他曾到过中国)。在其《巴西大地的旅行经历》(*Historyof a Voyage to the Land of Brazil*, 1578)中,探险家让·德·勒里(Jean De Léry)承认,他在新世界的经历迫使他改变了对早期的普林尼和其他经典作家笔下的异国他乡的怀疑,"因为我看到了——曾经被认为难以置信的——与他们所讲述的同样奇异和惊人的事物"。伊丽莎白时代的作家开拓了这种想象的弹性:为编造的奇迹故事增添异国特色,令其地位超越了单纯的虚构,允许读者去玩味这些故事的真实性。当 17 世纪的科学家对遥远之地的奇迹表现出轻信,我们应该切记,辉煌的探险时代已经渐渐破坏了世间可能存在的各种动物、植物和现象的一切地域边界。最后,正如历史学家玛德琳·多兰(Madeleine Doran)所言,"拿我自己来说,我发现独角兽存在的可能性比长颈鹿大多了"。

然而,旅行、贸易和探险的作用不只是介绍新的经历和新的事物类别,它们为实验哲学加入了某种迫切的现实焦点。在观测太空和理论化阐明地球及其在宇宙中的位置的过程中,伽利略、开普勒、威廉·

吉尔伯特和托马斯·哈里奥特这些人提出了航行中的真正问题，他们的仪器就是探险的工具。伟大的航行需要更加完善的星图，需要望远镜和计时器，需要温度计和气压计等气象装置。为了准确地绘制恒星和行星，人们需要理解光学定律和大气的本性，有必要问清楚是什么控制着天气、潮汐和洋流。航行带来了好奇心，但它提出的许多问题却远非空想，像罗伯特·胡克和天文学家埃德蒙·哈雷（Edmond Halley）这样的大师认识到，探险、扩张和贸易等现实问题可以为实验哲学提供一种强有力的辩护。

旅行家的故事

"哥伦布"们——商人们、工匠们和冒险家们——正在体验着这些新的视野和轰动事物，这非同寻常，这些人不囿于任何学术传统，不带有对于自然的先入之见，因此遇到新事物的时候可以免受干扰。很快，他们加入了科学家和其他好奇绅士的阵营，热衷于对地平线之外的无限事物进行编目和查验。一开始，新世界中的恩赐被认为自成一脉，是传统分类之外的另一套奇迹。但是这无法令自然哲学家们永远满意。

1584 年，英国大师托马斯·哈里奥特陪同他的捐助者沃尔特·雷利远征洛亚诺克岛（Roanoke Island），该岛现址为北卡罗来纳州。雷利将它命名为弗吉尼亚，以向他的王后致敬。一年之后，哈里奥特故地重游，这次航行由雷利赞助，由探险家拉尔夫·莱恩（Ralph Lane）率领，远征的目的是在该岛上建立殖民地。拉尔夫是一个由对秘传知识感兴趣的诗人和哲学家组成的圈子的中心人物，哈里奥特也是该圈子的一员，很可能他的朋友克里斯托弗·马洛也是，圈子中还有他的另外一位赞助人，有着炼金术背景的诺森伯兰伯爵（所谓的男巫伯爵），由于被（不实）怀疑参与了火药阴谋事件①，后来被詹姆斯一世囚禁于伦敦塔中。

　　哈里奥特是伊丽莎白时代的博学家代表：一位数学家和天文学家，还是一位能力很强的语言学家，从他早期航海时带回英格兰的两名罗诺克（Roanoke）土著那里学会了他们的语言，这一点使他在莱恩的弗吉尼亚探险中不可或缺。因为热切希望吸引投资者和定居者前往新的殖民地（结果后来的面积很小，而且很短命），雷利鼓励哈里奥特写一部描写弗吉尼亚的潜在宝贵资源的作品，并于 1588 年资助此书出版。《关于新发现的弗吉尼亚的简要报告》（*True Report of the New Found Land of Virginia*）这本书，首次由一位权威的直接观察者完整描述了美洲的植物群、动物群和矿物群。② 它罗列了在欧洲有其类似品种的植物，例如被当地人称为 okindgíer（"味道大致跟英国的豌豆接近"的一种豆子，还有葫芦状的 macócqwer，它的根叫做 openauk，"用水煮过或浸泡后"相当美味。其中最惊人的是一种被称为 uppówoc 的香草，此前已被西班牙人发现于西印度群岛，当地人称之为烟草（tobacco）。"把它的叶子晾干，然后碾成粉状"，哈里奥特写道，

　　　　他们习惯于通过柳条做的管子来把它的烟雾和香气吸入胃和脑袋里；烟草可以清除多余的血液和粗劣的体液，畅通身体里所有的孔隙和管道；吸食烟草不但可以预防身体堵塞；而且如果堵塞已经发生，可以短时间使它畅通，避免长期持续的闭塞：以

---

① 这个熟人圈子相传组成了一个秘密团体，夜之学院（The School of Night），但是这也不过是维多利亚时代的学者们基于莎士比亚《失去爱的劳动》（*Love's Labour's Lost*）中的一句流行语做出的奇特发想。乔尔丹诺·布鲁诺据说也是这个传说中的无神论"宗派"——纯粹为了增加浪漫色彩而使用的概念——的成员之一。

② 1557 年，法国神父安德烈·赛弗特（André Thevet）出版了对法国的南美洲里约热内卢的殖民地的记述，尽管也描述了花生和烟草等植物，但带有大量的夸张和虚构成分。他的反对者让·德·勒里称此作品为一派胡言。

> 此，他们的身体明显保持了健康，没有英格兰那些折磨人的严重
> 疾病。……在那边的时候以及回来之后，我们自己也学他们抽上
> 了烟草，体验到许多非常罕见又美妙的功效；烟草和其功效之间
> 的关联一本书都写不完。

难怪他的同胞们想要这种东西了。哈里奥特的提示很明确：新世界的
奇迹不仅意味着新的奇迹来源以及对经典分类学的挑战，更是一种可
以殖民和开拓的资源。

那就是这些大地上的住民们也受到惦念的终极原因。哈里奥特
说，殖民者之于当地人是美妙的存在，当地人之于殖民者也是一样。

> 他们从我们这儿见识了数学仪器、罗盘、磁石吸引铁器的魔
> 力、能显示许多奇异景观的望远镜，还有凸透镜、火绒、书籍、写作
> 和阅读、发条钟等等，这些东西就像他们自己的一样。我们的许
> 多其他玩意儿对他们来说都是陌生的，其制造原理和方法远远超
> 过他们的理解能力，他们认为这些是上帝而不是人类的作品，或
> 者说我们至少教给了他们关于上帝之事。

许多作家着眼于新民族及其文化的"奇妙"方面，对他们的奇怪特质进
行异化和夸张，正如中世纪早期的探险文化将遥远之地的民族塑造为
狗头人身和脑袋长在胸前的魔鬼。受到林尼、马可·波罗（Marco
Polo）和曼德维尔记述的影响，欧洲人对遥远之地的特异和奇迹怀有
期望：他们的世界观决定了他们发现的只能是俾格米族（pygmies）、食
人族（cannibals）和亚马逊人（Amazons），而不是和他们一样的普通
人。怀抱着发现异国风俗的目的（或许发现它们本来就不费力），旅行
作家着力于强调其他文化表面上的"奇怪之处"，来满足欧洲人对于稀
有和独特事物的好奇心；然而到最后这种趋势变得令人厌烦了，因为
读者开始怀疑这些作品只是纯粹的想象。"关于旅行的书太多了"，乔
纳森·斯威夫特（Jonathan Swift）笔下的格列佛（Gulliver）说，"只有

离奇的东西才是流行；我怀疑，其中一些作家更多地从自己的虚荣心或兴趣出发，或者从满足无知读者的消遣出发，而不是从事实出发，来进行创作"。

异国外来植物，例如茶叶、香蕉和凤梨的商业潜力强力推动了从研究到系统性企业的转变。1652 年，荷兰东印度公司在非洲好望角（the Cape of Africa）建立了殖民地，在南非筹建了后来的好望角镇（Cape Town），并从 1680 年开始，在那里开设了一家植物园，对本土植物的医用价值进行评估。安德烈亚斯·克雷尔（Andreas Cleyer）是一名经过医学训练的荷兰士兵，作为荷兰东印度公司驻雅加达的高级医师，他研究了锡兰和印度尼西亚的医用植物，例如药西瓜（像苦味的苹果，一种泻药）。1682 年，公司资助成立了阿姆斯特丹植物园，并向其提供标本——这是私人公司赞助公共企业的一个早期案例。

自从哥伦布航海以来，大师们就意图对新世界的奇迹进行改良、整理和编目。在这个有着好奇传统的时代，讲述外来动物和植物的博物学非常受欢迎。其中最早的作品之一——贡萨洛·费尔南德斯·德·奥维耶多·巴尔德斯（Gonzalo Fernández de Oviedoy Valdes）的《印第安历史与自然》（*Historia general y natural de las Indias*，1535—1549），拥有多个语言版本，作者对书中的信息质量表现出少有的重视。历史学家宝拉·芬德琳（Paula Findlen）说，"在优秀证言的质量与知识的可靠性之关系的命题上，奥维耶多是弗朗西斯·培根当之无愧的先驱"。伟大的波伦亚收藏家乌利塞·阿尔德罗万迪曾尝试从几位统治者那里获取资助，以前往印度群岛扩大他的收藏，但是没能成功。

西班牙国王菲利普二世更加慷慨一些，1571 年，他派手下的医师弗兰西斯科·赫尔南德斯（Francisco Hernández）到新西班牙（今墨西哥）完成他的博物学著作。然而，菲利普不太满意，因为好几年过去了，赫尔南德斯没有寄回任何材料，最后发回一大堆未经整理的笔记和说明，松散地编目为六大卷。菲利普要求他的新医师纳尔多·安东尼奥·里奇（Nardo Antonio Recchi）对这些大量的信息进行分类。尽管里奇把文档复制了好多份，又用了好几年的时间来编纂，但出版似乎仍然遥遥无期，这些手稿最后交给了里奇的侄子马可·安东尼奥·佩蒂略（Marco Antonio Petilio）。里奇家族拥有这些资料的消息不胫而走，许多收藏家和大师渴望能求之一观，其中包括阿尔德罗万迪和吉安巴蒂斯塔·德拉·波尔塔。

费德里科·切西一直在为他的花园寻找新世界的植物样本，1611年在林琴学院的支持下，他取得了赫尔南德斯的研究成果的出版权。但是这个计划同样遇到了困难。手头的资料过于零碎，因为切西和他的同事是从佩蒂略手中买到了一些章节，不得不奔波于佩蒂略的住所核对资料。插图庞大的数量也增加了出版成本，切西只好采用经过二次复制的木版印刷方式，这样就比当时的其他作品使用的插图质量要差一些。该书的第一卷于1628年完成印刷，然而两年后切西的去世又增加了波折。好在他的同事林琴学院的弗朗西斯科·斯泰卢蒂接手了出版事宜，1651年［在斯泰卢蒂去世前不久《新西班牙的医学宝库》（Novae Hispaniae Thesaurus），又名（《墨西哥草药、动物及矿物药的历史指南》），（Treasury of Medical Matters of New）；但《墨西哥宝库》，（Mexican Treasury）这一书名更为一般大众所知。］的完整版本终于问世。这不是一本异物奇谈，而是一部精心注解、分类和交叉对照的书：一部名副其实的科学博物学著作。尽管里奇和林琴学院为这部书做出了最大努力，也未能完全厘清赫尔南德斯笔记中的混乱，无法抹去其间的中世纪和文艺复兴早期的动物寓言式风格以及对不可思议之奇迹的叙事偏好：在麝猫、犀鸟和北美野牛当中出现了双头蟒和奇异龙。

《墨西哥宝库》一书突出了博物学中插图地位的窘境。这些图片

墨西哥的麝猫和犀鸟,出自弗朗西斯科·赫尔南德斯的《墨西哥宝库》

本就是些第三手资料,而且木刻印刷还表明艺术家很难跳出风格化、外推法和拟人化的窠臼。书中的很多生物像人一样露齿而笑或扮着鬼脸,其中提到的"墨西哥犬"进化成了一种完全不合理的、肌肉发达的、长着狗头的牛和猪的混合体。有了这条狗,就算丢了 1515 年那只臭名昭著的"盔甲犀牛"在这里出现也不显得突兀。

林琴学院认识到了这些问题。普林尼和盖伦这样的经典作家曾经就插图提出警告,理由是插图永远代替不了实物,为了追求说服力而牺牲真实性所制造的逼真效果可能是纯粹的误导。在《墨西哥宝库》一书他写的部分中,林琴学院成员约翰·法佰尔承认"画家经常铸成大错"，而且引用了普林尼《自然志》中对此问题的说法："借助绚丽的颜色，绘画本质上是欺骗性的，特别是在复制自然的时候，因复制者的能力不同而存在不足。"

但是，如果不借助图片，又如何去传达陌生的事物呢？近距离接触遥远之地的新鲜事物和奇迹的机会非常有限——尽管有实物被带了回来，它们一般也被私人收藏。况且，不通过绘画而要展现不知名的事物还有其他方法吗？不管喜不喜欢插图——而且切西也为插图的局限性和风险而焦头烂额——珍宝馆的流行以及对全部自然界进行收藏和分类的欲望都意味着图片的不可或缺。对它们的使用更常得到支持和颂扬，而不是警示。德国植物学家林琴学院成员哈特·福克斯（Leonhart Fuchs）于1542年写道，"通过图片我们可以了解自然中任何事物"。阿尔德罗万迪认为插图对他的百科全书计划而言非常关键，如历史学家大卫·弗里德伯格（David Freedberg）所言，他留存的几百份手稿"证明了"他对每一种可能的自然史事实无所不包的记录，以及他试图以可视的方式进行记录。

在那种情况下，制图人与博物学家同样重要；实际上，这两者的区别很多时候并不分明。王公贵族雇佣艺术家为他们的收藏品分类并以视觉方式呈现，例如佛兰德插画家乔里斯·赫夫纳格尔（Joris Hoefnagel）就曾在巴伐利亚的阿伯切特公爵五世（Duke Albrecht V）的慕尼黑王宫和鲁道夫二世的布拉格王宫中服务，艺术家们创作的图像常常兼具高超的艺术技巧和令人印象深刻的科学精度。赫夫纳格尔著名的四卷本作品《四元素》（*The four Elements*，1575—1582）描绘了一大批生物——特别是此前被认为太小而不值得深入观察的昆虫。赫夫纳格尔为每种生物分配了四种古典元素里的一种，如寓意画册一样，为这些图片配上了大多引自《圣经》或经典的文字。哈里奥特的《一份简短而真实的报告》（*Briefe and True Report*）本来计划由参与了远征的艺术家约翰·怀特(John White)配图,但是因资金问题,最后只采用了怀特的少量版画。昆虫学家托马斯·墨菲特(Thomas Moffett)的《昆虫剧场》(Theatrum insectorum,英译名 Theatre of Insects,1634)采用了其中一些作品,还有的作品被用于其他的新世界探险记述中。

缺少旅行途径或欲望的欧洲新哲学家们贪婪地梳理这些概述,从中获得遥远国度的信息,并且渴望拥有自己的资料来源。1661 年,皇家学会的一个委员会起草了一份面向商人和士兵的重要问题调查表,另外在 1696 年,皇家学会成员、医师约翰·伍德沃德(John Woodward)写了一本小册子,向旅行家们解释如何正确地观察自然和采集标本。罗伯特·胡克曾经跟一位名叫诺克斯船长(Captain Knox)的探险家打过交道,诺克斯本人曾去过非洲、毛里求斯和印度。在柴思胡同的乔纳森咖啡馆,胡克用食物、饮料和大碗的巧克力讨好诺克斯,后者向胡克谈起了奇特的鱼类、肉桂树和一种产自印度名叫 gange 或 bangue 的香草。胡克及时地向皇家学会报告了这些故事,在谈到 gange 时,他说它"能在短时间内夺走人的记忆力和理解力",病人从而"非常愉悦,大笑,唱歌,胡言乱语,言行无状",服用 gange 香草的人会睡着,当他们醒来时,之前的胃疼和头疼症状都消失了。如此,这种香草,胡克总结道,可作为一种珍贵的药材。(身为一个忧郁症患者,他对这种东西觊觎已久。)

玻意耳也欢迎海军军官等旅行者到他(姐姐)帕尔摩街的家中做客,在那里玻意耳巨细靡遗地榨取了客人们知道的一切:匈牙利的矿产、南方海域的潮汐、非洲的地形等。[①] 一个意大利旅行者声称曾在非

---

① 玻意耳对访客的鼓励最终让他不堪其扰,约翰·伊夫林写道,他"经常用一些永远稀罕或时新的玩意儿,来取悦那些访问他的人",但是到他晚年的时候,他不得不在门外的黑板上公布受访时间。

洲沙漠中见过"一种生物，体型像牛，头像狗鱼，尾巴像孔雀"。玻意耳也搜集各种出版的游记，详细记录符合他收集癖好的任何文段，比如下面这段出自法国人亨利·德·腓内斯（Henri De Feynes）的《从巴黎到中国的旅行》（*Voyage par terre depuis Paris jusques la Chine*，1630）：

> 他叙述说，在波斯湾有一个小岛，他给它起了一个不像地名的名字"公牛"，以珍珠渔业闻名，让波斯国王受益匪浅，那里的珍珠被恰如其分地称为"东方之珠"，产自某种跟盘子一样大的牡蛎，他们捕鱼的方式奇特而富有创意，潜水员用手把牡蛎捧出水面，仔细咀嚼它们的肉，用这种方式寻找牡蛎体内的珍珠。

尚不明确玻意耳期望从这些记述中得到何种结论——这些记述与收藏家陈列柜里的收藏同样珍贵。玻意耳声称，实际上纯粹是好奇心，而非是商业利益，驱使他在 1669 年接受了东印度公司的管理职位（尽管这并不妨碍他进行一些精明的投资）。

从新世界中带回的有用药物并不足以解释几乎所有的美好前景，而是那些报告呈现了这种前景。某种程度上这种乐观的观点是一种纯粹的推销手法：探险家们希望鼓励殖民化，以便开展有利可图的出口生意。但是它也部分反映了对世界未曾预料的富饶进行探索的乐观主义。这个时代的好几部乌托邦小说，包括托马斯·莫尔、弗朗西斯·培根和托马索·康帕内拉的作品，都将美洲作为他们的理想之地，这绝非偶然。

不过，旅行家对新的感觉和体验的热情，如同好奇心一样也招致了来自保守的神学家们的谴责。亨利·德·卡斯特拉（Heni de Castela）是图卢兹的一名牧师，担心当朝圣者踏上陌生的土地时，会受到"无用而邪恶的好奇心"蛊惑，于是他在 1604 年的朝圣指南中建议说，一个人应该尽量避免与途中遇到的其他人交流，哪怕这意味着装聋作哑假扮盲人：在好奇心的反对者心目中，这是对虔诚者面对世界的一般态度的绝佳隐喻。

这样的独行对于米歇尔·德·蒙田（Michel De Montaigne）那种积习已深的旅行老手来说是难以想象的，作为一个赞美"探究一切的纯粹好奇心"的人，他在 16 世纪 80 年代游历欧洲的旅途中展示了这一点。他最热衷的事就是发现当地习俗：比如说，瑞士人如何在吃完肉以后把盘子扔进桌子中央的一个篮子里，或是他们的床为什么这么高，以至于为了上床要装上台阶。他喜爱收集古怪的故事，比如在一个故事里，一个名叫热尔曼（Germain）的法国人本来是个姑娘，直到有一次他跳过路上的某个障碍的时候，发现"男性的工具"突然出现在他的两腿之间。尽管如此，蒙田认为怀疑应该作为对听说之事的第一反应，他甚至怀疑人们能否确定任何事物："任何事物都无法通过另一件事物来确定，用以判定和被判定的事物始终处于变化和运动之中。"这项断言作为加诸人类理解力之上的重大约束，困扰着 17 世纪的理性主义者，例如勒内·笛卡尔和布莱兹·帕斯卡（Blaise Pascal），他们无法接受那种他们似乎觉得的对所有哲学的失败主义态度。不过蒙田对实验哲学家的观点——认为询问和怀疑的目的是终结奇迹，是以理性的好奇驱散无声的惊异——抱有共鸣："就让这种自然的推理将错误和新奇带来的经验从我们身边驱离。"旅行者也许会期待新鲜非凡的景象和经历，但是到最后所有的一切都会被视作理性系统的范围和指南。

收藏全世界

珍品收藏家们最欢迎来自远方的新鲜而奇妙的物件。太阳王（The Sun King），即法国的路易十四，非常高兴看到外来的动物进入他在凡尔赛的动物园，包括鸵鸟和一头大象。从珍品积聚到科学归类的过渡并不明显。弗雷德里克·鲁谢（Fredenik Ruysch）是阿姆斯特丹植物园的首席教授，他把他的标本采集藏品炫耀地并排摆放，使用了精致的模糊艺术风格和自然特色的陈列柜。同时，乔里斯·赫夫纳格尔的展示却受到了批评，因为他坚决主张奇珍异品优先收藏，并使用了彰显这种精神的陈列柜。

但是这些大量的新奇事物对珍品陈列柜作为微观世界的象征这一观念构成了挑战，因为似乎慢慢地世界上的珍品变得太多了，全部展示已不可能。作家帕特里克·莫里耶（Patrick Mauries）认为，美洲的富饶对 16 世纪末期"一种多重世界的碎裂愿景"的形成起到了一定作用。从这时起，他说，

> 想要一眼看尽自然界的多样创造已不可能。是阅尽现实世界的方方面面，还是将它装入有限的空间，两种欲望间的矛盾以及完成这项事业的愈见清晰的不可能性，重重压在珍品崇拜者的心间。

于是，对收藏的痴迷开始失去一些对神秘性的推崇，取而代之的是对稀有、奇异和昂贵之物更加赤裸裸的物质追求。陈列柜和收藏品不再是收藏迷所渴望的包罗万象，相反，他们着力于吸引眼球的展览。在 17 世纪中期，一些私人收藏越来越像公共博物馆。最早认识到这种藏品的商业潜力的收藏家是英国植物学家约翰·特拉德斯坎特（John Tradescant），他做过几位英国贵族的园丁，后来在 1630 年服务于查理一世，为国王看护他的花园、葡萄藤和蚕虫。特拉德斯坎特曾多次旅行国外，为他的赞助人搜集新的植物学标本，在此期间收集了许多藏品：例如，1625 年，白金汉第一公爵乔治·维利尔斯（George Villiers）命他前往新世界寻找"各种稀有野兽、家禽和鸟类、贝类、毛皮和兽骨"。在其南伦敦朗伯斯区的家中，特拉德斯坎特展示了他收藏的硬币、植物和人种志所研究的物件，他的房子被称为"方舟"，向公众开放

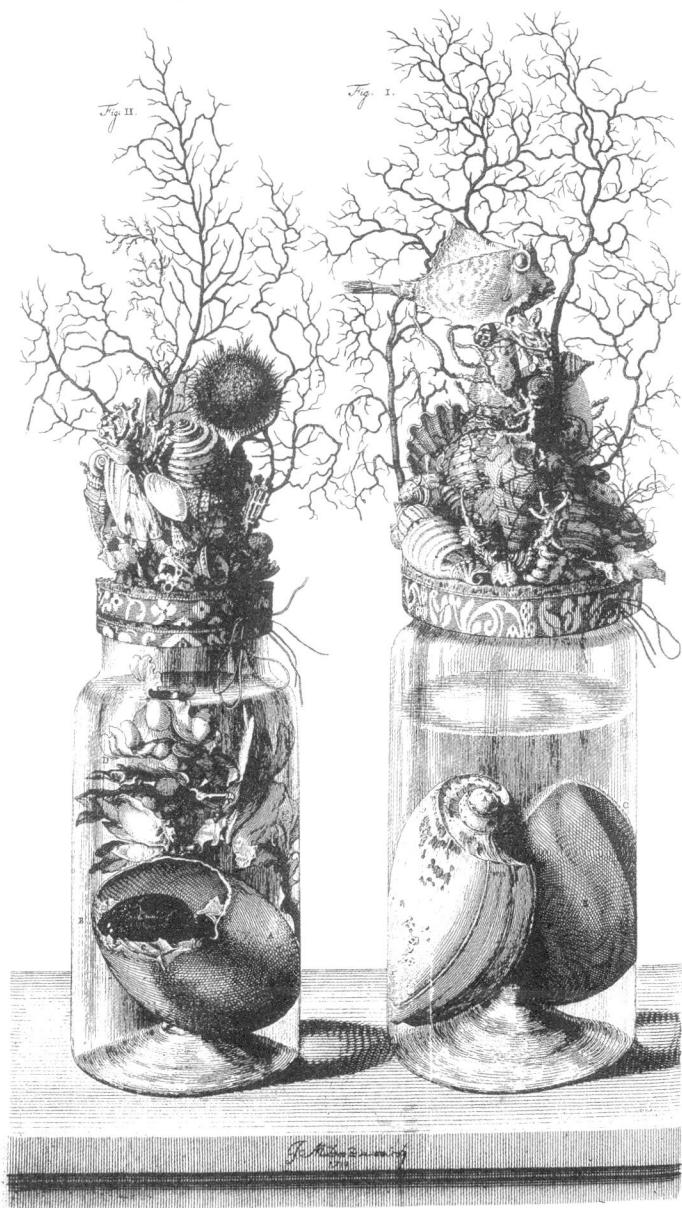

在荷兰植物学家弗雷德里克·鲁谢的《第一动物词典》(*Thesaurus Animalium Primus*，1710)中，自然以一种高度建构和奢华的方式呈现

并收取入场费。1634 年的一位访客坦承"几乎就要相信，有朝一日，有人可以目睹和收藏比他花一辈子旅行所能看到的还要多的珍奇收藏，并积聚一处"。"方舟"成为伦敦的观光客必去的景点之一，同时成为水手和冒险家贩运新标本的固定渠道。在这些严肃的植物学和动物学标本中，有一些离奇的物件表明了珍品陈列柜的传统，例如狮鹫的头和"一种长两英寸多的天然的龙"，以及"凤凰尾巴上的两根羽毛"。一位德国旅行家全面记述了在朗伯斯区所见到的一切：

> 在约翰·特拉德斯坎特先生的博物馆里有以下这些东西：首先，在庭院里摆放着鲸的两条肋骨，还有一个非常精巧的小树皮船；接着是花园里的各种各样的外国植物，可以在特拉德斯坎特先生特别印制的小册子里找到关于它们的介绍。在博物馆里面，我们看到了一只火蜥蜴、一只变色龙、一只鹈鹕、一只鲫鱼、一只非洲的 lanhado、一只白山鹑、一只在苏格兰的树上长大的鹅、一只飞鼠、一只像鱼一样的松鼠、印度的各种毛色鲜艳的鸟类、一大堆已变成石头的东西、连着骨头的人类血肉、葫芦、橄榄、一块木头、一个猿的脑袋、一块奶酪，等等；还有各种贝类、美人鱼的手、木乃伊的手、玻璃下面的一只天然蜡手、各种宝石、硬币、一幅羽毛制成的画、耶稣十字架上的一小块木头，还有法国亨利四世和路易八世的透视画像（像在真实世界里一样，他们出现在悬挂于画面中央的一个抛光钢镜里），还有一个里面透视出一幅风景的小盒子、来自君士坦丁堡的索菲亚教堂被一个犹太人复制到书里的画、两个印有 rinocerode 的杯子、一个印有东印度的 alcedo（一种独角兽的杯子）、许多土耳其和其他国家的鞋子和靴子、一只海鹦、一条蟾鱼、一个带三只爪子的麋鹿蹄子、一只鸽子一样大的蝙蝠、一根 42 磅重的人骨、印第安刽子手使用的印第安箭支（当一个人被处死，他们用箭破开他的后背令他死去），还有一种犹太人

割礼使用的工具、一些非洲的某种非常轻的木头、一件维吉尼亚
国王的长袍、几个玛瑙做的高脚杯、一条耶路撒冷的土耳其人系
的腰带、一篇讲究地刻在梅花石上的耶稣受难记、一大块磁石,以
及玻璃下面的 S. 弗朗西斯(S. Francis)、S. 杰罗姆(S. Jerome)、
教皇格雷戈里十五(Gregoy XV)的主祷文,东印度和西印度的教
皇的蜡像,西印度书里发现的上面刻着耶稣、玛丽和约瑟的一块
石头,白金汉公爵的一个漂亮的礼物(用金子和钻石制成,连到一
根羽毛上,喻示着四元素),伊西达尔(Isidor)的《人性论》手稿、一
条传说中查理五世(神圣罗马帝国皇帝)鞭打自己的鞭子和一个
蛇骨做成的帽圈。

换句话说,这曾是奇迹和珍宝的传统展览,而现在则被明确认定为"博
物馆"。

1638 年特拉德斯坎特逝世后,他的皇家任命传给了他的儿子,其
名字也叫约翰,此前刚从前往弗吉尼亚"收集所有种类的花、植物、贝
类等"的一项任务中返回。1625 年前后,特拉德斯坎特二世向他的朋
友、古文物研究者伊莱亚斯·阿什莫尔(Elias Ashmole)和医师托马
斯·沃顿(Thomas Wharton)寻求帮助,对其父亲的收藏进行编目,最
后编纂为《特拉德斯坎特博物馆》(*Musaeum Tradescantianum*)一书,
于 1656 年以特拉德斯坎特的名义出版。阿什莫尔不仅向编目计划出
谋划策,而且还提供资金,这显然是一项慷慨并夹带了强烈个人兴趣
的举动。因为阿什莫尔自己也是一位热切的收藏家,而且对他而言,
特拉德斯坎特博物馆是一种难以抗拒的荣誉。

阿什莫尔与皇家学会的关联说明了学会的各阶级中所体现的品
位和态度是多么丰富多彩。作为一名坚定的保皇分子(他被查理二世
指定对其钱币和宝石进行编目)和受过训练的律师,他不具有真正的
科学知识,而是一个典型的业余爱好者,经常与新一代实验学家发生

争执。1649 年他与一个比他大 20 岁的富家寡妇结婚，为的是能够通过私人途径开展古文物的学术研究，"而不必忍受现实生活之苦"。尽管如此，在被任命为温莎传令官和税务审计官后，他有了稳定的独立收入，故而在 1668 年妻子去世后仍保持了富裕的生活，并得以继续在他的藏品中增加各种钱币、版画、书籍和古玩。阿什莫尔提醒我们，在 17 世纪晚期文艺复兴时期的朝臣人物依然存在并且很活跃：他喜欢皇家的典礼、礼仪和纹章中的一切细枝末节，以尽到他温莎传令官职位的义务。他沉迷于炼金术和超自然的想法，是占星家乔治·沃顿（George Wharton）的赞助人，并且对约翰·迪伊的工作很感兴趣。古文物学家安东尼·伍德（Anthon Wood）认为，阿什莫尔是"在他的时代之前英格兰为人知悉的最伟大的艺术家和古董收集家"。

这些热情不可避免地让一些实验哲学家坐立难安。他们并不十分介意阿什莫尔对炼金术的兴趣，实际上他收藏的炼金术文本《英国的化学剧院》（*Theatrum Chymicum Britannicum*，1652）赢得了赛斯·沃德（Seth Ward）、约翰·威尔金斯和托马斯·布朗恩（Thomas Browne）的推崇，并帮助阿什莫尔于 1661 年成功当选皇家学会会士。[①] 但是他在其他方面的热情被认为是可疑的，甚至是迷信的。约翰·伊夫林非常蔑视阿什莫尔对炼金术的兴趣，罗伯特·胡克于 1677 年拜访了阿什莫尔，目睹并记述了"以及化学、咒语和魔法等方面的许多其他著作和手稿"。为了加入一个声名狼藉的共济会——一个弗朗西斯·耶兹所谓"蔷薇十字会之启蒙"的典型产物，阿什莫尔还申请了好几次。

在与特拉德斯坎特二世共同工作期间，阿什莫尔以某种方式说服了他，使他答应在逝世后把"方舟"的收藏全部移交给阿什莫尔。尽管

---

① 据记载，他作为候选人参加了 1660 年 11 月皇家学会的第一次正式会议。

他后来反悔了，并想尽办法取消这份轻率的协议，但是阿什莫尔无疑用他的法律知识确保了这份合同不可撤销。在特拉德斯坎特 1662 年去世后，他的遗孀海斯特（Hester）继续就此案进行申诉，然而阿什莫尔不为所动，甚至买下了"方舟"周围的房子，还造了一道门，以便随意出入特拉德斯坎特的住所。至 1670 年代，他实际已占有了特拉德斯坎特的全部收藏，而海斯特从"方舟"获得经济保障的前景愈加渺茫。1678 年，她被发现溺死在朗伯斯区家中的一个小池塘里——多半是自杀，然而这也无法开脱阿什莫尔的罪责。

阿什莫尔的下一步举动看似大方，实际也含有自私自利的成分。1675 年，他把收藏捐给了牛津大学，并规定收藏所在的建筑物必须以他的名字命名：阿什莫尔馆（the Ashmolean）。与"方舟"一样，这个馆向公众开放收费，事实上它是大不列颠历史上第一座公共博物馆，于 1683 年在牛津宽街（Broad Street）开业，紧挨着博德利图书馆（Bodleian Library）。① 珍品陈列柜现在已不再是有钱人和贵族的私人小天地，而真正成为供公众参观的奇观——这令德国学者撒迦利亚·康拉德·冯·奥芬巴克（Zacharias Conrad von Uffenbach）感到沮丧，他于 1710 年参观了阿什莫尔博物馆，看到"小老百姓"在这里出现，这对他是一种天大的打击。

英国第二座由外国珍品收藏家慷慨捐助的公共博物馆更加宏伟。1753 年，93 岁高龄的爱尔兰医师汉斯·斯隆（Hans Sloane）去世，这意味着他的大批收藏品，包括 71000 多种植物、奇异材料、人类学物品和其他珍品，以及 50000 本纸质书，可以（需要向斯隆的继承人支付 20000英镑）移交给国王乔治二世，"用于促进物理学，其他艺术和科学

---

① 这栋建筑现在是牛津的科学史博物馆——阿什莫尔馆在 19 世纪被迁至一处更大的地方。

以及人类福祉"。同年，英国国会出台了一项法令，决定在斯隆的收藏
基础上创建大英博物馆。

在他逝世前，斯隆已有近70年的收藏经历。他的正式收藏历史
始于1687年，当时身为医师的他旅行到牙买加，并拜会了该岛的统治
者阿尔伯马尔公爵（Duke of Albemarle）。在牙买加岛，斯隆收集了
大约800种植物学标本，并且在返回英格兰的途中，"把标本向珍品爱
好者们随便展示了一下"。他还带回了浸泡在朗姆酒、白兰地或浓盐
水里的动物标本，尽管不是他从西印度群岛起锚时带上船的活鳄鱼或
蛇——这些动物要么在航行中死掉了，要么逃走的时候被射杀了。

1689年，斯隆在伦敦布鲁姆斯伯里开设了一家药店，充分利用他
的海外经验，卖起了奎宁和进口巧克力，宣传说巧克力可以助消化。
"这里的所有人无时无刻不在吃巧克力"，他从新世界写道：

> 美洲好多个国家的所有人普遍都吃巧克力，这足以证明它是
> 一种健康食品。它喝下去后很温暖，有开胃的功效。通过解剖标
> 本我们知道，把胃浸入热水，纤维的张力会增强，并且热液体可以
> 溶解冷液体不能溶解的东西。

尽管在西印度群岛，巧克力是配着蜂蜜和辣椒吃的，但这对欧洲人来
说口味有点重。斯隆推荐把巧克力配着牛奶喝，如此一来它就加入了
咖啡和茶叶的行列，成为首都饮品屋里一种时尚的药效饮料。加入巧
克力能盖住奎宁的苦味，这成为小孩子喝的奎宁水。约翰·洛克向痛
风病人推荐巧克力，这种汤剂毫无疑问能够缓解痛风带来的疼痛，如
果他听从斯隆的建议在巧克力中掺入鸦片的话。

在罗伯特·玻意耳生命的最后几年，斯隆与这位科学巨匠建立了
友谊，送给玻意耳一些他从旅行中带回的新物质，供这位科学家进行
研究。斯隆的标本还帮助完善了由植物学家、皇家学会会士约翰·雷
（John Ray）编纂的百科全书《植物史》（*History of Plants*，1686）。这

本大部头是皇家学会资助的培根自然史系列作品之一,包括弗朗西斯·威洛比(Francis Willoughby)的《鸟类史》(*History of Birds*,1676)和《鱼类史》(*History of Fishes*,1686)。1672 年威洛比死后,雷帮助完成了这两本书,但是后一本书的编著成本尤其昂贵,出版后却反响平平,这导致皇家学会在一年之后无力资助艾萨克·牛顿的《自然哲学的数学原理》。[①] 这些宏大的汇编工程旨在为斯隆这样的收藏家从新世界和其他地方积聚而来的动植物群进行一种系统的分类。但是他抱怨说,实验哲学家们往往对他的收藏过于粗心,表现得"如此好奇,渴望自己拿一些回家,弄坏了就扔掉"。这种指责反映了私人收藏家和科学家之间微妙的紧张关系,因为收藏家总是急匆匆地抢走那些哲学家渴望能仔细研究的珍品,然后再收起来。

随着生意扩大,英国贵族中的一流人物成为了斯隆的顾客,包括安娜皇后、乔治一世和乔治二世。他还在科学学会中声名显赫,于1719 年当选为皇家医师会会长,并于 1727 年接任牛顿成为皇家学会会长。他的收藏随名望一起增长,一部分通过买断或继承[②]他人的私藏所得,一部分来自顾客的馈赠,另外还得益于他自费去西印度群岛的科学考察。最后他的收藏占满了布鲁姆斯伯里的住所,甚至占满了后来买下的隔壁房子,因此他把所有东西搬到了切尔西的一个庄园主的宅邸里,紧挨着皇家药用植物园。这个植物园现已更名为斯隆广场(Sloane Square),以示对斯隆的纪念。

皇家学会也攒起了自己的收藏。如斯普拉特在其《历史》(*History*)一书中所证实的,学会致力于建立"一个云集全部艺术财产

---

① 有一段时间,未售出的《鱼类史》被穷困潦倒的皇家学会用作临时货币,以支付会员的费用:埃德蒙·哈雷被迫接受了一堆这样的书,作为他天文学研究的报酬。

② 收藏家们通常会把其藏品遗赠给其他志趣相投的狂热者,这样它们才不会在喜欢钱多过于古文物价值的继承者手中散布出去。就是以这种方式,斯隆于 1702 年得到了威廉·楛藤(William Courten)的大批收藏。

以及常见的或罕见的自然珍品的综合性收藏"。这样一个"收藏室"的想法于 1663 年提出，这一年约翰·威尔金斯捐出了他自己的收藏。从第二年开始，学会要求不同会员以更加系统的方式收集藏品：商人、皇家学会成员托马斯·波维（Thomas Povey）因为有良好的国外关系，被要求"为学会收集各种奇异木材、矿产和石化物质，而他也承诺完成任务"。1666 年 2 月，罗伯特·胡克向罗伯特·玻意耳报告："我正致力于一个自然珍品的收藏，希望在皇家学会一些高尚会员慷慨支持下，能在短期内做出迄今为止最高水平的收藏"。同一月，收藏品数量突飞猛涨，这是由于皇家学会以 100 英镑的价格买进了旅行家罗伯特·玻意耳大师全部的收藏，此前他曾在圣保罗大教堂旁公开展出。这次成功鼓舞了斯普拉特，他于 1667 年声称（有很大的夸张成分），学会"已经把宇宙间散布的几大类珍品的绝大部分聚拢到了一个屋子里"。

有了好心人和施主们的捐赠，学会的收藏日益增加；学会于 1666 年宣布收藏更名为"博物馆"，并向捐赠者承诺确保他们的藏品在这个组织的收藏室受到比在私人陈列柜里更好的照顾。这些物品包括一只犰狳、一只鳄鱼、石化的木头、金属矿石、奇特的骨头（其中之一据说是巨人的股骨，而实际上来自一头大象）和石头（其中之一形状像是"女人的私处"）、古代巨鸟的一条腿、发冷光的石头、形成于动物消化道中的"胃石"，还有代表了大师收藏特点的奇物杂品：据说是长在画眉胃里的一种香草，还有"从一只睾丸里取出的牙"。它们成为成员们彼此之间的一大谈资。在格雷沙姆学院，任何事都有可能发生：诺福克公爵（Duke of Norfolk）拿来一个埃及木乃伊，商人托马斯·克里斯普（Thomas Crisp）拿来一只古怪卷曲的象鼻，来自萨里的一只四条腿的小鸡，一些标本，例如一根四英尺长的黄瓜，只能短期搁一下，更别提那些毫无亮点的了。

植物学家尼希米·格鲁（Nehemiah Grew）接到了对收藏品编目的任务，他对收藏家们和大师们对于独特事物的痴迷感到失望。他希望收藏更具有系统性——也就是说，更具有归纳性——他说这种"自然清册"所需要的"不仅仅是奇异和稀有之物，还有我们周围最为熟知和普遍的事物"。但是捐赠者的善心挫败了这种抱负，因为他们似乎认为只有奇物才是有价值的捐赠品：如果他们送去一颗鸡蛋，也应该是一颗"畸形的"双壳蛋。伴随着吃力不讨好的、对奇物杂品的填空任务，一种科学权威的神采逐渐显露，它冷静地解释说"长得像圣安德鲁斯（Saint Andrews）十字架的木叉"一点都不神奇，那是嫁接的结果。格鲁起草了复杂的编目方案，在今天看来更像是对任意的、不完备的事物的编码，而不是对其本性结构的反映。一个贝壳可能以一种混乱的子类衍化法则进行描述，例如"圆锥形，有涡纹，长，右侧开口宽、扩展并外翻，两侧开口均生有尖突"。

除了要忍受施主们的任性之外，藏品还苦于缺少合适的安置和妥善的看管。在遭遇一场大火后，藏品从格雷沙姆学院移到斯特兰特街区的阿伦德尔府，一放就是几年。在 17 世纪晚期皇家学会陷入困境的当口，也没办法雇一个人来看管和展示这些藏品。责任不可避免地落在了罗伯特·胡克身上，拼命承担了太多工作的他根本无法尽到这些责任。奥芬巴克在 1710 年参观了这些收藏，他对藏品的状况感到吃惊，他说：

> 所有的东西都无法辨认，它们看上去如此残破不堪……无论是最精致的仪器还是其他物件，不仅是杂乱无序或不够整洁，而且上面沾满了灰尘、污秽或煤烟，许多藏品都有破损，甚至彻底毁坏了。

对于这些问题，学会会不时地处理一下。在奥芬巴克到访之后不久，皇家学会迁至弗利特街外的克莱恩公寓，特意为收藏品建了一间陈列室，1712年一个委员会受命筹办藏品展览。但是这些收藏品的命运依然多舛。

报告和标本陆续从远方到来，激起了成员之间的争辩。他们就外国草药和治疗方法的优点进行讨论，比如爪哇的荷兰东印度公司医师坦恩·利思（Ten Rhijne）所使用的那些草药和疗法。1683年，皇家学会选编出版了坦恩·利思在亚洲医疗实践中的专著，其中包括欧洲对针灸的首次叙述。然而在医学及其治疗手法至少与要治疗的病症一样剧烈的时代，很难对其疗效报告进行评估。比如说，呕吐时常被视为一种良性反应，是一种净化治疗，而不是中毒症状。另外，缺少今天我们称之为"临床试验"的概念和开展条件（当时还未认识清楚，上百个患者的试验比单个患者的试验更可靠），收藏家往往会在自己身上试验。其中，胡克试验了苦艾酊、酒中钢（steel in wine）、氯化铵、锑、汞和鸦片。至于这些药物的疗效，至少一半取决于胡克自己的心情。

语言之辨

人类文化多样性的发现唤起了一种古老的渴望：使用一种"世界语言"来促进人类的沟通。《圣经》里巴别塔（Babel）的故事似乎确认了这种语言的存在，人们普遍相信人类拥有说伊甸园里的"亚当"语——一种天赐的语言——的天赋。约翰·迪伊认为这就是天使说的语言，也就是他诡谲的合作者爱德伍德·凯尔富声称的在使用迪伊的水晶球占卜时能够听到和理解的语言。就是以这种语言，天堂里的亚当为所有的事物起了"真"名。

天赐式命名为所有事物赋予了诺斯底主义的知识："命名"即为"获知"，从而获得对命名之物的权力。哥伦布给他在西印度群岛初次遇见的岛屿起名字时肯定包含了这层用意：圣萨尔瓦多（San Salvador）、伊斯拉·圣·玛利亚·康·赛普西恩（Isla de Santa María de Concepción)、费尔南迪那(Fernandina)、伊莎贝拉(Isabella)、伊斯拉胡安娜(Isla Juana),通过这种简单的标记行为,每个名字都声明了他的赞助人和宗教信仰。对神秘主义者而言,从文字本身获得了解和权力看上去必定是种捷径。13 世纪的马略卡(Majorcan)哲学和神学家雷蒙·卢勒(Ramon Lull)学习了阿拉伯语等外国语言,以招募基督教的新皈依者,他相信所有知识可以记录于一个符号化的逻辑系统,可以从中演绎出真理。"卢勒的艺术"并不确切是一种语言,而更类似一种用以编码知识的逻辑代数,因而有时被认为代表了信息科学的发端。对卢勒而言,他的系统的主要用途是,通过一种准机械式的逻辑操作过程,让所有的神学问题得到——自然是有利于基督教方面的——彻底解决。带着这种想法,他描述了原始的"计算机",由许多同心圆盘组成,沿着圆周刻有的符号,可以像旋转的计算尺一样转动。卢勒的系统叙述于他的《大艺术》(*Ars Magna*,1305),这部作品是耶稣会哲学家阿塔纳斯·珂雪的《大艺术学习》(*Ars magna sciendi*,1669)的灵感来源,其中他试图将逻辑代数进行拓展以囊括所有的知识。希腊人在扉页的铭文简要概括了珂雪的哲学思想:"没有什么比知晓一切更加美妙。"他的方法现在已难以彻底了解。他暗示,若想揭示宇宙玄机,我们须能领悟对物理、医学、法律及神学等学科中蕴含的特性和关系进行描述和分类的恰当方式,这在某些方面是对收藏家(珂雪是最狂热的其中之一;其在罗马的珂雪博物馆是另一个原始博物馆)的乐观信仰的一种怀旧,即一旦有人拿到了世界各地完整的和正确规划的路线,整个世界系统就再无秘密可言。

对文字的神秘力量的暗示也许包含于弗朗西斯·培根的主张之中:"一种糟糕的、不合适的文字构成方式会导致严重的思想障碍。"这表达了培根主义百科全书撰写者的信念,不仅是选择失当的术语会妨碍清楚的交流,并且认为明断的命名系统能够抓住事物之间的实质关系。于是，文字不再只是便签：它们可作为一种编码和阐明自然之深度模式的代数系统。正如约翰·威尔金斯在其 1668 年由皇家学会出版的《关于真实符号和哲学语言的论文》(*Essay Towards a Real Character and a Philosophical Language*)中所言①，"通过学习事物的属性和名称，根据它们的本质来命名"。

因此，尽管为构建一种科学世界语型所做的努力——其中威尔金斯最为用心，也最具野心——一定程度上是意在促进科学家、旅行者、商人和外交家群体的国际性知识交流，但是也未尝不是受到犹太-基督教信仰的激励，认为一种世界性语言确实能产生知识，而不只单纯用于交流。实验哲学为这种诉求带来了新的动力，因为它致力于囊括世间全部各种各样事物，也因为它是从缤纷的多样事物到更一般的构成原理的回归。正如历史学家西多妮·克劳斯(Sidonie Clauss)所言，"威尔金斯语言哲学的中心论点是关于新物理世界观的发展与对描述思想之方法的新态度之间的隐形关联"。这意味着仅仅用新的世界性文字替代地域性文字还不够，并且语言的语法和句法也必须以自然本身的秩序为基础。

笛卡尔认识到了这种观点的神学意蕴，他认为尽管这样的世界语言是有可能的，其实际使用则会要求一种向人类堕落之前的世界的回归：

> 永远别指望这样的语言能够通行，因为那预设了事物秩序的巨大变化，而且要求整个世界变成一个人间天堂，除非是在浪漫的世界，否则这是不可想象的。

威尔金斯是否知道笛卡尔这种令人沮丧的观点，尚不清楚，但是他历

---

① 此书实际上初版于 1666 年，但是印刷出来的一整批书在一场大火中付之一炬，可怜的威尔金斯只好重新起草。

经艰辛才明白其障碍所在。

笛卡尔的信徒马林·梅森也相信世界哲学语言的存在,但是他的想象非常令人震撼。因为他把音乐视为一种定量事务,可以约化为物理学、生理学和数学问题,由此他想象,通过歌曲,甚至通过对着彼此吹奏长笛,科学家可以互相交谈:一种诱人的图景,让人忍不住期待它成为现实。这样的"宇宙和谐"叛离了古老的卢勒传统:知识从根本上蕴含于符号或算法,而不是语义形式。跟梅森保持通信的珂雪也相信宇宙音乐的说法,他在《世界上的音乐制作》(*Musurgiauniversalis*,1650)中描述了这种想法。其中他引述了传说中赫尔墨斯·特里斯墨吉斯忒斯的说法"音乐不是别的,就是了解一切事物的秩序"。在某种意义上音乐是解开宇宙秩序之谜的钥匙,这种观点同样体现在罗伯特·弗拉德和克卜勒·开普勒的研究中——再一次证明这些不同的个人虽然在某个阶段陷于争论,其观点却在某些方面趋于一致,而且超过了他们愿意承认的程度。他们确信的东西在 17 世纪后半叶的新哲学中也没有被边缘化。1668 年,塞缪尔·佩皮斯买了一本珂雪的《世界上的音乐制作》,声称这本书是"我极为喜欢的,期望从中获得巨大的满足"。

尝试设计一种世界语言和将拉丁语作为西方教育文字通用语言的终结,这两者同时发生于 17 世纪,这种巧合非同寻常。虽然用本国语言出版的图书和论文越来越多,但出版物的潜在读者群却缩小了。哲学家们常常迫切盼望着有名的新作被译为自己的语言——尽管作者可能会提供拉丁译本,假如他们希望自己的书能拥有国外读者的话。在威尔金斯这些人的心目中,17 世纪初的宗教纷争和国内战乱至少部分源于失败的沟通。因此,一种新的世界语言也许能让社会和政治更加稳定。

当欧洲人接触到非常不同的书写方法时,例如对于中文以及没有书写形式的文化,旅行和探险便凸显了熟悉罗马字母的非必然性。威尔金斯尤其对中文字符没有采用基于字母表构建单字的方法，而使用象征性符号来指代事物的方式感到震惊。他实际上没有正确理解中文书写的原理，就得出结论说多重字母是件麻烦事——他写道，它们的多种变化是"巴别塔之咒的附录"。

部分出于这个原因，以及为了避免词尾变化和词形变化的特性，威尔金斯设法对语法规则做了替换或简化，为单纯词附上系统性的简短前缀。他规定了几条世界语的必要特性：

(1) 单词应简短，原则上不超过 2—3 个音节。

(2) 单词应"浅显易懂"。

(3) 它们彼此应易于区分。

(4) 它们应是悦耳的，"有舒适和优雅的发音"。

(5) 它们应是成系统的。

很遗憾，威尔金斯的语法系统没能关照到他的第三条戒律。他设计了一套概念分类，其中特定概念词由更基本的一般概念词附加一个字母来构建。于是从 Zi(动物)得到 Zit(似狗的动物)，最后是 Zita(狗)。(这里的单词是他的新符号系统的音译。)这造成了单词的混乱，单词间的拼法和意义只有很小的差异，很难区分。词与词在纸面上的差异也许很清晰，但似乎人脑无法以如此简明和系统化的方式来解码语义信息。

威尔金斯相信只需 3000 个左右的单词就足以表达大多数概念，这似乎对学习过程来说不构成很大的负担。(一般认为，认识这么多汉字已足够供一个人来阅读报纸上的大多数内容了。)他认为只需数月即可掌握这门语言。[①] 但是他承认有些事物无法方便地包含其内，列表为例：荣誉和职务的头衔、服装、游戏、饮料和肉类以及商业工

---

① 笛卡尔对掌握一种有序的世界语言所需的工作量甚至更为乐观，估计说"如果有词典辅助，预期智力正常的人在 6 小时内掌握这门新语言的作文技巧并不算过分"。

具——一堆概念的大杂烩，正因为它看起来并不完备，其中缺少的那部分才着实让人头疼。

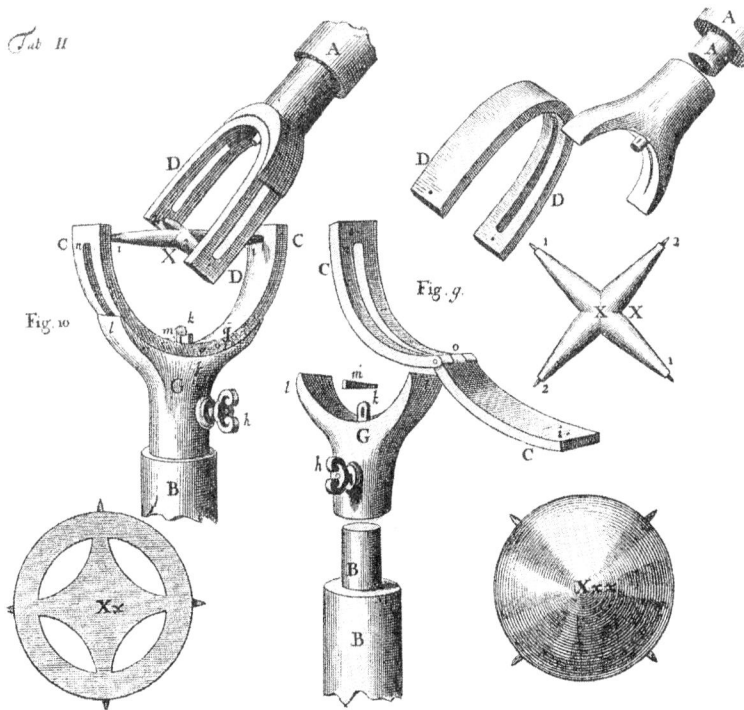

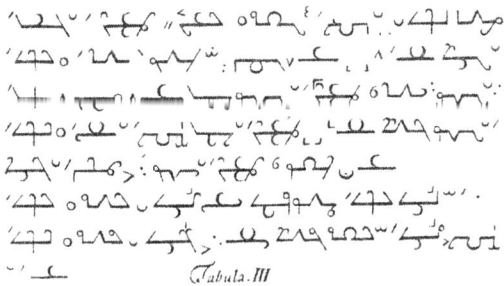

罗伯特·胡克使用约翰·威尔金斯的"世界语"描述了他的弹簧式平衡手表

　　威尔金斯制定了一个将普通文本转换为他所发明的字符集的系统——基本上是一种加密过程，反而有损于他透明性的要求。很明显，使用威尔金斯的方法把普通句子转译到他的新字母系统并不困难，但是其反推过程难度极高，以至于在其本已有限的使用情形下，被认为不值得花力气去解码。另一方面，这也使得威尔金斯的系统在隐藏信息方面相当有效，在这方面有讽刺意味的是，1675 年罗伯特·胡克使用了该系统来记录他那需要小心保护的平衡弹簧手表的原理。

如此一来，威尔金斯的艰苦努力收效甚微，并且他的书也没卖出几本，这并不完全出人意料。他可能会失望，但大概并不感到意外：他在引言中承认，早先有许多新的有价值的发明遭到挫败，并且"对这里提出的设计，有充足的理由去设想它可能遭遇的命运"。更讽刺的是，该系统未被广泛接受的障碍之一，是因为威尔金斯的书是用英文写的。欧洲大陆上的一些学者，包括莱布尼茨，呼吁皇家学会提供拉丁语译本——对这样一本大部头来说是一项令人望而却步的任务，约翰·雷勇敢地接受了这项挑战，然而他的成果最终未能出版。

分类全世界

威尔金斯的《论文》真正的意义不在于语言和概念本身，而在于它带动了一股努力提供一种对自然世界的"系统性枚举"风潮——以归纳万物的构成，以及提供句法结构的存在基础。这本书含有关系表格，明显沿袭了弗朗西斯·培根对"自然史"的系统化要求，其中自然世界要经受严格的分类，同样的分类方式很快成为植物学这类学科的核心。皇家学会委托雷和威洛比提供援助，希望（但未实现）威尔金斯的系统能够为尼希米·格鲁提供对学会的收藏品进行分类和编目的框架。

在这一点上，可以说科学事业需要一种世界语言的想法过于表面化，而未能真正实现术语一致性的要求。大师们逐渐意识到，科学不可能成为一种超越国界的事务，除非人们能确定谈论的是相同的东西。约翰·威尔金斯提倡对于单位和数量的标准化,例如时间的量度、距离和重量——一种开创性的认识——科学需要定量一致性。文艺复兴时期的航海家在距离转换问题上绝不轻松,比如说,1592 年英里才被定义为 1760 码,区别于苏格兰里(于 1685 年废除)、爱尔兰里、海里和巨大的德里(约 7.5 公里),这还没算上葡萄牙里和俄国里。在威尔金斯的时代,迈向标准化的道路还很漫长(直到今天仍在细化和争辩),但至少标准化的原则已得到认可。

随着旅行和航海令世界多样性激增,术语的一致性要求变得愈加紧迫。动物、植物和矿物以及所有自然形态和作用的种类愈加多样,就越有必要对其命名并避免混淆。自 17 世纪末期,科学家们特别关心学术名称的系统化,最受关注的是 1730 年由瑞典植物学家卡尔·林奈(Carl Linnaeus)设计的物种分类学方案。林奈与标本收藏家的交往经历使他确信一种合理且系统的分类体系是有必要的。(他依赖与收藏家的联系,因为他拒绝去热带,不愿意长途跋涉至自然栖息地去查看这些生物。后来他得以派自己的学生前往这些遥远之地。)在其植物分类学论文《自然系统》(*Systema Naturae*,1735)中,林奈引入了根据植物种、属进行标记的拉丁语二级分类体系——一种为未来的所有自然史发现建立起分类规则的方案。此后不久林奈遇到了荷兰银行家乔治·克利福德三世(George Clifford III),克利福德是一位荷兰东印度公司的主管,在北荷兰的海姆斯泰德(Heemstede)经营着一座植物园,林奈担任了那里的馆长一职。在克利福德的鼓励和资助下,林奈于 1736 年前往英格兰参观了切尔西药用植物园和汉斯·斯隆的精美收藏,在那之前林奈刚读过斯隆的《牙买加自然史》(*Natural History of Jamaica*)。

科学的语言

根据伽利略的说法,自然本就有自己的自然语言,即数学。只需将这种观点与林奈的方法进行对比，即可发现伽利略的（当代许多科学家共有的）视角是狭隘的，未能认识到自然的真正界限以及几何与数学描述的局限性——这个问题在下一章会详细说明。笛卡尔，另一位演绎逻辑学家，对人们过多关注自然的多样性表示担忧。他担心，如历史学家宝拉·芬德琳所言，"徘徊于凌乱，以至于无力求知，眼前的无知无边无尽，令人头脑混乱"。这种详情及共性之间的矛盾成为好奇心的核心困局。

不过，天文和机械科学家对数学方法的普遍接受形成了一种观点，认为某种"世界数学"可能促进多个领域的探索。在可能写于1666年前后的文章《关于自然哲学现状的总体方案或想法》（*A General Scheme or Idea of the Present State of Natural Philosophy*）中，罗伯特·胡克声称已创造出一种"哲学代数"，可以将博物学系统地演变为公理。此观点明显受到了培根的新工具思想的启发：胡克写道，"这种工具，除了无与伦比的维鲁拉姆（Verulam），没人能想到……但它还需要增加点东西"。[①] 胡克说，他的哲学代数能够"发现更多的内部组织结构，同样还能发现运动、能量、具体物体的工作原理及其中自然运行的方式和过程"。胡克称其为代数，暗示着它像是一种符号语言，与威尔金斯的"世界语言"类似，作为自然史的一种表述方案，它似乎意在揭示其深度内容和秩序。在这种借助符号运算来推进自然哲学的筑梦过程中，我们能依稀看见古老的阿基米德观点的影子，即科学如几何学一般由演绎而进，并坚不可摧。

胡克貌似已经以某种形式构建了他的"代数"，因为他声称在平衡弹簧手表的研究中，"从一种发明的艺术，或（我由此掌握的）机械代数

---

① 培根除了完成设计发现引擎之外，他显然也注意到了世界语的问题。在其《新工具》的结尾部分"知识的缺陷，由后人补完"中，他罗列了"一份哲学语法或者说一份不同语言的各种特点的说明"，以期建立一套语言的完备范式。

中,我发现并完善了这种想法,包括其中的理论和实验验证"。然而不幸的是,他从未写明他的系统是如何运作的(至少,没有这样的叙述留存),因此我们只能靠猜想了。该系统可能类似培根对自然界吃力地细分和编目,附加一份很长的将自然史演变为基本原理的问题列表。在他的《总体方案》中,胡克表露出这种百科全书式的倾向,列出了 29 种"自然史",并且提供了 93 个关于大气和天气的问题以示说明。当然,这不一定就比培根的新工具更加全面——稍作努力,你完全可以再增加 93 个,增加的问题取决于你的想象以及你了解和相信的东西。

　　然而,科学哲学家玛丽·海塞(Marry Hesse)认为胡克的哲学代数更接近于现在经常提及的科学方法:系统地列举用于后续验证的假设。胡克似乎在一个已出版的关于彗星的讲稿中采用了这种方法,其中他描述了各种可能的引力定律及其对彗星运动可能造成的后果:一种引力与距离的反比关系,一种反比平方定律(正确版本),立方反比关系,等等。这种体系同样依赖于以数学形式提出问题;但无论如何,胡克明显很少实践他宣扬的理论,他更多依靠直觉和基于经验的猜测来工作,而不是依赖任何系统性的方法。追求历史性的"科学方法的发明"是一种愚人的做法;取而代之的是,在现代早期我们看到了一种科学识别力的演进,这最终实用得多。

第 7 章

宇宙的不和谐因素

突然浮现于他们眼前

那古老而深邃的秘密

——约翰·弥尔顿《失乐园》(*Paradie Lost*，1667)

因此，除上帝已为我们揭示的之外，我们不要去试图发现更多有关天国和非物质世界的秘密了。人类的头脑可以掌握(他的)定律；上帝希望我们去认识它们，因而将我们做成他的模样，于是我们得以共享他的思想。

——克卜勒·开普勒写给休厄特·冯·霍亨堡(Hewart von Hohenburg)的信(1667)

"太阳是宇宙的中心，并且从不移动——这种主张在哲学上是荒谬和错误的，在形式上是一种邪说，因为它与《圣经》的表述相悖。"这是罗马宗教法庭 1633 年一段臭名昭著的判决，似乎在反宗教改革顶峰期，成为教会与对自然的勘察进行对抗的缩影，因为后者声称已洞悉了教会的神圣计划。在此方面，可以将这次判决诠释为对邪恶的好奇心的最后一次重击。

　　然而故事并非那么简单。最初,伽利略对日心说(以太阳为中心的)宇宙的拥护是为了支持一个已经存在 60 年的观点,而罗马对此观点的态度仅仅是勉强地容忍,偶尔表露出虚与委蛇的赞同。完全可以想象,如果不是因为特定的时空和人性的交织,伽利略关于哥白尼理论的论述本可以得到教会些微的认可。此外,有关天体排位的问题已经争论了几个世纪;天文学是标准学术课程的一部分,并且根本不是什么新天文学认可好奇心的产物。你可以说,天文学是旧科学的一部分,而与新科学无关。

　　伽利略在逐渐展开的人类对宇宙的探索叙事中扮演的角色非常重要,但是也很复杂,绝非大众传统所塑造的那样。整个 17 世纪的天文学也是如此。一些科学史家创造了"新天文学"的概念,意指基于哥白尼模型、用望远镜和精密的测量仪器取代肉眼来进行探索的天文学,它是备受珍爱的科学革命中的一座基石。有人猜想这是因为天文学——更准确地说是有关天体运动的天体力学——作为了那类定量数理科学的代表。被许多历史学家和科学家认为最适于建构这样的革命。也许还有一个原因,这段时期的天文学显然为辉格党历史贡献了许多英雄——最为突出的是伽利略和牛顿。

　　但是,将天文学的变化描述为一种整体的进步,那是一种误导,更不要说是一种被对宇宙的新好奇心所驱动的进步了。首先,望远镜的影响在于揭示了其他世界的样貌,而非其位置——这是下一章的主题。除却对伽利略本人的影响,哥白尼的模型仅仅贡献了 17 世纪新天文学的背景,而非动力。有一本书最终解释了这套体系如何统摄宇宙间的关系与交互——即牛顿的《自然哲学的数学原理》——它并不是新哲学这座王冠上的宝石,而只是某种异数,比之同时期的创作,保守与进步并存。事实上,很像牛顿本人。

尽管如此，《自然哲学的数学原理》标志着对天体思考重心的转移。自古以来，天文学的主要动机之一并非是纯粹的好奇，而是出于占星术的要求。对行星的运动所知越多，据此做出的预言就越准确。古科学史家杰弗里·劳埃德(Geoffrey Lloyd)说，在古代，"对于天体的研究并非为了研究本身；相反，它被一种获知'国王或国家'命运的欲望所驱使"。哥白尼的日心说理论也是在同样的语境下被接受的：许多人欢迎他的新模式，因为它为占星术预测提供了更为简单和准确的基础。实际上，哥白尼的学生和宣传员，数学家雷蒂库斯(Rheticus 即格奥尔格·约阿希姆，Georg Joachim)，将导师的研究比作占星学的重大进步，并声称，假如著名意大利人类学学者皮科·德拉·米兰多拉(Pico Della Mirandola)拥有与哥白尼模型同样精确的体系，他将永远不会发表任何对占星学有影响力的批评。这其中带有某种无意的讽刺成分，因为占星家必须不断地为他们的错误预测做出解释，其根据就是失败的预测源自科学的不准确：他们常用的口头禅是，群星只昭天命，不尽人事。尽管如此，各种可用的行星位置表格间的冲突仍然留下了深深的隐忧，这也是 17 世纪的第谷·布拉赫和克卜勒·开普勒展开深入观测的原因之一。正如科学史家约翰·诺斯(John North)所言：

> 哥白尼生活在学者和牧师中间，对许多这样的人而言，天文学的研究是证明并且预见对艺术的潜在应用或是关于人类的命运，或是关于天气这样的自然现象。

这样一来，天文学更像是我们现在所称的应用科学，而不是纯科学：它的开展并非为了自身，而是服务于占星"技术"。另外，部分出于这个原因，部分出于对《圣经》的尊重，在 17 世纪之前天文学家只挂念着找到一种能合理化其所见的方案，而没有试图去推断宇宙的"运作"原理。只要对太空的数学描述可以提供好的预言，占星家不会太在乎这种数学描述是不是真实的天体排列方式。这一点令伽利略成为一个异类。

鉴于天文学家在行星轨道的特定物理排列问题上的思考程度,问题仅仅是关于上帝选择了何种设计,而不是宇宙如何运行。也就是说,盛行的观点是亚里士多德式的(甚至哥白尼主义者也是如此),其中行星、太阳和月亮在创世之初已经被固定于透明的水晶球,唯一的问题是这些圆球是如何安放的。这一点令牛顿与众不同(尽管牛顿不是唯一的那个)。他开始思考,天体之间的力如何使它们结构稳定并自行运作,而不是假设它们都只是被上帝粘贴至适当位置,然后再装上巨大的旋转中枢。就这一点而言,17 世纪伟大的天文学家们也许确实如被指控的那样扭曲了天国的地位,将隐藏着神之奥秘的既成事实转变为一种机制,而其运作原理则诱引着好奇心的勘察。

环与圆

中世纪时期,七种已知天体——太阳、月亮以及水星、金星、火星、木星和土星五颗行星的运动由托勒密的地心说得到解释,其中地球是宇宙的中心,这反映了一种来自中世纪文化中僵硬的等级制度和人性的虔诚声明的复杂投射。上帝创造了宇宙,人居于中央,然而这意味着我们居住的圆球不过是下等的天国,一个无常和堕落之地。

这种意象表明托勒密体系保留了一种神学和诗意的真相,甚至对某些承认哥白尼学说优点的人而言也是如此。约翰·弥尔顿似乎就是这些人之一。他推崇伽利略,并于 17 世纪 30 年代这位天文学家被囚禁于佛罗伦萨附近的阿尔切特里(Arcetri)的住所时前往拜会。然而《失乐园》中的宇宙却是成功的地心之说,因为在撒旦的剧本里,我们的世界被要求置于静止的舞台,天堂在上,地狱在下。

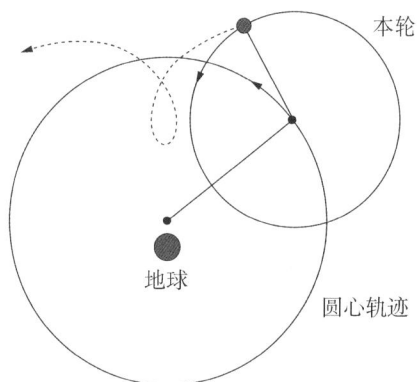

托勒密的地心宇宙论（见上图）以及由本轮
定义的行星运动（见下图）

　　无论其神学上的反响如何，这种宇宙模型迫使天文学家接受行星
怪异的环形轨道，这种轨道有时（但可预测）会发生反转并穿越星空。
托勒密将这种奇异性解释为本轮轨迹：行星被认为沿着被称为均轮的
圆形轨道绕地球运转，但同时还沿着更小的、叠加于均轮之上的圆形
轨道（本轮）运动。随着对行星运动的了解趋于精确，必须增加越来越
多的本轮来拟合观测结果。只要轨迹可以从完美的圆形之上构建，就
可以论证它们维持了亚里士多德天球所预期的"完美"。但也许托勒

密极其累赘的模型能够长存的另一个原因是，没有其他人受累于这种复杂性，因为它终归只不过是一种数学描述，一种能拟合观测的便利方式。哥白尼著作的出版者、路德教会牧师安德里亚斯·奥西安德尔（Andreas Osiander），在该书序言中介绍日心说模型时，多少也采用了同样的方式以避开宗教审查。日心说理论的吸引力在于它使宇宙的概念得以简化：抛开所有的本轮，代之以完美绕太阳运行的圆形轨道。① 最重要的是这种描述可以提供预测：它使得天文学家和占星家们（大致是同一群人）能够预测行星在任意时刻的位置，以及联合——天体现于天空的相同区域——何时会发生。这种能力使数学天文学家成为一种魔法的化身——除了巫师之外，有什么人能如此精确地预测未来之事呢？

这就是在尼古拉·哥白尼（Nicolaus Copernicus）弥留之际，出版于《天体运行论》（*On the Revolution of the Heavenly Spheres*，1543）中的日心说引发的争议相对较小的主要原因。诚然，马丁·路德将"颠覆整个天文科学"的努力称为愚蠢，他的同侪菲利普·梅兰希通（Philip Melanchthon）称其中的观点"不够诚实和正派"。然而在 1616 年之前，哥白尼的著作并未被罗马教会封禁，并且大多数牧师认为它不过是一种令人遗憾的蠢事。他们几乎从未思考过这样一个问题——宇宙"到底"是如何排列的？随着反宗教改革动摇了他们信仰的根基，他们要面对更加紧迫的顾虑。

当伽利略略咄咄逼人，坚持数学是对真相的译码，而不是一种便利的时候，这就不再是可以轻松回避的问题。更确切地说，他准备在主教们的眼皮底下炫耀这种见解，并且公然藐视他们的停战指令。他选

---

① 实际上，这依然不甚准确，尽管这是哥白尼理论常见的陈述方式。事实是，因为行星轨道并不是完美的圆，哥白尼仍然需要引入某些小的本轮——实际有 34 个——来拟合观测数据。但较之托勒密模型，它仍然是一个更加经济的解决方案。

择向罗马本尊开火，他的武器不过是一些相当脆弱的新证据，以及源自知识优势的不可动摇的信念。事后来看，斗争的悲惨结局已然注定。

公正的试验

文艺复兴晚期最伟大的天文学家是一位音乐理论家的儿子，这并非巧合——因为自柏拉图和毕达哥拉斯以来，音乐就与宇宙的构造结缘。除了具有音乐的数理知识以外——他提出了同阶调音的雏形——文森佐·伽利雷还是比萨一位著名诗琴演奏家和家境殷实的纺织商人。他的儿子（伽利略·伽利雷，译者注）于 1589 年成为比萨的一位数学教授，三年后他在帕多瓦（Padua）拿到了同样的职位。到了 1610 年，他的名望为他赢得之前的学生、美第奇家族的科西莫二世的资助。伽利略当然是蓄意谋得了这一机会，他在三月份将《星际信使》①这本小册子进献给了公爵大人，而且起到了效果——七月份的时候他已经是王子的宫廷哲学家和数学家了。《星际信使》描述了使用望远镜对崎岖的、坑凹不平的月球进行的观测，并且宣告发现了木星的四颗卫星。新的观测和发现都隐然激起了对地心说模型及其亚里士多德完美天球主张的怀疑——这种挑战因 1611 年伽利略对太阳斑的观测而加深。

伽利略已经在宣扬有争议的、甚至很危险的观点。然而当罗马耶稣会学院院长罗伯特·贝拉明（Robert Bellarmine）就伽利略的声明向其首席数学家克里斯托弗·克拉乌（Christopher Clavius）进行咨询时，克拉乌持支持态度，并且报告说他自己也看到了伽利略描述的木

---

① Nuncius 的意思是"信息"或"信使"，但是多数译者更青睐后者，因为反映了伽利略的某种自身形象和人格特点——一半是自我主义者，一半是神的使者。

星卫星。尽管如此,伽利略还是于 1615 年去了圣都,为他视为"神启"的宇宙新观点寻求教会的批准。

伽利略经常被塑造为第一个现代科学家的形象,根据是他以实验方式测试了假设。姑且不论这究竟是不是现代科学的运作方式,考虑到对实验、假设以及两者关系的理解的巨大差异,它在 17 世纪并非是一种可以轻易推行的观念。我们已经看到,实验的目的经常是用以阐明理论的真实性,而不是对理论进行测试。况且,一个实验能够大致表现出所预期的行为,也许就会被认为已经足够好,而无须担心精度的一致性。另一方面,理论相对实验的微小偏差却可能被用于证伪整个理论。1612 年亚里士多德学派的教授们对伽利略的自由落体断言进行了实验,在比萨塔上让两个质量不同的物体自由坠落,它们没有完全在同一时刻落到地面,而这被当成了证实伽利略错误的证据。(伽利略适时指出,亚里士多德预测了巨大的落地时差,但实验者意图用微小的时差来遮掩亚氏的预测错误——无论如何,伽利略正确地将微小的落地时差归因于空气阻力。)

当伽利略真正做实验来进行理论测试时,似乎有可能,他乐于调整观测结果以拟合期望值,并且很难以今天的标准去谴责他的行为。伽利略在帕多瓦的实验使用了精心制作的木质斜面,根据实验数据推导出小球滑下斜面的位移与所用时间的数学关系,对此,有些科学史家无疑持有完全怀疑的态度,其根据是 17 世纪的计时技术存在局限。诚然,那些秒表发明前的计时方法不够精确,很难为伽利略的(正确)提议——距离正比于时间的平方——提供无可置疑的证据。然而,这一点很难查验,因为伽利略没有遵照现代规程去报告数据。像那时的典型实验学家一样,他对仪器细节做了一些说明,然后简单提到他做了多次实验,以及实验结果全部精确符合期望值。这凸显了这类实验的作用是意在验证，而非提供原始数据。

此外，必须谨慎诠释伽利略关于实验权威的声明，在字面上它听起来很像经验主义怀疑论——喻示了科学方法中著名的开普勒"证伪"原则：理论无法证明，只能证伪。在其力学论文《两种新科学的对话》(*Discourses Concerning Two New Sciences*，1638)中，伽利略的另一个自我——萨尔维亚蒂(Salviati)说，"一个负面实验或结论性证明，将足以彻底推翻……很多可能的论证"。但是这种说法避开了什么才算真正的证伪这个难题。科学家常常要面对"无效的"实验——也就是说，不能得出期望结果的实验。有些时候这是因为理论喻示的期望值是错误的。但问题也可能出在实验本身，这种情况下通常仅仅是因为研究人员坚信理论肯定是对的，他(她)则发现了程序上的缺陷。实验如果不出问题，这样的缺陷也许永远不会被发现；研究人员并不会放弃理论，反而可能得出结论，说是某种反常的因素损害或误导了实验——生命科学中的一种极为常见的情况，这种情况下很难鉴别或追踪正在发生的一切。换句话说，因为似乎被一个实验所"证伪"，就马上放弃一种想法，这可能是不对的，至少要等到彻底检查和重复测量之后。

事实上，根据一篇由哲学家皮埃尔·迪昂(Pierre Duhem)和威拉德·范·奥曼·奎因(Willard Van Orman Quine)(在不同语境下)提交的论文，实际上，在逻辑上任何假设都不能证伪，因为此问题是欠定的：如果实验给出与先验假设不符的结果，你永远无法获得足够的信息以自信地得出否定结论，这并不必然意味着假设是错误的。相反，可能是对仪器的理论理解不够完备。由于实验允许科学家们，相较于对其他的，对某些理论和假设更为肯定，科学仍可作为给出预测和解决问题的有效方式。但也要记住这种"科学方法"是建立于经验主义而不是逻辑的严密性基础上。①

在《试金者》里被大量引述的一段话中，伽利略不经意提到了这个问题，这段话是他对耶稣会数学家奥拉齐奥·格拉西（Orazio Grassi）提出的彗星理论的回应。其中他指出了盲目听信古代智慧——巴比伦人把蛋装在吊兜里旋转煮熟的故事——的荒谬之处：

> 如果一种效应在其他场合被其他人所验证，但我们却未能观察到，这必然意味着我们的实验中缺少某种作为先前实验结果的原因的东西；并且，如果我们只缺少一种东西，那么它本身就是真正的原因；现在，我们不缺蛋，也不缺吊兜，也不缺强壮的小伙子来旋转它们，但是蛋还是没熟。实际上，即便它们能够热起来，它们也冷却得更快；并且，既然我们什么都不缺，除了我们不是巴比伦人这个因素，于是推论就是，巴比伦人的身份，而不是空气的摩擦，才是蛋被煮熟的原因。

这其中的原理是无懈可击的：要在实验上鉴别一种现象的原因，你必须找到唯一那个必须在实验过程中漏掉的因素，以确保效应不会出现。然而要在实践中鉴别这一因素极为困难；实际上，这种推理方法在形式上是不可能的，因为你永远无法确定再没有其他因素不会产生同样的效应。也许你不必是一个巴比伦人，但只要在巴比伦旋转那个吊兜，或者让一个深色皮肤的人来旋转它，或者以巴比伦人一样的速度来旋转它……

这并不是说伽利略的实验方法存在缺陷。② 这里只是指出，对于

---

① 有人称，这种有关实验证明的含混性，使得天主教会对伽利略日心说"论述"的反对，相较于伽利略自身的论述，具有了更加严谨的科学立场。但是那种论调，姑且不论罗马反对的真实原因，不过是诡辩而已。

② 但是他在《试金者》中的论述则肯定是有缺陷的。格拉西断言彗星是世外的存在，远在月亮之上。尽管此书为伽利略的科学观点做出了很好的辩护，《试金者》对格拉西的批评并没有根据，而且说彗星是非实体的"玩具行星"，在沿其太空轨道运行时几天内就会消融，这同样是杜撰。

如何进行一种公正的、全面的实验以及什么可算作证明——从而在实验和证明建立的过程中，思想应该可以被吸收进自然哲学——还存在许多模糊地带。因此可以理解，在那个年代，类似先验信念、演绎推理和权威这些因素应该仍然发挥着重要作用。换言之，尽管伽利略的想法是正确的，对任何怀疑他的方法或结论的人施以轻率的蔑视也是不尽客观的。

在以上内容的基础上，让我们来审视一下伽利略在罗马的遭遇。

那次审判

在 19 世纪晚期，两位美国教育家意图通过"伽利略事件"来离间科学和宗教的关系。化学家约翰·威廉·德雷珀（John William Draper）和外交官、历史学家、康奈尔大学联合创立人安德鲁·迪克森·怀特（Andrew Dickson White）两人都写了书，主张伽利略的事业在一场运动中受尽了教会的谴责和诋毁，这场运动结束于因所谓的异端而加诸其身的拷问。他们说，这集中反映了宗教对科学和好奇心多年以来的敌对。

尽管多年以后这个论题已经有所缓和，它仍然绘声绘色地表达了关于伽利略遭受的"迫害"。但是，德雷珀和怀特所讲的故事严重扭曲了事实，甚至在某些方面完全错误。教会对伽利略的哥白尼主义和新天文学观测的态度，与其对好奇心本身（极为矛盾）的看法几乎没有关系。伽利略受审的真实原因非常复杂，在某些方面尚未被完全了解。但很明显，伽利略的案件，正如亚瑟·凯斯特勒（Arthur Koestler）在其 1959 年的《梦游者》（*The Sleepwalkers*）中所言，是"科学和神学的历史关系中一段孤立的、实际上绝非典型的插曲"。因为教会的辩解书往往只能勾起一部分科学家的怒气（而且别忘了伽利略直到 1992 年才得到梵蒂冈的官方"赦免"），人们也只能说，在任何情况下强迫他放弃日心说是一种可悲的、丑陋的、反智识的举动,更何况受审时的伽利略已是一位衰弱的老人。而且,凯斯特勒把责任完全归咎于伽利略的傲慢和虚荣心,而无视罗马的过失,这未免也太过分。然而这些都不能改变事实——真实的故事要远比传统上讲述的曲折微妙得多。

首先,罗马对伽利略的印象始于 1611 年,当时他前往耶稣会学院,寻求克拉维斯(Clavius)对其《星际信使》中所述发现的支持。他被准予与教皇保罗五世会面,后者给予了他超常的礼遇。学院院长贝拉明善意接待了这位著名的数学家,他自己并不完全反对哥白尼模型。但是他认为,因为该模型会对通行的《圣经》诠释造成意义深远的挑战,因此在没有压倒性证据支持时,不应该赞同这种学说。在 1615 年,他写道:

> 如果有一种真正的论证,证明太阳才是宇宙的中心,而地球位于第三个球体,并且不是太阳绕着地球转,而是地球绕着太阳转,那我们就得非常小心地解释《圣经》中看似有所冲突的段落……但是我不能假定这种论证存在,除非有人向我证明。

伽利略同样在意哥白尼的宇宙会被视为与《圣经》冲突的问题:因为他写过,"两种真实永远不会彼此矛盾"。但是他认为,因为哥白尼明显是正确的,教会当局有义务修改他们的诠释。"《圣经》不会犯错",伽利略写道,"但其诠释会犯错,特别是当它们总是建立在文字的字面意义上时"。事实上,伽利略在他的案件上如此咄咄逼人的原因之一就是他担心教会失去权威,如果它坚持着一种(在他看来)与经验之所示背道而驰的诠释。作为一名或许没那么诚惶诚恐却十分坚定的教徒,他并不想去挑战宗教,而是想保护它。他论述说,《圣经》使用图形语言是为了让经句深入人心,本来就不应该从字面上理解。正如上帝不会真的像人一样走路和说话,太阳也不会真的静止不动(只是看上去不动),以便让约书亚(Joshua)和以色列人在战斗中击败敌人。这些论述得到的回应是，请伽利略牢记他是一名哲学家，而不是一名神学家。

当伽利略在罗马为他的案件辩护时，他被要求证明地球会移动。他尝试用潮汐来解释：他认为海洋每天的涨潮和退潮是由地球沿自己的转动轴的自转引起的。但这一次，伽利略观点的基柱——所谓哥白尼学说有过硬的证据支持——并不成立。潮汐是源于月球绕地球的旋转：它们是海洋对月球引力的回应（太阳引力则加强了这种回应）。但是伽利略永远也不会接受这种"超自然"吸引力的解释——开普勒提出相同看法时，他驳回了。（该种解释直到艾萨克·牛顿在《自然哲学的数学原理》中提出才得以确立。）无论如何，一些令人敬畏的哲学家，包括卡尔·波普尔（Karl Popper）和皮埃尔·迪昂，指出贝拉明和教会当局在严格意义上是正确的，他们主张日心说仍然是一种缺少直接证据的假设，因此伽利略没有足够的依据称哥白尼模型不只是一种抽象的概念。

但是他顽固的坚持最终迫使教皇保罗五世采取行动。1616 年，他命令贝拉明传唤伽利略，告诉他必须选择，要么宣布放弃主张，要么至少停止讲授、辩护或讨论它。伽利略受命前往罗马，但是没有丝毫悔悟：他清清楚楚告诉每一个愿意聆听的人，声称他掌握了地球运动的证明。佛罗伦萨驻罗马的大使写信给科西莫二世时语带警示，说他的宫廷数学家在案件中的行为"极不审慎和克制……他在自欺欺人，会给支持者带来麻烦"。

无论如何，伽利略同意了教皇的要求，贝拉明急于确保他的朋友不会得到有罪判决，向伽利略签发了一张赦免其所有异端指控的证明。但就是在这个时候，哥白尼的《天体运行论》首次被列入禁书名单：它没有被宣布为异端，而是被"暂时废置，直至修正"。如果说此决定不能完全归于伽利略制造的麻烦，但是两者明显存在关联。

　　贝拉明于 1621 年过世，但是三年后伽利略认为他在罗马有了一个更为强大的盟友——红衣主教马费奥·巴贝里尼（Cardinal Maffeo Barberini），一位伽利略的老友和崇拜者，当选为教皇，名号为乌尔班八世（Urban VIII）。伽利略前往罗马表示祝贺，又一次受到亲切接待。他现在有足够的自信来无视 1616 年的禁令，准备为哥白尼学说写一部书来陈诉他的案情。《两大世界体系的对话》（*Dialogue Concerning the Two Chief World Systems*）（以下简称《对话》）表面上通过三位主人公的辩论，以开明的思想探讨托勒密和哥白尼模型的优劣，但是伽利略的立场极其明显。他自己的代言人是一位名叫菲利波·萨尔维亚蒂（Filipo Saviati）的哲学家——在现实生活中是一位天文学家和伽利略的朋友（以及林琴学院的成员），于 1614 年去世。书中设定的中立角色——尽管明显对哥白尼存有偏见的是另一位老朋友，名为乔万弗朗西斯科·萨格雷多（Giovanfrancesco Sagredo）的威尼斯贵族。地心派代表由辛普里西奥（Simplicio），一名写过关于亚里士多德的书的亚里士多德主义者担任；尽管如此，很显然每个读者都明白此君是个滑稽角色，名字里含有笨蛋的意思。

　　萨尔维亚蒂解释说，望远镜对月球的观测，如《星际信使》中所述，表明地球与其他天体并无二致。但是那个关键的"证明"仍然是伽利略错误的潮汐理论。实际上，他曾想过给书起名为《关于潮汐的论文》（*A Treatise on the Tides*），但乌尔班八世不予批准，因为这似乎暗示潮汐为日心说提供了一种牢靠的物理学论证。因此，萨尔维亚蒂的论证实际上可以说不重要，或者可以说是错误的，尽管他的结论是正确的。

　　《对话》的问题在于它不够公正。辛普里西奥不但是一个完全不可救药的地心说模型支持者，他似乎也代表了对教皇本人的讽刺。他反对潮汐能提供对地球运动的结论性证明，理由是上帝也许已经随兴这样安排了。这样的诡辩立场，实际从根本上拒绝了对现象的任何逻辑解释，而这正是乌尔班八世公开支持的立场。以伽利略惯用的一种尖刻的讽刺口吻，萨尔维亚蒂继续拆穿这种诡辩：

> 多么令人佩服的、天使般的学说啊，并且与另一种神性学说完全一致，虽然后者准予我们讨论宇宙的构成（也许是为了不剥夺人类思考的权利，或是不给其偷懒的机会），却不让我们发现上帝创造的作品。那么就让我们来从事这些受到允许的、上帝规定的活动好了，从中我们会认识到并进而越发崇敬他的伟大，但是我们会发现自己越发难以洞察他那深不可测的无穷智慧。

该书得到了费德里科·切西资助，切西是林琴学院的院长，向这位好战的天文学家提供了长期有力的帮助，使其作品多次通过教会的宗教审查。切西和卡西亚诺·戴尔·珀佐成功操作了《试金者》，使其合乎教会当局的心意，以至于据说乌尔班八世命人在用餐时朗读此书，以便欣赏其中的如珠妙语。似乎《对话》最初在这方面的进展也同样顺利。切西的影响力和外交手腕令审查顺利进行，到 1629 年手稿已准备出版，当时伽利略在罗马仍然受到礼遇和尊重。在他看来，最坏的局面是被要求在出版前进行一些小的调整。

如果灾难没有发生，《对话》本可以暗度陈仓地成功出版。1630 年 8 月，切西去世了，他的财务状况一片混乱，伽利略不仅失去了一位无比老练的支持者，而且出版计划的资金也泡汤了。到这里故事尽管很勉强，梵蒂冈在 1631 年准许此书出版，但前提是进行一定的修改，并且要通过罗马和佛罗伦萨一系列复杂的审查之后才能印刷。教会当局似乎预计伽利略会遵守底线，即日心说只被描述为一种有用的数学方法。然而当此书终于在 1632 年面世时，它的作者在序言里声明：

> 在论述中我站在了哥白尼一边，并且，通过一种纯粹的数学假设，我设法努力证明，日心说相较于地球静止的假定更令人满

意——实际上并不绝对，但比之"亚里士多德们"的论证更令人
满意。

另外，人们发现他省略了教皇反对哥白尼学说的论证，这是原本要求
他加入的内容。

这就难怪乌尔班八世禁止了此书的发行，一个指派的委员会对此书
进行了评估，结论是伽利略应该回到罗马为自己解释。但是他生病了，
出发时间延迟至 1633 年。审判期间，他在圣城受到了舒适的招待。

与任何读者表面上看到的相反，伽利略在案件中的辩护是雪上加
霜——"我在书中既未坚持地球运动而太阳静止的观点，也未为其辩
护。我只是证明了哥白尼观点的反面，以及说明了哥白尼的论证是多
么无力和不够充分。"当他被告知这种否认只会令事情更糟，他佯作重
读此书并对新的发现假装吃惊：

> 很久没读这本书了，我发现它简直是一本其他人写的新书。
> 我坦率地承认，对我来说，它有几处写作方式不太妥当，姑且不论
> 我的本意，但它也许会令读者误会那些关于错误立场的、我本来
> 意在反驳的论述是为了加强确信，而不是为了便于驳倒它们。

他供认"我的错误来自一种自负的野心，是纯粹的无知和疏忽"。

最后伽利略承认，"我没有抱持哥白尼的观点，在禁令要求丢弃此
书后，我再也没有拿起过它"。这种相当之凄惨而可悲的理由和改弦
易辙，实则是对教会的蛮横行径的咒骂和控诉，隐然为这位已非常羸
弱的老人即将面临的拷问埋下了祸根。他遭受了进一步的羞辱，被勒
令下跪听候判决和惩罚结果。他起初被判处了监禁，后来得到减刑，
命他返回阿尔切特尔的居所，永远不得离开，除非得到官方的许可。
这位受到惊吓的、精疲力竭的老人嘴里咕哝着"但它仍然在运动"，然
后与世长辞，这种结尾与他对审讯者的嗤之以鼻一样，可能性微乎其
微——这个流传开的故事多半是伽利略生后的圣贤传记作者为保全

他的英雄形象所做的努力。

斯蒂芬·杰·古尔德(Stephen Jay Gould)说，伽利略是"不幸和误判的一个牺牲品，而不是科学与宗教的持久战争中的一头在劫难逃的祭羊"。尽管有人会加上不守诚信这条原因，古尔德的说法更像是一种公正的评定。另外，虽然凯斯特勒的看法——说伽利略"对理论天文学没有做出任何贡献"——过于苛责，但是公平地说，他没有为哥白尼的理论增加任何实质内容，除了他那影响深远的支持。但是正如我们所看到的，将天空化作空间，使好奇心不再受限于数学语言的过程中，伽利略无疑发挥了最为关键的作用。没有理由假定他的判决严重压抑了其他天文学家观测和探索星空的渴望。但是，这次判决事实上对这些探索可能形成的结论提出了警告。

皇帝的天文学家

与其说哥白尼理论是青睐数学简洁性的人的一种选择，不如说它是观测行星运动无可辩驳的必然结果，以下事实凸显了这一点：16 世纪晚期最伟大的天文学家、丹麦人第谷·布拉赫不相信哥白尼学说。第谷设计了一套独创性的混合方案，其中地球位于宇宙的中心，其他行星则围绕太阳转动，而太阳又围绕地球旋转。第谷设法保全了地球的优越地位，部分是因为《圣经》对此的论述。但是他也相信这种优越地位存在更加坚实的科学理由，其中最著名的理由是：假设地球是运动的，恒星相对地球的位置就没有按照"应该"的那样发生改变。（实际上位置是变化的，但因为恒星很远，在第谷时代的测量精度下，这种效应难以被辨识。）第谷承认哥白尼体系在数学上的优点，但认为没有必要将该种数学图像与任何物理实在联系起来。

1573 年，第谷报告了一颗仙后星座的新星，此前一年他一直在他丹麦的天文台观测这颗新星，第谷由此声名鹊起。这个发现对亚里士

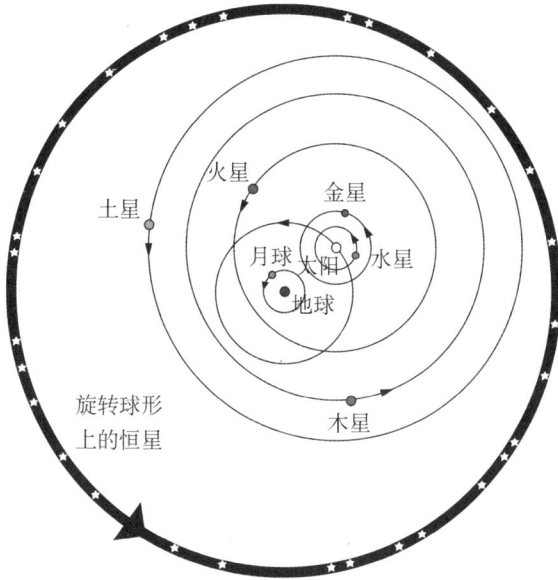

在第谷·布拉赫的宇宙中，其他行星全部围绕太阳转动，
太阳自身(与月球一起)则绕地球运动

多德宇宙观预设的稳定状态构成令人不安的挑战，以至于第谷一开始
甚至不能相信自己的眼睛。"第谷星"如今被称为爆炸星或超新星，爆
炸的成因是恒星因燃料耗尽而自我塌缩，并引发剧烈的核爆，使其在
爆炸瞬间发出异常耀眼的光。第谷的名声如此显赫，以至被邀请于
1575 年皇帝加冕期间，在雷根斯堡(Regensburg)与鲁道夫二世共进
晚餐。由于第谷还是一位坚定的占星家，借那次机会他为鲁道夫占卜
了命盘。因为担心他的著名天文学家受到金碧辉煌的布拉格宫廷诱
惑而离开丹麦，丹麦及瑞典的弗雷德里克二世赐给第谷一座岛——汶
岛(Hven)，邻近西兰岛(Zealand)海岸，并且给了第谷一笔津贴，足够
他设立一个私人天文台，第谷将其取名为乌兰尼堡(Uraniborg)，意为
"太空之城"。它是一座新柏拉图主义风格的圣殿，根据几何学及对称
性原理设计，有了这种优越的条件，第谷开始以全欧洲无人能及的精

度测绘恒星和行星（而且没有望远镜的辅助）。

1588 年弗雷德里克去世以后，第谷失去了他的皇家赞助人。当时王子克里斯汀（Christian）刚满 11 岁，他的宫廷顾问们令他对养尊处优的天文学家产生了偏见，实际上新国王对第谷的态度就像专横的地主对上了汶岛的乡巴佬。到 1596 年的时候，第谷知道他在丹麦已经没有前途，于是去了位于德国波罗的海海岸的罗斯托克。两年之后，鲁道夫二世为他在波西米亚安排了一个职位，在那里他受到了热烈欢迎，得到了一大笔津贴以及位于布拉格东北的班奈特基（Benátky）的一座城堡和一处地产。他重新承担起了记录天体运动的使命，同时履行他的义务，为鲁道夫提供占星建议和占卜命盘。他的预言并不总是宽慰性的。他预测皇帝将会遇刺，如同 1589 年波兰裔法国亨利三世所经历的那样，这促使偏执的鲁道夫从全世界退兵。

在乌兰尼堡和布拉格之间的过渡时期，第谷还在德国，1598 年他收到一本有着很长拉丁题名的书，现在一般简写为《宇宙奥秘》（*The Cosmographic Mystery*），作者是一位年轻的德国天文学家开普勒，奥地利格拉茨（Graz）一所新教学校的教师。第谷对于此书印象深刻，尽管书中描写的是哥白尼的宇宙观。第谷并不是此书唯一的赞赏者：帕多瓦的伽利略也收到了这本书，他认为此书有投机成分，但也足以令他向开普勒表示，为拥有这样"一位追求真理的同志"而感到欣慰。伽利略向这位德国天文学家坦承，他也持有哥白尼学说的观点，但没有勇气公开承认。

1571 年，开普勒出生于符腾堡（Württemberg）的一个小镇，自小家境贫寒。他的父亲，用开普勒自己的话说，是"一个不道德的、粗野的、喜欢吵架的军人"，常年作为雇佣军离家参战，把开普勒丢给脾气不好的母亲凯瑟琳照顾。尽管儿子身体很差，还有近视，她仍把儿子安排到他祖父的旅馆工作。不过开普勒凭借早熟的智力成功逃离了这种贫困的环境,他先是拿到了一所不错的斯瓦比亚(Swabian)学校的奖学金,然后考入了杜宾根大学(Tübingen University),在那里他学习了神学和哲学。在格雷茨(Graz)拿到职位后,他转向了数学和天文学,停止了宗教修习,尽管他仍是个极为虔诚的教徒。

在《宇宙奥秘》中,开普勒解释说,这六颗行星的日心说轨道(水星、金星、地球、火星、木星和土星)将与其经典水晶天球重叠,如果这些天球正好与一系列内外嵌套的、所谓的柏拉图正多面体的内表面或外顶角相切或相接。这些多面体共有五个:四面体、正方体、八面体、十二面体和二十面体。1595 年开普勒发现,如果按照特定的顺序摆放这些多面体,让八面体在最里面,正方体在最外面,那么哥白尼体系与这套方案完美匹配。他说,"我从这项发现中获得的愉悦是多么强烈啊,简直无法用言语形容"。

对开普勒而言,这种宇宙设计意义非凡,身为一名新柏拉图主义者,他认为上帝创造宇宙的时候参考了几何学原理。[①] 他相信,他已经破解了赋予宇宙以神圣和谐之美的密码。根据天文史学家欧文·金格瑞契(Owen Gingerich)的说法,"如此错误的一本书却如此关键地指引了未来的科学进程,这在历史上绝无仅有"。这里面的原因是,无论开普勒的宇宙方案有多么异想天开,它仍然建立于——并且是为了论证——哥白尼体系的正确性。

对于这套方案,第谷有自己的看法,但是他清楚他遇到了一位有天赋和独创性的思想家。由于迫切地希望招募这位聪明的青年助手,他给开普勒写信赞扬了他的工作,同时发表了一些精心准备的批评意

---

① 不用说(不如说),开普勒的宇宙学模型完全是命理学,尤其是考虑到太阳系中还有更多其他行星。但是对想要发现宇宙神学的有条理性思维的人来说,这种神秘思想至今仍然具有吸引力,英国国王也是其中之一。简单的计算就能说明这种几何宇宙学有多荒唐。

见（私下对其他人说起时，他意见里的讽刺意味要稍多一些），以悉心展现他自身的权威。他清楚地告诉开普勒这位年轻人，任何时候都欢迎他加入第谷团队。

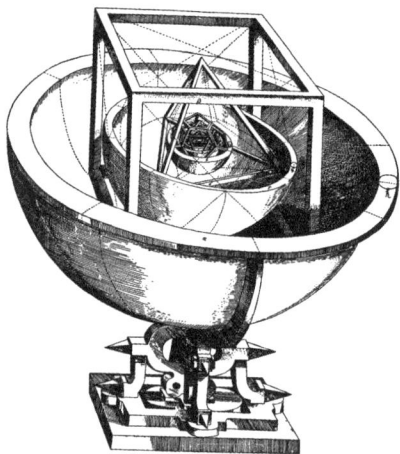

开普勒认为，行星轨道可以调节至球体表面，这些球面刚好碰到内嵌的正多面体的顶角，这样就使得宇宙成为一种几何设计

　　开普勒的书的特点是带有序论和引言，因为在他的计划里，这本书只是一系列天文学论文的开篇。但是到 1598 年底，他的计划被打乱了。在新教徒的鼓动下，奥地利的斐迪南大公宣布解雇并驱逐所有路德教徒，他是一个坚定的反宗教改革分子，日后将推翻冬王，并复辟波西米亚王庭。开普勒认为这是接受第谷邀请的合适时机。

　　双方合作符合两种学派的利益。第谷想要利用开普勒的敏锐思维来验证第谷宇宙模型，而开普勒在私底下对此模型不屑一顾。同时，开普勒则希望利用第谷的优质观测数据，来改进其几何学方案与所测行星轨道的符合程度，因为他意识到他的方案极不准确。在班奈特基，开普勒在谈到他的新雇主时说，"他有大量的财富，仅仅是财富，就像大多数有钱人，他不知道如何妥善利用他的财富"，这并非一个穷教书匠进入一位有钱贵族的城堡里的反应：这里的"财富"指的是丹麦人的数据。开普勒随后的话使其用意（及计划）表露无遗："因此，你必须努力从他那里攫取财富，请求他毫无保留地出版所有的观测数据。"

这就难怪两人的关系如此敏感。尽管向开普勒做了保证，"你在这里的身份不是客人，而是很受欢迎的朋友，以及我们的太空观测中不可或缺的参与者和工作伙伴"，第谷对待伽利略的方式却像是仆人而不是科学同侪。在某个场合的一次争吵后，开普勒冲着班奈特基城堡大发雷霆，决定与第谷断绝关系，同时第谷宣布他也希望结束彼此的合作。虽然他们后来又和解了，但这预示了故事的发展。

开普勒连作为助手的工资也没有保障，这更是雪上加霜。第谷没有在鲁道夫那里为他助手的薪俸早作安排，即便后来薪水也是时有时无。然而开普勒打算坚持留下来，直到他能接触到第谷的宝贵数据。丹麦人小心保护着这些数据，但开普勒盼望着，衰弱能迫使第谷的态度软化下来。"现在衰老潜入了他的身体"，他写道，"削弱了他的智力和其他能力，或许再过些年，会令他难以独自完成每一项工作"。

但是第谷甚至等不到数年之后了。开普勒在班奈特基还不满一年半，第谷因膀胱感染去世了。此前他刚刚宣布开普勒为他的核心助手，负责编纂一本庞大的记录恒星位置和行星运动的目录册，这本目录册是进献给鲁道夫的，最终于 1627 年出版，定名为《鲁道夫星表》（*Rudolfine Tables*）。这正是开普勒所需要的东西，他的任命来得正是时候。第谷死后，开普勒厚着脸皮趁机掌握了这些数据，他坦承"我第一时间钻了没有或者忘记指定继承人的空子，由我来保管观测数据，或者说篡夺了它们"。第谷家族试图夺回数据的所有权（以获得出版后的增值利润的所有权），但是在被任命为第谷的继任者后，开普勒的身份变得无懈可击。开普勒承担着第谷的占星职责，而他对其毫无热情——他称占星术为"天文学愚蠢的小女儿"①——但明显是勤奋的，具有他所承认的"一种孩子气的或与生俱来的取悦王公的欲望"。

　　星表的最后完成时间比开普勒预计的要晚得多，他在 1630 年出版了这些表格，此时距他去世仅剩三年时间。很明显，第谷希望开普勒通过这些数据证明他自己的模型——据说在他弥留之际，他反复对他的助手咕哝着，"别让我白活了这一生"。但开普勒的目的则是用这些数据来完善他的多面体嵌套模型。最初，开普勒竭力完成第谷交给他的任务：计算火星的运动轨道，因为其观测轨迹显著偏离了正圆轨道。他在这个问题上耕耘了四年，结论是火星的轨道的确不是正圆，而是椭圆。通过类推法（当时也没有其他方法），开普勒总结出，所有行星的轨道均为偏心率或大或小的椭圆，这就是今天所说的开普勒行星运动第一定律。这一定律宣布于开普勒 1609 年出版的《新天文学》（*Astronomia nova*，英译名 *The New Astronomy*）。当伽利略于 1612 年从切西口中得知这一定律时，他并不相信它——椭圆所喻示的"非完美性"实在是太惊人了，甚至对他来说都难以接受。

隐藏的力

　　如果从教科书的示意图判断，很容易曲解开普勒的第一定律：这些图形往往描绘了细长的椭圆，或是为了强调椭圆的特点，或是意在展示从太阳系外斜向观察时轨道的样子。事实上，行星轨道的偏心率（偏离正圆的程度）通常很小：轨道非常接近正圆，这也是其真实形状没能被更早揭示的原因。但是说明椭圆轨道最符合观测数据是一回

---

① 这本身并不意味着开普勒怀疑占星术的效力，他只是质疑人是否有能力来辨识和预测这种效力。在此方面，他属于那种经常宣称反对占星术和炼金术那类超自然科学而实际上只是质疑其实践而非理论的人。在开普勒评价自己的特点时，他使用了占星学的术语："就我而言，土星和太阳在六分方位协同作用……因此我的身体干燥而多节，个子不高。"所以说，历史拒绝开普勒成为体面的"现代"人。

事,揭示椭圆轨道的成因是另一回事。开普勒的解释含混不清、行文凌乱(也许这就是为什么伽利略在 1614 年抱怨开普勒的行文"如此晦涩,很明显作者不知道自己在说什么"),但它引入了一个重要的假设,即行星是被一种来自太阳的力所驱动而绕轨道运转。这一点也很容易理解。开普勒的说法跟我们现在所说的——行星的运动是由于太阳对行星的吸引——不太一样。确切地说,他设想存在一种来自太阳的作用,推动行星沿椭圆运转,他称其为"太阳的运动之魂"。他猜测这种力会随着与力源之间距离的增加而减弱。

这里开普勒是受到了英国科学家、伊丽莎白女王的宫廷医师威廉·吉尔伯特的研究的启发。在其磁学经典研究著作《论磁》中,吉尔伯特论证说,地球是一个巨大的磁体,它发出的磁力线将月球固定在轨道上。开普勒吸取了这种观点,但是他意识到,就像两个磁铁一样,地球和月亮必定是互相吸引的——这是牛顿后来的引力理论的一个重要方面。然而,开普勒没有看出行星绕太阳的运动与月亮绕地球的运动是完全类似的。他的看法是,发射的磁力线作为来自太阳的一种无形流体,随太阳旋转而变形为一种涡流,这种涡流"带着行星一起,拉着它们转圈"。

尽管伽利略的评论有些苛刻,开普勒的解释也确实难懂。但是关键在于,开普勒不仅令太阳成为了行星运动的中心,而且把它当成行星运动的原因。这种图像与开普勒建立在对应的新柏拉图主义基础上的宇宙和谐观的神秘比相一致:太阳代表上帝,成为确立大体秩序的物理之源(而不仅是几何中心)。关于引力(磁力)的假设挑战了亚里士多德的观点——行星轨道取决于水晶天球在旋转的以太流体中的运动。然而,既然椭圆轨道暗示了亚里士多德的以太不再有圆形运动的"完美"特性,当然也就意味着,宇宙不能用开普勒所坚持的、内切于柏拉图多面体的球面模型来构建。当然了,开普勒不愿正视这一点,直到去世前仍坚持其几何体系的基本有效性。

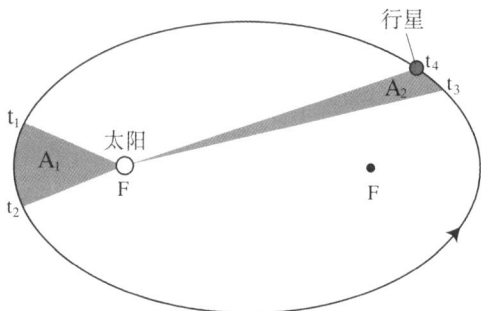

开普勒的行星第二定律说明，行星在相等时间内掠过相等的
面积。其中 A_1 与 A_2 相等，$t_1{\rightarrow}t_2$ 与 $t_3{\rightarrow}t_4$ 相等。图中的两
个 F 点被称为椭圆的焦点，太阳位于其中一个焦点上

　　这个早期引力理论的另一个至关重要的方面是，太阳施加的力随
着距离增加而减弱，开普勒通过这种假设来完整解释火星的运动轨
道。它意味着在椭圆轨迹上距太阳更近的地方，行星上的运动速度会
有所降低。开普勒归纳了以上速度变化的数学规律。行星在一段轨
道弧上的运动可视为掠过椭圆上以太阳为顶点的楔形段的过程，开普
勒通过计算得出，行星掠过两个面积相等的楔形段所用的时间相同。
这就是他的行星运动第二定律，该定律也是在《新天文学》中提出的。[①]

　　1611 年鲁道夫在波西米亚退位后，即使马赛厄斯仍然允许他留下
做一名皇家数学家，开普勒仍预见到他在皇宫里的地位堪忧。他原本
计划搬到奥地利做一名林茨（Linz）的地区数学家，然而直到 1612 年
鲁道夫死后，计划才得以执行，而那时他的妻子和儿子也都已亡故。
祸不单行的是，他的母亲凯瑟琳因修习巫术而受到指控，开普勒做了
长期的艰苦斗争，才避免她被烧死在火刑柱下。

　　尽管如此，开普勒设法在《世界的和谐》（*Harmonices mundi*）中

---

① 这里颠倒了开普勒的探究路线。他先是归纳出了第二定律，然后通过试错法才发现
　椭圆符合定律要求。

所描述的一种宏大的、综合性的宇宙和谐观下努力，将天文学、数学、音乐和神学统一起来，以揭示被他视为几何学逻辑的基本原理——上帝铸就了宇宙的结构。"我敢于坦白承认"，他写道，

> 我窃取了埃及人的黄金船，为我的上帝建造一座远超埃及疆域的神龛。如果你能够原谅，我会高兴；如果你想要斥责，我会忍耐。现在木已成舟，我作此书，为当世人读也好，为后世人读也罢，都不要紧。为了有人见证，上帝自己可以等上 6000 年，此书也可以等上 100 年。

这里，开普勒阐述了托勒密的想法，认为存在天神祥和的体系，天球上的每颗行星都被指定了一个音调，该音调与行星到地球的距离有关。托勒密称，这些音调的频率比很容易计算，就如毕达哥拉斯推导的协和音程频率一样：著名的八度音阶的频率比是 1：2，五分之一音阶的是 2：3，四分之一音阶的是 3：4，以此类推。开普勒将这种想法用于哥白尼的宇宙，其中，音调是根据其行星的速度——而不是到太阳的距离——来指定。今天的科学家们往往会忽略掉这份新柏拉图主义的宣传手册，除非他们看过最后的第五卷，其中记载着伽利略的行星运动第三定律：行星到太阳的平均距离的立方正比于其轨道周期（绕轨道一周的时间）的平方。

就这样，第谷不可思议的肉眼观测指引开普勒形成了之于天体运动的三个深刻的新见解：它们的轨迹是椭圆，不是正圆；每颗行星在相等时间掠过相同的面积；以及行星到太阳的平均距离与其轨道周期之间存在特定数学关系。这三个事实是独立存在的吗？或者说其间有没有逻辑关联呢？有没有可能，它们都遵循同一个根本原因？开普勒怀疑也许有某种基本原理可以统一他的行星定律，但他猜测答案就在他创造的音乐类比之中。因为经济上的困难和战乱，他不能始终静心钻研这个问题，另外"三十年战争"迫使他于 1626 年离开林茨到西里西亚（Silesia）定居。1630 年，在去往雷根斯堡讨债途中，开普勒染上了流感，然后与世长辞。

有人说，开普勒与现代科学家的共通之处，是其抱有一种不止于记录自然并且力图揭开现象背后之原因的决心。但是这种观点忽略了对于原因这一概念的极为不同的看法。今天的物理学家一般将原因归为基本力的作用。（对于其他科学家而言，例如生物学家和化学家，原因通常有着更加宽泛和隐喻性的诠释：比如说，达尔文主义者的"选择力"与物理学家的电磁力很不一样。）但是对开普勒来说，两种物理量——例如行星到太阳的距离和轨道周期（这两者间的相互依赖并非显然）——之间存在数学关系的原因是目的论：这种关系是大设计的一部分，根据该设计，宇宙建立在关于和谐与比例的基本原理之上。"没有几何之美，就没有上帝的任何创造"，他写道。因此以现代的眼光来看，卷五中给出的开普勒数学定律的推导过程看上去简直匪夷所思，充斥着音阶和谐音这些似乎与行星运动或与被归为原因的力毫无关系的概念。[1]如果说，较之于科学家对机械论的坚持，类比方法更符合艺术家的口味，然而机械论后来却成为艾萨克·牛顿乐于采用的一种推导形式。

原理

开普勒已经无意地识别出他想要探求的统一原理：那就是太阳与行星之间的吸引力，我们今天称之为"万有引力"。他没有意识到这才是真正重要的东西，然而这一点完全不令人意外。一种方向向内的力，比如

---

[1] 之所以说"似乎"是因为，实际上开普勒所用的概念——描述天体轨道的参数间的单比——确实有一定基础，尽管并非是以他描述的方式。当几个物体绕一个更大的物体在各自引力轨道中旋转时，它们偶尔会锁入"共振态"，在此状态下，所有的轨道周期（或一些其他的轨道特性）互成整数比。这是由各个物体间相互的万有引力造成的，可以粗略地类比为钟摆彼此发生影响时锁入同步状态的情况。18 世纪的法国数学家皮埃尔·西蒙·拉普拉斯（Pierre-Simon Laplace）最早对这种现象进行了研究，三个或以上的旋转物体的轨道周期互成单比的情况被称为"拉普拉斯共振"。在木星的三颗卫星——伽倪墨得斯、欧罗巴和艾奥的例子里，其周期之比为 1∶2∶4。冥王星和海王星绕太阳转动时处于 2∶3 的共振态下。

像那种把下坠的物体拉回地面的力，怎么能让物体保持在圆形或椭圆轨道上而不会把它们拉向炽热的太阳表面呢？在艾萨克·牛顿于 17 世纪80 年代解决这个问题之前，人们普遍相信（甚至包括牛顿本人），需要一种引力之外的推力来解释行星力学：一种沿其圆形轨道作用于该物体的推力，对开普勒而言，这就是"太阳的运动之魂"；但许多天文学家将这种力归因于旋转涡流——勒内·笛卡尔提出的一种充满宇宙的物质。笛卡尔的力学中没有空的空间：空间中充斥着各种大小的粒子，其中有一些由较大粒子的碰撞和摩擦而来的、"无限"细小的微粒。这些粒子处于持续运动中，它们的相互碰撞将粒子的路径汇聚为旋转的涡流。在太空中，这些涡流被认为形成了多个层带，每一层带都输送着一颗旋转的行星。因此笛卡尔的力学不允许将"力"的概念解释为一种通过空间的神秘相互作用：所有的运动都是由粒子间的直接相互作用引起的。

　　此时牛顿还未准备好反驳对天体力学来说是多余的笛卡尔涡流，直到他完成对运动学的重新阐述为止。自古以来，物体的运动方式和原因就一直困扰着哲学家们。很显然，一个在地上拖行的沉重的箱子能保持运动，是因为拉箱子的人施加了力，因为力一旦被撤回运动就停止了。但是一颗投出的卵石可以在空中自行运动，甚至在离开投掷者的手后也是如此。这怎么会呢？亚里士多德假设是介质（空气）持续施加了某种使抛射物发生运动的力。但是中世纪的流行观点是抛射物在投掷过程中获得了一定量的"运动中介（motive agency）"，称为"冲力（impetus）"，冲力在沿其轨道传播时会逐渐消耗直至耗尽。14世纪的时候法国哲学家让·布里丹（Jean Buridan）提出，这种冲力的减损不是自发的，而是受到了重力（也就是石头的重量）和空气阻力的影响。这意味着，如果没有这种对抗性的影响，运动便不会停止。

　　伽利略在其惯性定律中最明确地表达了这种观点，该定律称，"水平面上运动的物体将会继续在原来方向上匀速运动，除非受到干扰"。

换言之，"物体有保持运动的内在趋势"。① 该原理可以以一种拟人化的方式表达：所有的物体抵抗对其运动状态的改变，就好像不情愿去改变它。这种对改变的抵抗被称为"惯性"，开普勒发明的一个术语。

在其《哲学原理》(*Principia Philosophiae*)中，笛卡尔重申伽利略的惯性定律为他的第一运动定律："每种事物在不受外部影响时总是保持相同的状态；因此，当它一旦运动，它就始终保持运动。"他的第二定律表述了一条推论："所有的自行运动都沿直线"，在这条定律里笛卡尔的意思是施于物体的冲力仅仅引起该冲力方向的运动。在其《自然哲学的数学原理》中，牛顿依次重新表述了以上力学定律。牛顿第一定律称，"物体保持静止或匀速运动，除非受到外力作用"。他的第二定律描述了这种力的效果：它引起力的方向上的速度变化（加速度），效果反比于物体的质量。在现代术语中该定律以方程表述为：力＝质量×加速度。牛顿第三定律称，"对于每个作用都有一个相等且反向的反作用：当两颗撞球相碰，每颗球都向对方施加一个力，改变其轨迹"。这些原理提供了此书对行星运动进行分析的基础，其中牛顿凭借万有引力本身解释了开普勒的定律。

与开普勒一样，牛顿生于不幸福的家庭。他的父亲在他出生前刚刚过世，当他的母亲汉娜·艾斯库（Hannah Ayscough）再婚时，她认为没有义务带着牛顿进入新的家庭，于是把他丢给外婆玛杰里（Margery）抚养长大。在牛顿憎恨的继父巴拿马·史密斯（Barnabas Smith）死后，汉娜（继承了已故丈夫的财产，现在已较为富裕）回到了家乡林肯郡的伍尔斯索普，最终同意让她的儿子与她和他同母异父的兄弟一起生活。尽管牛顿在学校漫不经心，但他所受的教育也足以让

---

① 伽利略意识到这暗示了静止物体与匀速运动物体间的一种对等性：在不受外力时，每个物体都保持原来的状态。一个必然的推论是在缺少外部参考系时，不可能区分物体是运动还是静止的。这为爱因斯坦的相对论提供了经典基础；但牛顿反对这一推论，他认为可以将空间本身作为固定的参考系来度量绝对的运动。

他进入剑桥大学三一学院。在那里他展现出了超常的才能,特别是在数学和光学实验方面(见第 10 章),这使他引起了卢卡斯数学教授艾萨克·巴罗的注意。1669 年巴罗从该席位辞职,他担保并任命他当时年仅 27 岁的门生接替了他的位置。这令牛顿获得了顶级学者的地位,1675 年,他被推选为皇家学会成员,尽管他那时候还不在学会的牛津-伦敦核心圈子之中。

牛顿的名望吸引了年轻的天文学家埃德蒙·哈雷于 1684 年前往剑桥,寻求牛顿对彗星轨道的建议,哈雷已经对其中一颗两年前初现的彗星(如今以他的名字命名)做了深入研究。在他们会面时,哈雷请教了牛顿关于彗星轨道的看法,他问如果一颗彗星受到太阳的吸引力,并且其强度反比于距离的平方,其轨道形式会是如何。牛顿没有丝毫的犹豫:“它会是一个椭圆”,他说。

哈雷告诉牛顿,他自己、克里斯托弗·雷恩和罗伯特·胡克也一直在讨论万有引力具有以上形式的可能性,并且他提到,胡克宣称此假设可以解释开普勒的椭圆轨道。哈雷回忆说,胡克已经声称“基于那个原理,所有的天体运动定律都能得到证明,并且他自己已经在研究了”。当被要求出示他的证明时,胡克骄傲地说他要先保留一段时间,“这样在其他人尝试过和错过之后,当他将其公之于众,这些人就会明白它的价值”。

那足以挑战任何人的耐心了。雷恩之前对胡克用了激将法,怀疑他是不是真有这样一个证明,于是胡克答应会展示。但是两个月过去了,什么也没发生,所以哈雷现在决定向牛顿求教这个问题。牛顿神气活现地回应说,他自己在四年前实际上已经证明了平方反比律可以解释行星的运动,但是他没有把证明留下来。哈雷恳求他把证明重新写下来。

牛顿这么做有很好的个人理由。他在光的理论上已经落后于胡克,而且他们于 1679—1680 年间在天体力学领域已经有过交锋,所以牛顿不希望看到他在这个已被他视为对手的人身上失去优先权。但是，把他的证明转化为某种他认为符合公众眼光的形式原来远远没有想象中容易。在之后的 18 个月里他发疯似地钻研手稿，他的秘书、远亲汉弗莱·牛顿（Humphrey Newton）用夸张的语言描述了他在那段时间的疯狂：

> 我从来没见过他有任何娱乐消遣，不管是出去骑马兜风、散步、打保龄球，还是其他任何运动，研究之外的时间也在思考，一切都围绕着研究，以至于很少离开他的房间……如此专心、如此认真地研究，以至于他吃的极少，不，他经常根本就忘了吃饭，以至于每次进入他的房间，我看到的是没动过的饭菜，当我提醒他该吃饭了，他会回答说，我忘了吃吗，然后坐到餐桌前吃上一两口就站起来了，我甚至没见过他自己主动坐在餐桌前吃饭……他睡得极少，直到夜里两三点才睡，有时候要到五六点，躺上四五个钟头就起来了。

牛顿的著作迅速走红，影响远远超出对平方反比律可以解释开普勒三定律的证明。《自然哲学的数学原理》于 1687 年出版，哈雷承担了出版费用，本书是所有经典力学的根基。在本书出版背后，哈雷居功至伟，而且不只提供了资金：他必须不断地劝诱、哄骗和恭维牛顿，让他答应出版。此书第二卷的想法在皇家学会宣读之后，胡克（不可避免地）声称拥有这些想法的优先权，身为一个对最轻微的批评也极度敏感的人，牛顿被深深地刺痛了，以至于他想放弃第三卷，其中他将这些想法应用于彗星。还好，老练而干劲十足的哈雷占了上风。

没有理由怀疑牛顿对哈雷的问题的最初回应只是一种猜测；几乎可以确定，他确实已经证明了引力的平方反比定律如何产生椭圆轨道。① 牛顿从 17 世纪 70 年代开始已经在思考推导开普勒的经验定律

---

① 也许当哈雷提出要求时，他根本没有遗失那份证明，只不过选择不给访客看到，直到他有机会来进行检查——因为再没有比被胡克从中挑出毛病更糟糕的事了。胡克自己是不是真的做出了类似的证明，我们并不清楚——但看起来不太可能。

的方法,并且意识到行星轨道可以通过力的平衡来保证。没有防范时,旋转的物体具有沿切线向外飞出的趋势,这从用绳子拴着重物然后转圈的例子中可以看得很清楚。有人说有一种"逃离中心的"或离心力作用于物体上。当旋转发生时,这种力被一种"追求中心的"或向心力所平衡。在旋转重物的例子里,向心力由绳子的张力提供,而对于行星运动而言,它对应于万有引力。在 17 世纪 70 年代,牛顿证明了开普勒的第三定律,将其与他自己的向心力理论一起考虑,得出的推论是将行星保持在其轨道上的引力遵从平方反比律。

在《自然哲学的数学原理》中,他证明了所有的开普勒定律可以从这种力导出:即没有必要引入笛卡尔涡流或水晶天球这样的多余假设来对宇宙编曲。推理过程如下:行星与掉下的苹果是一样的,因为它们正坠向那个其引力决定了它们轨道的物体。但这是一种没有终结的下坠。因为行星沿着曲线而非直线轨道,牛顿第一定律表明它们必须始终受到力的作用,即引力的作用。根据第二定律,这意味着它们在加速。但这并不意味着它们的速度会增加,这只意味着某个特定方向上的速度在增加(在此例中,另一个方向的速度会降低)。引力不断地将运动拉离直线,但是离心力完美地与它平衡,结果是行星不会盘旋坠入太阳。你可以说,是行星的速度让它稳定在轨道上。一个静止的地球确实会落入太阳,就像一颗苹果落向伍尔索普苹果园的草地。①

———————————

① 牛顿说对于万有引力的洞察是受到了林肯郡苹果园里掉落的苹果的启发,这段著名的叙述也许不过是一种生动的文饰。他晚年时向皇家铸币局的同事约翰·康杜特(John Conduitt)[他娶了牛顿的外甥女凯瑟琳·巴顿(Catherine Barton)]讲过这个故事,但从未把它写下来。康杜特的描述没有说清楚牛顿是真的看到了苹果落地,还是出自想象:"当时他正在花园里沉思,突然想到引力的控制力(使苹果从树上掉到地上)不限于离开地球的一定距离内,这种控制力必然延伸至通常所想远得多的地方"。牛顿的权威性传记作家罗伯特·韦斯特福尔(Robert WestFall)评论说,苹果的故事"通过将之演绎为一种聪明的想法,使万有引力通俗化。一个聪明的想法无法形成一种科学传统"。尽管他承认该故事"证言过于完美,法庭将其驳回"。

然而，谜题的一部分仍然没有在牛顿的公式中解开：行星一开始为什么会移动呢？牛顿假设这纯粹因为上帝最初就对宇宙做了这样的安排。一旦开始运动，这种安排就会永远稳定。[①] 牛顿认为，探究天体运动的最初原因是徒劳的，超出了自然哲学的范畴，他说这"肯定不是力学"：它是在"非哲学地探寻任何其他的宇宙起源，或诡称天体的运动起源于简单的自然之律所制造的混沌"。以这种方式，牛顿为他的好奇心规定了边界，几乎在暗指探究这种问题是不恭的行为。"太阳、行星和彗星的这种最优美的结构不可能出现，除非是聪明的、强大的上帝用智慧和力量创造了它们。"

然而，行星的运动确实有一种纯粹的力学解释。皮埃尔·西蒙·拉普拉斯在 18 世纪晚期证明，旋转运动可能是一个由大团气体和灰尘——名副其实的混沌，毫无疑问——在其自身引力下形成的太阳系的自然结果。对于整个星系也是一样，这解释了我们自己的银河系和许多其他星系的常见螺旋型态。[②] 旋转，似乎是引力倾向于构造太阳和宇宙的默认状态：根本不需要神力的搅动。正如拉普拉斯勇敢地向拿破仑宣布：他的宇宙学理论不需要上帝假设。

月球的愿景

尽管牛顿的天体力学如此强大，依然无法完整描述月球绕地球的运动。这明显与行星的轨道是同一类现象，同样与万有引力有关，但

---

① 实际上并非如此。牛顿意识到，当三个或以上物体彼此受到对方引力影响时（行星彼此施加了小的引力影响），要预测最后的轨道是极为困难的。事实上，它们也许根本无法到达一种稳定的运动状态。现在的看法是内行星（水星、金星、地球、火星）的轨道可能带有轻微的混沌，意味着无法确定地预测它们从当前位置开始的、无限期的未来状态，并且看起来行星的当前位置也是从很久之前的一种不同排列移动而来。

② 然而星系的旋转未必会制造出螺旋形态——椭圆星系没有银河系类似的旋臂，但也在旋转。对于小星系合并而成的、形状不规则的星系，旋转的问题更为复杂。

月球轨迹却非常难以预测。牛顿敏锐地注意到了这一缺陷,渴望能够修正它。但是要做到这点,他需要更加精确的月球位置测量数据。而此时,这些数据正在被收集——令牛顿愤怒的是,他无法得到它们。

英格兰的国力取决于其制海权,此前一个皇家委员会已说服查理二世建立一个皇家天文台,以"更谨慎和努力来校正天体运动以及恒星位置的表格,从而能在海上查明最需要的经度,以完善航海艺术"。1675 年,雷恩和胡克接受委派来设计这座天文台。它坐落于伦敦东南边的格林尼治(Greenwich),配备了最精良的望远镜和仪器仪表,包括一个由胡克设计的 10 英尺的四分仪。这是培根实验哲学的巅峰,重要的是它服务于国家和皇家。也正因为此,它暴露了培根冷漠的功利主义动机:知识蕴含着力量,但是驱动其进步的很少是好奇心。

皇家天文台任命的负责人是约翰·弗兰斯蒂德(John Flamsteed),一个 28 岁的观测者,单纯因为勤勉打动了天文台的主要赞助人乔纳斯摩尔爵士(Sir Jonas Moore)。他是这样的人,但也仅此而已:弗兰斯蒂德,被任命为第一任皇家天文学家,绝不是一位富有洞察力的科学家。也许这就是重点——他不会浪费时间在思考上。而且,弗兰斯蒂德确实以执着的热情投入到了任务中,但令人遗憾的是他像第谷·布拉赫一样小心地保护着他的数据。后来当他被迫为数据出版的延误进行解释时,他傲慢地回复说"他们也可以问为什么圣保罗人教皇还没有完成"。

到了 1712 年,弗兰斯蒂德仍然拒绝出版他承诺过的《太空的历史》(History of the Heavens),牛顿实在是受够了。身为皇家学会的主席,他有足够的影响力强制让数据发布,理由是收集这些数据花了公众不少的钱,那就应该公开,而不管弗兰斯蒂德愿不愿意(他当然不愿意)。在为随后的书作序的时候,哈雷对弗兰斯蒂德的毕生作品丝毫不留情面:"皇家天文台的成果完全配不上所有的设备和花费,以至于他到目前为止似乎只在为他自己工作，或者至少是为他的一小撮朋友工作。"（弗兰斯蒂德对此的报复是撤回并销毁了近 300 本未售出的书。）

牛顿和弗兰斯蒂德的这种紧张关系延续至彗星的话题，这也是最初哈雷去向牛顿求助的问题。在 17 世纪后半叶，彗星仍然被视为极端事件的预兆。有人暗示说哈雷和雷恩的天文学研究颠覆了这一概念，使彗星沦为另一类普通天体，但事实上这两种观点并非水火不容——甚至在 16 世纪，似乎有一种完美的合理方式来解释彗星对全球性事件的影响（即认为它们会散发出的炎热、干燥的蒸气），并且牛顿自己后来预言说世界末日将会由一颗撞向地球的彗星引发。尽管如此，彗星显然被纳入到天体力学的框架之中，被当作另一类普通天体，在太阳引力作用下按照数学定义的轨道运动。

彗星的轨道是什么样子的呢？1680 年的时候人们看到一个几乎是前所未有的现象，两颗耀眼的彗星接连出现，中间只隔了一个月。弗兰斯蒂德大胆提出这两个天体实际上是同一个，先是逼近太阳然后又反向退回。但是为何一个彗星会被引力拉向太阳，又突然返回来呢？弗兰斯蒂德提出一个实际上不尽合理的假设，牛顿第一时间表示反对（他从不掩饰对弗兰斯蒂德能力的鄙视）。那位皇家天文学家认为太阳的影响是磁性的——这种见解当时仍是一种受到青睐的引力解释，甚至连牛顿的看法也是如此——并且认为在彗星靠近太阳的过程中，由于某种原因其磁性发生了逆转，因此太阳的吸引变成了排斥。

这种机械论或许没什么意义，但是弗兰斯蒂德对这"两颗"彗星身份的判断是正确的。牛顿随后推论——而且在《自然哲学的数学原理》中做了解释——彗星就像有着狭长偏心轨道的行星，沿顺时针方向匀速地掠过太阳。1680 年出现的彗星是少有的在向内和向外飞行中均清晰可见的例子。这引发了一个在牛顿的平方反比律支配下的

天体力学总体方案中长期存在的彗星谜团。以牛顿一贯的风格，他从
未承认他对弗兰斯蒂德的嘲弄是有失偏颇的。

旋转中的圈外人

开普勒、伽利略和牛顿的天体力学经常被表述为科学革命的基
石。然而，他们仔细观测太空并从中得出结论，与其说是出于一种探
索自然原理的好奇，不如说是出于确认先验假设的愿望。对第谷而
言，这种动机是他的地理日心说混合宇宙学；对开普勒而言是内嵌多
面体的和谐体系；对牛顿而言是引力的平方反比律。更何况，第谷和
开普勒还想用定量精确性来改进其占星术预言，而对于弗兰斯蒂德、
胡克和牛顿（另外的法国天文学家们也好不到哪里去）来说，则需要通
过观测来改进航海术并确保制海权。说到底，通常还是需要好奇心之
外的东西来贯彻深入至小数点后十位的坚持。

在探索统御全宇宙的定律方面，"新天文学"并不能代表培根实验
哲学的一贯做法，在这种哲学中，事实被无穷尽地编录，不受先验论的
偏见影响，也不用于催生先验理论。我们也许仍会将天体力学家视为
"现代"，因为他们要求理论与观测的一致性：他们不接受哲学理论优
于经验——这是亚里士多德的风格。开普勒、伽利略和牛顿展示的演
绎推理和观测验证的结合，正是他们得到当代科学家高度褒扬之处。
这无疑是一种美德，因为科学需要的先验假设和理论远比大部分皇家
学会会员愿意承认的要多得多：我们无法将一堆原始数据归结为一种
理论，除非我们过度自信，并提出（然后验证）某种理论生成机制。但
是你无法证明，哥白尼和伽利略的宇宙学，或者某种程度上包括牛顿
本人的宇宙学，与其他理论相比在数据方面得到了压倒性的支持。在
所有情形下，科学论证受到针对某种特定想法的主观影响，也就是培
根所说的"洞穴假象"。

在这方面指责他们没有意义，不仅是因为这是人类的天性，而且因为现代科学也经常这样运作。尽管理想的情况是，研究者根据科学方法去测试他们理论适用边界，然而你经常看到他们在更卖力地寻找竞争理论的破绽。科学不会因此而有所损失，因为自然才是终极仲裁：如果你不能拟合数据，理论再完美都没有用。[①]　并且尽管特定理论的捍卫者会在证据选择上有所偏袒，但你可以依靠其对手来指出漏洞所在。当每方代理人都极力揭露竞争对手的弱点之时，一种自由竞争生态下的解释优选便随之产生。

但是为牛顿之天才喝彩的人往往没有强调（甚至忽视）的是，牛顿的科学之所以能实现数学上的精确，是因为他选择了——无论是凭借直觉还是运气——合适的问题，也就是天体和地面力学。在对于物体的运动以及力的作用下运动物体的直线、抛物线和椭圆轨迹的描述方面，几何学推导是合适的工具。不过在自然界中适用这套方法的其他现象并不多，至少在 17 世纪科学家的知识范围内不多。化学就不太适用——牛顿在此领域的贡献远小于罗伯特·玻意耳，不是因为缺乏尝试，也不是因为智力不济，而是因为收集和对比观测结果的纯粹实验方法更加适合这个领域。几何学之于化学乏善可陈，之于生物和医学、气象学、流体力学、矿物学、热学、植物和动物学也大抵如此。关键不在于牛顿展示了"如何开展科学"，而在于计算精度在天文学中是有用的，实际上是必需的，而在其他领域例如医学中则不是。

况且，这是一种误导，即认为牛顿在力学解释方面的成功来自于其认识问题的"现代"方式。首先，我们已经看到数学如何被用于构建新柏拉图主义视角下的几何的、和谐的宇宙秩序：一种神秘主义观念

---

① 然而如前所示，是否意味着完美的理论如果不符合"事实"即须马上舍弃，这是一个更为复杂的问题。爱因斯坦主张研究者偶尔应对理论抱有比数据更多的信念，他不是一个人在战斗。

碰巧在行星轨迹的问题上取得了成功,但在丹尼尔(Daniel)的书中破解末日宣言的时候不尽如人意。因此,开普勒和牛顿理应将约翰·迪伊、罗伯特·弗拉德和阿塔纳斯·珂雪当作亲切的伙伴(事实上,牛顿尊敬迪伊),并理应认识到,是上天眷顾并赐给他们难得的数学天赋和获得良好数据的机会,才成就了他们的伟大。

需要澄清的是:引力对牛顿而言是一种超自然的存在:它将磁学和静电学结合为一种无形的"隐性"力量,致使物体在远处对另一个物体施加作用,德拉·波尔塔和他的同道对这种力量深信不疑。这些事物是自然魔法的核心,实际上牛顿只是将这种传统数学化,以符号表示了这种信念——超自然力和发散作用于算术原理。至于这些力量的来源,牛顿并不赞成现代的观点——引力是一种物质的内禀属性——不如说,它是上帝能动性的表现形式(即便是按物体质量分配)。对于莱布尼茨来说(永远不放过任何批评牛顿的机会),把引力作为一种无形而费解的力量这种概念是一种返祖之说,一个"学术化的超自然存在"。牛顿的宇宙常被认为是机械论的,但那只在另一层意义上成立,即在拘泥字义者的笛卡尔图像中,唯有当粒子遍布于空间并相互碰撞时,现象才会发生。牛顿的宇宙仍然遍布着无形的力量,只是被数字和微分所驯化。正所谓如其在上,如其在下:既然它适用于太空,就应该适用于原子。

于是,在之于太空定律的理解方面做出主要贡献的早期科学家不是培根主义者,这就不令人意外了,尽管他们也受益于新哲学对于好奇心的支持,而且与新哲学共享着某些神秘的根源。牛顿和伽利略事实上是自成一格的:同为进步科学学会的卓越成员,但除了他们自己的理论之外,不愿去适应任何体系或教条。为了看清伽利略的实验科学概念与培根提出的以及皇家学会所追求的有多么不同,我们只需要将伽利略的自然之书与培根的自然图像对照一下,前者"永远为我们敞开着学习之门"，而后者则充满了任性的隐晦和诡秘，其中的自然奥秘需要被穷追猛堵，甚至被暴力破解。而且培根自己也抱怨过（在当时来说有所根据，同世纪后期的情形有所不同），天文学家只挂念着数学描述，而忽略了力学解释：他说，在天文学中，

> 努力主要用在了数学观测和证明中；如何巧妙地解释事物，而不是揭示他们在自然中的本质：如何展现天体的表观运动及其由特定想象而来的机械原理；而不是如何展现事物的原因和真相。

因此，关于科学革命的共识——其中的经典文本包括伽利略的《两种新科学的对话》、牛顿的《自然哲学的数学原理》和笛卡尔的《哲学原理》——是误导性的，不仅因为它将非主流的思想和方法摆在了中心位置，而且因为它主张将数学物理学和力学作为源泉，从而将其他的研究和学科——因为没有采用那种对其而言不太适用的方法——边缘化，甚至加以谴责。科学史家艾利斯泰尔·科隆比主张科学——作为"如数学家们所掌握的、稳固的普遍性原理之知识"，以及作为"16世纪末前为在欧洲智识文化中创造一种解决问题的有效语境而融合的数学科学和艺术"——发轫于文艺复兴时期。但是那种语境实际上很少解决天文学之外的问题。有些评注将力学的数学化视为"科学革命中的关键性行动"，或者用历史学家托比·赫夫（Toby Huff）的话说，将现代科学的出现与"哥白尼兼牛顿主义世界观"等同起来，这类评注只能囿于对所有其他这些科学缺乏耐心的成见——因为其相对滞后，因为其没有继续数学化和牛顿学的事业。

历史学家们，例如科隆比，决意不仅将伽利略视为创新的天才，而且将其视为后世科学如何开展的范例，这也许反映了伽利略看上去最贴近现代科学家的典型形象这一事实——对神秘主义不感兴趣，坚持

于定量化,接受数学原理的指引,追求对潜在机制的理解。历史学家认为,这是与他们视之为因轻信而迷信的早期体系彻底决裂的最有效方式。根据科隆比的说法,伽利略自认为是"新自然哲学的一位先驱,这种哲学独一无二,因为唯有它能够定义并解决具体而定量的物理问题,并且在此过程中将问题关联至一个通用的解释体系"。科隆比论证说,这种新科学由此明显区别于经验哲学的空洞逻辑争辩以及"对自然魔法不加批判的好奇"。但正是当时存在的严重局限——伽利略方法的适用范围决定了它没有能力自立为科学的"唯一"方法,迫使自然魔法那贪婪的好奇心去适应一种更具批判性的进路——筛选,试验,量化,以及在验证标准和原则上达成一致——从而为新科学的建立提供了真正的基础。直到很久之后——19 世纪中期——在天体和弹道描述方面如此强大的伽利略和牛顿的力学,逐渐被成功用于物质的微观行为(最终成为这些思想的用武之地)。他们从未产生化学和生物学理论,而我们也只是逐渐才认识到,伽利略的名言——"在自然之书中,万物只以一种方式书写"——未必意味着在科学教科书中也是如此。

第 8 章

登月第一人

也许还存在其他数以千计的世界,它们离我们很远,隐于天际,同样被他的光芒照亮,被仁慈地呵护。

——约翰·德莱顿,《埃莉诺拉》(*Eleanora*,1692)

一旦掌握了飞行技术,他们国家的一部分人必然会向另外的世界移民,在那里建立首个殖民地。

——约翰·威尔金斯,《探索月球上的世界》(*The Discovery of a World in the Moone*,1638)

如果伽利略是一名亚里士多德主义者,他还会去孜孜不倦地观察月球吗?经验主义者会认为月球根本不值一看:不过就是一个光滑的水晶圆球罢了,如其他天体一样永不坠落。没错,它看上去确实没那么完美,但是那些"斑"可以看成是地球瑕疵的倒影。

然而,伽利略依然把他的望远镜对准了月球。他意识到亚里士多德不可能是对的,因为月球上明、暗部分的分界线并不光滑,而是锯齿状和不规则的。这条分界线看起来就像被傍晚的夕阳笼罩的一系列山脉和峡谷,侧斜的光线照亮了山峰,却无法透入幽凹之处。他把观测结果写入 1610 年的《星际信使》一书,并辅以精细的素描插图,从此在欧洲声名大噪。

伽利略并非第一个使用望远镜观察月球的人,也不是第一个发现其地形特点的人。早于伽利略数月,托马斯·哈里奥特(Thoma Harriot)就绘制了凸月

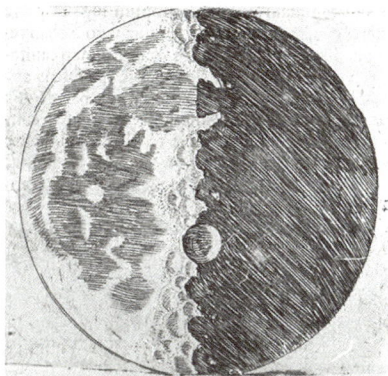

伽利略(左)和托马斯·哈里奥特(右)绘制的月球素描,透过望远镜观察,明、暗分界处月亮的表面是崎岖不平的

时明、暗部分的崎岖边界,他的草图明确表现了环形山的高度和深度的概念,不过与伽利略的素描图相比,偏于示意性而不够写实。实际上,根据哈里奥特留下的笔记,作为一位伊丽莎白一世时期的大师,他认为这些观测结果并没有发表的必要。①

伽利略从来不认为月球的地形意味着它像地球一样拥有居民,对他而言月球是一个荒芜的世界。其他人得出的结论则全然不同。托马索·康帕内拉在那不勒斯的监狱中看到了《星际信使》这本书,1611年初他给伽利略写了封信,信中不吝赞美之词,表示他现在确信其他行星上必然有生命居住。在《失乐园》中,约翰·弥尔顿笔下的天使说起月亮时,同样表达了这种盛行的观点:

《你看到的她的斑》

云起时,要落雨了

---

① 似乎在伽利略之前,至少是与他同时,哈里奥特已观察到太阳黑斑,因为他于 1610 年年底绘制出了太阳黑斑观测图。尽管伽利略在《两大世界体系的对话》中做出了萨尔维亚蒂断言,声称在 1610 年夏末就看到了这些太阳黑斑,然而这更像是他通过回忆来声明优先发现所做的努力。伽利略的类似发现更有可能在 11 月份。

雨润软她的土地，

结出果实，养育了生灵

也许，在阿尔切特里（Arcetri），弥尔顿已经用伽利略的某个望远镜看到了这些斑。

《星际信使》中新出现的宇宙地理学绝不限于观测月球地貌。伽利略将他的望远镜扫过整个星空，发现银河系是由无数颗恒星组成的，当时大多数天文学家——包括开普勒和第谷·布拉赫，都认为银河系是一团糊状的天体物质。伽利略宣称，天上的星星比预想的至少要多出十倍。他写道，"无论你将望远镜瞄向何处，都能立刻观察到数量庞大的星星"。他指出，这些星星称为"星云"，实际上是"彼此距离很近的小星星组成的星团"。如此繁多的星星肯定差点让任何冀图了解它们的渴望变得木然而无力。

最令人瞩目的是，伽利略看到了四颗"星"——其实是围绕木星旋转的四颗卫星。在 1610 年 1 月的某天，三颗卫星出现在木星的一侧，另一颗出现在另一侧，就像这样：＊⊗＊＊＊；两天之后，四颗卫星却已转到了同一侧：⊗＊＊＊＊。伽利略将这四颗"乱跑的星"以其赞助者美第奇家族命名，称之为"美第奇星"。① 今天，它们更为人熟知的名字是"伽利略卫星"。这四颗星在神话中的名字分别是艾奥（Io，木卫一）、欧罗巴（Europa，木卫二）、伽倪墨得斯（Ganymede，木卫三）和卡里斯托（Callisto，木卫四），名字取自德国天文学家西蒙·马吕斯（Simon Marius），他在 1614 年声称实际上更早看到了这几颗星。

---

① 尽管科西莫二世出于谦虚，拒绝了把他和伽利略并称为"宇宙明星（the Cosmica Sidera）"的提议，将荣誉归于伽利略个人，但是伽利略"宫廷战略家（court strategist）"的称号确实当之无愧。在《星际信使》出版后，伽利略收到了一封来自法国王庭的信，信上说如果他再找到一颗这样的"美好的星"，请求他考虑用"法国最伟大的、全球最耀眼的星"——法国国王路易四世（Henri IV）来命名。这是一种异乎寻常的情况——这位"最耀眼的星"为此竟向一个天文学家索求恩惠，表明这本小书开启了伽利略何等的国际声望。

于是,《星际信使》宣告了一个多元的新世界,伽利略被诗人们称为"第二位哥伦布"。他关于月球的全新视角打破了亚里士多德乏味的水晶天球宇宙观。伽利略展示了一个不同于先辈们设想的天空,用一册小书为哥白尼的假说开启了更大的空间。

在他的书中,还有更多具体支持日心说的内容。如果说木星可以一边围绕其轨道运行,一边又不失去对卫星的控制,这就否定了托勒密异议:地球如果是运动的,就会失去对月球的控制。正如伽利略书中所写:

> 我们又多了一个卓越的、美妙的论证,用以打消一部分人的疑虑——这些人尽管可以平静接受哥白尼体系中行星围绕太阳旋转的理论,却无法从只有一个月球绕着地球旋转的现实中释怀……以至于断定这种宇宙结构根本不可能而必须推翻。此前,我们只观察到一颗行星围绕另一颗行星旋转、并且双方在更大的轨道上共同围绕太阳旋转的一个例子;现在,我们又观测到了四颗行星,如同月球围绕地球转动一样,它们也在围绕木星往复徘徊,同时与木星一起,在巨大的轨道上以 12 年为周期围绕太阳旋转。

或许,《星际信使》最深远的影响在于构建了一个与地球类似的月球世界,从而破坏了地心说授予地球的特殊地位。这就解释了《星际信使》缘何激起了此前备受压制的日心说之辩。尽管出于数学描述的方便,地球的中心地位需要轻微的调整来迁就哥白尼学说,却并不妨碍人们将其视为上帝之生灵的唯一家园。然而现在,我们的世界看起来并不是唯一的存在。如我们之前所见,这正是乔尔丹诺·布鲁诺提出的建议,虽然这并非他被烧死的原因,但一样不受教会欢迎。仅在布鲁诺被处刑 10 年之后,新天文学似乎正在发现明显的证据来支持这个麻烦的想法。在其 1624 年的散文《紧急时刻的祷告》中,约翰·多恩的观点生动地表现了这种变化的迷人效应:

> 人类本生于自然,从未想过世间尚有任何非常之事,正如他

们很少想到这世界本身就非同寻常，相反他们认为每一颗行星和恒星都是像地球一样的世界；由此，他们不仅设想了多地球上每个物种的大量衍生，而且还设想了多世界的大量衍生。

多恩密切关注着天文学的最新进展——1619 年，他冒着风险长途跋涉去林茨拜访了开普勒——他让我们看到，这些人如何深刻影响了 17 世纪初期的智识生活（相形之下，莎士比亚在自然哲学方面的表现保守得多）。在 1606 年《与新星的接触》（*De stella nova*）一书中，开普勒描述了于《星际信使》出版前两年现于天空的一颗新星，再次沉重打击了完美的、恒常的宇宙观。此前，第谷·布拉赫于 1572 年即观察到了这样的新星：它们都是超新星，在爆发数月之后才从视野中消失。

对多恩而言，新星的出现是一种极度令人不安的画面，1611 年他写道：

> 新哲学怀疑一切，
>
> 火元素熄灭了，了无痕迹；
>
> 太阳迷失了，地球也是，
>
> 人的智慧无法引导他去何处寻找。
>
> 人们随意地承认这个世界业已告终，
>
> 在行星之中，在苍穹之际，
>
> 人们寻找众多新行星；
>
> 然后看着它的世界破碎，再次化为原子。
>
> 它分崩离析，一切连续性都消失；
>
> 一切只是物源，皆有联系……
>
> 然后新星从这些星系中再冉升起，
>
> 旧星消失于我们的视线[1]。

———————————

[1] 本段节选自多恩 1611 年作品《世界的剖析》（*An Anatomy of the World*）。——译者注

多恩认为,恒星的出现和消失,使它"似乎"像是遭遇了地震、和平或战争的天堂。然而,这种拟人化的形象,本质上意味着天堂看上去已经与世界相似,只是比较遥远。关于这一点,多恩于 1609 年写给贝德福德伯爵夫人(Countess of Bedford)的一首诗给出了明确的暗示,他在诗中把天文学发现类比为地理学发现:

> 我们已将弗吉尼亚州纳入版图,
>
> 最近又把两颗新星送上了苍穹。

大师们似乎认可了这类诗意的使用。在托马斯·斯普拉特的《英国皇家学会史》中,他建议,"痴迷于太阳、月亮、星星之喻的诗人和作家,将新哲学作为一种新的隐喻来源,总好过幻想他们已然厌烦于每日的天堂之旅"。现在,他认为,科学可以提供新的意象,以"解救那些长久以来承担重任、并且对诗人们的想象不厌其烦的同类"。

有位诗人乐于使用新天文学赋予的想象力,他就是弥尔顿。没有这种想象,就没有《失乐园》的宇宙神话。在将月亮比作撒旦之盾时,弥尔顿提到了伽利略:

> 月亮,她的球体,
>
> 托斯卡纳艺术家透过光学玻璃观察
>
> 夜晚于菲耶索莱山顶,
>
> 或者在瓦尔达诺①,为了从她的斑驳之球
>
> 发现新的陆地、河流和高山。

弥尔顿也对伽利略的银河系中的多世界学说留下了印象,他写出了这些浩淼宇宙的慑人之美:

> 一条辽阔宽敞的街,落尘为金,

---

① 菲耶索莱(Fiesole)是托斯卡纳(Tuscan)山顶的一个小镇,紧邻佛罗伦萨。瓦尔达诺(Valdarno)是托斯卡纳区亚诺(Arno)河谷周边的一个地区。

> 路面闪闪发光，犹如对着你闪烁的
>
> 银河繁星，夜晚你看见一条银河系的旋臂
>
> 用星星妆点。

这种对星际空间之广袤和多样性的洞察衍发了换位思考：从外部观察，我们的世界隐没于茫茫夜空之中。如布莱兹·帕斯卡（Blaise Pascal）所言，"所有这眼中的世界，不过是博大的自然怀抱中微不可见的一个小点"。我们几乎要被浩瀚的宇宙无情地一口吞下。如下观念的转变也许最能够总结想象力对新天文学的回应：地球悬于太空之中——著名的阿波罗任务之地球升起的 17 世纪版本。这种想象赋予了《失乐园》这部戏剧骇人的壮丽：撒旦先是将地球视为一个"悬吊的世界，大小如最小的星，紧挨着月球"。当他靠近后，撒旦像轨道上的宇航员一样俯瞰地球，视线从两极之间扫过整个世界。①

并非每个人都对伽利略的宇宙如此敬畏。在《来自月球上发现的新世界的新闻》（*News from the New World Discovered in the Moon*，1621）中，本·琼生（Ben Jonson）把望远镜戏称为"一个小箱子……不比装长笛的盒子大"，并取笑说"蔷薇十字会的同胞们在距月球一英里处建立了他们的学院，一座空中楼阁"。也许不出所料，这位《圣巴多罗买节大集市》（*Bartholomew Fair*）的作者会忍不住想弄清楚，这个"月球新世界"上是否有酒吧。

仪器的助力

使用一种新型仪器，在远离日常经验的领域收集证据，这对伽利

---

① 尽管弥尔顿对新哲学大致上抱有支持的态度，在《失乐园》中，他必须设法调和受到传统非难的撒旦和亚当式好奇与伽利略等科学家的探究之间的冲突。他的态度似乎是，好奇心本身绝不是坏事，除非它被纵容而不受约束。英国学者帕特里克·兰特林格（Patrick Brantlinger）说，"在《失乐园》中，亚当和伽利略同样被好奇心驱使，然而灵性仅在撒旦身上演变为狂躁，因为他对探索上帝的宇宙毫无兴趣，声称自己如上帝一样无所不知……对亚当的要求并不是他不该好奇，而是他要有所节制"。

略所引发的争议极为重要。对测量仪器的依赖在当今的科学中已成为常态,没什么特别。现代的实验室更是经常放满了各种闪亮的设备,用以产生所需环境条件——极端的温度和压力,高放大倍数,探测不可见的辐射——远远超出了人类的能力或识别范围。这意味着以下观点得到了认可:在我们的直接感知范围之外,宇宙中的各种现象无所不在:无形的力和作用、超乎寻常的环境以及我们看不到或感知不到的大千世界。在过去,对这些事物的想象已然是一种信仰的飞跃!在伽利略的时代,人类的知觉似乎自然成为世界之真实的仲裁者——声称看到"不在此间的事物",在传统上被归为魔法之事。

弗朗西斯·培根的论点刚好相反。他写道,人的感知力"获取不到信息,有时候获取了不真实的信息",很多事物无法被感知到,"或因其整体难以辨识,或因其部分过于细微,或因其距离,或因其速度过慢或过快,或因此对象过于熟悉,或者有其他原因"。因此,这位哲人需要借助人造的工具和仪器,以探查目力难及之处。

透镜是一种古老的发明。装有水晶透镜用于矫正视力缺陷的眼镜早在 13 世纪就已得到使用。[①] 1300 年,威尼斯通过了一项法律,避免市民受到以普通玻璃冒充水晶的眼镜工匠的欺骗,在此之前,眼镜已经被广泛使用。在 14 世纪 60 年代,意大利学者彼特拉克(Petrarch)的视力出现了下降,他曾抱怨过佩戴眼镜的不便。

然而,尽管凸透镜的放大倍率已经不算新鲜,望远镜的使用关键在于同时用两个透镜:一个折射透镜用以收光和聚焦,一个目镜透镜用以放大和成像。这样的设计并不容易,因为两个透镜必须排列在恰当的位置上,以确保图像在清晰聚焦的位置上被准确地放大。

---

① 有人认为,这项发明延长了年长的神职人员的影响和权力,因为眼镜让他们得以继续阅读和学习《圣经》。

　　早在伽利略之前，人们就已知道凸透镜被成对组合后，可以实现很高的放大倍率。吉罗拉莫·弗拉卡斯特罗在《同心轨道论》（*Homocentrica*，1535）中写道：

　　　　倘若某人通过两个凸透镜片观察，一片重叠在另一片上，他会看到所有的东西都变得更大且更近了……如果有人透过某些高精度制作的镜片观察月亮或其他星星，他会认为这些星星距离非常近，只比真实的塔略微高一点。

英国天文学家托马斯·迪格斯（Thomas Digges）在介绍其父伦纳德（Leonard）的《应用几何》（*Pantometria*，1571）一书时说道，"伦纳德·迪格斯借助合适的透镜装置，可以看到七英里之外的物体"。

　　德拉·波尔塔在光学方面的兴趣，促使他思考了透镜对视力的改善程度。铭记托勒密使用透镜观察（极其）遥远的船只的故事，他对伽利略的望远镜很不以为然：以一种过了全盛期的科学家的惯用姿态，他宣称几十年前他就已经解释了这种装置的基本原理。"我见识过这种眼镜的隐秘用法，根本就是胡说八道"，他在 1609 年 8 月写给费德里科·切西的信中直言不讳，"无论如何，它是出自我的《论折射》（*De refractione*）第九卷"。然而，这并非全然的自吹自擂，德拉·波尔塔为其声明补充了一幅他想象的仪器草图：两个嵌套的管子，分别装有凸透镜和凹透镜，两根管子可以像"伸缩喇叭"一样开合。但是他享有实用望远镜发明权的主张则缺少根据。他既没有实际制作（如伽利略的竞争者们发现的那样，制作并不容易），也从来没有认识到使用这项发明来研究大自然的重要意义。并且，尽管在《望远镜》（*De telescopio*，1611）一书中他这样说了，事实上他从未掌握其工作原理。无独有偶，当《星际信使》出版时（伽利略加入林琴学院的前一年），学会秘书长弗朗西斯科·斯泰卢蒂给哥哥写信说，这个新来的人对此发明优先权的主张是在给自己找麻烦，"吉安巴蒂斯塔·德拉·波尔塔早在 30 年前的

《自然的魔法》中就写到了望远镜……可怜的伽利略要名誉扫地了"。然而,最后德拉·波尔塔还是体面地承认他从未取得与伽利略相当的成果。在写给约翰·法伯尔的信中,他说:

> 我非常高兴,仰赖最为博学的数学家伽利略雷的天赋和智慧,这项粗疏的小发明能够被提升至如此用途。他展示了宇宙中有众多的行星徜徉其间,经历了好几百年的沉寂,有这么多新星得以重见于天穹。

无论如何,伽利略从未声称发明过望远镜。据说,望远镜是 1600 年间新西兰米德尔堡的一个名叫汉斯·利伯谢(Hans Lipershey)的荷兰文盲透镜匠人制作的。这项发明的经典传说具备浪漫轶作的全部特点:两个孩子在他的商店边玩耍,他们把一对透镜叠在一起,发现可以清楚地看到远方小镇教堂顶上的风向标。另一个故事则说利伯谢从另一位米德尔堡的发明家查哈里亚斯·杨森(Zacharias Janssen)那里学到了望远镜制作技术——尽管这个故事也有疑问,因为故事源自杨森的儿子,并且杨森 1600 年时还是个孩子,后来因制假而犯法,这也降低了他的信誉。不管怎样,关于此发明最早的清晰记述是在 1608 年,利伯谢向荷兰政府申请"本国使用"的望远镜独家制作权。申请没有获批,数月之后阿尔克马尔市(Al*km*aar)的詹姆斯·梅蒂斯(James Metius)的类似申请同样没有获批。几年之内,荷兰有其他几名仪器匠人声称掌握了该项技术。伽利略从威尼斯的朋友保罗·萨尔皮(Paolo Sarpi)口中听说了望远镜。由于已拥有一个制作眼镜和其他数学测量工具的工厂,他得以着手实验。不久之后,他将望远镜的放大倍率提高到了 20 倍——在没有看过荷兰原版仪器的情况下——将一个具有潜在军事和航行用途的设备变成了强大的科学仪器。同样地,伽利略也从未弄懂过望远镜的工作原理。跟许多科学家一样,他是一名具备良好直觉的经验主义者,而不是掌握了仪器理论知识的技师。

在完成《星际信使》一书时，伽利略在佛罗伦萨科西莫二世的宫廷工作，正是后者把鲁道夫二世派去了布拉格。鲁道夫向开普勒提到了伽利略制作的望远镜，当时开普勒与第谷一样，使用肉眼进行观测——开普勒第一时间看到了望远镜对于天文学的变革意义。他写信给伽利略表示支持和祝贺，受到鼓励的意大利人回应说"你是第一个，也许是唯一一个在粗略的调查后毫无保留地称赞我的主张的人"。这样的意气相投并未让伽利略放弃他的优先权：当开普勒请求借用一件他的测量设备时，狡猾的伽利略意识到装备起来的开普勒将成为他的强劲对手，因而支吾其词。

但是无论如何，1610 年 8 月前，开普勒已经用上了望远镜，并且振奋于它的功效。"噢，望远镜，博学之器，比任何权杖都要珍贵！"，他在光学专著《折射光学》（*treatise Dioptrice*）中写道，"不就是他么？将你捧于掌心，透过上帝的杰作，立君封主"。他立即着手钻研望远镜的工作原理。作为一名眼镜的使用者，伽利略在他的《历代志》（*Paralipomena*，1604）中发展出一套描述透镜和人类视觉的理论，并且在《折射光学》中重述并完善了这套理论。接着他继续深入，对于凸透镜和凹透镜的组合为什么能产生望远镜中的图像进行了解释（虽然限于近似和定性层面）。他还描述了如何使用两个凹透镜来制作望远镜，尽管他自己未亲手完成。这种望远镜如今被称为"开普勒望远镜"，其优点是比（凸透镜和凹透镜组成的）伽利略望远镜具有更宽的视场。

视觉的证据

对望远镜和显微镜这些新型仪器的正确认识，在于其对新哲学发展做出了关键的贡献。它们的重要意义不仅是发现新的事物，更在于让机械艺术从此成为在直接经验的判决问题上的一个重要方面。尽管平等主义的观点认为，任何人只要足够细心都可以完成新哲学的实践,不必拥有很高的学术头衔。然而现在看来,拥有合适的设备(并掌握其操作和说明方法)事实上是很有必要的。这成为了进入专家行列的一种新的门槛——专家用的设备可是很昂贵的。哲学家们被赋予了特权,但不是因为学识,而是因为其掌握了优势观测方法。

但是,为何仪器的介入必然意味着对感官的优化,而不是劣化呢?过去人们有理由认为,光线穿过透镜和棱镜时发生了改变:不单是光线的折射问题(意味着光线方向被改变),并且怀疑光线发生了其他变化——直到艾萨克·牛顿证实——棱镜不单是显示了,而且制造了透射太阳光中的彩色光谱。除此以外,仪器的使用是需要技巧的:对焦并不容易,并且视场很小。哪怕是用过现代光学显微镜的人都会同意,人的眼睛需要训练才能获得清晰的观测:刚开始可能什么也看不到。这就解释了为什么一些伽利略的批评者不愿意自己用一下他的望远镜。帕多瓦(Padua)的亚里士多德学派哲学家切萨雷·克雷莫尼尼(后来成为伽利略《两大世界体系的对话》中辛普里西奥的主要原型)认为没必要为了看到"只有伽利略本人才能看到的"而做尝试——况且,他说通过镜片观察令他头疼。另一个怀疑者声称用伽利略的望远镜做了"几千次"试验,发现有的时候仪器产生出一颗星的重影——反而增加了对木星之"美第奇星"的多重性、甚至存在性的疑问。一位佩鲁贾大学的教授表示怀疑:"望远镜让我们看到其实并不存在的东西。"

对于这些批评,伽利略自然严词否认。1611 年,他写道(也许略带夸张):

> 在过去的两年里,我用我的望远镜(或者说几十个这样的仪器)做过几百次、几千次测试,对成千上万的对象进行实验,观测目标有远有近、有大有小,有的很亮、有的很暗;因此我实在不明白,怎么会有人认为我会愚蠢到一直被自己的观测所蒙蔽。

尽管发出了这样的抗议，几年之后伽利略还是要被迫面对可能存在的仪器假象的困扰。在《星际信使》发表数月后，他发现土星似乎是一个"三重"星体：在土星两侧，有两个像耳朵一样很小的圆形凸起。在给佛罗伦萨的赞助者的信中，伽利略写道：

> 我发现了另外一个非常奇怪的现象，应该让殿下知晓……但请保守这个秘密……直到我的研究结果发表……土星不是一颗单星，而是三颗星的组合，它们几乎要碰到一块儿，相对彼此静止不动，在黄道面上排成一行，中间的那颗星比两侧的星大三倍，它们的位置分布是这样的：

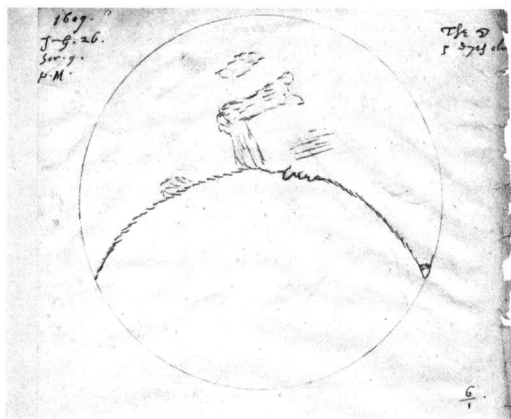

这样一来，土星就变得比拥有四颗卫星的木星更加独特，并且这愈加证明宇宙较其传统图像复杂得多，凌乱而远非完美。有其他天文学家试图去检验这项断言，他们发现土星的形状像椭圆，或者说像矩形。出于伽利略式的自负，他驳回了这些观点，将其归为劣质的望远镜带来的模糊观测。

但是，当伽利略两年之后再次观察土星，他发现那两颗更小的"星"消失了！他坦承了对此的困惑，以一种半开玩笑的无奈谈论这一神秘现象："现在该如何评论这种异像呢？也许是土星吞掉了自己的孩子?"或许——这是问题的关键——"莫非是望远镜制造了错觉和骗局,并一直以来欺骗了我吗?"他承认,也许那些持有"所有新的观测结果都是骗人的,根本不存在"观点的人是对的。最后,他只是明智地总结道:"我无须对这样怪异和前所未有的事件做出定论;发现时间太近,缺乏参照,并且我受困于对于错误的无知和恐惧。"伽利略肯定为他这种少有的谦逊而感到欣慰,1616 年,他发现土星似乎又变了一种形状,分明又配上了两只"把手",他在 1623 年的《试金者》中记述了这一发现,却未多加评论。直到 1656 年,土星形状变化的原因才被完全理解,克里斯蒂安·惠更斯论证说,土星周围有一层平面环,当土星绕太阳运转时,我们可以从不同角度观察环的实体:有时是倾斜的,有时是边缘朝前的(这时土星环因为很细就看不到了)。

　　这一困境甚至迫使伽利略开始怀疑他的感觉——或者说,质疑他那珍贵的仪器是否传递了可靠的信息。请留意伽利略的这种说法:不是他错误地解释了数据,而是望远镜欺骗了他。当然,这容易解读为工匠责怪其仪器的辩词;然而真正的问题是:望远镜到底是不是可信的呢?

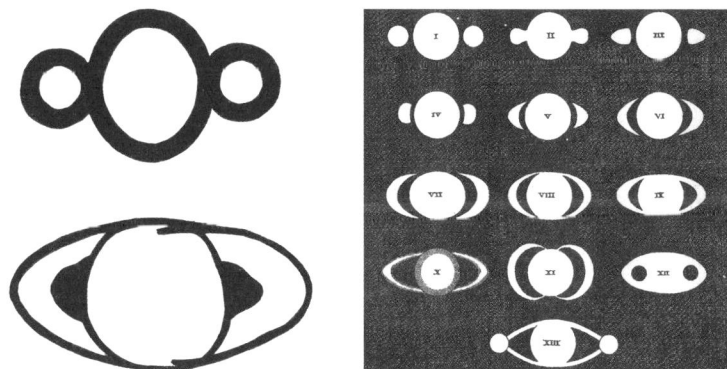

伽利略的木星草图,土星环被描绘为一对耳垂(1610 年,见左上图)或一对把手(1616 年,见左下图)。克里斯蒂安·惠更斯意识到这些变化源自对环的不同角度的观察(见右图)

开普勒之梦

　　尽管影响巨大，伽利略关于月球与地球相似的观点并不是新的想法。希腊—罗马历史学家普鲁塔克在《月球的外表面》(*De facie in orbe lunae*，英译名 *On the Face in the Moon*)中推测，月球上可能有山峦、海洋和居民。公元前 1 世纪，西塞罗将色芬尼斯(Xenophanes)引为这一概念的鼻祖。在其《一个真实的故事》中，公元 2 世纪的叙利亚作家琉善(Lucian)甚至描写了一段月亮之旅，水手们被一股强力的旋风托在空中，奔向月亮，在那里他们与当地居民"月光石族"(Selenites)进行了战斗。但是这只是一个有趣的故事，不是探讨月球世界之本性的严肃命题。由于望远镜拉近了与天空的距离，伽利略的观测允许人们去思索现实中的旅行，去推测在那里我们能发现什么样的人和事：亚当之子，还是其他种族？

　　在伽利略把眼睛贴在透镜前从而开创了天文学的新时代之前，有人已经用想象实现了通向月球表面的飞跃。它出现在 1593 年开普勒构思的一篇随笔或"辩文"中，当时他还是杜宾根大学的一名学生。通过这段文字，开普勒意在论证太阳中心说的优点。他说，"一名月球上的观察者会看到地球仿佛在运动，如同我们看到月球在运动一样。根据这个特点，太阳和星星也会发生移动"。以上论述衍生出地球在宇宙中的位置的偶然性和任意性：如果我们生在别处，世界看上去会非常不同。同样地，它挑战的不仅是中世纪的宇宙结构，还包括这种结构影射的威权等级。这篇随笔令开普勒的年轻教授、坚定的反哥白尼者维伊特·穆勒(Veit Müller)难以忍受，他拒绝同意开普勒宣读这篇文章。

　　16 年之后在布拉格，开普勒重新拾起这份少时旧作，将其整理成一种奇怪的半虚构的梦境形式发表[题名为《梦》(*Somnium*)]，他称在

自己 1608 年做的一个梦中，一个男人奔向了月球。书中的叙事带有
明显的自传体风格，这也是后来令他后悔的地方。这本书讲述了一个
名叫迪拉考托斯（Duracotus）的冰岛男孩，母亲名叫菲奥耳克希尔德
（Fioxhilde），脾气很坏，她把迪拉考托斯赶到一名船长身边当奴仆。
船长派男孩给伟大的丹麦天文学家第谷·布拉赫送一条口信，男孩航
行到第谷所在的汶岛，第谷收留他做了学徒。五年之后男孩回到了家
乡，母亲对他的不满依然如故，但是他惊奇地发现，母亲已经知道了他
在第谷那里的全部所学。原来，男孩的母亲是一名"女巫"，可以与
50000英里上空的月球之地利瓦尼亚（Levania）的精灵或魔鬼交流。
其中一个魔鬼解释了他们如何带着人类踏上星际之旅：通过剧烈的冲
击，将人们猛掷到九霄云外。（开普勒正确地认识到这些人需要低温
和缺氧防护。）因此，开普勒把一名观察者从地球送上月球的解决方案
是非常令人失望的，纯粹是一种超自然设想，没有激发任何文艺复兴
时期的技术革新。

一个利瓦尼亚的魔鬼抓住了迪拉考托斯，将他带上了地月之旅。
到达月球之后，魔鬼解释说其实月球也拥有一个"月球"，叫"伏尔伐"
（Volva），大概是指地球："对这里的居民来说，利瓦尼亚看上去是静止
的，它周围的其他星星在动，正如人类眼中的地球一样。"开普勒在注
释中说：

> 此即整个梦境诉说的论点，作为对地球运动的论证，或作为
> 对基于感觉的反对地球运动的反驳。

原来，月球上并非只住着魔鬼，还住着其他生物——但全都不是人类，
原因是环境条件对人类过于恶劣。月亮对着伏尔伐的那一面，叫作
"萨勃伏尔伐"（Subvolva），非常炙热；相反的那一面很黑，被冰层覆
盖。月球上的生物只有一天的寿命，但似乎跟我们今天知道的恐龙也
差不多，具备某些"蛇类的特性"——有地上爬的、水里游的和天上

飞的。

《梦》大体成书于 1610 年底，但当时开普勒忙碌于宫廷的差事，创作陷入了停滞。直到 1621 年，此书终于完稿，还包括一个脚注集（有正文的三倍长），用于解释故事背后的科学。1615 年后，开普勒被针对他母亲巫术的审判搞得心烦意乱，《梦》的创作也经历了变化。有可能，这本 1611 年间已在流传的书对这件事产生了一定的影响，因为在书中菲奥耳克希尔德公开地与魔鬼来往，这个人物的原型明显是开普勒那脾气暴躁的母亲。不管怎样，直到 1629 年，开普勒得以正式启动出版流程。1630 年开普勒去世的时候，《梦》仍在出版过程中，他的儿子路德维希（Ludwig）于 1634 年见证了这本书的最终出版。

在此之前，反宗教改革运动及其对亚里士多德信条的肯定正全面推行，开普勒半开玩笑地评论说，他的书也许"为我们这些被驱离地球，将要前往或移民月球的人提供了船票"。约翰·多恩找到了更好的解决办法：在其杂文《伊格内修斯的教皇选举会议》（*Conclave Ignatii*，英译名 *Ignatius his Conclave*）（几乎同时于 1611 年以英文发表）中，他嘲讽了耶稣会[由伊格内修斯·罗耀拉（Ignatius Loyola）创立]，说耶稣会士都该被打包送到月亮上，在那里他们可以"更方便地团结慕迪教会和罗马教会，调解两者间的矛盾。

开普勒认为，多恩的讽刺是受到了《梦》的启发，他在一个脚注中说："我怀疑《伊格内修斯的教皇选举会议》这篇轻率杂文的作者拿到了我那本小书的复印本，因为他在文章开头就指名道姓地讽刺我。"尽管《伊格内修斯的教皇选举会议》成稿与开普勒的书稿开始流通大致是在同一时期，但是考虑到多恩对新天文学的密切关注和他与天文学界的良好关系，两者存在关联还是很有可能的。多恩也许从几个可能的源头拿到了《梦》的草稿——也许是他的好朋友、外交家亨利·沃顿（Henry Wotton），他了解这类东西的最新动向，也许是托马斯·哈里奥特,甚至可能是詹姆斯一世本人,开普勒可能在完成《星际信使》的第一时间就向这位国王赠送了副本,而多恩与王庭相交甚笃。历史学家马乔里·尼克尔森(Marjorie Nicolson)推测,在弥尔顿的《失乐园》中,撒旦陷入星际空间的混沌之中的情节,也许也应归功于《梦》中描写的险峻之旅。

但是,当开普勒注意到如何让他虚构的月球之旅更加真实的问题时,他还是很愿意深思一下空间旅行技术实现的可能性。他于1610年写给伽利略关于《星际信使》的评论中说明了那些望远镜观测结果如何激发了他的想象和雄心:

> 一旦我们掌握了飞行的技术,就不愁找不到人类先锋……让我们造船扬帆,瞄定玄天,会有许多不畏空芜的人们跟随……我的同行,我们应为英勇的航天者们准备好天体的地图——我负责月球,而你,伽利略,负责木星。

太空中的新世界

在《探索月球上的世界》中,约翰·威尔金斯也钻研了伽利略的发现带来的暗示,他甚至在书中加入了伽利略的月球地形草图,称其为"上帝的新使节"。仅仅凭借地形观测就推断出月球世界与我们的地球相同,有栖息生物,甚至还有智慧生物,这看上去也许有些牵强。但是17世纪对目的论的态度让这个结论成为必然。正如威尔金斯论述的一样,月球是一个宜居之处,有海洋,有森林,有山峦,如果不放些生灵在上面,上天又何必把它造成这个样子?

约翰·威尔金斯绘制,地球作为月球的"月亮"的草图

威尔金斯承认,他私下经常推测,在月球上可能有一个世界,"但

这是一个如此陌生的见解，我缺少勇气去发现它，唯恐被归为异类或视作荒唐"。但是现在他得到了鼓励，他发现不仅是普鲁塔克，伽利略和开普勒都已发表了类似的思想。另外，哥白尼的假设支持这一观察，因为如果地球是一个行星的话，"为什么另一个行星不能是地球呢"？[①] 他主张月球上有类似地球的大气层，在那个世界看来，地球是一个月球，一如琉善在其无聊故事中做出的暗示，现在则得到了开普勒的确认。

威尔金斯还通过 15 世纪卓越的原红衣主教、哲学家尼古拉斯·德·库萨（Nicholas de Cusa）来争取支持，库萨当年颠覆了传统的宇宙论，敢于做出地球在运动的论断。威尔金斯引用了库萨的、早于乔尔丹诺·布鲁诺 2 个世纪的说法，"我们推测，作为宇宙的一部分，没有一颗星上面没有居住者，有多少数不清的星星，其中就有多少独特的世界"。库萨曾推测，月球上居住着"人类、野兽和植物"，并且强调，如果是人的话，他们必定摆脱了亚当的原罪。为了中和一下这种明显的异端邪说，他安慰读者，"也许，它们有某种自己的原罪，这令他们遭受着与我们相同的痛苦。就此而言，也许他们以我们相同的方式得到救赎，即耶稣之死"。但是威尔金斯同意开普勒和康帕内拉的看法，另一个世界的居住者不太可能是我们这样的人：他们也许"与这里的任何生物相比，有某种非常不同的特质，这种区别难以想象和形容"，他们的特质可能"介于人类和天使之间"。

尽管威尔金斯预计他的书将受到忽视（"这里我要传递的观点也不太可能受到这个时代的人们——尤其是粗俗的聪明人——除了邪说和嘲笑之外的任何回应"），他主要关心的还是能否得到教会的接

---

① 在其后续作品《一颗新行星的对话》（*Discourse Concerning a New Planet*，1640）中，威尔金斯更加明确地颂扬了太阳中心说的优点，这里"新行星"指的是地球，现在变成了柏拉图所说的宇宙"漫游者"之一。

受。他坚持说他的观点并不与基督教正统冲突。诚然,摩西和圣约翰都未提及地球以外的世界——但是其沉默不表示否认。无论如何,威尔金斯跟从了伽利略的方式,论证说《圣经》不应该用于判定自然哲学中的问题。"《圣经》的否决权并不普遍适用于宗教的基本原则之外的领域",他写道,"正因为《圣经》没有提及,这些事物才没有被排除,《圣经》不是哲学书籍,而是宗教书籍"。威尔金斯主张,摩西只是宣告了"那些显于感官的事物,对其他事物则保持沉默,因此人们对其他事物的理解不够"。毕竟,《圣经》完全没有提及星星,只提到了太阳和月亮,因此没有人质疑它们的存在。"如果圣灵想要向我们展示任何自然的秘密,他当然绝不会忘记提到行星","当人类在《圣经》话语中寻找哲学根基时"[①],许多谬论接踵而来。确实如此,悲哀的是许多人还在这么做。

还有另一处与教义的冲突需要阐明:备受尊崇的亚里士多德在何处记述了其他世界? 威尔金斯并不想把这位逍遥学派的哲学家送到报纸堆里;然而尽管他煞费苦心地对亚里士多德的保持尊敬,他还是说"如果是他违背了真理,那么抨击他的观点也算不上忘恩负义"。况且,威尔金斯说,亚里士多德在这个问题上不是教条主义者。尽管暗示了宇宙的完美和不朽,他也承认我们很难对此形成判断,因为星星距离我们太遥远了。但是伽利略的望远镜改变了所有的一切:

> 现在,借助伽利略望远镜,我们有了有利条件,我们向它们靠近了一步,宇宙从未如此清晰地展现在我们面前……于是,古代诗人假托寓言的,在这个幸福时代于真理中被发现。

天文学的新证据应该被允许用于修正亚里士多德学说。

---

① 威尔金斯在此明智的立场上多少有所保留,他赞同了康帕内拉"苍穹之上的水域"的感悟,在《圣经——创世记》中这个词意指其他世界的海洋。

30 年之后，罗伯特·胡克觉得光学还可以把宇宙拉近一点。他在《显微图谱》中写道，"也有可能，存在其他几种远远超越这些仪器的发明，可用于提升观测能力。这些发明以相同的方式帮助提升肉眼视力，比如说，来发现月球上的生物或观察其他行星"。胡克自己使用望远镜研究了月球的表面，并把上面的"溪谷"称为"奥林帕斯山"（Mons Olympus）（勿与火星上现存的同名死火山混淆）。

> 它应该是一处肥沃之地，表面覆满许多种植类物质……以至于我忍不住去想，溪谷里可能有类似于我们的草丛、灌木和树木的植物。周围的大部分山可能覆盖着薄薄的一层植被，就像我们身边的山一样，例如覆盖着索尔兹伯里平原丘陵的短毛绵羊草场。

我们有机会自己去月球上自己查验吗？威尔金斯说，这听起来难以置信，但是我们的祖先不是也曾认为跨越大海的航行注定不可能发生吗？或许，旅行将会借助于巨大的翅膀，像戴达罗斯（Daedalus）那样——因为人们普遍相信地月之间充满了空气，当然威尔金斯也承认，登山家的经历表明，随着海拔上升空气会变得越来越稀薄，并且越来越冷。然而，还有更佳的方案。"我是严肃和有根据地说，我确定造出一辆飞车是可行的"，威尔金斯说，"它装得下一个人，让它运动起来，可以带着人飞向空中"。也许它也能装下好几个人及其补给。他提到了历史上的伟大发明家和他们的飞行器，"这台机器的制作原理与阿契塔斯（Architas）的木鸽和雷桥蒙塔努斯（Regiomontanus）的木鹰是一样的"。

他总结道："尽管这些都像是不可能的任务，但有可能发明出一种通向月球的旅行方式。"他向读者保证，这样的旅行非常值得，因为你只要"想一下美洲大陆的发现带来的那种愉悦和收获，我们必须认清这种发现以外的不可思议之处"。就是说，新世界的发现随即激发出一种信念，即认为还有更多的新大陆等着我们去探索，哪怕它们不属于这个星球。嘲讽者不应该忘记，"当哥伦布许诺要发现地球的另一端时，这个多疑的世界是如何看待他的"。

带我飞向月球

在为月球上有住民的观点立言的过程中，开普勒和威尔金斯开创了一种 17 世纪的原始科幻的整体风格。第一个此类风格的故事实际上早于他们对广袤空间的想象。虽然是与威尔金斯的书同年发表，这部作品却是赫里福郡的主教弗朗西斯·戈德温（Francis Godwin）在 1628 年创作的。[①]　这本书的名字是《月球上的人》，它将奇异旅程的传统修辞转换为星际冒险的新语境，为儒勒·凡尔纳（Jules Verne）、H. G. 威尔斯（H. G. Wells）这些人的月球幻想作品以及乔治·梅里爱（Georges Méliès）1902 年的电影《月球旅行记》（*Le voyage dans la lune*）提供了模板。

戈德温笔下的英雄，小个子西班牙人多明戈·冈萨雷斯（Domingo Gonsales），失陷在一个岛上，那里生活着一种巨大的鹅，每年会迁徙到月球上。冈萨雷斯给这些巨鹅套上车，这样它们就会带着他飞上月球。尽管这种装置听上去不甚可靠，戈德温似乎真动了心思：他提出也许会飞的生物确实会常年往返于地月之间，包括蝗虫、燕子和杜鹃。威尔金斯在构思自己的作品时留意到了戈德温的书，他欣然接受了这种想法的表面意义，"这是很有可能的，一个人可以在每年冬初随这些鸟类出发，然后在春天的时候跟着它们返回"。

冈萨雷斯发现，月球上有广袤的海洋，其上分布着岛屿；从地球上

[①] 有人认为开普勒的《梦》是戈德温作品的原型——我们已经知道，《梦》在 17 世纪 10 年代已经流传开了。然而此观点受到了文学家威廉·普尔（William Poole）的挑战，他认为罗伯特·伯顿的《忧郁的解剖》（*Anatomy of Melancholy*）才是戈德温作品中天文学素材的来源。

看，亮的地方是海洋，黑的地方是岛屿。岛上居住着某种月星人，他们的皮肤颜色跟地球人的都不一样。这些生命可以长到很高——这是开普勒在给伽利略的"正式"回应《与星际信使的谈话》（*Dissertatiocum nuncio sidereo*，1610)中提到的概念，他写道：

> 居住者身上带有居住地的特征是合乎道理的，月球上的山峰和峡谷要比地球上大得多。于是，不仅被赋予了庞大的身躯，他们还建造有宏伟的工程。

月星人以一种优雅的状态生活，因为他们将任何"可能具有邪恶或不完美性情"的居民放逐到地球，被流放者暴露在地球的空气中会变成人类皮肤的颜色。戈德温提到了 12 世纪的纽堡（Newburgh)编史家威廉记述的两个"绿孩子"，他们"从天而降"到苏塞克斯郡（Sussex)的伍尔皮特（Woolpit)村，戈德温暗指他们就是这种不幸的放逐者。据说，那两个孩子称自己来自"马丁"岛，一个仅有微光、太阳永不升起的地方。[①]

这显然是戈德温将月球居民所崇拜的神名取名为"马丁努斯（Martinus)"的原因，这种想法出自天主教徒冈萨雷斯给马丁路德的信，他引用了戈德温的故事，意在提出某种警示。

诚然，与其称戈德温的书为第一本科幻故事书，不如称其为一段好玩的幻想——具有现代的风格。这确实是一本娱乐休闲的作品，缺少后期的奇妙旅行描写中的讽刺性要素，而且它带有以《堂吉诃德》（*Don Quixote*)为代表的流浪与冒险故事的影子，这就解释了戈德温书中的西班牙背景。这部作品还借鉴了地理大发现时代的旅行写作笔法：关于伟大而勇敢的全球航海的描写，例如英国冒险家理查德·

---

① 约翰·奥布里后来将绿孩子的传说解读为居住于地球中空的地下世界的案例，这个想法来自其朋友埃德蒙·哈雷的建议。

哈克卢特（Richard Hakluyt）的作品《航海全书》（*Principal Navigations*，1598—1600）。这里月球之旅再次被比作遥远大陆的通途。事实上，冈萨雷斯继续了他的探险，返回地球的时候降落在中国，这呼应了这种隐喻，仿佛其他天体上的新世界终究不过是有着特例居民和习俗的另外的国家罢了。

以戈德温的故事为原型，1727 年笔名为塞缪尔·布伦特（Samuel Brunt）船长的作者发表了《坎克洛格里尼安旅行记》（*A Voyage to Cacklogallinia*）。有人认为其真正的作者可能就是乔纳森·斯威夫特，因为该作品与《格列佛游记》（*Gulliver's Travels*，1726）十分相似。还有人认为此书作者是丹尼尔·笛福（Daniel Defoe）。跟戈德温笔下的冈萨雷斯一样，布伦特旅行到异国他乡（西印度群岛），后来他的船在一个岛沉没了，岛上住着一种庞大的会说话的兽鸟，叫作"坎克洛格里尼安"，兽鸟带着他飞上了月球。在那里他们发现了月光石族，身体组织介于普通有形物质和"太空物质"之间，实际上是入睡的地球人类的灵魂。布伦特的旅行实际上也就是一个精巧的、虚构的发现之旅，揭露了世界上还有不为人知的新种族、现象和社会。叙事者讲述的旅月生活，与任何见识过太平洋或东印度群岛的新景观的自然历史学家所讲述的也差不多：

> 我有一周的时间来满足我的好奇心，我观察了那里所有的奇怪事物，这大概是我此生最愉快的时光。

月球帝国

"布伦特船长"的另一个灵感来源可能是 17 世纪闻名遐迩的月球之旅，比戈德温的故事晚 20 年，故事作者身上的传奇色彩高过于历史成分。真实的萨维尼安·西拉诺·德·贝尔热拉克（Savinien Cyrano de Bergerac）是一位法国诗人，曾服役军中，留有遗作《月球上的国家和帝国》(*The States and Empires of the Moon*)和《太阳上的国家和帝国》(*The States and Empires of the Sun*)，其作品于 1657 年出版，为他带来了短暂的名声。传说中的罗克珊和大鼻子也许并不存在，这些特征出自法国诗人和剧作家埃德蒙·罗斯丹(Edmond Rostand)于 1897 年创作的戏剧，基于人物的历史梗概，剧中的西拉诺被刻画成一个悲情英雄，而他的真实经历则鲜为人知。不过罗斯丹的戏剧却使前者的古怪故事重新引发了兴趣，得以于 20 世纪 50 年代在英格兰和法国再次出版，并被称为"早期科幻的先驱"。更讽刺的是，与罗斯丹笔下的西拉诺不同，这位 17 世纪的作家与加斯科尼(Gascony)的贝尔热拉克(Bergerac)根本毫无关联：萨维尼安·西拉诺是律师的儿子，1619 年生于法国，仅仅是靠着家族在贝尔热拉克的小小封地，才承袭了这个看似高贵的名字。萨维尼安接受了小康之家年轻人的典型教育，在博韦学院(Collègede Bergerac)读完了标准的人文课程，然后入伍参军。他赌博，好勇斗狠，打架受伤后醒悟，20 岁左右从军中退役。1641 年，他回到立斯学院(Collège de Lisieux)读书，在那里听到了皮尔·伽森狄的讲座。很明显，这还是一个聪明但行为不羁的半吊子。一开始他写了些随笔和书信，后来才写出了伟大的太空旅行故事而成名。西拉诺于 1655 年早逝，他没有写完第二本书。两年后，终身好友亨利在法国出版了西拉诺的第一本书，书名为《月球旅行记》(*Voyage dans la lune*)，此书大获成功，也促成了未完成的第二本续集《太阳上的国家和帝国的趣史》(*L'histoire des états et empires du soleil*)顺利出版。乔纳森·斯威夫特读了这本书的英文版，启发他构思出《格列佛游记》。

这两部作品表达了对社会习俗和自然哲学问题的讽刺和争论，故而与莫尔的《乌托邦》、康帕内拉的《太阳城》和培根的《新亚特兰蒂斯》为代表的早期传统作品截然不同，这些作品是通过虚构的旅行描写对理想社会的展望。相反，月球文明使西拉诺得以嘲弄我们自己的文明，通过对人类特质的夸张或对习俗和信仰的颠覆，他揭示了这些秩序的任意性。将理想社会的愿景拖下了神坛：我们的规则和标准一下子显得古怪而愚蠢，不过是在无数选项中做出的随机选择。这种现实视角自然是因地理和科学发现视野的扩张而萌发，意识到欧洲日常生活中的见闻不过是世间见闻的一部分。在西拉诺的新世界里，没有什么是行不通的，甚至是渎神论和异端邪说。

同时，《月球旅行记》折射出自然哲学在 17 世纪中期的一个聪明并受过教育的年轻人心中的印象。它有时令人困惑，是一种新与旧、神秘与"现代"、魔性与理性的合体。尽管牛顿和惠更斯的天文学还未到来，西拉诺对笛卡尔、伽桑狄的机械哲学和培根的实验偏差论都很熟悉（有传言说他自己动手制作了精巧的机械），在他看来这些秘密教授们——例如卡尔达诺、康帕内拉和笛卡尔理性主义者——的思想是一脉相承的。他笔下的英雄狄罗纳（Dyrcona）（作者名字 Cyrano 的变位词），在读了卡尔达诺的《事物之精妙》（De subtilitate）后幻想着能到月亮旅行。《事物之精妙》中说，曾经有两位老人拜访卡尔达诺，称自己是月球居民，然后就消失了。狄罗纳关于"月球世界跟我们的一样，对其而言地球是它的月球"的灵感受到了朋友的嘲笑，他回到住所，发现书桌上放着卡尔达诺的书，并摊开在相应的书页上。他将其解释为一种兆示，后来认定这本书是同一个月球居民留在那儿的，于是决定制造一台装置去往月球。他记得亚里士多德对露水蒸发的看法，认为太阳的热量会吸引水蒸气，他把许多装满露水的瓶子绑在飞船上，飞船停在阳光下，之后就升上了天空。但是途中他发现偏离了航线，于是打破了一部分瓶子并返回了地球。在空中，他发现身后的地球发生了旋转，他降落的地方不在法国，而在"新法兰西"，或者叫"法属加拿大"。

他被带去面见总督，解释了如何到达那里，却只换来了对哥白尼学说的怀疑。总督说，地球是静止的，假设他是被运动的太阳拉跑的，而不是地球在他飞行期间发生了运动，同样也能合理解释。就这样，两个人进行了一次日心说对地心说的友好辩论。颇具启发的是，狄罗纳第一次基于形而上的目的论而不是朴素的数学观进行了辩论。他认为，太阳作为宇宙中的热量之源，理应位于中央：

> 原因是，相信这个伟大的发光体绕着一粒浮尘运转——这毫无意义，就好比我们看到一个炉灶为了烤一只云雀而绕其旋转一样荒谬。

这些论述是为了阐明一种天体的"合理"排位，折射出目的和设计的等级观念，它也是引自哥白尼的说法，至少像任何惜墨如金的解释一样令狄罗纳信服。但是总督的回应一样令人惊讶，因为他也相信地球是运动的——但不是出于科学的原因：

> 我认为地球是在旋转的，但不是因为哥白尼宣称的原因，而是因为地狱之火。正如《圣经》所示，被禁闭于地球中心的那些受诅咒之徒，为了逃离燃烧的火焰而攀上拱顶，从而让地球发生旋转，好比狗在轮子里面跑步而让它转动起来一样。

这种看法与地心说并不相容，但是它用一种半幽默的方式展开了辩论，与科学驱动的哥白尼日心说对神学的托勒密地心说的传统辩论方式大相径庭。还应注意，西拉诺认识到，需要解释地球运动的驱动力——狄罗纳认为这可能源自"太阳的光线和影响"，也可能是因为地球阳面的露水蒸发得更多。不管怎样，总督被狄罗纳的推理说服了，承认他对托勒密宇宙论长期占上风到惊讶。关于这一点，狄罗纳解释为"大部分人只根据感觉做判断，他们只相信自己的眼睛"——这其实是培根哲学关于舍弃亚里士多德式的原始感官信仰的劝诫。

如果说狄罗纳的露水驱动式升空似乎很古典，他最终抵达月球的方式就更复古了，相形之下多明戈·冈萨雷斯的鸟驱动式飞行要现代得多。狄罗纳坠落在加拿大后遍体鳞伤,他用牛骨髓涂抹身体治好了瘀伤。然后他去查看飞船怎么样了,发现一队士兵试图用火药将其重新发动。他在引线刚刚燃着的时候跳上了船,飞船升空了,就像一艘文艺复兴晚期的"阿波罗号"——但火药燃尽之后,飞船又开始坠落至地面。但是狄罗纳发现自己仍在上升,脱离了飞船,他意识到是月球在吸引他上升,原因则是他用牛骨髓擦了身体:当时的人普遍相信,由于某种超自然的吸引力,月球会吸收动物的骨髓。

这实际上看上去像一种幻想中的月球飞行。不过,虽然西拉诺不见得真的相信这种升空方式有效,但显然他也不全是开玩笑。正如今天的科幻小说作家一样,他仅希望借此增加故事的可信度,以免读者产生厌烦而把书搁置一边。很明显,读者会因为对哥白尼和笛卡尔的欣赏,而容忍月球吸收骨髓这种想法。

西拉诺还向我们展现了万有引力概念的普及。他接受了威廉·吉尔伯特的观点,认为引力是一种磁力,会随着距离而减弱[1]——在其升空的某个阶段,月亮的引力会超过地球的引力。当然西拉诺也认识到,月亮比地球更小,所以其引力也会更"弱",但这意味着月球表面的引力与地球还是相同的,只是延伸距离要小得多。抵达月球后,狄罗纳先是遇到了一个地球人,说着流利的法语,自我介绍称他就是《圣经》里的以利亚。他说自己是乘坐着钢铁战车来到月球,战车是被前方一个强大的磁石拉着飞向天空。每次以利亚追上磁石,他便将磁石往空中扔得更远,然后被拉得更高——实际上是一种永动机的方案。以利亚说,月球就是《圣经》中的天堂之所,亚当和夏娃被上帝放逐后,为了逃离他的怒火,从这里出发去了地球。

---

[1] 在开普勒的《梦》中,他假设有一种引力,大小反比于距离,实际上引力的大小则反比于距离的平方。

真实的月球居民是巨型的"兽人"，用四肢行走，他们将狄罗纳视为某种古怪、罕见的动物。狄罗纳被训练了一些杂耍表演来取悦这些巨人，在表演的时候他结识了一个身材很高、灰色头发的老人，自称是卡尔达诺的神秘访客之一。他解释说，他还去拜访了阿格里巴、15世纪斯蓬海姆(Sponheim)的魔术师特里特米乌斯、浮士德(Trithemius)、诺斯特拉德马斯(Nostradamus)以及蔷薇十字会成员康帕内拉和伽森狄——反映了西拉诺故事智识传承的一份名录。最后，老人说他就是传说中与苏格拉底进行谈话的"魔鬼"——一种能在肉身间轮回的灵魂。他解释说，他的种族比人类更博学，是因为他们具有更丰富的感官，他证实人类有限的感官限制了我们获得某些在其看来是理所当然的知识：

> 宇宙中可能有上百万种事物，你需要上百万种不同的器官来了解。拿我自己来说，我的感官能告诉我是什么将磁石吸引至磁极，潮汐是怎么回事，以及动物死后会变成什么。除了通过信仰行为，你们人类无法获知这些高级概念——因为你们缺少与这类现象相对应的感官——就好比盲人无法想象是什么构成了美丽的风景，一幅画是什么颜色，或者彩虹各种颜色的细微色差。

狄罗纳被苏格拉底的魔鬼——现在已转世到一个月星兽人的身体上——带去见月球上的国王和王后，他被引见给另一个像他一样的"小动物"。就好像是一种如今被称为后现代的穿越，这个小人原来就是戈德温笔下的多明戈·冈萨雷斯——尽管没有明确提及冈萨雷斯这个名字，书中说他是一个西班牙小矮人，乘坐一具由鸟拖动的装置飞上了月亮。狄罗纳被当成人族中的女性，因此他和冈萨雷斯被安排在一起，希望他俩能够配成一对。

而实际上，这两人很快就开始了哲学讨论。西班牙人是一个自由派思想家，他离开地球是因为失望，找不到"一个允许起码的自由想象的国度"。他被带到月球之前正面临着宗教庭审,因为他持有反亚里士多德理念,认为自然界存在真空,没有任何物质比其他物质更重——一种多少被混淆了的观点,看上去源自于伽利略关于所有物体下落速度相同的观点。

尽管持有哥白尼学说的见解,狄罗纳现在被描绘为一个亚里士多德式的传统主义者,这显然是因为西拉诺需要有人来扮演这个讽刺性的角色。月星人之间开始争辩这些小动物的看法是不是有道理,狄罗纳学会了他们的语言,能为自己的观点辩护(当然不能算是证明)。然而,他的观点没有打动裁判。他们说,"你援引了许多这位亚里士多德的科学,很明显他是在让原理符合他的哲学,而不是让哲学应用于基本原理"。

这里,西拉诺全然放弃了书中角色的观点的前后连贯来嘲弄那些赞成本源而教条地拒绝经验的经院哲学家。在故事中,狄罗纳背弃了之前的所有看法,现在他坚持,在地球的时候他就起了疑心,怀疑月球就是亚里士多德宇宙论中那种传统的光滑圆球。

> 他们都这么对我说:"但是,你从这儿能看到地球,还有河流和海洋。它们又算什么呢?"

> "那没关系!"我反驳道,"亚里士多德告诉我们,只有月球是特殊的,要是你敢在我学习的课堂上质疑这点,你早就被嘲讽了。"我说到这里,对方哄堂大笑。

不过月星人也好不到哪去。他们认为,狄罗纳宣称地球上有居民,而不是一颗毫无生气的月球,这是一种无神论的异端邪说。因此,他们决定将他淹死。作为对伽利略受审的滑稽模仿,狄罗纳被国王准予释放的条件是公开收回他的主张——他接受了,说"这就是牧师们确保对你有好处的信仰"!

在这些方面,《月球旅行记》突破了对哲学式谈话的嘲讽,跨过了危险的边缘。法国上层社会不太可能喜欢青铜阴茎这类粗俗的幽默——这被月星人视为高贵的标志。当狄罗纳解释说地球绅士宁愿佩戴宝剑时，月星人震惊了："这种国家也太不幸了，生殖的符号视为羞耻，杀人的工具却视为高贵！"更为大胆的是对话中对基督教信仰的攻击，狄罗纳与苏格拉底的魔鬼进行了辩论，试图通过耶稣复活来捍卫灵魂不灭的观念。"是谁在用那种神话故事给你洗脑？"魔鬼反问道。狄罗纳对魔鬼的无神论出离愤怒，但魔鬼用毁灭性的逻辑反击了著名的帕斯卡的赌注：

> 如果不存在上帝，你和我就没什么好争的了；相反，如果存在上帝，我不可能亵渎到我根本不相信其存在的东西，因为犯罪的前提是人了解罪孽，或希望罪孽发生······①全能的上帝应该不会因为我们不承认他而生气，因为正是他没有赋予我们了解他的途径······如果我们对上帝的信仰是必须的，换言之，如果不信上帝，就不得永生，那么上帝自己难道不会像让太阳众所周知那样地敞开真相吗？反之，假装跟人类玩躲猫猫的小孩子把戏，说一句"哈，我在这儿"！一会儿藏起来，一会儿又现身，对一些人伪装身份，又让其他人看到，这不是把自己塑造成了一个愚蠢或恶意的主吗？

西拉诺知道，公开支持这类观点过于危险，因此避免直接谈论它。狄罗纳称这些观点为"荒谬而恶毒的看法"，开始担心这位魔鬼同伴本人就是反基督者。怕什么来什么，他们两人突然被一个巨大的长发黑鬼抓住，并被带回了地球，不过狄罗纳怀疑他的同伴还会被打入地球中心的炼狱。但是这样的虔诚骗不了人——西拉诺当然没有这么安排他的无神论之辩，故事对结局未加说明便匆匆拉上了幕布，除非他本

---

① 不可否认，这里的神学比较肤浅，即便根据常识也能提出相同的看法。

来想用这样的结局来引发读者的共鸣。他的朋友亨利·勒·布雷特
(Henri Le Bret)明确承认,是他删掉了书中猥亵和渎神的段落——完
整的版本直到 1920 年才出现。

《太阳上的国家和帝国》并非第一本书完成后的设想,而是在月球
旅行期间构思的。第一本书提到,第二本书是在魔鬼的晚宴上,一位
年轻的哲学家送给狄罗纳的(事实上是一本超越时代的书)。非常不
可思议,它其实不是一本真正的书,而是一种有声书——一部钻石和
珍珠做成的机器,含有录音资料,播放的时候用移动的唱针来选择目
录。正是通过这种便携易懂的装置,月星人得以在幼年学习大量的知
识,因此他们"16 或 18 岁的年轻人比我们灰白胡子的人懂的都
多"——一种培根式的教育工具,令人想起康帕内拉《太阳城》里的
壁画。

这种自我指涉的结构在第二本书开头得到了延续,其中提到狄罗
纳发表了《月球上的国家和帝国》,并且赢得了一片赞誉——版画家们
售卖他的画像——以及丑闻。一些人相信他是个巫师,他被一个暴民
抓了起来,起因是在狄罗纳的鞍囊里发现了笛卡尔的《物理学》,这被
认为是一本巫书,其中的天体力学几何图形被当成恶魔召唤的象
形图。

有过这些越轨经历后,狄罗纳想出了另一部通过空间旅行登上太
阳的小说。其中,西拉诺重新拾起原子论者关于真空是否存在的争
论,而亚里士多德对真空是否定的。他的小说主角制作了一个箱子,
里面可以站一名乘客,箱顶上装有一个空心的水晶二十面体,利用透
镜将照射其上的太阳光聚焦。水晶内部的热空气通过顶部的管子排
出,补充空气从下方涌入。这种空气吸入机制推动机器向上运动。
(暂且忽略这个原理:恰恰相反,任何物体在产生热气流的同时会受到
向下的推力。)

西拉诺清楚地知道太阳是一个巨大的热源，所以需要另一种隐晦的哲学花招来把故事说圆。他解释说，真正在太阳里燃烧的"不是火，而是与火相连的物质，并且太阳之火只能与这一种物质相连"。他的太阳之旅为哥白尼学说提供了方便的确认：他看到了地球的确在绕着太阳运转，行星并不是恒星，只是因反射了光线才发光。

狄罗纳发现，太阳被分为了许多个王国（kingdom）、共和国（republic）和邦国（state），不同种类的自然实体分别居住在不同的地方，例如鸟类、植物和石头。鸟类是从地球飞来的，因为它们有飞向太阳的天性。但是现在太阳上主要的居民是哲学家，他们是地球上刚死去的人的灵魂。地球所有逝去的灵魂都来到了太阳，但大部分都成为了太阳质量的一部分；只有哲学家的灵魂留了下来，因为他们是由不可分解的粒子组成的。狄罗纳从他在一个巨大的太阳平原上遇到的老人口中得知了这些情况，这位老人不是别人，正是托马索·康帕内拉。他说自己正要赶去与刚刚来到的笛卡尔的灵魂见面（笛卡尔死于1650 年），他对笛卡尔的《物理学》十分推崇。就在老人和笛卡尔相遇并彼此拥抱的时候（也可以说是磁学与力学的统一），这个不完整的故事戛然而止。

太空狂喜

不太好说西拉诺的这些极富创意的作品背后的诉求是什么。尽管在精神上是进步的，他并不属于任何一个智识阵营，更像是对世界的多样化观点充满了热情。接下来的问题是，戈德温和西拉诺的书是否只是纯粹的娱乐作品——或者说域外的旅行故事，后者仅多了些讽刺的味道——还是说希望读者将这些故事视为对某个严肃观点的虚构性演绎。这里我们不得不承认，对于月球上——也许还有其他行星上——拥有居民的设想，在当时而言，比如今要更为瞩目。在亚里士多德和托勒密的宇宙观中，天体的"目的"是以地球视角进行探索的：纵使地球未被纳入宇宙天体的完美设计中，天体仍然围绕着地球中心，天体的运动与地球上的活动相关联。这种唯我论的观念被哥白尼学说所颠覆，更狭义地说，遭到了文艺复兴时期航海发现的削弱，两者都给人们强加了一种可能性：除了我们自己的视角外还有其他视角，或者我们所知的世间之事在某种意义上是微不足道的。确实如此，与我们的世界相似的世界越多（例如伽利略的月球），地外生命存在的可能性就越大，否则上帝为何不计麻烦地赋予这些天体这么多地理学细节？在 17 世纪中期，月球拥有大气、水和陆地是一种普遍的观点；其余的事物由此衍生。在这个意义上，描写月球文明的幻想小说与描写某个遥远太平洋岛屿文明的幻想小说在本质上没有太大区别。

于是，问题并不在于这些想法在科学上是否合理，而在于其在神学方面的意蕴，正是这一点为乔尔丹诺·布鲁诺招来了麻烦。其他世界是否有基督信仰？或者他们是否也有自己的耶稣承诺救世呢？

在其《狂喜的旅程》（*Itinerarium exstaticum*，英译名 *The Ecstatic Journey*，1656）中，阿塔纳斯·珂雪回避了这个问题，他将宇宙描写为无生命的。珂雪叙述了他如何在听完一场诗琴演奏后徜徉于这样的想象：被一名天使带到天堂，在那里他可以仔细查验其他的行星和恒星。他坚持说，所有其他的世界，都是荒芜的。在他的托勒密宇宙中，这些世界都是地球活动的占星学产物，但它们却不是亚里士多德原本所指的星球。珂雪解释说，有些邻近地球的行星是阴沉荒凉的地方：火星是一片漆黑的地域，充满烈火和浓烟，土星则昏暗而阴郁。但是金星和木星上有清甜的水和由水晶和银组成的发光的陆地，它们对人类投射着良性的影响。（也许基督徒是在金星之水中受洗？他很好奇。）对珂雪而言，恒星如太阳一般拥有自己的（哥白尼学说！）行星系统，但一样没有生命。

《狂喜的旅程》采用了与西塞罗的《西皮奥之梦》(*Dream of Scipio*)和开普勒的《梦》相同的"梦中之旅"的传统比喻。谁也不知道珂雪是不是真的认为他有过类似的经历；这种设计只是他的天启宇宙观对不可触及之经验的推想。但显然他确实认为"可以从托勒密式的地球上前往天体"。在《巴别塔》中，带着某种诙谐和欣赏，他逐字逐句检查了巴别塔传说的合理性。巴别塔相传是诺亚的曾孙、古代国王宇录修建的，用以攻占天堂，替被上帝毁灭的祖辈们复仇。珂雪问，这个塔得有多高才能达到最近的天体，即当时被认为距地球 200000 英里的月球呢（约为地月真实距离的一半，珂雪给出的准确数字是 178682 英里）？他总结道，"月球重量会达到 300 万吨，这样庞大的物体伸展在太空中，会使地球所在的引力中心发生偏移，把地球从宇宙中心的位置拉开"。这种实用力学和昏聩的《圣经》实在论的结合完全反映出珂雪的特色。

与侯爵夫人的对话

西拉诺的旅程是一段古怪的闹剧，珂雪的旅程是一种神秘的愿景，而法国作家伯纳德·德·丰特奈尔则向 17 世纪的读者献上了对其他世界的一种推测性解释，兼具了科学上（在当时知识水平限度内）的精确以及极度的诙谐和优雅。这种罕见的组合方式反映了丰特奈尔自身的个性。他是一个充满魅力而优雅的人，这种特质使他可以不畏责难地谈论他钟情的事物，同时其犀利的思想又确保了诙谐风趣后面的实质内涵。

丰特奈尔的《关于宇宙多样化的对话》(*Conversations on the Plurality of Worlds*)初版于 1686 年，完美阐释了他的写作技巧。为了安抚神学家，他使用了大量此类手法。本书的叙事者——一位哲学家，在做客侯爵府时与美丽的侯爵夫人进行了五个晚上的系列对话①,本书中这种对哥白尼模型的阐述方式,传递了对我们卑微的、其实是被偶然选中的宇宙之所的一种令人震惊的寓意。不仅是地球可能会偶然地成为太阳系中的其他某个部分,——比如说木星的卫星——而且丰特奈尔解除了行星和恒星的界限。他再次断言,每一颗恒星都是太阳,并且有自己的行星系统,其上都住有与我们相似的居民。正如约翰·多恩所欣赏的,仔细思考这个观点会让你不知所措,甚至感到恐惧。侯爵夫人对此有相同看法,她惊呼道:

> 宇宙如此之大,我迷失了自己。我再也不知道我身在何处,我什么也不是……这令我困惑、烦恼、害怕……没人知道上帝如何从这大千世界中选中了我们。

尽管丰特奈尔明白,其他有居民的世界会给神学带来复杂性,但不能说他对此有多在意,书中哲学家的断言纯粹以推测方式展现,这种预防措施使他(指作者本人)不必对其观点承担连带责任。他笔下的外星人都不是人类,这种保证其实完全不能解决外星人是否也有灵魂救赎的问题。无论如何,当《关于宇宙多样化的对话》在初版第二年被列入黑名单时,丰特奈尔显得毫不在意;在后面几十年里,他继续出新的版本,紧随天文学(以及政治)的最新发展。在此期间,他的名声和影响力达到了顶峰。因为擅长与同时代的科学家培养关系,他于 1697 年成为法国科学院秘书长,活到了 99 岁高寿,并且于去世前 15 年,也就是 1742 年出版了此书的最终版本。

　　哲学话语的对话文体素有渊源,但是丰特奈尔赋予了它新的表现形式。哲学家与侯爵夫人的交流是轻松和非正式的,甚至带有小说意味——这位哲学家与高雅的女主人调情,女主人玩笑似地又很坚决地阻止了这种愚蠢行径,请他回到科学话题上。对于听到的内容,她先

---

① 在后来的版本中,丰特奈尔增加了第六晚。

是着迷、雀跃，后来陷入恐惧和沮丧，尽管缺少任何在天文学和自然哲学方面的训练，她显然与叙事者有着相当的智力，能够马上吸收他讲给她的东西。在这方面，丰特奈尔不仅向受教育读者展示了历史上最出色的通俗科学作品，他还挑战了当时盛行的观点——认为这类内容超出了女性纤巧大脑的理解范围。当 18 世纪的妇女们开始组织哲学沙龙以及直接参与科学研究时，丰特奈尔为这些逐渐成长的"科学女性"提供了原型基础。为了这些崭露头角的女性大师，工具匠人开始制作精巧的显微镜（比望远镜更加便宜、易用）。正是以这些女性为原型，汤姆斯·莱特（Thomas Wright）于 1693 年将莫里哀（Molière）戏剧《可笑的女才子》（*Les Femmes Savantes*）改编成《女性大师》（*The Female Virtuosos*），普赛尔（Purcell）为其配乐作曲。

把丰特奈尔当成女权主义先驱是有点扯远了——他的主人公遵从盛行的宫廷情爱挑逗的传统——不过，相对于 17 世纪文化中科学或非科学方面的令人窒息的厌女倾向和对女性的屈尊降贵，《关于宇宙多样化的对话》仍然传递了一种耳目一新的变化。"比起各种对女性教育的看法，丰特奈尔笔下的侯爵夫人要走得更远，她做了许多证明两性平等的论述"，历史学家尼娜·拉特纳·基尔巴特（Nina Rattner Gelbart）说。这本书最早的英译本［以游记《新世界的发现》（*A Discovery of New Worlds*）为题出版］是女性剧作家阿芙拉·贝恩（Aphra Behn）于 1688 年完成的，这当然并非巧合——尽管贝恩对内容有些许担心，承认可能"有人会把丰特奈尔当成一个异教徒"。苏珊娜·森特利弗（Susanna Centlivre）被认为是贝恩之后"英国戏剧界的第二位女性"，其戏剧作品《巴塞特的餐桌》（*The Basset Table*）是对女性的态度发生转变的标志性作品。该剧的女主角是一位"哲学女孩"，名叫苏莱里娅（Valeria），她没有在鸽子头上学它咕咕叫，而是将鸽子解剖以查验其是否具有胆囊。她的情人祈求她与其私奔，苏莱里娅大声惊呼:"什么？要让我跟我的显微镜说再见吗?"

丰特奈尔笔下的哲学家为哥白尼学说的宇宙做出了也许是迄今为止最容易理解的最佳论证,他解释道,只要完成想象的飞跃,从不同于地球的位置上观察行星的运动,托勒密学说体系中的复杂性就会随即消失。侯爵夫人觉得这很有意思,而且被这种说法说服了,她将其比作数学经济学:"您的哲学就好比一种拍卖会,在拍卖会中那些以最小的代价完成同样工作的人会胜出。"丰特奈尔对机械哲学的呈现方式尤其精彩(他用笛卡尔的涡流理论来解释行星的运动)。在外行看来,笛卡尔或牛顿对现象的力学解释描述了一个冰冷荒凉的宇宙(现在依然如是)。然而,丰特奈尔的哲学家对机械哲学进行了忏悔,甚至是带着悔恨的致歉,让哲学看起来像是一种不幸的必然,但丝毫不损及他论述中的幽默和人性:

> "在那种情况下",侯爵夫人说,"宇宙会变得很机械化"。"非常机械化",我回答道,"以至于我担心很快我们就会为它而羞愧。他们希望大尺度的宇宙跟小尺度的手表一模一样,这样所有的物体都会依照其结构而规律运动"。

以上论述证明,在让知识更易接受的同时而不损害知识的完整性是可能的,直至今日,它仍是科学传播者使用的一种有效方法。

另外,哲学家的非教条主义已经到了有时会激怒侯爵夫人的程度。她刚刚接受了他的论述,他就立即修改为另一种替代观点。他指出,月球上有大陆(月表发亮的区域)和海洋(月表发暗的区域)——不过话说回来,因为月球上没有云,也许那里根本没有水:"这些发暗的海洋也许只是巨大的坑洞。"但是,或许月球大气有不一样的特性,导致水蒸气无法凝结成云……他使用半幽默的手法,按照行星居民体验到的太阳温度,为他们设计了相应的特质:金星人极为活泼热情,水星人必须被水煮到发狂,使他们的行星变成"宇宙中的疯人院"。可是话又说回来，可能也不是那样。哲学家说，也许水星完全是由硝石组成的，产生的蒸汽温度很低。

也许在对其他世界生命的想象中，丰特奈尔与众不同的是对星际航行技术的乐观态度。他没有使用梦之旅的手法和西拉诺在物理上荒谬至极的太空飞船，只是简单提到"飞行的技术刚刚诞生了；它会更加完美，有朝一日我们将前往月球"。他说，这不过是期望过去2个世纪以来的伟大发现和征服航程能够延续而已："对美国人来说，广阔的海洋看上去是不是比以往更容易渡过了？"毫无疑问，直到今天仍有许多美国人认为人类的太空飞行体现了哥伦布的精神；于是，即便是在17世纪，将殖民企业的贸易、统治权和利润不是纯粹的好奇心视为星际旅行的初心就再正常不过了。

遇见外星人

为外星生命建立严格的科学档案，而又不损害《圣经》权威，此方面的首次尝试由克里斯蒂安·惠更斯在晚年时完成。他在1695年去世前几个月完成了这份手稿，此书献给他的哥哥康斯坦丁（Constantijn），出版事宜也委托给了康斯坦丁。1698年，惠更斯的《被发现的天上世界》（*Cosmotheoros*）终于以拉丁语和英语出版，随即发行了荷兰语、法语和德语版本。此前，新世界的数量仍然在继续增加：惠更斯自己于1655年发现了土星最大的卫星，称为"大力神①（Titan，土卫六）"；17世纪70年代，在巴黎天文台工作的意大利天文学家乔瓦尼·多米尼克·卡西尼（Giovanni Domenico Cassini）又发

---

① 大力神是太阳系中现在所知的最为特别的世界之一：它不是一颗裸露的石球，而是由又厚又浓的大气环绕（大气由氮气和碳氢化合物组成），有雨水，有河流，可能还有液态甲烷形成的浅海。因此，它是存有地外微生物生命的候选地，尽管它与地球的环境完全不同。美国宇航局于2005年向土卫六派出的探测登陆器以"惠更斯"命名，携带此探测器的轨道飞船以"卡西尼"命名。

现了土星的四颗卫星。

惠更斯坦承,对了解新天文学进展的任何人来说,其他行星存在生命的可能性几乎很难落空:

> 认同哥白尼学说的人,认为我们的地球是一颗行星,人载于其上运转,承太阳之光辉,这与其他人并无二致;然而他们有时会幻想,也许其他行星也有自身的地理条件,进而与地球一样拥有居民;特别是当他想到哥白尼时代以来的种种发现(包括木星和土星的卫星以及月球上的平原和丘陵)被用来论证这些行星与地球的亲缘关系,同时作为哥白尼系统真实性的证据。

他认识到有很多人在他之前——他提到了尼古拉斯·德·库萨、布鲁诺、第谷和开普勒——已经提出了这种想法。但是他称其中一些想法纯粹只是非正式的推测(他尤其看不上珂雪的《狂喜的旅程》,认为其"毫无内容,仅仅是一堆空洞不合理的东西")。相反,现在他提出要以严谨的哲学态度来检验其他行星上的生命证据。

惠更斯承认,有些人会嘲笑这种想法,正如他们嘲笑所有的科学推测是"爱空想的脑袋和错乱的神经的梦想"。另外一些人会把对这些事物的好奇心视为错误。"但如果我们永远局限于一种狭隘的视野",惠更斯说,"我们将永远无法发现任何新东西,而且永远只会受我们所了解的大自然的摆布","他们可能会说,不应由我们来对这些事物如此勤学好问,这应该属于造物主的自备知识……(但是)人类被赋予了无限的勤力和敏锐的智慧,就是为了在自然探索之路上前行,这样的探寻没有理由停止"。

为了与《圣经》保持一致,惠更斯重申了《圣经》并非意在对自然界进行详述的观点:例如,它没有提到"木星和土星周围的'矮个子绅士'",这个事实已经无法否认。我们愈了解宇宙,"我们就愈是崇拜和尊敬上帝,所有这一切的创造者"。

　　明确了其他行星的宜居性并非是徒劳的问题，惠更斯开始提出支持该结论的证明。以下内容牢牢建立在哥白尼原理的基础上：地球现在被视为与其他行星一样，故而可以推论这些行星必定住满了生物，生命是上帝智慧和能力的最高证明。一种可以说是循环的推理——对其他世界事物的安排必须与我们相同，否则我们就会是特殊的①——使惠更斯得出结论，认为这些行星上的居民必然也包括与人类相似的物种，拥有类似的身体、感官、情感，甚至有类似的社会、文学、科学和音乐。这种推论的结果必然是一个种群繁多、包含无数个美洲的宇宙，由此而生的调查将永无止境：

> 关于这个浩瀚无际的宇宙，我们有了一幅多么美妙绝伦的图景！这么多太阳，这么多地球，而且每个上面都遍布着花草、树木和动物，点缀着众多的海洋和山峦！而思及恒星相距之辽、数量之众，我们又该如何惊叹和钦慕呢？

然而惠更斯相信，月球不是像地球一样的行星，而是一个干燥的地方，没有大气，很可能没有生命。不过根据当前有关月球水的争论及其对月球基地的意义，惠更斯的结论具有令人吃惊的前瞻性：

> 如果我们能够确定月球上有水，哪怕就一次，那么我们也许就能达成一致，在那里建立一个殖民地；然后让它享有我们的大部分特权，并且与色诺芬尼一起，为它添上居民、城市和山峦。

这就回到了伽利略的荒芜、空荡的泥土之球的月球图像。哲学家严苛的推理碾碎了月球作为新的生命、文明和探险之乡的梦想，将所有奇迹和生命从其中剥离。是的，望远镜展现了宏观世界里未曾预料的多样和多元，但是它也展示了看来是上帝敷衍作业且未曾完工之所：在

---

① 在搜索地外生命时，一样的推论仍然沿用至今。例如，因为地球生命离不开水，则他处的生命也必定需要水。

这里我们的好奇心一无所获。我们将会看到,通向微观世界的旅程最终走向同样明显的穷途,同样的理解受挫,同样的初心不再;进入不可思议的真空,任何魔法未曾触及之地。

第 9 章

自然的解放与约束

远离实验的推理根本不值得信任。

——罗伯特·玻意耳,《自然哲学》(*Of Naturall Philosophie*,17世纪 50 年代初)

依我看,自然哲学之所以能从种种微妙的、超然的或令人愉悦的思辨之中发轫并持续生长,机械史在其中发挥了最根本的作用。

——弗朗西斯·培根,《学术的进展》

托马斯·斯普拉特的《皇家学会史》卷首插画在展现皇家学会制品时巧妙地突出了细节。它由约翰·比尔(John Beale)和约翰·伊夫林设计①,由温塞斯劳斯·霍拉(Wenceslaus Hollar)刻版,后者被阿伦德尔伯爵(Earl of Arundel)从"三十年战争"废墟里拯救出来并带到英格兰。坐在中间位置的是——查理二世的半身像,皇家学会的"创

---

① 这张图本来不是为斯普拉特的书而制作,比尔准备将它用在给皇家学会的一段类似的颂文中。后来颂文活动取消了,比尔于是建议把已经开始雕刻的版画用在斯普拉特的书中。

立者和赞助人"，一旁的布朗克尔勋爵（Lord Brouncker）——皇家学
会的第一任会长——尽职地吸引人们注意这一事实。基座的另一边
坐着弗朗西斯·培根，以此纪念他对皇家学会的奠基哲学的贡献。在
背景处，围绕他们排列着皇家学会在实验、测量和实践应用方面的贡
献：钟表、圆规和某些旋转式器械。在这些机巧的装置中有一样格外
醒目，只有行家才明白它的妙用。它看起来像一个置于地面的球体，
连到一个装有曲柄的箱子上：一种令人印象深刻但功能不明的机械。
就此而言，它传递了一条重要信息：该种新哲学依赖于某些远超出普
通人知识范围和获取途径的技术。

托马斯·斯普拉特的《皇家学会史》（1667）。左边是学会
第一任会长布朗克尔勋爵，右边是弗朗西斯·培根。半
身像是赞助人查理二世。空气泵位于国王的正左方

这种仪器属于罗伯特·玻意耳，此前他刚把原件捐给了皇家学会。它的意义不仅是作为探索实验哲学的专业仪器的一个代表，而且是其中的典范。它是一个空气泵，一种通过手动活塞泵从玻璃圆罩中抽出空气的机械设计。它是 17 世纪所知的最为复杂的仪器——被称为那个时代的回旋加速器——《皇家学会史》的卷首插画宣告了皇家学会为它感到与有荣焉。

在实验科学中，空气泵是很新的发明。在所有的仪器技术中，望远镜和显微镜处于末端，是为了帮助我们更清晰地观察已有的事物。早期化学家使用的长颈瓶和曲颈瓶是为了容纳和引流物质，为物质反应不受干扰提供一个密闭空间。但是空气泵使自然界没有发生和（被认为）不可能发生的操作成为可能，它创造了一种人工环境：一个没有空气的空间。

它做到了吗？这是问题的关键。被强制处于一种非自然的状态，自然真的能以这种方式改变吗？假设可以，我们又能从中学到什么呢？再怎么强调这个问题对实验哲学的重要性都不夸张。睁大眼睛专注于所有眼花缭乱的自然多样性，拒绝和否认关于自然的任何问题，这是一回事。但如果问题不限于此呢？如果人创造出超越自然之外的微观世界，彼时又该如何？哪里才是好奇心的边界呢？

在科学史中，将空气泵比作现代粒子物理学的机械已经是老生常谈了，然而这不止是空洞的比喻。由空气泵带来的问题和谜团与当前的大型强子对撞机（LHC）及其加速器家族所带来的非常接近。首先，只有专家才懂得如何操作这些仪器并且如何解释其观测结果。实际上，也只有专家才略微知道应该向仪器提出什么问题。两种装置的目的都是在自然中创造反常现象：在世界的一小部分地方，"正常"规则不起作用。这看上去不仅是巧合，正如空气泵试图从密封的空间内部抽出空气，大型强子对撞机的隧道也必须抽成真空，以获得超过星际空间的真空度。现在我们已习惯于这种观点，认为宇宙中存在缺少空气并且没有物质的地方，但是大型强子对撞机必须制造出一个比宇宙还"空"的空间才能工作。

最大的麻烦是，我们如何能确定，这种人造的微观世界仍然遵守与自然界相同的规则？在 17 世纪的目的论哲学中，这是一个非常严重的问题。事物在自然中发生，是因为上帝的安排，而实验室中发生的事物是出于实验者的安排。为什么一个要从属于另一个呢？这样一来，实验者不就成了某种微观世界的上帝了吗？

此外，当人工条件的创造要求大量成本和专门技能时，科学对复证那种众所周知的依赖会怎么样呢？通过独立实验和玻意耳对空气泵的观察来为一个人自己进行的验证的难度丝毫不低于重现大型强子对撞机揭示的结果所带来的挑战。如果这就是实验好奇心指引我们前行的方向，我们是否能够确定：好奇心除了它似乎能制造的环境外还能带来其他同样不菲的回报吗？非自然实验真的能教给我们关于自然的道理吗？

被改变的状态

当弗朗西斯·培根提倡制备某种现象的详尽"历史"时，他的意思不只是我们必须记录下自然界中发现的一切，包括"偏差和怪物"。我们还必须揭示自然做了什么，他说，"当使用了艺术和人的双手，自然就被迫脱离其本质状态，被挤压，被铸模"。这是当今科学的一种常规手段：将物质冷却至极低或加热到极高的温度，对其施以相当于地球内核中的压力，或将其置于足以浮起一只青蛙的强磁场中。化学家煞费苦心，不仅为了制造非自然状态的分子，也为了测试断裂点处的化合理论。生物学家利用基因组合，制造出通过进化永远无法产生的生物体。这其中的原理是普遍而清晰的：极端的条件和环境用来测试我们的理论在其极限处的表现，揭示未知的新定律和新运行方式（例如量子理论所阐述的），并可以产生有用的新材料和新机理。

这种事其实不算新鲜——旧石器时代的人已经发现通过加热可以把自然材料制成可用于洞穴艺术的新颜料，合成化学术在古埃及是一项高超的技艺。然而自古以来，自然物和人造物一般被认为分属不同的范畴：由传说中的炼金术制成的黄金被认为与地下掘出的黄金完全不同（通常是劣于后者）。弗朗西斯·培根开始挑战这种先入之见，批评了"这样的说法：艺术似乎是与自然不同的东西，结果人造物与自然物就像完全不同的种类，应该区别对待"。他的感受则正好相反，"人造物与自然物的区别不在其形式或本质，而在于效率"，也就是说，虽然制造来源不同，但它们的结果是一样的。虽然没有明确表达，但他暗示了，自然界与其通过人工手段而转变的方式是有连贯一致性的。

这绝非是显而易见的。对差异的偏执确实是我们"自然成分比合成物更加安全"这一文化信念中所有待克服的（微生物学家会拒绝承认）。这其中意味深远。在一个自然行为被认为含有目的、甚至存在代理人的时代，没有清晰的理由可以假定人类可能做到的理应受到自然定律的约束，反之亦然。这就好像一个人声称拥有另一个人的所有才能和潜力。主张普通定律可以主宰自然以及人类行为是现代科学的一个核心元素；尽管培根没有以同样的方式形成或设想这个观点，但他其实通过对统一自然和人工的尝试已经开始这么做了。

对其他人而言，从"被迫脱离自然状态"并且"面对审判和烦恼"的自然界获得真理，就好比通过拷问来获得可靠的证词一样的不合理。这是由托马斯·霍布斯提出的对实验哲学的主要异议之一。霍布斯认为，通过"挤压和铸模"自然的仪器来归纳知识，这是荒谬的。它们至多能产生仅适用于特殊环境的观测结果——这又有何用？我们会看到:科学仪器可能会带来的扭曲效应会成为批评家质疑大师们的一个最强理由——质疑他们如此热衷于实验到底价值何在。

这绝非霍布斯对实验研究产生怀疑的唯一原因。首先,他要求了解为什么自然界如此多样的环境尚不足以揭示所有必要的知识:"难道你不认为,以九天之阔、海洋之辽、大地之远,(实验环境)已足够多吗?"另外,他不能理解,为什么实验哲学家需要进行如此广泛和重复的研究项目。如果你不得不求诸实验,为什么一个实验还不足以让你了解需要的知识呢? 这些异议让霍布斯与皇家学会处于对立状态。尽管人们普遍承认他是英格兰最杰出的自然哲学家之一,但他却未入选皇家学会成员。① 当他与玻意耳就仪器实验和操作的地位陷入苦战时,争辩的是如何开展科学研究,如何获得知识,而其实质是关于好奇心的施用方式。

滴落的水银

空气泵的例子是关于实验作为自然定律之窗的辩论的绝佳说明。空气泵是自然哲学家的旗舰作品,是最受敬仰的代表人物罗伯特·玻意耳所钟爱的仪器。如果证明空气泵可以阐明自然界的玄机,全部的实验计划似乎就得到了正名。同样地,如果空气泵的研究失败了,所有的一切都将陷入被质疑的境地。因此,于阴影之中伫立于布朗克尔和培根身后的球体承载了巨大的责任,它是新科学的象征,也是其可信度的衡量工具。

在其他层面,还存在许多利害攸关的矛盾。空气可以从玻璃容器

---

① 不得不说,他未能入选的原因还不止于此,还因为学会没有形成多种观点的公平局面。还有证据表明,霍布斯被认为是一个不易相处的人;他的好辩、教条、喜欢挑衅等性格特点违背了成员们提倡的绅士行为准则。在他们看来,皇家学会没有吸纳这位易怒的仁兄是明智之举。

中被全部抽出，这种假定对经院哲学提出了一项最根本的挑战，因为经院哲学认为自然界不存在真空。亚里士多德"自然厌恶真空"的格言也源于原子论的假设之上——如果所有事物都由原子组成，原子之间又是什么呢？只能是真空了。并且，如果没有真空，就没有原子可以移入的空间，运动又如何发生呢？这里就出现了一个例子，说明好奇心如何从空气的行为这个看似愚钝的问题中，——开启了世界如何构成的这一深刻问题。

认为自然厌恶真空是一回事，假定自然禁止真空是另一回事。自然的人格化看来只暗示了一种倾向，而不是铁律：大多数人都厌恶污秽，但污秽依然存在。参考用泵抽水的经验，比如在避免矿中淹水的例子里，表明自然容不得一丝空隙：当空气被抽出后，水立刻流入并将空隙填满，说到底这正好是水泵的工作原理。那么这种情况有可能被打破吗？可以强迫自然接受一种违背她意志的环境吗？

长久以来，人们就知道水泵无法将水提至一个特定高度——一般约为 34 英尺，尽管在高于海平面处进行实验，结果会略低于此极限。这对需要从深井中抽水的采矿工程师们提出了难题。较为笨拙的解决方案是分阶段将水抽出，每次抬升约 30 英尺，这种方法详述于乔治·阿格里科拉（Georg Agricola）的采矿指南《论矿冶》中。为什么是这个极限呢？自从 1630 年收到热那亚数学家乔瓦尼·巴蒂斯塔·巴拉尼（Giovanni Battista Baliani）的信件（信中指出 34 英尺是水泵或虹吸管的抬升极限）后，伽利略终其一身都在挑战这个问题。伽利略怀疑这起因于所谓的自然对真空的厌恶。如果水位再升高一点，水自身的重量会导致其崩碎，从而产生真空。因此在其《两种新科学的对话》中，伽利略将水泵的工作高度极限归因于"真空阻力"。

1640—1643 年间，在罗马工作的曼图亚数学家加斯帕罗·贝尔蒂（Gasparo Berti,）设计了一个实验，判定以上问题是否与真空有关。

他架起一个 36 英尺高的垂直铅管,在其上端加装了玻璃圆帽。在导管中充满水,打开导管底部,让水从下方流出,于是水位下降至 34 英尺,这时玻璃圆帽的一部分变空了。那么空出来的部分是什么? 贝尔蒂怀疑它就是真空。其他人,包括阿塔纳斯·珂雪,对此实验不屑一顾。

在伽利略 1641 年逝世前 3 个月,他愉快地接受了阿尔切特里的意大利哲学家埃万杰利斯塔·托里拆利(Evangelista Torricelli)的到访,此前他已与托里拆利通信了一段时间。托里拆利对伽利略的《两种新科学的对话》表达了热情洋溢的赞美,但是对自然"恐惧真空"的假定存有疑问。托里拆利怀疑,水泵中的水之所以上升,并非是"履行"亚里士多德的"职责",在空气被逐出后流入以避免形成真空,而是被大气压力主动"推"上去的——他将大气称为"空气之海"。

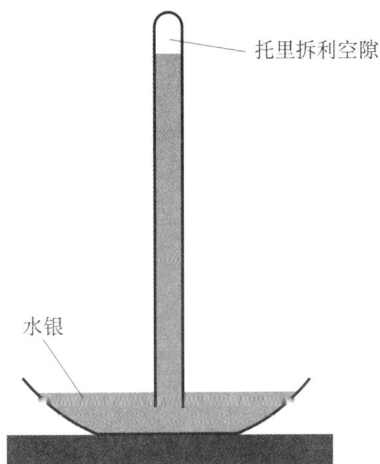

加斯帕罗·贝尔蒂于 17 世纪 40 年代早期发明的水柱气压计。它是一种不太易用的装置:一段 36 英尺高的铅管,顶上加装了玻璃圆帽(见左图)。埃万杰利斯塔·托里拆利意识到,同样的设计可用来制造更易操作的仪器,使用倒置的填满水银的管子(见右图)。那么,当水银柱下降后,顶部余留的空白空间是什么呢?

托里拆利认为,他于 17 世纪 40 年代早期进行的实验证实了以上假定:这是贝尔蒂方案的一种变形,但是要轻便得多,他使用了远比水重的液体——水银，水银把液柱的极限高度从 34 英尺降至 3 英尺以下。他用水银填满一个底部密封的长玻璃管，汞柱在管中下降一小段距离，然后就停止了：管中的水银液面并未降至与碗中的水银液面相同的高度。托里拆利论述说，这是因为管中的水银被碗中水银上方的空气重量给托住了。如果把我的装置带到山上（带一根 36 英尺长的铅管上山并不容易），管中的水银液面会下降得更多。[①] 托里拆利说，这是因为在比海平面更高的地方，空气向下压的重量更小：正如我们现在的说法，气压随着海拔升高而降低。而在真空中，管中的汞柱依然会下降，但与碗中的水银下降的一样多。靠着这个实验，托里拆利实际上发明了气压计。

问题的关键不在于为什么管中的汞柱会下降，而在于顶部余留的小小空间——"托里拆利空隙"——到底是什么。对于相信"自然厌恶真空"的人来说，空隙里不过就是空气，可以如橡胶一样拉伸的空气。于是，下降的范围取决于空气可以拉伸的限度——再拉长一点，真空就要出现。那么，汞柱的下降就不是被下方的推力遏止的，而是被上方的拉力遏止的。但是托里拆利猜测空隙就是真空，其高度由汞柱重量与碗中水银池上方空气压力的平衡点决定。这些并不是唯一的解释。在其运动和物质的微观力学模型中，勒内·笛卡尔假设存在一种弥漫于空间的流动物质，从而回避了真空的概念。他说，是这种物质，而不是空气，填满了托里拆利空隙。同时，笛卡尔的对手，法国数学家吉勒斯·德·罗贝尔瓦（Gilles De Roberval），同意托里拆利关于真

---

① 布莱兹·帕斯卡进行了类似的实验，并支持托里拆利的观点，但是他没有纠结于如此艰巨的测试，相反，他他那原始的气压计拿到了巴黎圣母院，观察到汞柱下降高度略有差别。更具说服力的是，他请他的哥哥，克莱蒙特的弗罗林·佩里埃（Florin Perier）把装置带到附近的海拔 4800 英尺的多姆山（Puy de Dôme mountain）上，佩里埃于 1648 年完成了实验。在山脚处，汞柱的高度为 26 英寸，在山顶处为 23 英寸。

空的假设，但认为这是主动防止水银进一步下降的机制：托里拆利空隙的高度则测量了对自然厌恶真空的克服程度。

　　这就是罗伯特·玻意耳打算用空气泵来解决的问题。更准确地说，应该认为玻意耳希望超越对物质的解释，他认为这些都是无法通过观测来明确解决的猜想——这种看法不无道理。最要紧的是确立这件事的实证事实。具体来说，托里拆利的装置在空气泵的真空室里表现如何？玻意耳承认，无论出现何种情况，都会有人提出各种解释——但是这些是次要的，而且难免带有推测成分，然而实验事实一旦确认，就会无可争议，并且被一致认同。

　　好奇心的历史——如果说它实际上不同于科学的历史——正是基于这种表面谦卑的主张之上。要想了解其中的原因，我们首先从传统的现代科学观来探究一下玻意耳的立场。

　　在这一点上玻意耳是正确的：你可以对理论解释进行任意的诡辩，然而"事实终归是事实"。[1] 在经验观测中很重要的一点是实验者的立场，出于单纯的好奇，实验者会问"如果……会怎么样"？如果我们把托里拆利的管子放入封闭的空间，然后降低气压，会发生什么？假设我们发现汞柱比在开放空间中下降得更少了。那么，关于实验事实的问题当然就终结了：我们在纸上记下"我把装置放到密闭空间里，抽出空气，汞柱高度多下降了 5 厘米"。这是一个任何人都能进行的实验（如果我把实验过程详述出来），并且可以自行验证。

　　然而，说"我做了这个，而且我看到了那个"并不就是科学。除非我们对观测的意义有了模糊的认识，否则这些观测与纯粹的奇闻异事

---

[1] 此外，这种朴素的观点并不承认"事实"一词的含义转换。这个词来自于拉丁语的"factum"，意为"行动"：人做的某样事情。它本来是个法律用语，后来逐渐也用来表示自然界的"行为"。就此而言，"事实"可以只是一种结果或观察，不见得涉及可归纳的行为。在 17 世纪，法语的同义词"fait"常被用来表示"事实"的前一种含义。

又有什么区别？这就相当于收藏者积聚了古玩，却没有兴趣按计划整理或分类。可是这确实是玻意耳和同意他的人的看法，认为事实可以被归纳为理论和解释。玻意耳并不反对诠释，但是他主张尽可能小心谨慎地作出诠释。如果空气泵中的汞柱下降得更多，我们可以合理地解释说，罗贝尔瓦关于托里拆利空隙的观点是有问题的（身为绅士，我们不会就此说它是错误的），理由是空隙外部消失的空气又如何能影响自然对真空的厌恶程度呢？① 不过这没有关系，只要我们承认这种诠释只是一种建议，表面上与实验结果一致，但不能被实验所证明。

这就是关于科学如何运作的经典观念。我们有一组解释自然机制的备择假设。我们做了实验，记录观测结果，然后询问观测结果与每条假设的一致程度。一部分候选假设比其余的看起来更加符合观测结果。由此我们作出相应的选择，然后设想另一个实验也许会帮我们进一步作出甄别。然后我们不胜其烦地复证。自始至终实验才是仲裁：如果一条假设与事实不符，那就是糟糕的假设。

我不可能认为这种"科学的方法"的传统观点是在误导，它是实验与理论之间的往复回归，是对被伪造的自然权威进行预测。它很好地说明了科学家工作的主要方式，以及他们如何形成理解并据此对新环境中的行为作出出色的预测。然而，如果这确实就是他们的"方法"，那么更仔细地观察玻意耳对自然所做的"挤压和铸模"以及他从中得出的结论，我们就会发现，想要对科学家实践其好奇心的方式进行统一梳理是根本不可能的。结论如下：

　　——这种"科学方法"并不是在"科学革命"中发明的。

---

① 我们最好保持这种谦卑的态度，因为罗贝尔瓦们也可以反驳说，自然对真空的厌恶程度正比于周围空气的压力。他们为什么不能这么说呢？他们甚至可以声称实验结果证明了上面这种关系，并称之为罗贝尔瓦定律。那时候，我们将需要思考如何通过别的途径测试那种假设的定律。

　　——实验并不总是科学事实的仲裁,其中有好的理由,也有坏的理由。

　　——实验提供的"事实"要经过文化过滤:它们由其社会发源地所形塑。

　　——重大的、决定性的实验最多只能说非常罕见。

　　——对科学结果的重复并非常态。

如果这些声明令你感到沮丧,请保持耐心。

制造机械

　　在阿塔纳斯·珂雪的学生卡斯帕·肖特(Caspar Schottc)1657 年的《水力气动力学》(*Mechanica Hydraulico-pneumatica*)中,有一张玻意耳的空气泵前身的图片。这个装置是由肖特的朋友、德国自然哲学家奥特·冯·格里克(Otto Von Guericke)发明的。格里克是马格德

奥特·冯·格里克的空气泵,卡斯帕·肖特的《水力气动力学》(1657)中的插画

堡的市长，他站在空气泵的左边，向一群贵族展示它的功能。但真正做演示的是什么人呢？格里克离装置很远，其他人也是一样。很明显，正在操作仪器的是一群忠实的小天使，就像是天上的实验室助手。直到最近，这些天使的劳动才得到了充分的肯定——现在我们称这些人为"博士后"或"技师"，他们没日没夜的工作，来让设备运行或进行调试。甚至到了今天，当格里克们站在远处进行指导，以及发表自己的署名文章时，这些人发现他们的名字也会被忽略。

罗伯特·玻意耳的助手们一样是"没有脸"的，唯一的例外是一个帮忙设计和操作空气泵的人，就算社会地位不同，他也是玻意耳的知识同侪：罗伯特·胡克。然而，就此推论与玻意耳同级的大师们对实验工作都在袖手旁观也有失偏颇；实际上，玻意耳时常在竭力求索中令自己陷入病态的狂热。另外，某些反对者批评实验哲学的理由就是实验依赖于工匠技巧。带着由来已久的对于手工劳动的歧视倾向，霍布斯声称药剂师、园艺师和其他工匠不可能成为哲学家。同时，另一位批评家托马斯·怀特（Thomas White）写道，实验"属于技师和工匠，而不属于哲学家"，哲学家的职责"是利用实验为科学服务，而不是动手实验"。尽管如此，肖特的插画仍然展示了大师们坚持不懈的形象，作为孜孜不倦的奇迹创造者，他们的实验操纵着神圣的力量。

玻意耳进行的空气泵实验在技术上非常复杂，像这样的实验离开胡克这样拥有实用思维的助手是不可能的。在伦敦的仪器制造者拉尔夫·格雷托雷克斯（Ralph Greatorex）的帮助下，胡克设计和制作了 17 世纪 50 年代晚期玻意耳在牛津居住时所用的仪器。玻意耳在《物理力学的新实验》中介绍了这些仪器。这本书中有一张空气泵的详图，可作为被科技史学家史蒂文·夏平称为玻意耳的"文学技术"的极好例证。首先，这幅版画极其美观：它是一张精心组合的拼贴画，并非采用示意性着色，而是使用了精致的透视法和明暗对比渲染，说服读者相信这是一台真的机器。配上膨胀的管子和萌芽状态的活塞，它像极了一幅植物学插画，它是炫目的视觉作品，同时也是科学的记录。然而——你能想象根据插画试制一台这样的装置吗？这里固然包含了大量的细节，但是它自身作为一种实验的复制品是不太合适的。的确，缺少玻意耳前期的直接经验，没有任何欧洲其他地方的人制造出哪怕是一台空气泵。这幅图是一种虚伪的完整公示，即便不吝以最好的善愿揣测，它的意义至多仅此而已，因为这种技术实在是太复杂了。它主要是为了赢取信任。

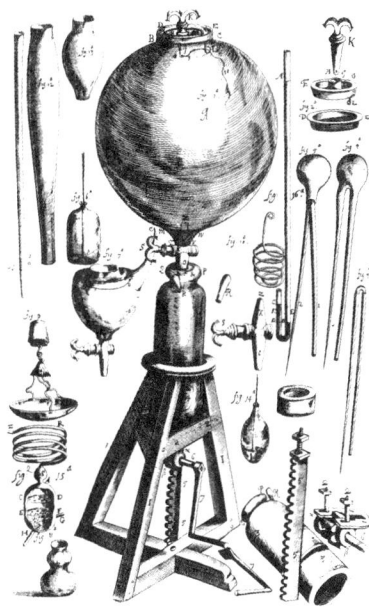

罗伯特·玻意耳的空气泵，描绘中使用了用于增强说服力而不是解释力的视觉修辞手法

胡克的灵感来自于为格里克制造的真空室（不合时代的名字）：一个用泵抽为真空的铜球。一开始胡克使用了马格德堡消防队使用的水泵，用它把水从真空室中抽出来。后来，他发明了一个可以直接抽气的装置。他注意到空气被抽出时产生了很强的吸力。1564 年，他第一次进行了著名的半球实验，他把两个金属半球抽成真空，上面连着绳索，在德意志帝国国会和斐迪南三世的面前，证明了两个马队都不能把贴在一起的两个金属半球拉开。关于以上场面的当代记述——科学家在潜在捐助者面前炫耀自己成就的一个范例——经常暗示说格里克立即确信了真空的存在。现在应该清楚了，结论绝不可能如此明确，因为对于半球的粘合还有好几种可能的其他解释。

　　玻意耳认为格里克的装置还可以改进。特别是可以改用玻璃腔室，加装进入孔，管子可以从孔中伸进去，这样可以观察到空气被抽出的过程。玻意耳的玻璃球顶部有个帽子，使用临时粘胶密封。格里克随后也开始使用一种从药剂师那里拿到的钟形玻璃容器。像玻意耳一样，他展示了当容器被抽成真空时，蜡烛会熄灭，动物会窒息。德比市的约瑟夫·莱特（Joseph Wright）于 1768 年对这种实验进行了戏剧性描写，他从玻意耳在皇家学会和其家中的演示场面捕捉到了这种戏剧感，尽管从表面来看文字中充斥了太多的惬意家居情调。

　　尽管胡克具有高超的机械技巧，空气泵用起来仍然不方便。抽出空气非常费力——每个冲程中阀门必须开合一次，当空气减少时，抽出剩余的空气会越来越难。17 世纪的材料缺陷使实验家们与漏气进行了长期斗争。玻意耳和胡克在 1667 年左右彻底地重新设计了空气泵，把旧的作品捐给了皇家学会，然而学会很快就把它弄丢了。

关于空气

　　玻意耳的《物理力学的新实验》报告了 43 种实验，谈及多种过程。由于缺乏先验理由，无法判断这个或那个现象在真空环境中会或不会被改变，玻意耳、胡克及其助手似乎寻遍了能想到的一切，通常多少是随机查验。他们（也许在钟表匠胡克的鼓动下）测试了钟摆的摆动，以及磁铁在空气被抽尽时是否保持对罗盘指针的吸引（是的）。他们检查了声音在接近真空的环境中的传播：手表（肯定是胡克的）的滴答声消失了，敲钟的声音还可以模糊听见，大概是因为声音顺着钟的悬线传了出来。他们看到当溶解的气体逃入局部真空时，液体中产生了气泡，并且似乎要沸腾了。玻意耳发现某些自动发光的物质在没有空气时变得黯淡了。总之，真空室是一种新的空间，其间任何事情都可能发生。

在玻意耳做出了先验假设的情形里,实验结果几乎都彻底推翻了假设。例如,他感觉蜡烛和煤在真空中可能燃烧得更快,因为这时燃烧产生的"令人窒息的蒸汽"有机会扩散到更大的空间里。由于完全不懂得氧气在燃烧中的作用,这并不算是一个不合理的假设,当然他发现结论正好相反。许多动物在玻意耳的实验室里遭了罪:真空室里的一只云雀一开始"有气无力,像是生了病,不久之后出现了剧烈和不规律的抽搐,就好像家禽的脑袋被拧断时观察到的反应一样"。一只老鼠眼看要死掉了,当充入空气时它才活了过来。玻意耳推测人类在高海拔处也会出现同样的反应。他想知道"是或不是,一个被抬上大气层最顶部的人,能够存活很久不会因为缺少我们在低处经常呼吸的这种空气而很快死掉"。在他 1590 年的《西印度群岛自然与人文历史》(*Historia Natural y Moral de las Indias*)一书中,玻意耳提到了西班牙探险家何塞·德·阿科斯塔(José de Acosta)的报告。阿科斯塔发现在秘鲁的安第斯高山上呼吸变得困难,他的结论是人需要"更多、更温暖的空气"。

空气和其他气体会扩散并填充空余空间,现在似乎是直观显见的了,但是固体和液体的行为又非常不同,这对玻意耳及其同时代的人来说很难理解。玻意耳认为空气具有"弹性",他用羊毛来打比方,羊毛受压时会收缩,释放后又弹回来。这表明空气是一种连续有弹性的介质,笛卡尔的观点与此相反,认为空气是由剧烈运动的粒子组成的。后者的说法远远更接近气体是运动分子的集合的现代图像,尽管玻意耳习惯性地未对他的观测做出任何具体的力学解释。然而他的确意识到了,当空气扩散时,其压力会减小。两种属性的数量关系——压力反比于体积——也就是玻意耳定律,并未出现在《物理力学的新实验》中,而是出现于玻意耳 1662 年的论文《关于空气的弹力和重量学说的答辩》(*A Defence of the Doctrine Touching the Spring and Weight of the Air*)中。

空气泵属于玻意耳，但是对空气的研究另有他人。胡克毫无疑问地对于与玻意耳一起做出的实验结果有自己的看法，许多他设计的实验涉及了空气的性质和行为。它是如何托起云的？光线和声音是如何穿过它的？它为什么可以支持生命？[1] 带着科学家对第一手经验的强烈渴望，1671 年胡克设计并制造了空气泵的真空室，大到足以容纳一个人，而且可以在里面爬上爬下。胡克是幸运的，真空室严重漏气，只能抽出约四分之一的空气——但这足以令他头晕耳鸣了。

通过称空气的重量，玻意耳计算出，为了举起托里拆利气压计里高出水银池液面 29 英寸的汞柱，假设空气密度是均匀的，则需要 35000 英尺高的空气。但人们知道事实上空气密度会随着高度减小，以此为基础，胡克估算了大气的总高度。他承认，密度梯度也许意味着大气实际上根本没有可清晰定义的边界：大气的最上层非常稀薄，可能延伸到数百英里之外，它大概不可能是无限的，那样大气就会触及恒星和行星。但是他提出最顶层的下面那层的上边界可能是 25 英里高——事实上，与同温层的上边界高度相比（约 31 英里），这是一个很准确的估计。这些数字并不重要，重点是一个相当简单的台式实验现在可以预测宇宙的结构了。

那么，空气到底是什么呢？在玻意耳的实验中，生命和燃烧都终止了，不仅意味着这两者都依赖于空气中的某种成分，并且它们可能依赖于其中的同一种成分。这未必说明这种关键物质本身就是空气的一部分——他猜测空气这种弹性流体只是一种介质，用于传递生命所需要的粒子。而胡克怀疑，空气中的可燃成分也存在于硝石中，这是火药的成分之一——他的直觉非常敏锐，因为硝石（硝酸钾）中确实

---

[1] 我们已经知道，空气泵的真空是不完美的，并非所有的动物在其中都会窒息。昆虫可以活得很好，蛇则表现出略微的不适。

含有火药爆炸所必需的氧,当硝石被加热时氧气就会释放出来。然而,直到 18 世纪末期,氧气才被确定为燃烧和呼吸所需要的化学物质,这一发现标志着现代化学的发端。或许在其《医学生理学的五篇论文》(*Five Medico-Physical Treatises*,1674)中,生理学家约翰·梅奥(John Mayow)已经对玻意耳和胡克关于空气的观点进行了全面总结,他假设存在一种"硝基气体"物质,当蜡烛在空气中燃烧,或是老鼠在封闭空间中呼吸时,都会消耗这种物质。梅奥还报告了,这种硝基气体物质会从加热的硝石中释放出来,可以使血液变红,从而确认了该物质与燃烧和呼吸的关联。似乎有些意外的是,百年之后这种"硝基气体"才被确认为氧气。对此,标准的故事版本是:虚假的"燃素"——据推测在物质燃烧时释放的一种物质——让燃烧问题更加含混不清。虽然说这种解释过于简化,但它的确反映了化学的挑战性——化学中很少能见到一致的行为:金属在空气中燃烧,其重量会增加(如玻意耳所展示),木头和其他有机材料燃烧,其重量却会减小。那么,燃烧到底是发生耗损的过程,还是从空气中获得成分的过程呢?

哲学意义上的空间

玻意耳在《物理力学的新实验》中讨论了托里拆利空间这一争议问题。他重做了托里拆利的实验,使用一个 3 英尺长的细管,将其倒置,里面装满水银,观察到水银下降到距盘中水银液面 29 英寸的高度。然后,通过空气泵真空室的顶部开口,他把整套装置放入真空室,然后用油灰密封,把管子从顶部穿出。他抽出空气,观察到管中的汞柱持续下降,但远未接近盘中水银液面的高度。[①] 另外,当他反转空气

---

① 玻意耳报告说,汞柱停留在高于 1 英寸的位置,这样我们就能计算出真空室中的真空度:他可能将气压下降到了标准大气压的 3%,相当于大气层 23 千米高处的气压值。

泵操作，对真空室升压，汞柱则升回原来的位置。

实验结果都很不错，很容易用托里拆利的术语解释。真空室中气压的下降减小了盘中水银受到的向下的压力，此压力阻止了管中水银降至与碗中水银相同的高度。玻意耳认识到，因为容器封口不严，真空室无法被抽为绝对的真空，所以管中的水银液面总是略高一些。另外，如果真空室气压高于大气压，管中水银会被反推至更高处。

但空隙的问题怎么办？玻意耳对其表现出傲慢的态度，称本实验对那种微妙的问题不予置评。他声称，不应该"由我来决断如此艰难的争议"。实际上，他看不出这套装置如何能对此做出决断——在这个问题上，实验者能做的要么是推测，要么是提供一种个人观点，而无法以任何方式来进行测试。他说，空气泵令"关于真空的争议变成了一个形而上的问题，而不再是一个物理问题；因此我们就不在这儿争论这个问题了"。他唯一确认的仅限于空隙中"几乎完全没有空气"。

这真是太刺激了，因为玻意耳的说法充满了（表面上并非故意的）挑衅。支持或反对亚里士多德者的迫切问题是"托里拆利空隙到底是不是真空"。玻意耳拥有当时能得到的最精细、最贵重的仪器，对这个问题专门做了实验，却在这儿说什么"啊，你这个问题我无法回答"。事实上更糟糕的是：他像是在说"那根本就不是一个特别重要的问题"。换言之，实验哲学提出要改变整个游戏——对证据提出新的规则和新的标准，以及对先前的关键问题做出约束。

这并没有妨碍玻意耳被扣上"真空主义者"的帽子，因为两极争论中的辩手们不把你归入某个阵营是不肯罢休的。但至少托马斯·霍布斯对玻意耳隐约谈及的实验本质保持了警惕，而那正是他强烈反对的方向。

霍布斯坚持，哲学的意义在于获得可靠的知识。要做到这点只有一种途径：借助人类的推理能力进行逻辑演绎。也就是说，从无懈可击的公理开始,演绎出公理的必然推论。以这种方式,任何有理智和理解力的人都会同意你的结论。这就是亚里士多德方法,自古即受推崇,于几何学的阐明堪称典范。根据约翰·奥布里的说法,霍布斯 40 岁的时候偶然在欧几里得的《几何原本》中注意到了这种哲学方法,并深受启发:

> 他阅读这个命题。"上帝啊——①",他说,"这不可能。"于是他阅读了命题证明,证明需要他参阅这样一个命题:这是一个他已知的命题;该命题又需要他参阅另一个已知的命题,如此反复(慢慢地一步步来),最后基于实证,他确信了命题的真实。这让他迷上了几何学。

霍布斯质疑新哲学的原因并不是他认为实验无用,而是他认为实验不是哲学。实验者完全没有按照哲学家的方式工作:从坚实的基础出发,通过演绎来获得进步。一个观测到的"事实"本身没什么价值,霍布斯认为,因为它纯粹只是发生了的事情——某种趣事。事实对于现象的原因保持沉默。玻意耳这些人让事情变得更糟,他们坚称这种沉默是一种优点,实际上正是实验的核心——就是说不应该谈论原因,或者以最为慎重和假设性的态度来谈论原因。霍布斯抱怨说,如果是这样,我能不能认为实验什么也说明不了? 实验什么都好,但只是一种有趣的消遣,无法用以追求真正的哲学。他说,"任何有闲钱的人,都能买到熔炉、望远镜和发动机——但他们永远不能因此成为哲学家"。他还说,"我承认,把钱花在好奇的或有用的嗜好上值得称许;但这不是对一名哲学家的赞扬"。

这并不只是一种语义学上的迂腐。因为托马斯·霍布斯坚持认

---

① "他偶尔会通过发誓以示强调",奥布里略带勉强地承认——他糟糕的语言是一些人反对健谈的霍布斯的另一个原因。

为,哲学的完整性远比知识的纯粹性重要。今天人们对他的印象是一位政治哲学家,而不是一位自然哲学家:他的伟大著作《利维坦》(*Leviathan*,1651)流行于世,该书试图从哲学第一性原理出发,论证绝对的专制是维持政权稳定的唯一型态。一些人认为这是一本臭名昭著的书,尽管在英格兰内战开始之前,这本书在许多方面对此剧变做出了回应,并且断言对于君主——集体意志和臣民利益的代表——的完全服从,是避免社会动荡和无政府主义的唯一途径。身为一名坚定的保皇主义者,霍布斯在战争期间待在巴黎,加入了包括梅森和伽森狄在内的笛卡尔学术圈(Cartesian circle),担任了当时的威尔士王子即后来的查理二世的导师。

霍布斯认为他的政治哲学与他对科学的兴趣密不可分。事实上,物理学的力学理论,以及以伽利略的惯性原理——除非有外力作用,所有的物体均保持匀速运动状态——为终极公理的哲学,构筑了《利维坦》的根基。霍布斯试图从这一物理学定律出发,通过演绎的方式建立一套理论,解释个体行为的动机及其对社会构成的喻示。他论证说,缺少后续力量时,每个人都想攫取周边资源,自然状态下的后果就是"孤独、贫穷、下流、粗野和匮乏"。

这种对自然秩序与政体稳定性的类比,是霍布斯从其导师弗朗西斯·培根那里学到的,培根在《学术的进展》中阐明了:

> 自然规则与真实的政治规则之间存在关联性和一致性:一种是关于自然界的管理秩序,另一种是关于土地所有权的管理秩序。

培根声称,甚至在古波斯,国王将"自然界的基本定律及其分支和条款作为初始原型,由此来描述和复制出政府型态"。因此,对霍布斯而言,让哲学仰仗经验主义的鼻息,破坏哲学的实践和权威,这是一个威胁社会秩序稳定的道德问题。

如果霍布斯仅仅是否认实验哲学的有效性,他至少还能占领智识的高地。但是他决意全面进攻,于是他打算不仅要证明玻意耳的实验结果毫无意义,而且要证明其结果必然存在缺陷。他抓住了空气泵的漏洞。他说,"漏气的问题不仅在细节上妨碍了理想实验,而且从根本上破坏了实验的可信度"。透过装置的微小裂缝,霍布斯力图吸入怀疑论的诅咒之气。

或许,部分是因为受到霍布斯对空气泵技术的批评的刺激,1667年,玻意耳和胡克开始努力解决漏气问题。但是玻意耳认为,他的对手仍然希望"向毁掉了他许多观点的机械复仇"。漏气当然不只是缺憾而已,霍布斯说:"它们难以避免。"实际上他断言,完全不漏气是不可能的,这是空气的成分决定的——这样一来,真空的不可获得就不是因为某种神的旨意,而成为一个现实问题。霍布斯说,空气是在一种气性的、本质是流体的、"无限细微的"介质中的粒子的混合物,因此这种流体可以透过最牢固的封口和阀门。所以,空气泵固然可以将"稻草和羽毛"拒之门外,却终究无法阻挡至少一部分空气进入。同样地,这种细微的物质会填充所谓的"托里拆利空隙",因为它始终随着水银流动。

这种主张将空气(部分)定义为无法从困扰着实验者的开放空间排出的一种物质。约翰·沃利斯批评霍布斯定义的概念与"其他人所指的那个词"的含义不同,同时玻意耳尖锐地指出,他所说的空气意指"该词被明确接受的含义,即作为大气的一部分,我们呼吸的以及于其中移动的物质"。另外,霍布斯的哲学方法实际上对实验能回答的问题做出了限制。在他的批评中,已经包含了对"空气是什么"的回答,因此空气泵不可能提供一种与之相左的结论。这并不妨碍霍布斯抱怨说实验方法中包含未加声明的假设(他过去是这么说,现在还是这么说,尽管对自己眼前的一叶障目视而不见)。

对"托里拆利空隙是一种真空"的观点进行攻击的绝非霍布斯一人。耶稣会数学家方济各·莱纳斯（Franciscus Linus）的批评稍微斯文一些，比如他说"如果它真是空的，那么光线也无法透过"，因为当时人们认为光必须通过流动的空气传播。不过霍布斯毫无疑问是最不肯让步、问题最多的玻意耳反对者。尽管他就像是一个嘟嘟囔囔的、过时了的教条主义者，他的一些抱怨仍然值得细究。首先，说明在当时，特别是在缺少已被接受的先验事实的实质概念（例如原子、重力以及热学和光学理论）的情况下，要对实验现象做出唯一解释有多么困难。任何假设或多或少都需要调整，以适应这些"事实"。空气泵抽为真空后，动物死掉了，蜡烛也熄灭了，对吧？原因何在？霍布斯说，那是因为抽出一部分空气后，空气泵内的流体形成了一种剧烈的、最终致命的循环。有些人假设真空的吸力源于不同液体表面间形成了一种不可见的细"线"。尽管我们往往猜测科学最终应该给现象以物理解释，然而存在充分的原因时，我们便一无所获，而必须再为原因寻找原因。今天，这种因果之间的无尽回归迫使我们在弦理论、M理论和平行宇宙假说方面逼近形而上学；而玻意耳当时就预见到了这种回归，他对霍布斯抱怨道，"无论我告诉你真正的原因是什么，你也不会接受其真实性，而是要求我进而说明此原因的原因，由此无限继续下去"。至少对玻意耳而言，对于原因的好奇确实有可能导向玻璃弹珠游戏。

玻意耳似乎觉察到，"原因"对霍布斯而言并不能成为关于自然的基本经验定律——"这就是事物的基本原理"——但还得对不言自明的原理进行观察，比如说几何学公理。如果你设法去解释空气泵的实验结果，就像玻意耳有时候做的那样，引入空气的"弹性"，你会想到什么？空气具有弹性的原因是什么？"除非你可以引证这点，"霍布斯说，"否则你得到的只不过是部'机器'，它输出特定的结果，但是你对其内部机制一无所知。"这里真正的争辩是，什么才能算作是"解释"。

　　玻意耳对强调原因感到厌恶,其深层原因不是身为贵族的他对由此而来的争辩感到厌恶,而是他怀疑这些事物不可获知,而只能是推测。因为有可能,他认为——而且我们尚没有理由在这个问题上质疑他——对于结果,也许没有一个唯一的、可归的原因。当代对所谓万物理论的探索赌的是这种观点并不成立——赌的是我们所有的观测背后存在一种必然的逻辑。我们距离这种信仰的树立还很遥远。笛卡尔在其《哲学原理》中提出了原因的多重性问题,其中他提到两只钟表都能准确报时,但具有完全不同的机制。而玻意耳则抛开这些难以衡量之事,专心在经验事实之地求索。

　　历史学家 D. G. 詹姆斯(D. G. James)认为,实际上霍布斯对发掘终极原因并不关心——或者说他并不纠结于对科学的现实主义视角,即坚持认为存在一种世界运转的特定方式,并且我们可以自行发现。詹姆斯说,"霍布斯似乎有时候也承认,我们也许永远无法理解上帝运行宇宙的法则——他对此并不确定"。哲学的目的并不是去理解上帝的作为,而是去满足人类推理的需要:去寻找——即便不是必要的——至少得是充分的原因。

强调证据

　　跟随培根的脚步,皇家学会的成员们推测可以找到某种将事实转变为定律的机制。前面我们看到胡克如何设法实现培根关于哲学制表的想法,并从其中抽取"公理和理论"。他的方法似乎涉及一种对不同观测进行比较的形式化程序,就好比通过数学消去法从冗余的事实中提炼核心原理。在此过程中,事实并非只是被罗列出来;相反,在填入表格之前,每样事实都像检查宝石的瑕疵一样被细心查验。尽管"不会放过任何细节",胡克写道,"每一样还是要经过周密考虑"。自然哲学家的职责就是"对表格中的细项严格审查,在比较的时候要足够严谨,最重要的是,在争辩的时候要足够耐心,在决断的时候要足够谦卑"。这就是"一种对我所承认的细节的真实性、一致性及确定性的细心选择和严格检验之法",以此,哲学家方能"遵从哲学传统,不仅以量,更以其重"。这种怀疑的态度,即"事实"需要被确认才能列为证据,这是秘密学教授们的实践传统:测试每张秘方,声明他们发现了它,然后再接受它。好奇心的历史现在有了准入的门槛。

　　然而你怎么才能知道要不要信任某个经验"事实"呢? 对于经院哲学家而言,这只是一个关乎权威和地位的问题:一件事实如果能够在权威文本中找到即可确认为真,否则它纯粹就是传言。大师们具有怀疑引自他人之言的传统。英国作家(也是位热切的收藏家)托马斯·布朗恩的广泛兴趣源自培根哲学观点的强烈影响,他在大获好评的常识迷思录《常见错误》(*Pseudodoxia epidemica*,1646)中批评道,"流行文化就是迷信和错误的温床"。他抱怨道,普通人无法通过理性过滤其感知,比如说导致他们认为地球远远比太阳要大:

　　　　在错误中延续着绝望,他们荒谬地生,荒谬地死;在扭曲的对
　　世界的理解和设想中苟活,对上帝不敬,辜负了造物主的智慧。
　　作为知识的文盲,却具有错误的感知,他们永远也别想获得真理。弗朗西斯·培根认为,他的博物学自然史应该淘汰"迷信故事"和"老妇人故事"。但那说起来容易做起来难;或者说,人们更在乎说故事的人是谁,而不在乎故事说的是什么。

　　但是布朗同样对一味相信经典作家之言的传统不屑一顾。"其实没有什么传统或流行的错误",他说,"它们只存在于一些优秀作家笔下"。① 从钻石会被山羊血损坏,到相信獾身体两侧的腿不一样长,或

---

① 同样有效的现代说法是,没有任何科学观点荒谬到你找不到一名拥有博士学位(实际上通常是诺贝尔奖获得者)的支持者。

是大洪水之前不存在彩虹,在对各种流行错误的漠然检阅中,他的作品本身就是一个奇闻轶事的聚宝盆。

尽管有些人认为,最直接的体验往往最值得信任——蒙田主张以此来获得可靠的报告,"我们需要一个要么很诚实,要么很单纯的人,单纯到他不会去制造虚假的发明,然后赋予其合理性"——而新哲学家们主张只有博学的观察者才能给出可靠的证言。伽利略说,"一个白痴的眼睛"比不上"一个细心和老练的解剖学家或哲学家的眼睛"。玻意耳强调他的实验是在"一群杰出的大师面前"进行的——拿他早期在牛津的空气泵研究来说,这里指的是克里斯托弗·雷恩、塞斯·沃德和约翰·沃利斯。

然而,这仍然要求人们时常面对信任的选择。你听到来自全世界的这么多奇怪的报告,有些甚至来自于很好的信源,如果你过于轻信而照单全收,就可能带来风险。然而,对于皇家学会这样的绅士俱乐部,对地位相当的同侪的言语表现出怀疑是一种差劲的行为。部分也是因为这个原因,信任的重要性被诉诸重复实验和多人见证:与其说是为了报告的真实性(金属的炼制有多个可靠的见证记录),不如说是为了得到宽赦而主动接受异议。这种传统——在我们看来其另一个源头是秘密学院——滋生了怀疑主义的倾向。在古老的自然魔法传统中,实验被描述为一种私人的、第一人称的揭秘,甚至会为了保密而保留某些至关重要的细节。正如斯普拉特所言(无疑带有夸张成分),皇家学会的年报不会刊登任何发现,"除非整个群体对其确定性和稳定性彻底满意,或者反过来说,对于结果的绝对不可能性彻底满意"。

然而透明性的问题仍保留了争议。培根自己曾经指出,所罗门学院的科学家对于要公开的内容是有选择性的,这些人会讨论:

> 哪些我们已发现的发明和经验应该被发表,哪些不应该被发表;为了隐藏那些我们认为适合保密的发现,而发誓保守所有的

秘密。尽管如此，我们有时向国家公开其中一部分发现，其他的
则不公开。

罗伯特·胡克指出，保密和防范谩骂是一种有格调的行为，这时他表
现得像是个中老手：

因为公开意味着曝光所有的发现，要么会被一些人赶上，要
么被其他人嘲笑，要么被所有人轻视。然而相反，秘密天生就是
用来崇拜的。

这种对知识的小心防范在炼金术传统下甚为流行，罗伯特·玻意耳在
其化学研究中也未能免俗。他声称隐藏资料是为了公共利益——以
免它落到坏人手里——但是很可能，他这么做是出于提供资料的炼金
术专家的坚持，否则这位专家会拒绝帮忙。[1] 对化学知识持有这种私
有态度的不止玻意耳一人。其他自然哲学家也会用他们的炼金"秘
密"来进行交易，例如奥尔登堡于 1659 年写信给塞缪尔·哈特利布，
"这里我附上一份硫酸的化学过程（感谢你交给我的秘密，我将永远保
守这个秘密）"。

皇家学会对真实性的审议也取决于最初进入学会的人的身份。
在它的会员当中，商人和实用技术人员的数量很少，这不仅是因为高
昂的会费更青睐贵族和绅士。斯普拉特讽刺说，贵族们受到偏爱是因
为在商业需求方面的自由给予他们更独立的思想："尽管皇家学会招
纳了不少特殊职业的人，然而自由和无约束的绅士们占了大多数。"有
几次学会就是否扩大会员基数进行了争论——斯普拉特认为，该议题
取决于学会的目的，是积累事实和实验还是发展理论和解释，后者被
认为是少数特权成员才能完成的任务。正如威廉·埃蒙所言，"什么

---

[1] 玻意耳清醒地认识到应该培养和维护他与炼金术圈子的关系。当他在《哲学汇刊》
上发表一些炼金过程方面的内容时，他异乎寻常地使用了拉丁文和英文，大概是为
了有更多的机会让欧洲的炼金专家看到，寄希望于他们提供更多的信息。

才算是知识的问题与谁拥有知识的问题紧密相连"。

托马斯·霍布斯抓住皇家学会的选择性和狭隘,作为反对其实验哲学的另一个理由。他说,格雷沙姆们不但形成了自己的精英群体,并且拥有持续传承的精英分级制度。传说中的对结论的"公开"验证也不过如此。实际上,玻意耳的大部分工作完成于他的私人实验室——一个 17 世纪开始使用的新词,当时它的含义是一个"秘密的"地方,透着股炼金术的味道。在将大师比作懒惰的古玩收藏家时,霍布斯强调了后者如何通过对参观者收费来保持排外性。在他的《对话物理学》(*Dialogus Physicus*)中,他谈到格雷沙姆的成员们:

> 以经营珍奇动物的方式展示新的机器,来显摆他们的真空和微不足道的奇迹,不付钱根本看不到。

这里霍布斯似乎一直在寻找更多的理由来损坏皇家学会的权威,而不是发出由衷的抱怨。尽管如此,他很有道理——实际上他自己都没意识到。实验哲学家通常对别人暗示,他们只不过是让自然为其本身说话,但是他们没有坦承在观测中事实产生有着特定的程序。首先是对仪器技术的要求,仪器的使用和诠释依赖于专家知识。这本来没什么明显的错误,除了一件事:它意味着,即便是缺少经验的人有机会使用仪器(通常是没有),他们往往必须无条件接受结果,而没有能力依靠感官证据做出判断。由于仪器缺陷或故障而得出错误结论,在当今的科学中仍然是一种令人沮丧的常态。拿空气泵来说,获得可靠和可重复的结果并不是那么容易。机器经常出问题,只有胡克能让它持续正常工作。因为皇家学会非常希望向参观者展示空气泵,故障便成为一种长久的顾虑。胡克被任命为实验负责人的部分原因就是保证始终由他来操作空气泵,实际上也是如此。此外,尽管皇家学会鼓吹他们坚持验证所有的实验,要对其中一些较为精细的实验进行重现也不是那么容易。玻意耳的时代制造出的空气泵数量很少——惠更斯有一个,格里克也有,也许再加上英国实验学家亨利·帕沃尔（Henry Power）和其他几个人——并且空气泵的设计差异和操作难度意味着要复制其他人的发现既费力又徒劳无功，还不如设法作出自己的发现。而且万一这样的复制实验失败了，也说不清楚究竟是原来的结论是错误的，还是自己未能严格遵从同样的程序，抑或是自己的仪器出了问题（没有人会承认这种事）。实际上在实验科学的早期，很可能明知道自己的仪器工作正常，但为了与拟定要测试的已有观测进行比对，仍然不得不对仪器进行调校，所以很难说这是在对前面的观测结果进行验证。

即便结果已经完整记录在了记事本里，它们也未必成为事实。这些结果首先要通过大师团体的决议，这是一种取决于文学能力以及同行评议和一致通过的制度。实验哲学家们养成了一种经过设计的文学风格，通过精心选择的修辞手法来增加说服力，尤其是采用一种不带感情色彩和个人色彩的语气，这与文艺复兴时期占星家的狂飙突进运动和经院哲学家们历久不变的诉诸权威形成了鲜明的对比。我们已经看到，"一致同意"通常意味着借助可靠的见证来进行确认——一种显式的社会机制。

这种实验"事实"的产生机制在当今的科学中仍在有效运作，这并非偶然类推而来的结论。正如历史学家斯蒂夫·夏平和西蒙·谢弗（Simon Schaffer）所言：

> 任何知识产生的制度性方法都建立在社会传统之中：这些传统是关于知识如何产生，关于什么能问、什么不能问，关于什么被视为正常、什么被视为反常，关于什么被当作证据和证明。

你可以为这种方法辩护，说很难有更好的替代办法。在当代社会，"专家"一词几乎成了一种侮辱，这种趋势固然有问题，就好像在某个论题上潜心钻研已无法比任何人获得更多的权威。但是那不是问题的重点。科学家往往对"知识是一种社会结构"的观点表现出恐慌，因为这似乎意味着，比如说，玻意耳定律是一个欧洲文化的人为产物，也许不指望它在非洲或在下一个世纪仍然有效。然而，如果为了对抗这种荒谬的相对主义的极端看法，我们就去传播一种虚假的图像，宣扬科学的进步完全与其社会语境或建构无关，这当然也有问题。历史上有太多坏的科学成为主流的例子（优生学、基因决定论），也有太多好的科学遭受嘲笑的例子（朊病毒病、"跳变基因"、转座子），因为它们背离了指引科学发展的社会结构。事实是，所有意在描述科学是什么或科学如何发展的努力——比如科学是"系统化的常识"，或其反面（反直觉推理），或者是对假设的证伪，或者是在厚实根基上的意外飞跃，或者是技术导向、理论导向或好奇心导向——都道出了科学进程的一部分真相，但是未能说明其整体情形。没有一种看法提供了绝对可靠的、能衍化出稳定知识流的"科学方法"。问题在于，因为科学产生的知识大部分是可靠和精确的，于是我们往往相信必定存在一种可靠而精确的方法，用来获得知识。这是对培根"新工具"梦想的传承——这种工具可将事实碾磨为基本原理。然而事实上，科学之所以能运作，恰恰因为科学能破除陈规，能犯错误，能钻死胡同，能疯狂尝试——还因为科学利用了人类的心智，利用了其激情、弱点以及推理和创新。当我们回顾科学的初期历史，这一点会更为清晰，因为我们能专心涉猎先驱们的失败，并体验他们的说教，因为我们能看到他们如何蒙混过关，而且是那些被历史所证实的、不能抵赖为信仰问题的蒙混过关。然而唯有我们准备好从这样的科学历史中汲取教训，历史才有了起码的价值。

第 10 章

针尖之上

所有哲学均建立在两样事物之上：好奇心和糟糕的视力……问题在于，我们想了解的往往比我们能看到的多。

——伯纳德·德·丰特奈尔，《关于宇宙多样化的对话》

因此，自然学家们观察，跳蚤，

跳蚤抓小跳蚤；

小跳蚤身上还有更小的跳蚤，

没完没了。

——乔纳森·斯威夫特，《诗论》(*On Poetry*，1733)

1664 年 8 月 14 日晚餐过后，塞缪尔·佩皮斯感受到了强烈的求知欲望。于是，他前往卧室一口气读完了亨利·鲍尔最近出版的《实验哲学》。这本书里包含了一大段关于显微镜的章节。佩皮斯读完后一边评价"非常好"，一边乘兴翻出他自己的显微镜，在他太太的陪同下，亲自观察了——他没有告诉我们他选择了哪些观察样品。不过他们发现，这并不是件容易的事。佩皮斯承认"在我们能够找到看见东西的方法前很难"。他们最终还是成功了,但是整个过程令佩皮斯颇有些失望,他说:"当我开始更好地理解如何操作的时候,"发现看到的东西"并不如我预期的那样多。"

佩皮斯是一个不折不扣的半吊子,更准确地说,属于皇家学会早期吸收的那种人脉广泛、充满好奇心但却令人讨厌的人。他在行政管理和培植有用的人脉关系方面十分精明,更不用说他在人前显示出的异乎寻常精力充沛的形象,这些特质在 1673 年把他推上了海军部长的宝座。这时,他已告别进军显微镜学的时代,深入参与到英国的海军事务中去,坐在海军委员会里,在 1665 年至 1667 年的英荷战争中广结人脉。世俗的灵魂原本就更适合从事人间事务而非自然探索。佩皮斯没有在自然哲学方面表现出特殊的天赋,但他试着尽其所能,带着他标志性的热情参与到格雷沙姆学院天才绅士们的讨论中去。这种积极的精神确实足以使任何受过良好教育的家伙被承认为俱乐部的一员了。1665 年,佩皮斯当选为皇家学会会员,并在 1684 年至 1686 年间担任皇家学会主席。

那么,看到佩皮斯不屈不挠地读完鲍尔的著作并尝试书中描述的实验,也就不足为奇了。正如鲍尔所解释的那样,皇家学会的哲学家们最近一直在显微镜镜头下研究各种各样的微小标本,并在这些标本中发现了最不同寻常的构造。他对跳蚤的描述使跳蚤听起来像是一个巨大甲壳类动物与某位来自伊斯兰世界的异国勇士杂糅到一起的产物:

> 它(跳蚤)看起来和小明虾或小对虾一般大小,头很小,但是头上有两只浅色眼睛,圆而突出,中间是一个小亮点……它还有条非常长的脖子,像龙虾的尾巴一样折叠起来,使它能够向任何方向灵活移动;还有它的头部、躯干和四肢,全都覆着泛着黑光的盔甲,光滑闪亮,以一片压一片的层叠结构排列,达到了可以方便

各个部位的灵活运动的最卓越的设计：自然已经这样天衣无缝地把它武装好，活像一名战场上的胸甲骑兵……它的脖子、躯干和四肢上布满了绒毛和刚毛，如同层层枪林，就好像在盔甲外又围了一圈鹿寨。它的吻部固定着一根长喙，或者说中空的管道或探针，它通过这根喙刺穿皮肤和吸血。

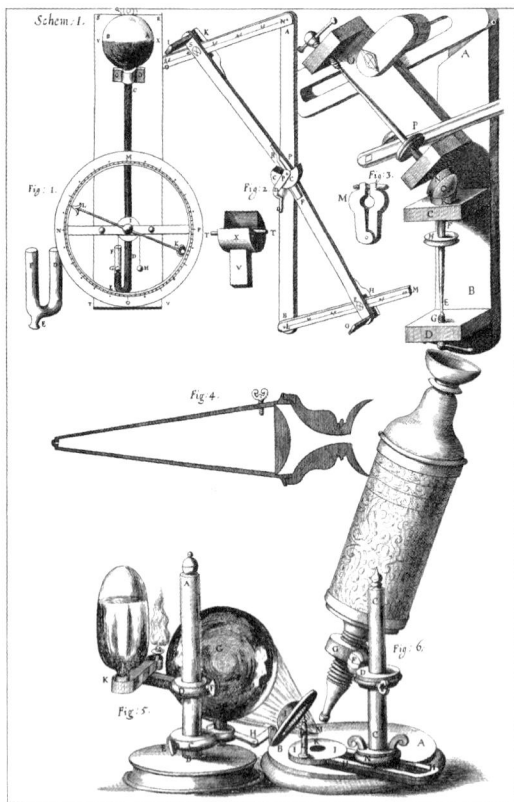

一台 17 世纪的显微镜，如罗伯特·胡克在《显微图谱》（1665 年）中所描述的，左侧的"微光镜"在照明

难怪佩皮斯渴望亲眼看到这样的奇观。为此，他已经在那年 8 月跑到长亩街（Long Acre）的里查德·里夫（Richard Reeve）商店——这个国家最好的仪器制造商那里，花 5 英镑 10 先令的"巨款"购买了

一台显微镜。"这真是件最稀奇的劳什子玩意,"佩皮斯说,"他说这货在英国算很好的,不,最好的了,他还说他造的货是全世界最好的。"这台显微镜上加装了一个"微光镜"——正如佩皮斯描述的,"这是一个用来在黑暗的房间里(看)东西的稀奇机关":一个装满盐水的球体将一盏灯的光线聚焦到显微镜的载片台上,照亮原本暗得一团糟的标本。

但是很明显,佩皮斯先是沮丧,而后又为通过他昂贵的劳什子玩意所看到的东西而略感挫败。显然,鲍尔在上述证词中证明的并不是对非专业的观察者来说一眼就能看出的东西。操纵这种将眼睛与新的微观世界连接起来的仪器需要技巧和理解力。而且即便显微镜的操作本身就问题多多,与如何解释所看到的东西这一问题相比,那也只不过是小巫见大巫。看得越卖力气,实验哲学家们在他们以往无法想象到的微小尺度上发现的奇妙造物就越多。使他们感到惊讶和困惑的是,这个世界的结构看起来如此精细,充满了肉眼无法察觉的细节。对某些人来说,这是上帝万能的证据:他能以如此高的精巧性塑造物质,远远超过人类有望达到的水平,使我们最好的工程看起来粗鲁、笨拙、相形见绌。对另一些人而言,显微镜为最终揭示微小粒子,及其机械结构和运行机制带来了希望,这些东西被很多人假定为在自然界定律和效应下起作用的基本单元。笛卡尔的机械论哲学似乎不再仅仅只是一种推测性假说。在皇家学会最有成就的显微镜学家罗伯特·胡克看来,这种眼睛的辅助工具看起来有能力使大自然的奥秘大白于天下,这些奥秘现在不是通过培根的"拷问与扰动",而仅仅是通过能够更仔细地看的能力。他宣称,实验哲学家们能够发现:

> 各个身体器官、它们的各部分结构、构成它们的材质、它们内部运动的手段和方式,以及被观测物身上所有其他可能展现的微妙之处……我们也许能够获得分辨出自然界所有秘密运行方式的能力,并发现它们与我们所做的那些为方技所制造,为车轮、引

擎、弹簧所操控，为人类智慧所设计的东西几乎如出一辙。

但是这种窥探自然、理解她的运行机制的愿景却伴随着那个一度激动人心，而又惹人烦恼的暗示：这种探究过程可能永无止境。一定程度上是由于被显微镜的馈赠所鼓舞，胡克写道："自然知识的疆域与自然产物的数量一样无穷无尽。"

所有这些小细节引发了另一些令人困扰的问题：仁慈的上帝为什么要把自然最深处的机制置于人类肉眼的范围之外？如果上帝这么做了，那么我们去窥探他的工作是否妥当？而如果我们这样做了的话，我们能确定人类的理解力有能力解释我们看到的东西吗？简而言之，17 世纪的显微镜学事例说明了这个时代好奇心的方方面面：对新的世界和新现象的探索，揭示超自然秘密的愿景，以及关于智慧和这种探究的效用的神学和世俗问题。

缩影

显微镜和望远镜经常被视为启动科学革命的两大关键装置。然而，这种主张也许省略了因果关系，因为这两种仪器在 17 世纪之前似乎原则上也是切实可行的。我们早已看到，放大镜至少可以追溯到 13 世纪，当时，伟大的"实验方济各会修士"罗吉尔·培根曾写道：在这种光学仪器辅助下，"我们可以从令人难以置信的距离之外读出最小的字母，数清最小尘埃和砂粒"。这听起来好像他已经在实际使用望远镜和显微镜了。但是，关键的区别似乎在于，这些透镜在几百年中仅仅被视为一种提高我们观察已经"存在"的事物的能力——而不是发现新事物的能力——的方法。它能够提高糟糕的或平庸的视力，但没有人把它当成探索新世界的窗户。虽然罗吉尔·培根和吉安巴蒂斯塔·德拉·波尔塔都知道它们的功用，但精巧的光学装置通常还是被和诡计与妖术联系在一起——甚至连那位首屈一指的自然魔法师科尼利厄斯·阿格里帕也曾将光学称为骗人的东西。正如卡斯帕·肖特在《自然和方技的普遍魔法》(*Magia universalis naturae et artis*，1657)中描述的那样，这种联系因光学在"魔术性"演示中的使用而被不断延续下去。17 世纪由仪器光学所引发的知识进步与其说是源于新装置的发明，还不如说是源于人们接受了透镜是科学研究的辅助工具，而不是玩具[①]、奇技淫巧或欺骗和变戏法的工具。

复式显微镜和望远镜(至少就伽利略使用过的而言)在基本结构上是相同的装置：一根管子上安装着两个透镜，一个凸透镜，一个凹透镜。唯一的区别是两个透镜之间的距离。但并非所有显微镜都有两个透镜，最强大的显微镜只有一个透镜。这些单透镜或"单式"显微镜基本上等同于放大镜，但能够通过其透镜的微小尺寸获得巨大的放大能力，这些透镜是由熔融玻璃自发地滴成球形而形成的小珠。透镜体积小意味着制造单式显微镜以及透过它去进行观测很难，同时也给标本的充分照明带来了困难，因此，尽管单式显微镜具有潜在的优越性能，但人们还是普遍避免使用单式显微镜而代之以复式显微镜。

考虑到围绕望远镜发明而发生的狂欢和争议，显微镜降临得如此悄无声息着实令人费解。一些人认为是荷兰透镜制造商汉斯·詹森(Hans Janssen)和他的儿子扎卡利亚斯(Zacharias)在 16 世纪 90 年代发明了显微镜，另一些人则认为是汉斯·利伯谢(Hans Lippershey)，他们也都是望远镜发明者的候选人。不管怎样，虽然不清楚弗朗西斯·培根在描述所罗门学院的科学家们配备了"用来清晰而完美地观看微小物体的眼镜和手段，能够看到诸如细小的飞虫和蠕虫的形状和颜色、宝石的纹理和缺陷等不用这种手段就看不见的东西"的时候，脑中想

---

① 艾萨克·牛顿为进行著名的光学实验而购买的棱镜是作为昂贵的玩具而非科学仪器出售的。佩皮斯对他从里夫手里买来的"劳什子玩意"的评论，意味深长地说明了甚至直到那时人们对光学仪器的态度。

到的是否是这些设备，还是仅仅是放大镜，但是可以肯定的是，到 17 世纪 20 年代为止，欧洲已经出现了显微镜。

1625 年，林琴学院的约翰·法伯尔在写给费德里科·切西的信中提到"显微镜"一词，这种仪器由此得名。法伯尔的朋友伽利略一直在用显微镜进行实验，他在 1624 年送了一台给切西，要求切西继续这些研究，并把自己发现的每件有趣的东西都告诉了后者。"我带着巨大的荣幸，观察到了"，伽利略写道，

> 许多微小的动物，其中，跳蚤相当可怕，而蚊子和飞蛾非常漂亮，我非常高兴地看清了苍蝇和其他小动物是如何能够附着在镜面上走上走下的。你将有机会观察到大量这样的奇景，如果你能够让我知道更加稀奇的细节，我将不胜感激。简而言之，大自然的伟大，以及她运作中微妙而不可言说的细节，都是永无止境思考的源泉。

昆虫学是显微镜最早派上用场的地方之一。1625 年，林琴学会出版了《蜜蜂图》（*Melissographia*），一幅约翰·弗里德里希·格鲁特（Johann Friedrich Greuter）创作的令人惊叹的版画，画的内容是三只蜜蜂，格鲁特利用弗朗西斯科·斯泰卢蒂（Francesco Stelluti）通过显微观察揭示出的精细解剖细节对画作进行了润色。这幅画是斯泰卢蒂同年发表的文字作品《蜂房》（*Apiarium*）的附加物。《蜂房》是一件不同寻常的文档：在一张单幅的、巨大的布告纸（由四张纸拼合而成）上，布满了以各种微小字体写成的密密麻麻、几乎不可辨认的文字，文字的内容是一篇混杂着典故、神话和文字游戏的关于蜜蜂分类的论文。这揭示了文艺复兴时期的人文主义文学传统在初生的科研事业中仍是何等得活跃。《蜂房》被认为是讨好新教皇乌尔班八世（Urban VIII，即马菲奥·巴贝里尼）所属的巴贝里尼（Barberini）家族的贡品。切西在给伽利略的信中写道："（这篇著作）完全是为了展现我们对赞

助人的忠诚，践行我们观察自然的承诺。"瑞士医生西奥多·蒂尔凯·德·迈耶尼（Theodore Turquet de Mayerne）是一位流亡英国的胡格诺派教徒、查理一世的御医。当他在托马斯·墨菲特的著作《昆虫剧场》（*Theatre of Insects*）的序言中提到"透镜状的水晶眼镜"（虽然仍然不清楚这里指的是显微镜还是放大镜）的功用时，似乎注意到了这一意大利遗产。他说："纵使你有山猫的眼睛，但在寻找原子时仍然需要这些（眼镜）。"

约翰·弗里德里希·格鲁特的《蜜蜂图》，林琴学会为向巴贝里尼家族致敬而出版的巨幅版画。铭文上写着："由弗朗西斯科·斯泰卢蒂观察，来自法布里亚诺的林琴学会会员，通过显微镜。"

　　阿塔纳斯·珂雪（Athanasius Kircher）在 17 世纪 30 年代发表了他使用的显微镜的草图。1644 年，乔瓦尼·霍迪尔纳（Giovanni Hodierna）在巴勒莫（Palermo）出版了他的著作《蝇眼》（*L'occhio della mosca*），增益了斯泰卢蒂关于昆虫精细而巧夺天工的特性的论述。1656 年，医生、植物学家皮埃尔·博雷尔（Pierre Borel）在他的著作《显微观察百例》（*Centuria observationum microcospiarum*）中列举了他对许多动植物的观察。然而，和鲍尔一样，霍迪尔纳和博雷尔只能单纯依赖文字来传达他们看到了什么。文字的表达能力之所以有限，尤其是因为文字迫使使用者依赖宏观类比——盔甲、鹿寨、大型生物等。这种宏观类比对昆虫等动物可能还有点效果，毕竟它们和比它们大得多的生物一样都有眼睛、腿和翅膀。但是，如何来传达不那么熟悉的情景呢？

　　之所以说罗伯特·胡克改变了显微镜科学，正是因为这一点：不是因为他看到了什么特别新奇的事物，而是因为他为他的描述附上了最精彩的大幅插图。其中的许多插图很可能由他的朋友克里斯托弗·雷恩绘制，虽然胡克也是很好的绘图员。他的《显微术》出版于佩皮斯苦苦挣扎于他的昂贵仪器之后的一年。这部著作成为了畅销书，成为想要了解时下科学最新情况的绅士们必买的书目。佩皮斯不可避免地也立即抢购了一本，并且熬夜到凌晨两点，仔细阅读了他宣称是"我平生读过的最天才的书籍"的著作。《显微术》毫无疑问是好奇心时代的一颗明珠，一份关于世界丰富性的图解式宣言，使用人类制作的工具去探察世界所获得的回报。

　　然而，使胡克的书籍与众不同的，不仅仅是它呈现出的视觉盛宴，还因为它试图——从广义上说为实验哲学，从狭义上说为显微镜学——提出的领土主张。胡克为显微镜学补充的东西不是别的，正是显微世界的哲学。与望远镜一样，他写道，显微镜的每一次改进都把"新的世界和未知领域"呈现在"我们眼前"。这是个视野问题：正如多姿多彩的地球从远处看起来只是一个平淡无奇的小点儿,同样的,上帝也将同样多的细节塞进了在对我们来说看似没有形状和精细结构的最小的自然物之中。每一粒谷物都是一个微观宇宙。

这才是关键之处。好奇的实验者们不再只是使用透镜去更准确地观察事物——他们能够看到"新"事物以及自然工作机制的全新方面。将我们的感观扩展到其天生的水平之外自然能够看到更多的东西,这一点在今天似乎不证自明——天文学家们能够窥视 X 射线的宇宙,电子显微镜聚焦而成的"光束"远比光学显微镜可能提供的更集中。但是,对胡克及其同时代的人来说,"世界远比眼睛看到的要更丰富"这一观点却是惊世骇俗的,这成为了有关显微镜价值的主要争论点。

在列奥纳多·达·芬奇看来,眼睛是理解的使者和仲裁者。他说,眼睛是:

> 天文学的指挥官;它塑造了宇宙观;它指导和纠正所有人类技艺;它将人类导向世界各个地区;它是数学王子;它提供的科学是最确凿的;它测定了恒星高度和大小;它揭示了元素及其分布;它依据恒星的轨迹来预测未来事件;它引发了建筑学、透视法和神圣的绘画。

没有什么能比这种对感观(尤其是视觉感观)的敬畏更好地将中世纪后期的新柏拉图主义者与培根主义的新哲学家区分开的了。在弗朗西斯·培根看来,眼睛不再是好奇心坚定不移的同伴和助手,而是一位不忠的盟友,永远不要被它的外表所迷惑。而在罗伯特·胡克看来,仪器能够解决这个问题。胡克对古人依赖事物的"外貌和外形"持批评态度,觉得哲学家不应满足于肤浅的表象,这些表象可能对理解事物内部的工作原理毫无帮助,甚至具有误导性。

但是上帝为什么做出这样的安排,将大自然至关重要的线索置于我们的日常感知之外？在胡克看来，与其说这是上帝所为，倒不如说是人类的。他说："人类为自身所招致的祸端和缺陷"源于"先天的堕落"——伊甸园中的堕落——以及"与人的交流和繁衍"，即世界的粗鄙化效果。按照约瑟夫·格兰维尔的看法，亚当不需要显微镜或望远镜也能看到事物的内部结构和遥远的恒星。①

为了弥补这些错误，胡克说，我们必须"纠正感观、记忆和推理的操作"。与其他一些生物（例如猞猁）优越的感知能力相比，可以看出，人类的感观活动"远远达不到它们看起来能够达到的尽善尽美的境地"。因此，"束缚我们思想的局限，相对于自然本身浩瀚的程度而言，太小了：自然的有些部分太大而无法理解，有些部分又太小而无法感知到"。胡克表示，如果我们"在自然器官以外再加上人造器官"，就能纠正"物体与感觉器官之间的这种不协调"。他推测，有一天人们会设计出其他仪器来提高人类的听觉、嗅觉和味觉，就像透镜增强了人类的视觉一样。

小，既美亦丑

《显微术》是约翰·威尔金斯硬塞给胡克的一个项目。1663 年，约翰·威尔金斯要求胡克帮助不堪重负的雷恩分担一点儿工作，准备一项要在当年呈交给（多半对此漠不关心的）国王的关于昆虫的显微研究。书中一部分奢华的插图可能最初就是在那个时候绘制而成的。但胡克并没有将自己局限于显微世界。他抓住这个机会将自己对很广泛的一系列现象的观察和推断付梓，包括毛细管作用原理（水是如何在狭窄的管道或空间中自动上升的），以及他对月亮和恒星的望远

---

① 这是一种不被广泛认同的鲜明观点。亨利·鲍尔的论点是，亚当的认知能力与我们并没有什么不同，因此，显微镜下的新世界确实是在人类历史上首次被真正揭示出来的。

镜观测。他利用书籍序言部分来为新的哲学辩解，与逢迎查理二世的献词写在一起，不切实际地将查理二世描绘成英国皇家学会"避免教条以及对任何未能充分地以实验为基础并得到实验确证的假设的信奉"的使命的提出者。

不过尽管如此，在他提供的各种材料的大杂烩之间还是可以看到一条精心设计的逻辑链。他以平淡无奇的、人造物（印刷出来的文字、织物）在近看时所显露出来的特性开篇，从矿物（玻璃、砂子和木炭）谈到植物（霉菌、海绵和种子），重头戏是著名的昆虫世界奇观，其受害者多数是用白兰地麻醉过的（昆虫被杀死后会萎缩）。其中一大杰作是一只身首异处、被粘在样本台上的"灰蜂蝇"的头部，它宝石般的眼睛还无神地凝视着显微镜镜头。胡克在使我们头晕目眩地陷入映照在苍蝇眼睛的 14000 个（据胡克估计）切面上的众多世界时，顺带提到了这种无限倒退的凝视，因为他相当魔幻地宣称能够看到每个微型半球反射出的"坐落在我窗前的那些东西构成的景观，其中有一棵大树，我能清楚地看到它的树干和树顶，我也能看到我窗户的一部分，还有我的手和手指，如果我把它在窗户和物体之间"。还有什么能够比这只死苍蝇无知无觉地看着的这场景象更令人毛骨悚然？——增殖了数千倍的，巨人的世界以及把它的生命玩弄于股掌间的命运之手！

同样令人不安的是胡克对一只虱子吸食自己血液场景的冷漠观察：

> 这种生物是如此得贪婪，虽然它已经吸不下更多血，但还是吸得一如既往地快，并且同样快地排泄着：这种生物的消化吸收必须很快，因为虽然我发现血被吸时变稠、变黑，但进入内脏中时呈现出非常可爱的红宝石颜色，而被消化进入静脉的那部分血液看起来是白色的。

作为一个会因为巧妙的机械发明而感到高兴的人，胡克不可避免

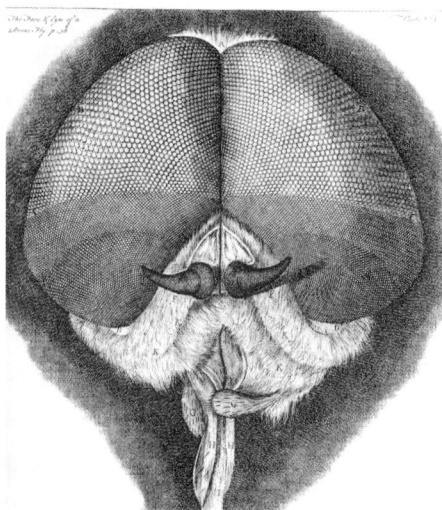

胡克的苍蝇头部显微图像

地被显微镜所吸引。作为皇家学会的管理者，他的职责使他有义务研究会员们要求研究的任何事物，但是他本身也乐在其中。他研究了从刀锋到尿液、从植物种子到印在纸上的句号的每一件东西。并且他发现，他观察的所有事物都在镜头下发生了变形，貌似完美的形状被呈现得粗糙而奇形怪状，凡俗之物被变得张牙舞爪、面目可憎。每件东西都被报以关注，甚至最没有前途的材料都获得了垂青。这本身就有点儿颠覆性，因为这似乎是在否认意义存在差等。看这只跳蚤，它的构成和任何华丽的猛禽一样复杂而精妙。霉菌成为了一座魔法花园，一道挤满了"微观蘑菇"和其他奇怪的芽状体的风景，当然"并非不值得我们更严肃地思索和检查"。凝视着苍蝇眼睛里那成千上万个镜头一样的构造，胡克感受到了上帝令人眼花缭乱的无限能力：

> 这些珍珠中的每一颗所包含的精妙设计，可能都和一条鲸鱼或一头大象的眼睛中所包含的一样神奇，全能上帝的命令能够轻易地使前者存在，自然也能同样轻易地使后者存在；正如一天和

一千年在他面前是一样的，那么一只眼和一万只眼可能也是一样的。

这正是弥尔顿的《失乐园》所呈现的透过望远镜另一端看到的令人敬畏的景象，那就是：无垠的苍穹汇聚于无限大的反面。

如果说这种情景向自然哲学家们呈现出了无论往哪看都能发现财富的美好前景，那么它同样也侵蚀掉了关于一个人应该往哪看的辨别力——在最普通的住所里，在架子上的灰尘里，在照料不当的食品柜内的腐败食物里，都有绰绰有余的内容日复一日、周复一周地占据好奇的心灵。这些没有前途的废物没有一样表现得和原始感观感受到的一样。"即使在那些被我们认为低劣、鄙陋、粗俗的事物中"，胡克说道，"自然也并没有吝于展示它那丰富的新奇造物与精妙绝伦的运行机制"。

从这种取消意义差等的行为中，从这种对任何事物或物质特权的否定中，人们可能已经轻易地察觉到了亵渎之意。那些持怀疑态度的人甚至可能会想象显微镜学家们被过多吸引到了最低级的东西上去，如灰烬和腐烂物质、尿液和粪便、唾沫和精液等（在研究尿液中发现的"尿砂"时，胡克显然舀取了尿里的沉积物）。发现这样的东西值得"认真研究"可能看起来不仅仅是怪癖了，简直就是变态。与此同时，我们有可能发现，最崇高的物体在显微镜下却沦为了一些破烂不堪、不成形状的东西；胡克在研究微缩书法的样本时，在《主祷文》(*Lord's Prayer*)、《使徒信经》(*Apostle's Creed*)、《十诫》(*Ten Commandments*)和其他从《圣经》中摘出的句子被写得小到肉眼难以辨认的地方，他"发现它是由多么令人怜悯的拙劣涂鸦与潦草字迹构成的"。

所有这一切都暴露出了，在被近距离审视时，人是一位多么差劲的制造者。胡克将印在纸上的句号描述成"像是伦敦街道上的一块巨大污渍"。他的这种说法更像是一种判断而非描述。最锋利的剃须刀刀锋被指出是一条参差不齐、坑坑洼洼的线，一种更适合用在粗放的屠宰场里而非整齐切口上的东西。针尖不是一个尖锐的端点而是一个钝的、有凹痕的圆锥体，而昆虫的体毛、刚毛和爪子要"比针尖锋利成千上万倍"。"人工制品是如此简陋、奇形怪状的东西"，他写道，"当使用显微镜观察时，除了它们的畸形之外就看不到什么别的了"。约翰·威尔金斯看了《显微术》后评论说，与自然的作品相比，"最新奇的人工作品、最准确的雕刻或浮雕，看起来都是如此粗鲁、笨拙、歪七扭八的作品，就好像它们是使用一把鹤嘴锄或是一把泥铲创作出来的一样"。

上帝在细节中

自然造物的这种凌驾于人类造物之上的优越性并不只是一件训练人类谦卑之心的道具，对于胡克的一些合作者和读者来说，尤其值得注意的是对罗伯特·玻意耳来说，它还成为了为实验哲学提供辩护的一个重要的神学依据。胡克说，仔细观察大自然最细小的作品就是去发现上帝"最伟大的卓越之处"——并通过言外之意，暗指无神论是不可想象的。在评论昆虫足部的巧妙设计时，他激发读者去想象是否有人会"如此愚钝，认为所有这些事物都是偶然的产物"。

虽然否认这些断言中发自真心的虔诚有点儿不厚道，但这些说辞确实也带有一定的策略性。实验哲学家们敏锐地意识到他们易受无神论指责的弱点，这不仅（甚至并非首先）是因为他们放肆无礼的好奇心，更因为他们展示了一个由规则所束缚着的自然，在这个自然中，甚至奇迹与神迹也是可以相安无事的，这似乎使上帝可以发挥作用的地盘越来越小了。而他们的回应是为上帝找到新的角色。

罗伯特·玻意耳在《基督徒的品德》（*The Christian Virtuoso*）一书中提出了这项自然神学纲领。他在书中论证说，上帝的印记不在事物表面而在"事物隐藏的、最内层的深处"。因此,在这些深度上进行探索势在必行。玻意耳说,我们对这个世界了解得越多,就愈加清楚,世界不可能因为"一个像盲目的偶然性或无知觉物质微小颗粒的胡乱碰撞这样不完善的、可悲的原因"而组合在一起。在莱布尼茨看来,显微镜因揭示了这一神圣计划而击败了望远镜:"没有什么能够比自然杰作的结构,尤其是我们在使用显微镜仔细研究时看到的结构,更好地证实上帝无与伦比的智慧。"如钟表一样工作的宏观世界显现了非凡的智慧,但仍然无法与微观世界的匠心和微妙性相比。植物显微研究的先驱尼西米·格鲁在《神圣宇宙论:或,论作为上帝造物和王国的宇宙》(*Cosmologia Sacra*:*or*,*A Discourse of the Universe as it is the Creature and Kingdom of God*,1701)中扩展了这一论点。显微镜学家们论证说,上帝把这种仪器精确地放进他们手里,就是为了使他们能够发现上帝巧妙杰作的真实范围。

　　这从某些方面说是一个古老的论题。普林尼曾断言,与大型动物相比,小动物是上帝造化的更好例证:它们的构造更精致、更巧妙,更加超越于俗世造物所能达到的水平之外。托马斯·墨菲特同意普林尼的观点,并说道:"我从低等生物的历史中看到了上帝的更多神力。"正如亨利·鲍尔在他的诗歌式的颂词《赞显微镜》(*In Commendation of the Microscope*)中宣称的那样:

> 最渺小的事物体现着上帝最伟大的力量,
>
> 因此在我们收集的最细小的印迹中,
>
> 这个世界能够最好地读出上帝的无所不能。

　　这一系列论证也是对昆虫并非一种有价值的科学研究对象这一谴责的有力回击。早期昆虫学家们用来替他们的研究辩护的说辞是,从他们的学科中可以提炼出一系列有助于改善道德和对社会有益的经验教训:蜜蜂可以教给我们建筑学和君主制,蚂蚁可以教给我们勤

劳和民主，蜘蛛可以教给我们持家等等。法国哲学家皮埃尔·贝尔
（Pierre Bayle）甚至在 1702 年论证说："那些看不见的动物可能比体
格庞大的动物更具智慧。"（从现代的"群体智慧"概念来看，这些观点
如今又流行了起来。）

　　向微观世界寻求帮助以证明上帝的荣耀，意味着不能把从微观世
界找到的东西仅仅视为一大笔有着复杂精妙的设计财富，更应该将其
视为睿智的计划的一个指征。上帝不是在漫无目的地演示他的高超
工艺，而是给每件东西都赋予了恰当的功能：正如约翰·雷所说的那
样，上帝展示了"无限的谨慎"，因此没有一个细节是漫不经心的。如
伯纳德·德·丰特奈尔所称："大自然从不心血来潮"。[①] 在这一点上，
它与人类的造物形成了对比，这是卡尔达诺在 1560 年提出的观点，当
时他将写在米粒上的书法与象牙雕成的苍蝇等无用的奇技淫巧与自
然的"天工"相对比。卡尔达诺很清楚，这种态度挑战了亚里士多德的
权威，因为它声称事物的真相无法从肉眼可见的表面现象中直接读
出。这又是培根主义者一直坚持的观点，即自然比我们的感观或我们
的日常推理所能感知到的要微妙得多。今天的科学研究中使用的粒

---

① 现在我们仍然保持着这种态度，虽然在今天，自然的经济性被视为自然选择的迫切
　需要所导致的结果，这一观点的原理是认为任何多余的东西都会作为对精力和资源
　的浪费而被淘汰掉，并因此可以实现自适应。作为一项管理生命世界的普遍原则，这
　一观点的理由足够充分，虽然现在看来过度推崇它还是有风险的：达尔文的进化论没
　有强迫自然去实现最优化，或严格地使形态对应于功能，而只是推动事物向获得短期
　优势的方向发展。例如：虽然基因组没有和曾经假设的那样充满了遗传碎片——"垃
　圾基因"，不过很明显，我们的基因中嵌着数量相当可观的、堆积了数十亿年的累赘
　和多余物质，因为并没有充分的选择压力去强迫自然清理它的旧档案。还有，尽管
　生物多样性毫无疑问为生态系统的稳健性做出了贡献，但看起来有非常多的迹象显
　示，物种的多样性相当大地超出了在生态系统稳健性这一方面可以被认为是"必要"
　的程度。更进一步说，错综、繁复的形状可以从纯物理过程中产生——想一想雪花
　令人眼花缭乱的几何结构——这些纯物理过程生命世界和无机世界里同等地发挥
　着作用，这一切除了以下事实以外别无存在的理由，那就是：自然法则碰巧允许并确
　实强迫它如此。在"自然的经济性"被过分夸大的今天，假设导致这个世界的部分原
　因来自于一个已被遗忘的神学动机，即赞美造物主的智慧，也并非无稽之谈。

子加速器和电子显微镜证明了这份信念的长久生命力。

胡克和他的同事不满足于将他们的显微镜下的奇迹单独摆出来作为上帝的灵巧与智慧的指征。正如亨利·鲍尔解释的，通过揭示世界的精细纹理和颗粒，显微镜似乎可以使曾经神秘难解的东西变得清楚明了。大多数实验哲学家都在某种程度上和笛卡尔一样持微粒自然观，依据这一观点，所有现象都可以被给出一个建立在物质微小粒子的相互作用之上的机械解释。就算牛顿和其他一些人最终会质疑笛卡尔主义关于这种相互作用一定是完全唯物的、必须通过直接接触而发生的断言，他们默认的立场也仍然是：宇宙在最小尺度上是颗粒状的。胡克坚持认为，"这些小球的导致效果——人们一般把它们归因于"质"，以及那些公认深奥难解的现象，都是由自然的微小机器制造出来的"。在实验探究手段还力所不及的时候，好的培根主义者不得不谨慎地将这种观点当成假设来处理。可是现在，显微镜似乎有可能提供这样的手段了。胡克看到的细节——甚至在"最光滑"表面上也布满了坑坑洼洼——似乎代表着这种细粒状精细结构的首次现身，而胡克确信，显微技术的进步最终会将基础微粒带入人们的视野。鲍尔在他的《实验哲学》中声称，显微术可能揭示"磁石的磁素、太阳的光原子（或著名的笛卡尔的以太微粒），以及弹性空气粒子"。

与此同时，显微镜削弱了新柏拉图主义原来关于对应的观点，按照这种旧的说法，反映出共同机制的实体之间存在类比和亲缘关系，这种关系通常通过形状上的相似性显现出来，例如：一种形状类似特定身体器官的植物被认为对治疗这一部分器官疾病有疗效。这些相似之处在显微镜下通常会消失，并且即使出现新的相似之处（正如常常发生的那样），也没有明显的理由认为某一尺寸下的相似性比另一尺度下的意义更重要。由此可以得出，这种认识削弱了唯我论的中世纪世界观：世界并非一个放在那里为我们提供利益和教训的符号系统。正如历史学家凯瑟琳·威尔逊所说的那样，"在这个新世界里，我们一直都是不速之客"。

池塘生物

胡克在《显微术》一书中写道："在每一个物质的微小颗粒中，我们现在看到的生物种类几乎和我们以前在整个宇宙中可以胜记的一样多"。这是一种典型的胡克式的夸张——胡克同时夸大显微镜的放大率和它所揭示的世界的丰富性的倾向——但这种夸张反映出了胡克对生物能够生长得多么微小的正确判断。胡克和鲍尔都描述了对食醋中发现的细小"鳗鱼"的观察情况，而荷兰昆虫学家扬·施旺麦丹（Jan Swammerdam）记录了对水蚤的显微观察，这是一种如水中的浮尘一样细微难辨的动物。扬·施旺麦丹在《显微图谱》问世四年后出版了《昆虫史总论》（*General History of Insect*）。

尽管如此，皇家学会在 1676 年 10 月收到的那封来信还是令实验哲学家们措手不及。这封信来自一位署名安东尼·范·列文虎克（Antony van Leeuwenhoek）的代尔夫特亚麻商人，列文虎克在信中声称发现一滴"只是在一只新盆子中放了几天"的雨水中充满了小得无法用肉眼看到的"微生物"。"一只完全长成的水中微生物相对于螨虫的大小"列文虎克说，"就像是蜜蜂相对于马的大小；因为一只这种细小微生物的周长还不及螨虫一根体毛的厚度。"这些微型动物中有的"头部附近有两条细细的肢体，躯干后部有两个小鳍"。它们"颜色各不相同，其中一些苍白而透明，另一些长着绿色的、闪闪发亮的小鳞片，还有一些中间绿两头白，还有像灰烬一样呈灰色的"。列文虎克还作证说"我从未看见过比这更令人愉快的景象"。

这是一种全新的发现。发现如跳蚤这样的非常小的动物有着精巧的构造是一回事，可是发现细小到不借助显微镜就根本无法知道其存在的动物就完全是另一回事了。与列文虎克的微生物相比,醋里的"鳗鱼"简直就是巨蟒。

是何种情况,使这个荷兰人,区区一个卖布的,竟能取信于天下?人们都想知道,如果不是当时列文虎克已经通过一系列信件与皇家学会建立了关系,那么他的这封来信又能引起多少重视?这一系列通信开始于 1673 年,有人把列文虎克对《显微术》中的一幅蜂眼素描的批评转发给亨利·奥尔登堡。这次沟通经过了一个可靠的信息来源的中介,而当列文虎克开始直接向皇家学会寄送他的显微镜观察报告时(用荷兰语,当然,奥尔登堡能够翻译),克里斯蒂安·惠更斯的父亲康斯坦丁为他作了担保。康斯坦丁称这位荷兰人"在科学和语言方面均未受过教育,但是他自己天生极端得勤奋和好奇"。一位亚麻商人会使用显微镜倒也没什么可神秘的,因为这让他能够检查货物的质量。于是列文虎克第一份原创报告,内容是关于霉菌和蜂刺的,被判定足够适宜在《哲学汇刊》上发表。

此后,更进一步的观察结果源源不断地发表出来:总计大约 200 封信,忠实地描述了作者的观察结果,供受过更多教育的人来解释。(由于缺乏胡克那样的绘图技能,列文虎克聘请几位荷兰艺术家来粗略地画出镜头下观察到的情景。令人遗憾的是,他的朋友杨·维梅尔不在他们中间。)然而,这种表面上的谦卑被这个男人本人证明不过是惺惺作态,事实上他既不缺乏野心和自负,也不吝于做出经常被其他人认为是轻率的猜测。列文虎克甚至在他的首次通信中就警告"我不甘愿忍受别人的否定或责难"。令他的合作者倍感挫败的是,他把他的方法捂得密不透风;当有人求购显微镜时,他只肯出手那些与他用于重要观察的显微镜相比品质稍差的货色。甚至连康斯坦丁·惠更斯最终都被这种遮遮掩掩的作风搞得发狂,他在 1685 年进行的一次拜访后大叫:"哦,真是个畜生!"也许列文虎克(正确地)认识到如果他太随便地泄露他的技术，他很快会变得多余，因为比他更有见识的自然哲学家会接管这种研究。顺理成章地，他在通过镜头看见新事物的独特能力，吸引了包括查理二世在内的整个欧洲皇室成员和政要的争相拜访，而皇家学会则习惯了向他发出观察事物的请求，这些事物包括血液、牛奶、骨头、毛发、唾液、汗水、脂肪、眼泪、海绵、鱼、肌肉纤维和精液。他在1680年当选为皇家学会会员。

尽管他的名气越来越大，并且观察由包括代尔夫特的两位牧师和一位公证人在内的八位受尊敬的见证人作证，但列文虎克的显微镜下的微生物还是有些过于令人难以置信。还是那句话，要想知道梨子的味道，就得亲口尝一尝，因此，复制实验的任务落到了罗伯特·胡克身上。

这绝不是一件简单的事。列文虎克使用的是自制的单式（单镜头）显微镜，拥有更强的放大能力，能够显示出复合显微镜看不到的东西。但是这些仪器的制作很棘手，胡克使用他的复式显微镜艰苦奋战了几个月，也没有看到任何类似的东西。[①] 有点儿令人惊喜，且值得称赞的是，胡克并没有简单地放弃，然后下结论说列文虎克是被光学或心理学的人为产物误导了。（显微镜的光学效应能够制造出类似蠕虫的物体的表象，正如每一个使用过显微镜的人知道的那样。）最终，在1677年11月，他的坚持被证明是正确的：一台可以将距离放大一百倍的显微镜向所有在场目击者[②]揭示了微小的游动物体："所有看到它们

---

① 胡克自己的单式显微镜是直到他最终成功验证了列文虎克的主张后才造出来的，这台显微镜可以让微生物看上去清晰得多。胡克制作单式显微镜的方法是使用火焰加热玻璃棒，把它们拉成细丝。细丝的尖端融化滴落时，会收缩成小球，直径大概刚好在十分之一英寸左右。把这种小球装在一个金属框架上的小洞中，就做成了一台单式显微镜。这完全是胡克的即兴发挥，因为列文虎克拒绝透露他的技术机密——"为了只有他自己才最清楚的理由"，胡克揶揄说。
② 也许这个观测结果对胡克来说已经足够好了，但它并没有让所有人都满意。1686年，比萨的意大利解剖学家罗伦佐·贝里尼（Lorenzo Bellini）仍然感到不得不怀疑"这个人（列文虎克）是否真的没有在他的眼睛和显微镜之外引入某些使他错误地看到了东西的先入观念作为辅助"。

的人，"胡克写道，"都确信它们是动物。"他坦言他的惊讶：

> 我非常惊讶于这如此美妙的景象，以前从未见过任何活的生物可以在小巧程度上与这些生物相比。我也着实不能想象自然居然为我们提供了如此极端微小的动物的实例。

这些生物体被称为原生动物（即"最早的动物"）；它们现在仍然被这么叫。但是，虽然现在它们被认识到是单细胞的，在那个时代，人们却普遍相信它们在解剖结构上和其他动物一样，都拥有肌肉、筋腱、循环的血液，以及其他等等。这似乎暗示着一种令人混乱的尺度弹性：在大型动物身上看到的东西可以被整体缩小，没有明显的极限尺度的预期。胡克在他对雪花的描述中已经暗示了这种精细细节在更小尺度上的不断延续性："它们越被放大，就显示出越多的不规则性。"（这种跨越多个尺度结构上的不规则属性正是现在被称为分形的东西的特征之一。）把握这样一种无限倒退是对人类直觉和推理能力的考验。正如法国医生尼古拉斯·安德里·德·博伊斯-里加德（Nicolas Andry de Boisregard）在他使用显微镜对寄生虫进行的开拓性研究《论人体内蠕虫的生成》（*On the Generation of Worms in Human Bodies*，1700）中所写的："我们的想象力在这种思维中失去了自我，因这样一种奇怪的渺小而惊愕；但否认这种事实的目的是什么呢？理智说服我们，这种我们无法设想的东西是存在的。"

安德里是为数不多的从一开始就准备好相信列文虎克公布的另一项惊人发现的人之一。这项发现紧跟在他的微生物报告之后。这位荷兰人早在 1674 年已经开始研究人类的精液（他自己的，从他和自己妻子的卧床上光明正大地，不过大概会稍微有些吱吱嘎嘎地，奔流而出的），这种物质属于分泌物的一种，是奥尔登堡提议的研究对象之一。但是直到四年之后——他的观察技巧，可能也包括他在概念上的敏感性，因发现了雨水中的原生动物而变得更加敏锐——列文虎克才报告在一个患有淋病的男性精液内看到了带尾巴的"微生物"。他说，他随后在健康男性的精液里也看到了相同的东西：

> 这些微生物比为血液增添红色的微粒还小；因此我认为，100万个这种微生物加起来的大小也不会超过一粒大沙粒。它们的身体很丰满，但前部膨大，越往后越细，直到收缩为一个点，并配有一条长尾巴，尾巴大约有身体的五六倍长，非常透明……这些微生物通过尾巴的蛇形运动向前移动，就像鳗鱼在水里游动时所做的那样。

列文虎克在狗和兔子的精液中看到了同样的微生物。克里斯蒂安·惠更斯和胡克各自独立验证了这些"蝌蚪"在人类精液中的存在。不过它们是寄生虫吗？或者，它们可能与精液的生殖能力有关吗？后一项观点被一个事实所支持，即年轻男孩或上了岁数的老年人精液内不存在这些微生物。安德里论称，这些"精液蠕虫"的形状——几乎整个都是头部而没有躯干——"与胎儿或人类出生时的轮廓相符，在胎儿小的时候，它看起来无非就是一个大大的头部长在一个长条状的身体上，其末端看起来就像是某种尾巴"。18 世纪的胚中预成说理论由此开创。该理论认为每个人都是作为这些微型小人儿中的一个开始生命的：这并不确切意指它是一个身体各部分都已俱全的小生命，而是说它是一个已经被安排好要按照这个样子来成长的生物。但是这种观点引起了一些具有挑战性的问题。如果那些游动的东西是微型人类，那么女性卵子的作用又体现在哪里呢？是不是每只微生物都拥有一颗人类灵魂呢？如果是的话，为什么每一滴精液里都有如此多的微生物，而这些微生物又会怎样呢？因此，尤其是考虑到检测任何人类生殖理论的难度，一些自然哲学家们更倾向于否认精液中存在这些微生物，要不然就是把它们当作寄生虫忽视掉，也就不足为奇了。

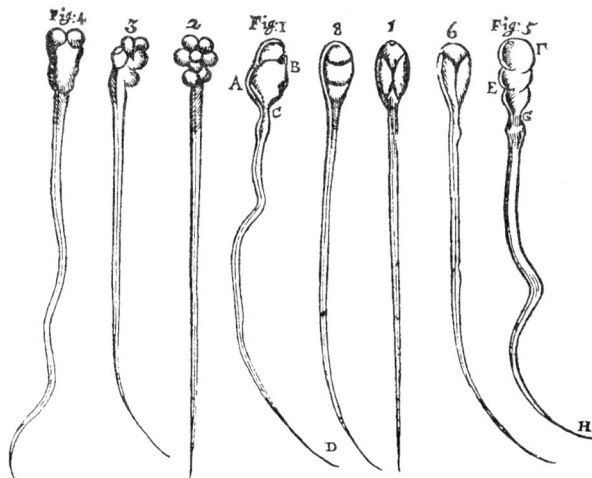

安东尼·范·列文虎克描绘的人类精子和犬类精子图像

显微镜下的恶魔

后一种解释本身触及了列文虎克的发现带来的另一个意味深长的暗示：疾病传播的机制。疾病与腐败或腐烂之间的关联自古以来就被认识到了。但是，是死亡导致了腐败呢，还是死亡根源于腐败？人们知道，腐烂的物质是蛆虫和其他害虫的藏身之所，而依据自然发生论学说，人们也广泛认为这些害虫就是由腐烂物质产生出来的。[①] 在这一观点中，腐烂还是一种赋予生命的机制：正如帕拉塞尔苏斯所写的，"腐败是所有重生的开始"。在中世纪的时候，人们认为"人造人"——炼金术中的何蒙库鲁兹（homunculus），正是从人类精子的腐

---

① 罗伯特·胡克对微型小虫及其他生物的观察已经使他开始怀疑自然发生说是否真实。在观察到雨水中的细小幼虫逐渐长成蚊子后，他想知道是不是"所有那些我们假设从腐败和腐烂中滋长出来的东西，都可以合理推断成是拥有和这些蚊子一样自然的来源的。这些蚊子，很可能，首先以卵的形式掉入水中，而后慢慢发育起来"。其他一些人，如皇家学会会员奥利弗·希尔（Oliver Hill），坚持主张蠕虫本身就是自发生成的产物——一种胡克以他标识性的不耐烦摒弃的观点。

败中创生的。

在疾病方面，很多人认为腐败和腐烂会腐化空气，而这种"不良气体"［即意大利语"疟疾"（*mal aria*）的本意］会引发疾病。疟疾毕竟盛行于烈日炎炎而又有污水淤积的地区。（当然，事实上是因为积水中会孵化出携带疟疾的蚊子幼虫。）吉罗拉莫·佛拉卡斯托罗（Girolamo Fracastoro）指出，事实上散播秽气的并不完全是空气本身；相反，腐败导致看不见的微粒被散发到空气中，是这些微粒传播了感染。1665 年大瘟疫的蔓延扰乱了英国皇家学会的活动，并开启了艾萨克·牛顿在林肯郡那段硕果累累的放逐生活。这次大瘟疫，就被伦敦药剂师威廉·巴瑟斯特（William Boghurst）解释成是由这种空气传播的微粒造成的。

显然，这里已经出现了一些细菌致病论的成分。列文虎克在水中发现的看不见的微生物表面看来可以为这个谜题补上最后一块拼图，特别是人们很快就弄清了这些显微蠕虫中的一些可以传播寄生虫疾病。德国数学家约翰·克里斯托夫·斯特姆在 1687 年提出空气中满是吸入人体后会致病的微生物，除非人们又通过汗液把它们排出体外，由此似乎把所有拼图拼到了一起。阿塔纳斯·珂雪甚至更进一步，提出瘟疫等疾病是由通过口腔和鼻孔进入体内的致命"蠕虫"的微小"种子"引起的。然而，这种疾病由某种可以被解读为恶意生物的东西所导致的图景尚未与关于看不见的恶魔在疾病中所起的作用的古老迷信撇清关系，两者之间的联系在丹尼尔·笛福所著的《瘟疫年纪事》（*Journal of the Plague Year*，1722）中似乎非常明确。《瘟疫年纪事》是对 1665 年大瘟疫的小说式描述。在这个故事中，笛福的讲述者说，他听说，如果一位携带瘟疫的人对着玻璃片呼一口气，然后将玻璃片置于显微镜下，"通过显微镜可以在那里看到活着的生物，长着奇怪的、可怕的、怪兽般的外形，如龙、如蛇、如巨蟒、如恶魔，恐怖得令人无法注视"。不过他承认他严重怀疑这种说法的真实性。

你可以说,传染病的细菌致病说产生于 17 世纪晚期。不过,要使用当时能够获得的工具来验证微生物与疾病之间的直接联系是极端困难的,这尤其是因为许多传染病是由病菌和病毒等小到在当时还无法用显微镜看到的微观生命体引起的。因此,这种观点四处碰壁、不受青睐,直到路易·巴斯德(Louis Pasteur)在 19 世纪晚期重新振兴该观点。

列文虎克对微生物的观察证实了一个不断发展的观点,即:显微镜显示的并不只是我们自己所处的世界的更精细的细节,它还显示了名副其实的全新世界,这些新世界由对我们这些巨大的存在浑然不觉的居民组成,正如我们通常对它们这些微小的存在浑然不觉一样。这一图景被西拉诺·德·贝尔热拉克(Cyrano de Bergerac)的《月球邦国的世界》(*The States and Empires of the Moon*)一书所援引,在其中一段中,迪尔科纳①和苏格拉底的恶魔及月球上的两位年轻哲学家坐在一起用餐。其中一位阐述了世界的无限性:

> 因此,将宇宙描绘成一种巨大的生物体……现在说到我们,从某些与我们相比要小得多的生物——像某些蠕虫、虱子和螨虫——的角度看,我们也是世界。而它们又是其他还要更加难以察觉的生物的大地……你是不是发现很难相信虱子会把你的身体当作一个世界,或者很难相信当其中一只虱子从你的一只耳朵跳到另一只耳朵时,它的朋友们会说它已经行至世界的尽头,或者它已经从世界的一极来到另一极? 为什么? 毫无疑问,这种小人会把你的头发当成其所在国度的森林,把你满是汗水的毛孔当

---

① Dyrcona,德·贝热拉克故事中的主角,由作者本人的名字 Cyrano 改变字母顺序而来——译者注

> 成清泉，把你的痤疮当成湖或池塘，把你的脓疮当成海洋，把你流出的鼻涕当成洪水；而当你把头发向前向后梳时，它们认为这是海潮的起伏和奔流。

微观世界在这里被准新柏拉图主义的术语解释成一幅宏观宇宙的缩小图像，就好像在列奥纳多·达·芬奇看来，脉状的河流网输送着地球的血液。伯纳德·德·丰特奈尔在《关于宇宙多样性的对话》一书中反复强调了这种无限性及其宏观类比。"你一定不要认为我们看见了居住在地球上的所有生物"，他书中的哲学家警告侯爵夫人：

> 地球上看不见的动物物种和看得见的一样多。大到大象，小到螨虫，我们都能看到，而我们的视力也仅限于此。但是在螨虫之外还有无限多种生物，对于这些通过普通视力无法看到的生物来说，螨虫就像是大象一样巨大。我们已经通过显微镜镜头看到许多液体中充满着原本我们从不认为生存在那里的小生物……一片树叶就是一个小世界，居住着看不见的蠕虫。对这些蠕虫来说，这个世界一望无际，它们知道其中的山脉和深渊，居住在叶子一面的蠕虫与另一面的蠕虫之间的交流不会多过我们与地球另一边的交流。

丰特奈尔的哲学家在这里找到了充分的理由相信其他星球上必定有人居住。"自然（现在是自然！）在散布动物时是如此得随意，她甚至不介意我们只能看到一半的动物。你能相信吗，当在这里过度运用了她的繁殖能力以后，对其他星球她会变得如此不好生养，以至于无法让那里产生任何生物？"

在献给查理二世的、大量运用了显微研究方法的《植物解剖学》（*The Anatomy of Plants*，1682）中，尼希米·格鲁希望通过这种地理学比喻——暗示君主的统治区域会因此而扩展——征服这位皇家学会的赞助人：

陛下会发现，就像在地理学中一样，哲学中也存在着"未知大陆（Terrae Incognitae）"。而这里所呈现的就是这种种未知的一部分。我不知道这是怎样发生的，即便是在这样一个充满好奇的时代中。但它确实发生了。而我是第一个，绘出这片未知国土地图的人。

就像对月球景象的观测一样，探索和帝国的时代也把征服的视野拓展到这个微观宇宙。胡克在《显微术》中颂扬"机械装置的使用极大地帮助了我们的感官"，

不仅是在对已经可见的世界的调查中，更在于对许多迄今未知的其他世界的发现中。它还使我们，如征服者亚历山大一样，还没来得及征服一个世界，就又发现了如此众多的其他世界，而深感震撼。

但是，除了惊奇和不解地盯着它看之外，征服这个世界真正需要的是什么呢？在此挑战之下隐藏着关于接下来好奇心将把我们引向何方的更深一层的问题：我们希望了解的东西到哪是个头儿？

令人不安的接近

和望远镜一样，显微镜并不是简单地一出现，然后就开始增加我们对世界的了解的。今天的全新科学技术在被添加到实验者的标准武备库之前必须首先确立它们的真实性和可靠性；在整个实验概念都是新兴的和备受争议的时代，这一点比以往任何时候都来得更真实。从一项创新在技术上成为可能到它被几乎不假思索地使用之间存在着一段争取让人们接受它的争议期。光学仪器因其总与欺骗诡计联系在一起的可疑传统而尤其如此。

相比望远镜，显微镜更容易地得到了接受，但也并不是没有人怀疑过它。其中最直言不讳的一个是纽卡斯尔公爵夫人玛格丽特·卡文迪什，尽管她的影响力并不像她的社会地位那样显赫。卡文迪什是

一个了不起的女人——一位在自然哲学中让人难以忍受的沙文主义和歧视妇女的文化，冒着众多的嘲笑和轻慢，主要靠自学成才的哲学家——因此有人会指望她能煞煞这些自鸣得意的男人们的威风。不幸的是，事与愿违，她是一位固执而教条的传统主义者，几乎总是错的，要不是她的贵族爵位，她很可能已经几乎被完全忽视。[①] 结果顺理成章地，人们因为公爵夫人的身份而对她礼敬有加，但是大多数人对她的著作都有点儿嗤之以鼻；只有观点与她相近的剑桥柏拉图主义者和活力论者亨利·莫尔给予了她很大赞赏。在表面上，为了弥补自己的羞怯，她故意培养出一张火辣的人格面具，这使她饱受放肆、自负、疯狂的指责："疯狂的马奇"是她的批评者所青睐使用的绰号。

玛格丽特不仅写哲学著作，还创作诗歌、戏剧和小说。她的丈夫威廉·卡文迪什（William Cavendish）是一位业余学者，拥有望远镜还涉足炼金术。作为保皇派，他们在英国内战时期流亡巴黎，召集了所谓的纽卡斯尔集团，成员包括托马斯·霍布斯、外交官坎奈姆·狄戈比（Kenelm Digby）和物理学家沃尔特·查尔顿。玛格丽特·卡文迪什高度怀疑实验哲学能够揭示多少关于自然世界的意义深刻的东西，并且确信从既有公理中演绎地进行推理的传统的亚里士多德方法是获取知识的一条更加合理、更加可靠的途径。

在她充满挑衅的《实验哲学观察》（*Observations Upon Experimental Philosophy*）一书中描述的对显微镜学的反对意见颇具典型性地代表了她的批评态度。这种批评更多地依赖于对错误的断言，而非论证，

---

① 此外，她作为一名早期女权主义者的资质也颇值得商榷，因为她曾建议，女性，考虑到她们拥有靠家务活磨练出的良好的实践操作技能，诸如烘焙和缝纫，因此应该把实验科学的任务分派给她们，这样就可以将男性解放出来从事"更有利可图的研究，而非无用实验"了。带着不逊于同时代任何男性作家的刻板态度，她还告诫说：不过，女性在扮演炼金术士方面会很蹩脚，因为"我们的性别更倾向于浪费黄金，而不是制造黄金"。

无论逻辑上的还是实证上的。她在开篇写道，"鉴于我从未研究或实践过这门技术，因此无法对'显微镜学'以及这一领域所属的若干种屈光仪器做出可靠的判断"，然后才针对性地提出她的反对意见：

> 在这其中我能确信的是，这种相同的技术，及其使用的所有仪器，并不能发现自然的任何部分或任何生物内部的天然运动；不，问题是，这门技术是否能够把事物的外部形状和运动按照它们本来的样子确切描绘出来；因为技术更容易造成改变，而不是带来知识。

换句话说，卡文迪什认为显微镜镜头在放大图像时会失真。她从未解释过这一说法的依据，尽管她辩称如果针尖或刀锋确实像它们在显微镜下看起来那样圆钝、不锋利，它们将永远无法像在现实中一样刺穿和切割东西。看来卡文迪什认为仅仅放大本身就是一种扭曲：在放大标本的同时，镜头也在某种程度上使标本发生了膨胀和隆起：

> 人工镜片……就算能够呈现出物体的天然轮廓，这种天然轮廓也有可能被呈现为要多怪异就有多怪异的怪兽般的形状，而不是它本来的形状：例如：一只虱子在放大的镜片下看起来像一只龙虾。在那里，显微镜对它身上的每个部分都进行了放大和扩充，使它们看起来比原本的自然形态更大更圆。事实是，用技术手段把轮廓放得越大，它与自然形态相比就越显得怪异，因为每个关节都会看起来像一个病变、膨胀和肿大的部位，好像病入膏肓，随时可以开刀做手术了。

这里给人的一种感觉是，放大实际上是令人反感的：它所揭示的是一种可怕的、几乎是不道德的腐败。卡文迪什不仅不信任，而且实际上还排斥显微镜的显示的东西。在她最初作为"实验哲学观察"的附录出版的讽刺小说《光荣世界》(*The Description of a New World, Called The Blazing-World*，1668)(见原书 373 页)中，有人让光荣世界的皇后观察显微镜下的一只跳蚤和一只虱子，"它们在她视野中显得如此可怕，几乎使她昏厥过去"。

显微镜观察的这种粗鄙感在斯威夫特的《格列佛游记》中也很明显。在庞大的巨人王国，格列佛在近距离看见这些巨人的身体时感到非常厌恶："他们的皮肤极其粗糙，高低不平，近看颜色还不一样；这儿一颗痣，那儿一颗痣，宽得像切面包用的垫板一样；痣上还长着毛，挂下来比扎包裹用的绳子还粗。"在普通人中，他因为爬在他们衣服上的巨大虱子而反胃：

> 我用肉眼就可以清清楚楚地看到这些害虫的腿，那比在显微镜底下看一只欧洲的虱子还要清楚许多。它们用来吸人血的嘴跟猪嘴一样，这还是我有生以来第一次见到。要是我有适当的工具，我一定会好奇的解剖一个来看看，可惜那工具我都丢在船上了。不过事实上那情景实在太叫人恶心，我当时就反胃想吐。

放大图像不得体的一面令窈窕淑女们尤其不安。在格列佛看来，这几乎变成了一个暗喻：如果将人格，姑且可以这样说，置于显微镜下，那么社会的礼仪和规矩恐怕都要丧失殆尽：

> 这使我回想起我们英国女士光滑的皮肤，在我们看来这些女士很漂亮，仅仅因为她们和我们一般大小，她们的缺陷不通过放大镜看不出来，这一点是我们通过实验得出的结论：最光滑、最白皙的皮肤在放大镜下看起来都粗糙不平、颜色难看。

在游移于巨人国与小人国之间的旅程中，格列佛向我们展示了人类尺寸的偶然性，它不过是从无限小到无限大的漫漫长路上的一个普通的路标。"毫无疑问"，他说，"哲学家们的话还是对的，他们告诉我们：万事万物只有比较才能有大小之分"。现在，现代科学毫无疑问远超我们凭直觉认识这些极端事物的能力：我们知道但不能真正想象发生在大爆炸第一秒内漫长而复杂的历史，并被要求思索十一维或更多维时空中的无限的多重宇宙。不过,在这茫茫无际的时空中,我们却只对其中和普通的一小层敏感,这一事实肯定是上天对我们理性和心智的一种眷顾,正如苏格兰诗人詹姆斯·汤姆森(James Thomson)在18 世纪 20 年代发表的诗集《四季》(*The Seasons*)中断言地那样:

> 这些隐藏的事物
>
> 通过构建天堂所用的技术,躲过
>
> 人类粗俗的眼睛;因为,如果世界,
>
> 将佳肴的芳香和美酒的甘冽,
>
> 突然吹入封闭世界中的人类的鼻孔,
>
> 他只会如在寂静沉睡之时被噪音惊醒,
>
> 厌恶地翻个身,重新投入死一般的黑夜。

你看到了什么?

卡文迪什认为只有眼睛本身才是"最好的光学仪器"——因为只有眼睛才能够将事物展现为我们实际看见的那个样子——她的这种循环逻辑是为了拒绝研究奇形怪状的微观世界而做出的最后一搏。她说,使一个物体变大,顾名思义,会使你的观察无效化——确实仅仅是因为它变大了:

> 对这些被技术手段弄得看起来比它们自然的样子变大了的生物,或生物的肢体,我们无法依据它们天然的外形做出判断,因为它们不是以天然的形状呈现出来的;而是以一种人工的形状,也就是说,以一种被技术放大了的、被拉伸到其天然轮廓之外的形状或外形来呈现的;……人类无法判断一个东西的外形,除非是它本身呈现出来的外形。

基于同样的原因,望远镜在向我们展示天空中的新事物时也遭到怀疑,仅仅因为(和 20 英里之外被放大的城堡不同)这些东西不可能在那儿，除非我们从一开始就能看到它们。在卡文迪什看来，她不能或不愿设想某个东西是这样的事实，就是证明它为什么不能是这样的一个实在太现成的论据。

她还打出了那张现在已经被用烂了的牌，将科学家们乐于修正自己观点的态度当成是他们不知道自己在说什么的表面证据。她说，他们（科学家们）永远在颂扬他们仪器的神奇之处，但很快就会承认对这些仪器的怀疑，然后宣布将它们全部作废。"因此很明显"，她写道，

> 实验哲学只建立在一个脆弱、易变、且不确定的基础上。这些现在受到如此高地赞扬的人造仪器，如显微镜、望远镜，以及类似的东西，谁知道会不会在短时间内遭到同样的命运。

令人讶异的是，玛格丽特·卡文迪什在发表《实验哲学观察》一年后透露，她想要参加一场皇家学会的会议。她在 1667 年 5 月向皇家学会提出了这一要求。"经过对利弊的反复讨论"，按照佩皮斯 5 月 30 日的日记里的说法，这个要求被一致同意了。他们为公爵夫人准备的消遣之一就是"一台上好的显微镜"，理所当然，是胡克安排的。她在会上表现出一副皇室派头，丝毫没有屈尊进行批评，而是假装赞赏她所看到的一切。佩皮斯感到失望，因为他没有"听到她说任何值得一听的东西"。不过约翰·伊夫林创作了一首民谣来纪念这次会晤。他在民谣中这样记载显微镜演示：

> 可是，哦，又来了件更奇怪的东西，这位夫人
> 他们展示出一块玻璃，有个拗口的名字
> 我说不好
> 它让虱子看起来大得
> 像揣了崽儿的母猪
> 有人发誓是头象。

显然，卡文迪什的"赞赏"并不意味着她被说服，她在第二年重新

发行了《实验哲学观察》和其讽刺性附录《光荣世界》。

虽然卡文迪什抱持的显微镜使自然变形的信念是任性使气，但有关如何确切诠释这些图像的问题却是有根据的。这不仅仅是理解一个结构的功能的问题，而是首先要把它当作一个结构来理解的问题。我们对显微世界中的对象的类别有一种先验的认识：看见叶状的东西就认为是植物，看见多面体就认为是矿物和晶体，诸如此类。但是没有人知道哪些类别、哪些经验法则适用于超出人类视力阈值之外的尺度。这个时期的显微镜学文献资料中充满了宏观类比，不仅是形式，还涉及假定功能。真菌的卷须像天鹅绒和地毯，昆虫表皮像军用盔甲，而最著名的一个类比是，胡克将软木塞薄片上的小腔室比作修道院隐士与世隔绝的"单身小房（cells）"——这正是用来表示组成活组织的小隔间的"细胞"一词的来源。[①]

罗伯特·胡克绘制的一片软木上的微型隔间，他将这种隔间称为"细胞"——这是这个基本生物学术语的第一个实例。

最常遇到的问题是，人们在这个被人为拍扁的微观世界中看到的究竟是何种样式的三维物体？这一点远谈不上清晰。正如胡克自己承认的那样：

> 对于某些观察对象来说，要区分凸起和凹陷、阴影和黑斑，或者反光和白色的颜色，是极端困难的……苍蝇的眼睛在一种光线下看起来几乎就像一个晶格，被大量小孔贯通……而在阳光下，它们看起来像一个覆满金钉的表面，换一个角度看，又像一个覆满金字塔的表面；再换一个，像覆满圆锥体的，再换成其他角度，都显示为其他十分不同的形状。

[①] 胡克认为蜂窝状结构是植物组织独有的特征，这种结构中的细胞一般相对较大，容易看到。德国生理学家西奥多·施万（Theodore Schwann）到 19 世纪才提出所有生物体的细胞学说。

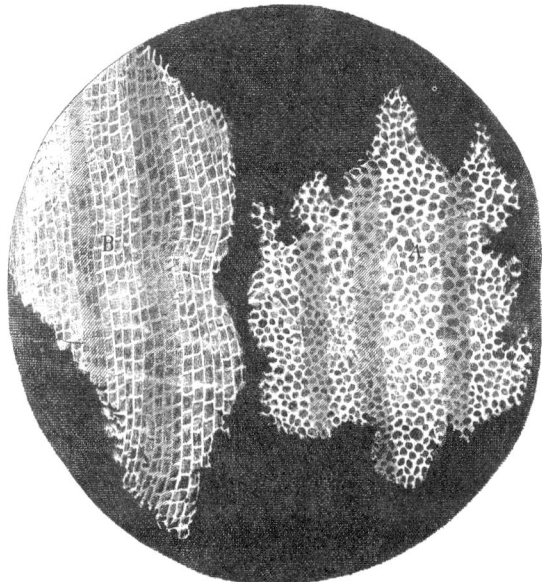

因此，胡克强调，他每画一幅图，都是从几个不同视角观察过标本后才下笔的。但即使这样也并不总是能保证看到正确的东西。

不过，早期显微镜学的最大问题是它在很大程度上是一门领先于时代的科学。显微镜镜头揭示的宇宙万物细节令人惊奇、出乎意料，但还没有理论框架来理解它们（尤其对活的生物体来说）。随着我们越来越深入地观察，会发现自然展示出的秩序和形式仍然层出不穷，这时惊奇就会消退，而问题就变成是否所有这些细节都有办法得到诠释，以及这些细节能否让我们更深入地理解物质的属性。在 17 世纪 60 年代的第一波热潮以后，这个问题的答案开始变得清晰起来：总的来说，不会。

当然，也存在一些显微镜学真正帮助增长知识的例子。扬·施旺麦丹对昆虫进行的解剖结果表明，一个蜂群中的"国王"实际上是一位拥有卵巢的女王。他对昆虫生理学的详细观察帮助他描绘出昆虫从卵到幼虫、从蛹到成虫的整个生命周期特征。与此同时,博洛尼亚大学的意大利医生马塞洛·马尔比基看到威廉·哈维探查的血液输运网络一路延伸到显微镜下的毛细管,证明血液只是简单地通过渗透到组织里来实现循环这一旧观点是不正确的。马尔比基的著作《论内脏结构》(*De viscerum structura*,1666)中呈现了人体器官的显微图像,这本书对 17 世纪解剖学做出了巨大贡献,皇家学会理所当然地将马尔比基视为他们最有学问的海外通讯员之一。而尼希米·格鲁对植物进行的显微观察使他想到与动物体作类比——他说道,植物有肠子和肺,而动物本质上是"数种植物被束缚在一个躯体内"。尽管这样的比拟有点不切实际,但它们开始削弱生命世界不同领域之间的固定界线。

但成功例子非常少见。胡克希望显微镜能揭示记忆的物理结构——"盘绕在大脑储藏室中的一连串想法"——这一希望终未实现。在太多的情况下,显微结构什么也说明不了,这加剧了关于实验哲学家们过于放纵自己的好奇心、将其浪费在无关紧要的琐事上的指责。通过显微镜学最终揭示物质的基本原子的梦想逐渐被对更大的放大倍数会显示出周而复始无法理解的物质结构这一问题的担忧所取代。博洛尼亚医生吉罗拉莫·斯巴拉格利亚批评了马尔比基的显微解剖学,他在 1689 年写道:

> 这些研究对我来说就像是坦塔罗斯的花园,在这里看起来像那么回事的东西实际上什么都不是。像坦塔罗斯花园里的果子一样,它们通过一种芳香羁绊我们的心智;但在遭到破坏后,人们就会认识到,对医疗实践来说,所有这些东西都是虚妄的。

加斯东·巴舍拉(Gaston Bachelard)等一些当代历史学家认为,由于显微镜只显示了美丽而怪诞的图像而非可以解释、可以量化的东

.

西，因此它实际上阻碍了学术的进步。而凯瑟琳·威尔逊等其他一些历史学家则表示，正好相反，观察与即刻有用或即刻有意义的东西的分离正是科学的一个本质性的发展。

不管怎样，不可理解性的障碍肯定是显微镜热消退的原因之一。到了 1692 年，胡克将会哀叹，除了那些将显微镜视为一种供他们消遣的玩具的富有的绅士——以及越来越多的，女士们（在这样做的时候他们可能会购买一些可以，在一段时间内，取悦他们朋友的预制标本），再也没有人对显微镜感兴趣了：

> 大致相同的情况也发生在显微镜的命运中，从它们的发明、改进、使用，到对它的忽视和用它做观察。现在它们几乎只剩下了唯一的一位信徒，那就是列文虎克先生；除了他之外，我没有听说有任何人将这个仪器用于娱乐和消遣以外的其他任何用途，以至于为了这个目的，有人把它变成了一种便携式仪器，可以很容易地揣在口袋里运输。

胡克确信，通过显微镜还能发现更多东西，但除了列文虎克之外（马尔比基于 1694 年逝世）似乎没有人再对显微镜感兴趣。

难道说人的心智不是被设计用来在一个如此小的尺度上理解世界的吗？[①] 约翰·洛克同情皇家学会的活动，但对其感到困惑。他强调这种理解有局限性："自然界的作品由智慧设计，并通过远超我们发现能力或想象能力的方式运作，我们甚至无法将它们浓缩成一门科学。"他认为，这一说法很符合微观世界的情况，尤其是因为他无法想象上帝会把任何值得了解的东西放在我们日常感观无法触及的地方。事实上，他认为如果有人的视力和显微镜一样敏锐，他将获得一种与

[①] 这也是有可能的。当物体小到其行为由量子力学而非经典的牛顿力学控制，这种行为就常常无法为直觉所把握，尽管它可以精确地用数学描述。这是因为心智并不是在长期暴露在量子效应下的环境中进化的。

普通人不一样的方式将世界概念化——他将"置身于一个完全不同于
其他人的世界中",在那里,

> 没有东西对他来说是和其他人一样的:对于每件事物看上去
> 是什么样的看法将会不同。因此我怀疑,他,与其他人,是否能够
> 讨论看到的事物:或者,交流他们看到了什么颜色,因为他们看到
> 的东西的外观是如此完全得不同。

在某种程度上,这是用来反驳过度还原论的一个有效论据:我们
无法从组成一台原子的时钟上看出时间。这也告诫我们不要试图引
用宏观概念和对象来诠释微观世界:正如约瑟夫·格兰维尔所说的那
样,"在粘稠的精液和完整的动物之间只有很小的相似性"。但洛克的
话也重申了那个事实,即:实验哲学已经揭示了世界的多元性,虽然他
同时对这些世界之间彼此能够沟通交流的程度提出了怀疑。换言之,
这种说法似乎将显微镜定位成一种用来满足好奇心而非用于科学的
工具。

第 11 章

自然之光

在这个大学中有一位大师，他一晃动身体，就能发出强烈地闪光，并伴有劈劈啪啪地像火堆燃烧的声音。

——罗伯特·布拉特，《斯坦福特郡自然史》(*Natural History of Staffordshire*，1686)

在美国，有些鸟在黑夜会发出灿烂的光，人们可以借之进行阅读。

——丰特奈尔，《关于宇宙多样化的对话》

罗伯特·玻意耳家的佣人已经习惯了白天黑夜里无时无刻都要满足一些奇怪的要求。人们唯一能够猜出来的是被传唤去参加玻意耳钻石可能会发光实验调查的小侍从头脑中在想什么，是有一天晚上他从旁协助，看着他的主人将珍贵的石头（价值好多年的工资）投到石油和盐酸中，敲击它，之后（用玻意耳的话说），"让它和我一起进入被窝，在我裸露身体上的某个温暖部位停留一会"。

"17 世纪自然哲学史的年鉴"，洛林·达斯顿及凯瑟琳·帕克说，"伴随着观察者无数次不能正常的吃饭，不能陪来访者，不能有充足的睡眠"，他们抛弃一切投身于短暂而又让人着迷的某个现象中。好奇心需要毅力，因为大自然不会调整自己的时间轴来满足人类事务之便，①玻意耳可能会在深夜突然打电话给他的佣人，让他带一条腐烂的鱼来，放到空气泵里。

有一次，是佣人们将潘神的猎物放掉的。"昨天，我要去睡觉的时候"，1672 年玻意耳在给一个朋友的信中提到，"一个进行观察工作的助理告诉我，有一次家里的一个佣人去储藏室时被某些发光的东西给吓到了，她看见（即使是在黑暗的地方）它就在以前挂肉的那个地方。于是，我思考了一会儿就去睡觉了。不一会儿，我又把肉拿到了我的卧室里，把它放在卧室的墙角处，因为那个地方足够黑，之后我清楚地看到那块肉在不同的地方闪闪发光，就像朽木或臭了的鱼。这个现象真是太不寻常了，我惊讶万分又惊喜万分，我立马想到要邀请你跟我一起分享其中的奥妙"。

那时的玻意耳全身心地投入到发明新望远镜的工作中，也因此感冒头疼。虽然如此，大部分夜晚他还都在熬夜观察这个奇怪的现象。

此段阐明，像木头或鱼这样的腐烂有机物散发出的光（冷光），已经被发现了。这个现象的奇妙之处让玻意耳又惊又喜——坦白说，这些情绪反应更激发了他的好奇心。

冷光造成的这一令人称奇的景象也是皇家学会的大师们十分关注的原因之一。结果引起了一系列基础而又影响深远的问题，在无热量的情况下产生的光（热金属发的热量一点也不明显）②与之前的光理论自相矛盾了。但是不可否认的是，由发光物质引起的好奇心及这一

---

① 所有进行相关实验的科学家普遍认为，根据细胞培养技术或低温学上来讲，应该把闹钟调到凌晨三点，这样的话体内的营养不会被吸收，冷冻剂也不会在早饭之前蒸发掉。

② 那也就是说，相似无差别。结果很难解释，然而，完整的解释需要量子物理学，事实上这也是推动量子物理学在 20 世纪初产生的问题之一。

现象基本上有能力抓住及满足研究人员及大众寻求刺激的心理。那种惊奇需要小心处理，因为它可能让高贵的大师们与在公众场合吸引人群的相对低俗的魔术师及江湖骗子看起来毫无差别。

这个光的游戏一直占据着科学和奇迹间模棱两可的中间地带。所有创造物因光而诞生时，它还只不过是个灵魂物质。对早期的基督徒作家来说，光是由上帝发出的、超自然的，15世纪新柏拉图神秘主义的叙利亚作家狄约尼削曾这样描述过。从哥特式教堂里的巨型窗户到石头上千变万化的马赛克来说，有色光的意义非凡。难道它不是比彩虹更能彰显大自然的神秘和伟岸的象征，圣母玛利亚缥缈稍纵即逝的象征，大洪水后生命重生的象征，天意的象征吗？孔雀尾巴上多彩的色调代表了发明炼金术期间干坩埚里色彩的变化，就像热金属的彩虹色一样，有趣又诱人。早期诺斯替教派的作家们将白孔雀蛋上缤纷的色彩变化与上帝由单一性创造多样化作比。这种象征主义与光和色彩的实用技术毫无差别——毕竟是通过炼金术，画家、染工、玻璃工才得以获得他们想要的颜色。13世纪罗吉尔·培根和罗伯特·格罗塞特研究光学时，也开始探索透镜和棱镜在放大和吸收颜色方面的作用，他们对光的概念仍然还是神学和数学层面上的。就算罗伯特·玻意耳开始研究光，艾萨克·牛顿开始解开彩虹之谜时，那一宗教理念的地位也只有些许的撼动。在牛顿发现在阳光照耀下，旧图片中的孔雀五彩斑斓的尾巴是由白色变过来时，他也获得了一本炼金集，里面的某种论述是艾尔伯图斯·麦格努斯所著的。在这本小册子里，他会了解到，书中提到的人类可以设想出所有的颜色，这一设想完全可以通过某一种颜色来证明——白色，白色是所有颜色的集合。对光的好奇心洋溢着神秘和神学联想及假设。这正是一种神圣科学。

看得见的黑暗

发冷光或冷光早在古希腊罗马时期就已经被发现了。在《论灵魂》(*On the Soul*)这本书中,亚里士多德说过,"事实上某些东西在白天是看不见的,虽然在黑夜里它们会被感觉到:如没有可区别名字的、炽热又闪闪发光的东西,像霉菌、烂鱼肉、①鱼的头部和眼部"。普林尼认为"橡木老树干的朽木就会在夜里发光,某种霉菌也会在夜里发光,正是通过它在夜里发出的光,人们才知道在哪里以及怎样采集这种光"。中世纪的人们见到流萤和萤火虫都会欣喜若狂。

16 世纪中期,百科全书编撰家康拉德·格斯纳详细描述了罕见而又奇妙的植物在黑暗中发光,与此同时,他也描述了冷光动物和石头。波伦亚自然主义者乌利塞·阿尔德罗万迪宣称自己著过一本关于夜里会发光事物的书,虽然他没能有幸等到书出版。据说吉洛拉谟·卡尔达诺在《我的生平》(*De rerum Varietate*)一书中记载有一次去苏格兰的旅途中见过发光的鱼,德拉·波尔塔和弗朗西斯·培根也见过朽木发出的光。

为更好地证明冷光现象的真实存在,玻意耳情愿抱恙熬夜一整晚研究他餐具里会发光的肉,就算再好奇,这一点也着实让人有些惊讶。但是之前这些东西被认为是奇迹和奇观:普林尼、格斯纳这样的编目员会将它归为稀奇又非凡的事物,但不值得哲学家关注。之前只有密秘学教授曾密切关注过冷光现象。德拉·波尔塔的《自然的魔法》列举了萤火虫、霉菌、朽木之类的经典实例,同时还阐述了通过捣碎萤火虫,接着在肥料里发酵,最后蒸馏液体来制作发光液体的方法。(这一

---

① 这似乎误译了:在希腊语中 keras 很容易与 kreas 搞混淆,所以这可能指的是烂鱼肉发出的冷光。

过程完全是伪造的，之后被玻意耳与托马斯·墨菲特拆穿，因为光不可能在溶液中提炼出来。）

培根在《学术的进展》一书中阐释道，这些发光的物质证明了火不是唯一会发光的物质。汉斯·克里斯蒂安·安徒生在他的童话《梦神》中描绘过朽木发冷光这一奇异现象，这使得其在 19 世纪受到了很大的关注。在缅因州森林里的某个晚上，亨利·大卫·梭罗也被此现象给吸引了。该现象是由发光的菌类引起的，是一种生物发光，这种光是由含氧气的生化反应引起的。基本上与萤火虫、流萤及一些微小的海洋生物（有时似乎可以使海水发光的一种物质）发光的原因相同。

现代观念认为磷光现象是一种完全不同的过程。在被光照的情况下，磷光物质会吸收并储藏光能量，随后又重新释放出来。然而在 17 世纪，在没有热量的条件下，任何形式的散光都被称为"磷光现象"，任何有此效果的物质都被称为"磷"，在希腊语中意思是"光的使者"，也是晨星维纳斯的名字。

现在意义上，某些形式的磷光物质被称作"冷光现象"。其中有一种在博洛尼亚附近发现的矿物叫作重晶石（Bolonian/Bolognian Stone），黑暗中在光的照耀下会发出蓝光。要获得此种物质首先要用木炭加热矿物质，这个步骤在 1603 年由一个波伦亚的鞋匠，同时又是炼金术士，名叫文森佐（Vincenzo Cascariolo）发现的。① 伽利略也注意到这种石头，虽然在帕多瓦他反对哲学家弗图尼奥·利切第（Fortunio Liceti）的观点——月亮不是通过反射光而发光，它之所以会发光是因为它是由一种似磷光物质组成的。约翰·伊夫林在 1645 年去意大利的一次旅行中也见过这种石头，在罗马他目睹了一个江湖

---

① 该矿物质是硫酸钡，是通过炭与磷光硫化钡的化学反应转换而来的。用 17 世纪的方法进行研究并不是一个简单的过程，就算现在，化学历史学家仍在研究 Cascariolo 方法的细节。

郎中是怎样用这块石头愚弄普罗大众的,这也表明这种奇迹还有其他的用途。1673 年重晶石的样品流传到了贵族社会。三年后,这些人又欣喜地接受了一块由撒克逊化学家斯托夫·阿道夫·巴尔杜英制备的一种新型发光石,据说是一块更好的"磷"。很显然,它是由白垩制成的,又被认为是"磷盐"。一被检验确认为是一块真正的磷,巴尔杜英立马就被荣升为皇家学会的成员。

早期的《哲学会刊》刊登的都是新种类冷光的报道。其中最著名的就是,在牡蛎中发现发光蠕虫的一位法国人士说,有一条蠕虫样子很奇妙:"红色的,与普通的荧科昆虫差不多,在陆地上发现的,背上有褶皱,脚也跟普通的荧科昆虫一样,但是鼻子却像狗的鼻子,头上还有一只眼睛。罗伯特·玻意耳是这些东西最重要的研究员。他开始通过实验研究哪些因素影响了发光——因此这些奇怪的实验是在钻石上进行操作的,即观察大力摩擦钻石后发出的光。玻意耳甚至要切割钻石,想看看在断裂时它们是如何发光的,当然他付得起这笔费用。有些钻石是国王自己的,玻意耳说锥子快速划过钻石后会发出光。这种物理发光(通过粉碎石块这种较低花费的方式也是能看见的)现在被称为"摩擦发光"。

文明的炼金术

1677 年的 9 月,一群大师在蓓尔美尔街玻意耳及拉内拉赫家里举行晚餐聚会,晚饭后他们观看了另一个新品种的磷。德国德累斯顿的化学家丹尼尔·克拉夫特(Daniel Krafft)负责了这次展示活动,他接到皇家学会的邀请来到伦敦展示这一奇观,欧洲大陆的宫廷里吹捧要花上 1000 泰勒的昂贵价格才能看到他展示这一奇观。玻意耳和他的哲学伙伴因能看到这一奇观而欣喜,之前他们只是听说了一些谣传,玻意耳让克拉夫特在皇家学会的名人前展示他的宝贝。

那是一个让人魂牵梦绕的夜晚。克拉夫特带着许多瓶瓶罐罐、小管子及盛液体和固体的烧瓶来了①。其中一个用蜡密封的玻璃球里装着微红的液体，据玻意耳说，它发出的光就像炮弹里的子弹发出的红热火一样，虽然有些暗淡。其他的瓶子被摇晃时也会发光冒烟。然后克拉夫特拿出一块发光物质，用手指将它碾成碎片，又把它们散落在拉内拉赫夫人优质的土耳其地毯上，此时它们就像星星一样闪闪发光（玻意耳发现并没有因此损伤地毯，就松了一口气）。最后克拉夫特将手指蘸了蘸磷，然后写下发光的单词 DOMINI，玻意耳也认为它既陌生，又美丽且可怕——对这个虔诚的人来说，它似乎确定不可思议。拜访者将他手上的残留物擦拭到主人的手上、袖口上，它们依然闪闪发光。

用磷点燃热火药这一最终展示环节并不成功，或许因为火药时间放久了，太潮湿了，但大家也都不介意。下个星期六克拉夫特又来到了拉内拉赫夫人家里，无论如何他想成功地完成这次试验，从而证实火柴是安全的。

在他颇具影响力的化学课程教材——《化学教程》（*Coursde Chymie*）1683 年的版本中（1675 年第一次出版），法国化学家尼古拉斯·勒默里（Nicolas Lémery）赞颂克拉夫特发现了新磷。这是一个常识性的错误，并不是因为克拉夫特曾鼓励人们相信是他将这种"永生之火"传遍整个欧洲的（用勒默里的话说）。然而事实上，克拉夫特并没有研制出新磷。他是以 200 泰勒的成交价从一个囊中羞涩的炼金术士亨尼格·勃兰特那里买来的（并保证如有需求，可以持续供应）。

在勃兰特发现制作磷的方法前，他名不见经传，默默无闻，人们只

---

① 纯度高的磷(也正因这点)在温度达到 44℃ 时会融化，稍有点不纯的话就会降低它的温度，所以以固体和熔融的形式存在是很常见的。

知道他是一个寻找哲人石的玻璃工及老派的炼金术士。他实验室的花销都是由他的两任老婆承担的——第一任老婆带来了嫁妆,她死后不久,他又与一位继承了巨额财产的寡妇结了婚,这都是他的资金来源。然而这么些钱对勃兰特来说根本就不够,终其一生他都强烈地渴望通过炼金术获得真金,再通过更多实实在在的方式出售这些真金。因为相信哲人石的某些重要成分可能是从尿液中提炼出来的(他的推论并设有十足的把握:原因是金黄色太淡了,一点也不明显,虽然对应的颜色当然是炼金术的一个重要组成部分),所以 1669 年的时候他蒸馏了大量的尿液。加热他收集的固体残留物后,发现它变成了一种会发光的液体,这种液体一接触空气就会自然地燃烧起来,还会发出刺鼻的大蒜味。勃兰特收集了这种发光的、易燃的软固体物质,保密了六年不对外宣传,因为这六年间他一直试图把它转化成传说中的石头。

这种物质是一种化学物质,今天人们把它叫作"磷"。它是反直觉的化学本质最好的例证,因为它基本的性质是高度危险的——又有毒又易引起重度烧伤——然而它又是不可缺少的健康营养元素。因为磷酸盐一遇氧气,就可以变成骨头的重要组成部分,也是组成连锁核酸 DNA 和 RNA 的主要成分。身体中过剩的磷通过尿液排出。磷接触空气后会自然发光,是化合光的作用,就好比萤火虫发的光:磷与空气中的氧发生反应,其表面产生了会发光的化合物。

因此,与重晶石不同的是,该物质在不接触阳光的情况下会永久地发光。这一物质实在是太非凡了,要想保密真不是一件容易的事。汉堡的一位来访者在威登堡大学对该物质进行演说后,那里的化学教授约翰·孔克尔(Johann Kunckel)决定亲自到那去看看。他还写信给他的同事克拉夫特,告诉他这件事,不久后他就后悔了。

孔克尔找到了勃兰特,发现他很粗俗,对他制作磷的方法也是守口如瓶。克拉夫特也在打它的主意，所以他也动身去了汉堡。他的策略好像更符合勃兰特的口味：他愿意花钱买。不巧的是，当克拉夫特和勃兰特正谈得热火朝天的时候，孔克尔又来到勃兰特家，想跟他打听制作磷的方法。为了打发这位不速之客，勃兰特随口乱编说磷是从尿液中提取出来的，当然他不愿意再说更多。这样的话，克拉夫特就买到了所有的磷，带着它出发了，心想着可以大赚一笔了。与此同时，孔克尔也着手进行了蒸馏尿液的实验，终于在 1676 年成功地提炼出了磷。他也想利用这种会发光的物质赚一笔，所以他就在富人和贵族中显摆，但是对自己的制作过程却不肯透露一丁点儿。

1677 年，要不是克拉夫特在汉诺威公爵面前展示磷的话，勃兰特在此过程中的作用恐怕最终会被人们遗忘。在所有的观看者中，有一位是公爵的图书管理员兼历史学家——年纪轻轻的戈特弗里德·莱布尼茨。当年晚些时候莱布尼茨访问汉堡时，他听说了城里还有人知道怎么制作这种物质。他找到了勃兰特，并安排他以宫廷炼金术士的身份来到汉诺威市。无疑在 1678 年，他又提炼出了更多的磷。但他在那待的时间并不长，也没有人清楚他之后怎么样了。①

1677 年莱布尼茨给英国皇家学会写了一封关于新磷的信。也恰好在那个时候罗伯特·胡克也收到了一封来自孔克尔的信，内容差不多。与此同时亨利·欧登堡也碰巧看到一位德国化学家格奥尔格·卡斯帕（Georg Caspar Kirchmeyer）对磷的描述，说在没有光照的条件下磷会闪闪发光。据说一小块这种东西（或许是在黑暗中）会持续两年一直发光，这样的话，一大块这个东西就会永久发光，至少发光时间会很长。理所当然，当伦敦大师们听到克拉夫特那年晚些时候

① 虽然现在大家公认是勃兰特发现了磷，但在炼金术的研究中，这一发现可能多次出现。帕拉塞尔苏斯描述说持久多重蒸馏尿液会产生火元素——冰柱状物，虽然他没有进行进一步观察，如果产生的物质真是磷的话，当然会是卓越的成就。

可能会带此物质的样品到伦敦来时,高兴得不得了。

　　玻意耳想让克拉夫特告诉他制作这种神奇物质的方法,可是这个德国佬什么都不肯说,玻意耳显然很失望。就算玻意耳提出用发现新水银之类的化学秘密与他交换,克拉夫特也只肯说这种物质来源于人体。玻意耳猜到可能是尿液,于是他就着手蒸馏尿液。一年多后他还没有成功,但在 1679 年他获得了一位名叫戈弗雷的德国化学家的帮助,他在下一年成功地提炼出了磷。戈弗雷的成功多亏了他特意跑到汉堡,找到勃兰特,并乞求或购买更多的信息——他似乎发现最后一道工序就是要高温使磷蒸发。

　　因为要向玻意耳提供磷,戈弗雷不得不搬到伦敦查杜斯街狭小的屋里居住,这条街上有大桶大桶的可以蒸馏出危险易燃元素的尿液和粪便。家里面到处都是玻意耳进行其他实验留下来的无用的碎屑,包括:复苏的植物、从动物身上分离出的硫、汞合金化铅。可怜的戈弗雷,用他自己的话说,"一个初出茅庐的穷鬼,还是一个仆人",跟他的妻子住在一个小单间里,这已经是最好的居住条件了。一切都不顺利,好像还将更糟。

　　戈弗雷说在 1680 年的时候,玻意耳让他给他的一个同胞提供住宿,这个人是一个德国炼金术士,声称他知道制作哲人石的方法。戈弗雷没有提过这个德国人的名字,①但是很显然他是蔷薇十字会的成员。这位客人如期到达了,并用玻意耳提供的经费开始自己的工作。不久以后,他抱怨说很想自己的家人,所以玻意耳就安排他的妻子和

① 据说那人就是臭名昭著的德国炼金术士约翰·贝歇尔。这个消息可能是对的,但不是百分之百正确。但有一点可以确定的是,贝歇尔曾夸下海口说可以把沙变成金子,结果失败了,所以 1679 年他逃离荷兰到了英国。汉堡的基督徒菲利普那时写信给他的朋友莱布尼茨,信中说到要是找到贝歇尔的话,荷兰当局一定会严惩他,而这个人却在英国出现了,还继续行骗。玻意耳与他通信了,之后贝歇尔决定受雇于他——但这似乎看起来不可能,这个被戈弗雷愤怒地叫作"臭鲫鱼"的人确实就是贝歇尔。

女儿也来到这里。戈弗雷说有一段时间,他的家人一直睡在我的床上,与我和我的妻子一起挤在这个小房间里。

最终,玻意耳同意出资让这个德国炼金术士搬到另一处居住,在那他搭起火炉,继续他的工作,可却没有一点成功的迹象。玻意耳开始怀疑了,因为他从没有看到过铅会变成金子,所以他切断了这位炼金术士的经济来源。这位德国炼金术士气得不行,把怒火全都撒在戈弗雷身上,他的妻子也在一旁添油加醋。戈弗雷说,这个怪物却在街上追着自己的妻子骂,向她吐口水,朝她大吼大叫。最终玻意耳相信他被骗了。他解雇了这位炼金术士,这位炼金术士在离开的前夜怒轰戈弗雷。戈弗雷若有所思的说,"这就是纵容骗子的恶果"。

尽管有这些不愉快的小插曲,但戈弗雷很快就向他的主人提供了磷,比他想的还要多。玻意耳经常向他的客人展示克拉夫特手指蘸着发光物写字的技巧,就连睡觉的时候他都带一小瓶这种物质放在床边,甚至幻想把它用在闹钟的刻盘上(就像20世纪有害性更大的放射性元素镭一样),[①]这样的话就算是在黑夜里也能知道时间了。他在想磷发出的光能不能解释鬼火现象——夜晚在沼泽地上看见的光(他的想法没有错:这个光可能是沼气或甲烷,霉菌产生的含磷气体燃烧发出的)。连续几年他日日夜夜全神贯注地关注着——因为有一次看到磷爆裂,连续发光好几个小时,直到深夜来临,不得不去睡觉了,当然实验还没有完成。

1680年玻意耳密封了他给皇家学会的一封信,要求在他死后才能

---

① 镭之所以会发光是因为它发出高能辐射的缘故,将磷比作它也很能站得住脚。与磷一样,镭也能灼伤实验员的手指——虽然辐射损伤不是很明显——镭的发现者玛丽和皮埃尔·居里的手指就经常起泡、发红。戈弗雷发现被磷灼伤后格外疼,还恢复得慢。和磷一样,镭最初被广泛地应用也是出于娱乐目的,如让鸡尾酒发光。而且,它也是庸医治疗法的其中之一,让我们明白就算是在20世纪会发光的东西总带有神秘的光环。

被公开,信中他阐明了磷的制作过程。这还真是奇怪的决定,因为该物质已经开始被公众所熟知了;信中表明了在化工商业环境中玻意耳是怎样更加习惯于神秘而又传统的炼金术,其他的好像什么都没有。在 1691 年他去世的时候,这封信竟然没有让人震惊的内容。他写道,"实验需要大量的人类尿液",据估计生产 100 克的磷大约需要 5000 公升的尿液。他还写道蒸馏尿液与"蒸馏糖浆"差不多,用细白沙加热,然后收集蒸气。最后混合物释放出了某种物质,"会散发微弱的光,微弱得就像浸泡在硫中的火柴发出的微光"。最后一堆固体物质落到烧瓶的底部——这就是人人想要的东西。

玻意耳并没有将这些准备的细节对外公开,相反,他开始发表关于磷的论文及发行小册子,因为它在无热的情况下发光,他又将它叫作"冰冷的荧光虫"。因为这一现象太迷人了,向公众展示再合适不过,皇家学会也因这一实验哲学而获得越来越多的支持——除了那难闻的气味可能不令女士喜欢。但是把磷浸泡在肉桂或丁香油里,会产生一种梦幻般令人愉悦的芬芳,这样玻意耳就解决了这个难题。

听到窘迫的戈弗雷最终大赚了一笔让人很欣喜。他很擅长制作磷——还发现了广阔的需求市场——就这样,1682 年他离开了玻意耳,并在科芬园创立了一家工场,三年后这家工场发展成了一家繁荣的大企业。磷成了药物疗法的组成部分,对它的需求也不断扩大(可它们一点都没有效果,有些甚至有明显的副作用),很快戈弗雷又将它们以每盎司 50 先令的价格出口到欧洲市场。到 1707 年,他又出资在南安普敦街附近购买了一块场地,在那他经营了一家药店直到 1741 年他去世。德国古文物研究者奥芬巴克,1710 年的时候据说拜访了此处,并作了以下描述:

> 我们去了知名德国化学家戈弗雷的家,还从他那里买了一包英国盐等。我们看到了他无比壮观的实验室,又干净又奢华,还

> 有各种各样怪异的炉灶。普通的 1 盎司盐要 1 先令，带薰衣草味
> 的要 5 先令。我们还买了每盎司 8 先令的磷。

戈弗雷系统地研究了该物质，在《哲学会刊》上发表了几篇关于化学磷
的论文后，1730 年他被当选为英国皇家学会会员。他逝世后，生意出
现了波动，但是戈弗雷和库克（他曾孙的协助者查尔斯·库克也加入
了进来）一直将他的生意维持到 1916 年。

神奇的光

　　磷的童话证明了炼金术的惯例——秘密性，对黄金的追求，对赞
助的需求，利用先进知识获取经济利益的可能性以及持续不断的好奇
心——在 17 世纪后期的科学架构里仍根深蒂固。当然也有与此种观
点相冲突的。与其他的学科，像天文学、力学、光学相比，化学仍然是
了解最少的自然科学，也是最不适用数学处理的学科。它还带有悠久
但不光彩的欺诈和神秘的炼金术历史。约瑟夫·格兰维尔在《超越极
致：自亚里士多德时代以来知识的进步与发展》(*Plus ultra*：*the
progress and Advancement of Knowledge Since the Days of Aristotle*，
1668)一书中说过，在帕拉塞尔苏斯和炼金术的哲人看来：

> 化学这东西很虚幻，难以捉摸，让人迷惑；炼金术士浮夸、虚
> 荣、伪善的特点让艺术蒙羞，不得不让人怀疑，甚至羞辱艺术。

很多最壮观的实验都是在化学上进行的，但它却是一把双刃剑。化学
实验可能会让王子、公爵和一些非核心皇家学会成员啧啧称奇，但它
们又是江湖骗子精彩的魔术把戏（正如伊夫林在罗马亲眼目睹的），还
会让大师们频频遭受指控，说他们跟那些江湖骗子无多大差别。玻意
耳的朋友、内科医师丹尼尔·考克斯 1674 年曾写道："化学属于懂它的
人，一大堆各种各样的物品只为快速增加人们对颜色、图案和其他神秘
东西的喜爱及好奇心"。如玻意耳为皇家学会准备的奇幻色彩变化实

验。增加人们的喜爱确切地说有些轻浮,这也正是实验哲学家被批评指责的原因,也让玻意耳注意到(他不经常练习的说教),奇迹和奇观不应该通过它们的奇异和美丽来判断,而应通过实用性来判断。他声称"让他们的发现被敬仰而不是被理解,是江湖骗子干的事,不是自然哲学家"。

而且,化学实验是出了名的不可靠,所以对某个奇观许下什么承诺会适得其反。托马斯·斯普拉特在他的《历史》(*History*)一书中阐述过:

> 实验失败让人讨厌,原因要么是某些情况在实验结束了还辨别不出来,要么是因为实验材料的差异性,有些真实的、有些复杂的、有些简单的、有些混乱的、有些新奇的、有些失去了原本的特质。这在化学实验中都是常见的。

磷就例证了这些问题的存在。它会发光,这点足够可信,但要是过于接近热量的话,它很容易就着火,这点就是孔克尔发现的,他冒险站在火堆旁,口袋里还装着一块磷:结果着火了,他一身衣服烧了不说,手指还烧伤了。就算接触身体轻微的热量,它也会燃烧起来——安布罗斯·戈弗雷的裤子上不止一次破了洞,玻意耳坦白说:"要不是因为好奇心和兴奋,我都不敢看"。因为稀缺,所以人人都想要,很显然它(或它的制作秘方)会成为化学专家的交易商品。但这样的话,它就和纯粹贪婪的考古学家的好奇心及珍宝宫准神奇式的信仰扯不清关系(很多知名的哲学家也很难估量它的价值)。玻意耳的朋友、皇家学会成员约翰·比尔曾提醒过,通常情况下稀有的磷光现象让他们对成为天才产生怀疑。狭义上,人们更愿意将磷视作超自然现象——比尔担心研究磷会不会"让我的房间里发生鬼怪故事",这比玻意耳的仆人在储藏室里看见发光的肉更吓人。比尔写道,"如果我们有意上演露天历史剧,或散播妖精故事的话,用光酊将人的手和脸涂满就可以了,这很简单"。

但是磷光现象实在是太令人称奇了,大师们也无法解释,若不是迷信，至少是自然魔术师对微观世界-宏观世界的信仰。约翰·伊夫林对药剂师兼化学家弗雷德里克·（Frederick Slare）1685 年在塞缪尔·佩皮斯家里进行的一次实验描述道，这远不止是帕拉塞尔苏斯炼金世界的一种启示：

> 在佩皮斯家吃饭的时候，Slayer 向我们展示了一个自然奇观的实验，先将一种冰冷的液体倒入玻璃杯中，再剧烈地熔合该液体，直至其冷却变成清澈的液体；该液体先会产生一种白云状物，之后会沸腾，又会发出各种各样的光及真实的火焰，并伴有轻微的震动；火会变成固定的太阳状和星状，又会呈现完美的球状，在玻璃杯边沿，挤出像星座一样的图案，剧烈地燃烧着，又像星星和天体，中间还隔着很长的空间。这好像是在呈现混沌之光的教学原理，以及普通的光聚集后变成发光体的原理。

烧杯里的东西是一种新的创造，一个微型宇宙正在形成。勃兰登堡市选举人弗里德里希·威廉的药剂师、曾看过展示实验过程的德国人约翰·西吉斯蒙德（Johann Sigismund Elsholtz），在《磷观察》（*De phosphoris observations*，1681）一书中生动地描述了瓶装炼金宇宙的现象。

冷火

如果英国皇家学会成员能给出一个更具说服力的案例表明他们对冷光的兴趣远比那些利益熏心的商人的好奇心更强，他们就得有能力解释它是怎么发生的。克里斯托夫·巴尔杜英只能给出类似炼金术的解释——充满同情的来解释这一神秘的想法：

> 磷上倾注着……最深处的灵魂……与生俱来看不见的哲学之火，通过磁性吸收太阳的可见光，并在夜晚绽放它的光芒。

这种猜想刚好是玻意耳想要规避的，很显然，他在实验中寻找线索，旨在在一切思考机制面前证明该现象。他把一些发光的样本放在空气

在《磷观察》(1681)这本书中，德国药剂师 Johann
Sigismund Elsholtz 暗示了磷光可以揭示宇宙与
炼金术的联系

泵中，想看看要是抽走空气的话，它们会不会有什么变化。发光的肉
验证了这一过程，但发光的钻石却没有。因此他把前者叫作"空中夜
光虫"，还提出发不发光取决于空气中的"生命灵气"——要呼吸与燃
烧是必不可缺的，后来化学家将它认证为"燃素"①。弗雷德里克·
Frederick Slare 也是皇家学会成员中仔细研究冷光的人员之一，他建
议，因为磷是从人体产物中提炼出来的，它或许就是促进血液循环的

---

① 正如我上文所说，这种化学发光涉及大气层中的氧化反应，这将最终代替燃素成为
　其化学镜像。磷的发光也需要空气。

可燃元素——这或许就能解释为什么有可能从血液中提炼出磷。

罗伯特·胡克也研究发光问题。他认为"腐烂的木头、腐烂的鱼、海水、萤火虫等之所以可以发光"，在于他们"体内没有有形的热源"。然而"他们有时发光非常强烈，人们不得不努力研究这些光"。① 而火及液态金属发出的光则一般可用笛卡尔的微粒说来加以解释。该学说认为，无孔不入的"笛卡尔气体"搅动着微粒，刺激着光的产生，并通过干预粒子之间的相互机械作用传输至人的眼睛。但是，没有热就没有搅动，因此很难验证这种学说是如何作用于磷的。也许玻意耳研究的冷光钻石是通过摩擦产生光，那么萤火虫和腐烂的木头又是如何作用的呢？

胡克接受了磷光可能与氧化和呼吸作用有关的假设，在《显微图谱》中提出，在腐败和发酵的过程中，微粒会快速运动：

> 所有燃烧的物体，其内部都在运动。我认为这很容易接受。燧石和钢铁产生的火花处于快速搅动中，其他发光物体也有可能如此。腐烂的木头、腐烂的鱼及其他发光物的微粒也在运动中，我认为，这很好理解，因为这些物体只有处于腐烂中才开始发光。

虽然这一点现已被世人接受，腐烂物体内微粒的运动产生光。

另外，胡克还认为在发光的过程中必存有某些介质，包括运动和搅动：

> 重晶石只有在受到阳光、火光或者烛光照射，才会发光。这是记录重晶石发光或者见过重晶石发光的人达成的共识。这些热源造成重晶石内部微粒的运动，正如我前文所说，这是重晶石发光的原因。一块黑暗中的钻石由于摩擦、碰撞或加热而发光，只要这些介质造成的微粒运动继续，这种发光也将继续。

然而，胡克确实已开始对当时已知的不同种类的发光进行一些基本的

① 胡克这些明显无害的评论，仅仅旨在让世人更加了解光，却遭到托马斯·沙德韦尔（Thomas Shadwell）在其讽刺诗《艺术名家》（The Virtuoso）中的讽刺，在该诗中，他故意曲解胡克，暗示这些腐烂的物质最终将物有所用。

区分。他将死鱼、萤火虫、腐烂木头、博士发现的尿液等发光归为一类;"由光源照射而发光"为一类,包括重晶石、磷等;第三类则是由于运动或小幅度摩擦而发光,例如钻石等。这三种分类分别对应我们今天定义的化学发光、磷光、摩擦发光,非常令人钦佩。

然而这些想法和假设的背后,有一个根本问题却无人给出满意的回答,那就是:光的本质是什么?

彩虹的启示

艾萨克·牛顿所著《光学》(*Opticks*,1704)被认为是 17 世纪最伟大的科学著作,是数十年来关于"什么是光"以及"光是做什么的"这些问题的相关思考及实验的顶峰。尽管该书直到 1704 年才付诸印刷,实际上早就该出版的。原因是牛顿拒绝出版此书,直至其竞争对手胡克去世。

这两位科学家的争论并未停留在谁首先推理出了重力的平方反比定律。在该问题上,他们的观点至少是一致的。但在光的本质这个问题上,他们各执一词,并且互不退让。牛顿认为:光必须含有物质成分,它由一连串的光颗粒组成。但胡克认为,光仅仅是一条穿过稀薄介质——以太——的波动。

今天看来,两位科学家的观点都是正确的。因为光只能通过量子论得以正确解释。而量子论认为,著名的波粒二象性使得光时而表现为颗粒(称作"光子"),时而表现为光波(自动传输的电磁领域)。但牛顿的理论并不能完全站住脚,因为在他的时代,并不能通过实验验证类似光子这种颗粒的存在。胡克的理论是迄今为止关于我们看到的光的现象的最好解释。而牛顿对颗粒说的坚持可看作(至少在本案例中)是对笛卡尔唯物主义的固执坚持。

然而,诚实地说,我们不能说牛顿或者胡克是激进的。这两位科学家的观点都是新旧知识、毫无根据的推测、敏锐的直觉以及仔细观察的复杂结合。同时，我们不得不宣布牛顿是胜者，他的传记作者理查德·韦斯特福尔（Richard Westfall）在其传记中称，《光学》一书"直到 19 世纪仍然在光学领域独领风骚"，这点并无夸张。最起码该书首次完整合理地解释了自古以来的奇观——彩虹。

牛顿之所以能对彩虹做出合理的解释，是因为他第一个明白彩虹中的颜色是光的颜色。尽管彩虹自古以来就吸引着众多哲学家的目光，从亚里士多德起，对彩虹的研究就从未停歇过，因为彩虹太反常了，但直到牛顿，彩虹的谜团才得以解开。谁能想到太阳明亮的白光可以混上红、蓝、绿、紫等颜色？特别是当时的科学家深知，众多颜色的混合只能让颜色愈发浑浊、灰暗。其实，这正是牛顿关于颜色和光的理论长久以来被艺术家和哲学家抵制的原因之一。

17 世纪占主导地位的是亚里士多德的理论，即阳光通过一个透明物质，例如水晶棱柱或者水，因为运动过程中发生变化，产生五彩斑斓的光谱。亚里士多德似乎并没有意识到这一现象与彩虹的形成有何联系，在他的《气象通典》（*Meterologica*）一书中，他仅仅断言，彩虹是从远处云彩中折射的光。此外，当时普遍的观念是景象是从眼睛传输至物体，而不是从物体传输至眼睛，因此，亚里士多德认为光的传输是从观察者开始的，然后反射至云彩和太阳。

那么为什么彩虹是一个半圆的弧呢？亚里士多德并没有给出解释。他假设观察者站在反射光线圆锥的顶点，但暗示仅仅对这一几何体的断言就是足够的解释——这是一个经典的例子，偏爱用几何原则而不是物理机制解释问题。亚里士多德认为，彩虹的颜色其实只有三种——红、绿、紫，其他颜色只是这三种颜色边界的对比。这些颜色的产生是以某种假设为前提的，即所有颜色都是光和暗的结合。有时，反射使光线变暗，因而产生新的颜色。

　　几个世纪以来对彩虹成因机制的迷惑来自于对两种光学现象的混淆，即反射与折射。首先，光在物体表面反射；然后，光从一种透明介质穿透至另一透明介质，例如，从空气穿透至水或玻璃，[①]在这一过程中，光线发生弯曲。古代及中世纪的哲学家对这些区别有模糊的概念，但仅仅是精神领域模糊的形状。罗伯特·格罗塞特认为彩虹实质就是一种折射现象，但有时，他将反射与折射视为同一现象。他创建了一个复杂的模型，在该模型中，阳光在穿过球形雨云的时候发生折射，雨云的作用就是晶体，接着投射在另一块就像荧幕的云彩上，再从该云彩反射进观察者的眼中。这证明了经验事实，即我们看到彩虹的时候，太阳在我们身后而不是面前。这一结论是从众多杂乱的想法中提炼出来的。格罗塞特的门徒罗吉尔·培根对其老师的理论不以为然，他坦率地宣称："那些认为彩虹的弧由折射产生的想法是错误的。"——他的理论以反射为基础。

　　对于格罗塞特和培根来说，光的本质不仅是自然之谜，更是一个神学上的哲学问题。因为新柏拉图主义对光的崇拜使人们希冀光是上帝的神迹，所以他们对光的研究才会如此用心。诺斯替教派将光比喻为神的启示——认为光是上帝启示的源头和工具——文艺复兴时期自然魔法师将这视为光的本质。17 世纪，该理念在一定程度上被世俗化，成为启蒙运动的思想。天启神秘主义与科学发现的并行被德比的约瑟夫·赖特（Joseph Wnight）生动地记录了下来，他对亨宁·布兰德（Henning Brandt）发现磷作了著名描述。

---

① 更精确地讲，当光穿过不同折射率（衡量光在一种介质中的传播速度）的介质时，折射才会发生。一种理解该现象的方式是，光总是寻找最快的可能路径，这就意味着当速度发生改变时，光线会发生偏差。

德比的约瑟夫·赖特于 1771 年所画名作《寻找
魔法师的炼金术师》，生动地刻画了亨宁·布兰
德发现磷的场景

　　17 世纪早期关于彩虹形成的理论使人们对彩虹的理解迈进了一
小步。威廉·吉尔伯特对经验的著名坚持并不能证明他的理论，即彩
虹是光在不发光的物质之间（比如山、云、雾气和观察者）的反射。跟
亚里士多德一样，他将彩虹的颜色归功于光强度的减小，而红色则是
最强烈的颜色。科学史学家卡尔·波伊尔（Carl Boyer）对其理论的评
价为"模糊、投机、乏味"，虽然严苛，但不失公允。开普勒关于彩虹的
理论毫无疑问更加糟糕，他坚持将彩虹的弧分为两部分，认为红色那
边的颜色是光反射的产物（这同样减少了光的亮度），而紫色那边的颜
色则是光折射的产物。

　　开普勒有时也会将这两种不同光的现象混淆，更不用说，他将彩
虹放在观察者和太阳之间。同样，开普勒最终并没有找到彩虹形成的

正确理论，因为他认为光学效应不是在反射云层中发生，而是在光线
穿过每个水滴时发生。他认为，光线进入每个水滴的球面棱镜，首先
通过折射重新定向到新的路径，然后从水滴的内表面反射，之后再折
射，就形成了彩虹。他还认为，通过与正棱镜对比可得出，折射与彩虹
光谱的产生有关，尽管他并没有给出原因。他的理论还受到其他方面
的限制，因为他对折射角的理解有误。后来，托马斯·哈里奥特给出
了正确的解析。

　　所以，当笛卡尔打算用彩虹作为其《方法论》（*Discours de la
méthode*，1637）一书中证明新科学方法论的典型案例时，一切条件都
已经具备。他在该书的某个短的章节里最终给出了正确的光学原理，
他写道："这是多么神奇的自然现象，数百年来，众多富有探索精神的
人们前赴后继地探索着它的成因。"从他 1629 年写给梅森的信可知，
他在八年前就解答了这一问题，尽管他承认"问题本身也带给他很多
困难"。

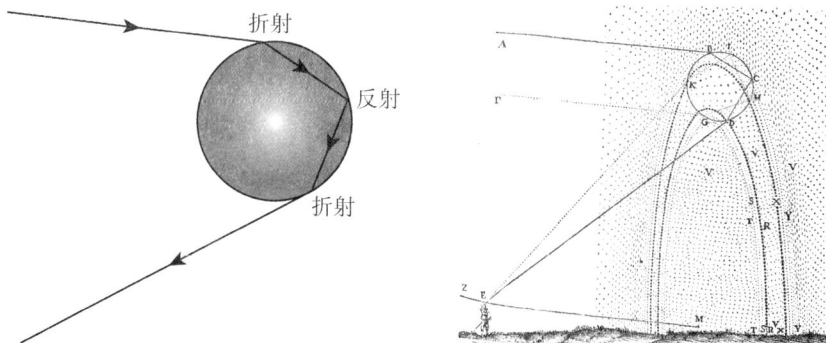

开普勒已意识到彩虹是光在雨滴中反射形成的。光沿着这条路线发生了两次折
射：一次是光进入雨滴，一次是光离开雨滴（见左图）。1637 年，勒内·笛卡尔用
这一理论解释为什么彩虹是弧状，而太阳在观察者的身后（见右图）

　　笛卡尔声称，正如开普勒暗示的那样，彩虹中阳光的光线因水雾
而转向，这就是"两次折射，一次反射"的作用。他已经可以解释为何

彩虹总是以弧形呈现在观察者的面前。但有一件事笛卡尔无法合理解释，那就是彩虹的光谱。他的几何光学本质上来说只能呈现一条白色的弧。笛卡尔试图用他的伪光学理论解释彩虹颜色的形成，他认为彩虹的颜色是一种通过空气中颗粒从源头传输到人眼的压力。他还认为，这些颗粒就像是小的旋转球，受到折射的作用，当这些球旋转的速度变快或变慢时，彩虹的颜色就此产生。

牛顿完成了这一工作。1664 至 1665 年，他在剑桥大学三一学院学习时，其著名实验证明了折射使白光分离出组成色。该实验的确切时间难以知晓，不过如果是 1665 年 1 月份之前，那时的牛顿尚未毕业。看起来，他对光和光学的研究并不是在剑桥，而是在他的家乡伍尔斯索普林肯郡取得的进展。1665 年，剑桥大学因瘟疫而关闭，牛顿因此回到了家乡。他从大学时代就开始将工作记录在他的笔记本《某些哲学问题》(*Questiones quaedam philosophicae*，英译名 *Certain philosophical questions*)中。

光学幻觉

牛顿称该实验为"判决性实验"，该实验主要包括两个部分：第一，一束阳光穿过小孔进入一个黑暗的房间，接着穿过一面棱镜，产生光谱；然后通过一面聚焦透镜，重新组合成一束白光。第二，他用光屏从光谱上分离出单色光，然后让这束光单独通过第二面棱镜，结果单色光的颜色并未发生改变。这两个实验有力反驳了光通过棱镜或聚焦透镜时因折射发生变色的说法；并且该实验证明了光谱的颜色是基础色，不能再分为其他颜色。牛顿总结出：白光是由"具有不同折射性"的光谱色组成的。

这个实验，正如他后来演示的那样，证明了彩虹的颜色是如何形成的。雨滴折射紫色光比折射红色光的能力要强，因此紫色的光带在

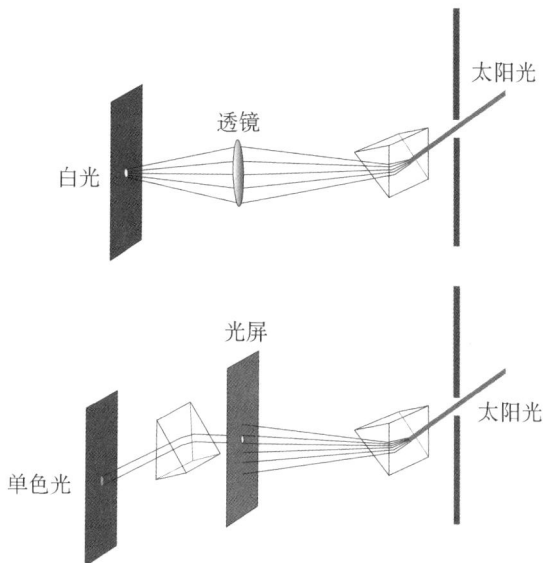

牛顿的判决性实验证明白光是由各种颜色的光组成的。他让一束光(从右边)穿过百叶窗上的一个小孔,落在玻璃棱镜上,这样就形成了光谱;然后再通过一个聚焦透镜,将光谱汇聚成一束白光。实验的第二步是通过光屏接收光谱上的一种单色光,这束光穿过第二面棱镜后,颜色并未发生改变

彩虹的内侧,而红色的光带则在彩虹的外侧。虽然牛顿并未意识到,但我们却可以得出,彩虹的边缘正是折射光线的波长不在可见光谱上的光线,也就是红外线(外侧)和紫外线(内侧),这是肉眼看不到的。牛顿不明白为何光会出现相应颜色的折射,但他猜测,因为红光的光粒比紫光和蓝光的光粒更有动力,因此不容易在传播过程中偏离轨道。他还猜测,原因可能有二:要么这样的光更加强大;要么这样的光速度更快。

牛顿的判决性实验并不像想象的那么完美。一方面,棱镜只通过一个点(焦点)将光谱重新汇聚成白光,其他光线仍处于发散状态。所以,如果人们认为这只是一种人为现象,也很有说服力。而且,现代实验显示,将光谱上一束狭小的单色光干净地分离出来,并穿过第二面

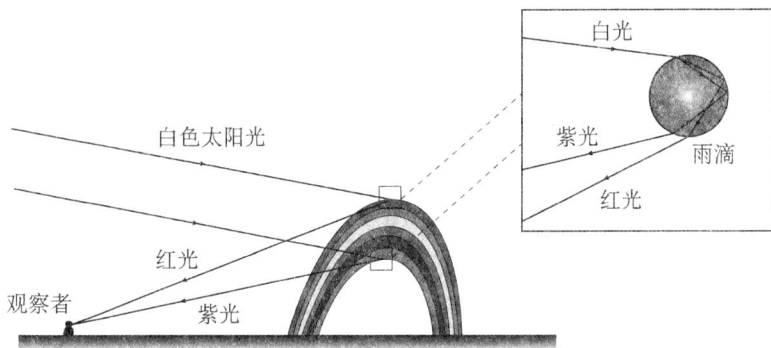

牛顿意识到光谱上不同的颜色通过雨滴折射的程度是不同的，因此白光可变为彩虹

棱镜并不容易。1681 年，法国科学家马略特（Edmé Mariotte）在法国科学院尝试重现该实验，他发现，第二次折射确实产生了新颜色的光。要想完美重现牛顿的实验，他只有修改记录过程。因此，牛顿的描述可能存在一定理想的成分，换句话说，他描述的是应该出现的结果，而不是现实中出现的结果。历史学家鲁珀特·霍尔（Rupert Hall）说道：

> 虽然牛顿确实以某种方式进行了他所谓的"判决性实验"，就像他在笔记或讲课中所说的那样，但该实验并不像他在书信（由《哲学汇刊》出版）中阐述的那么完美，该实验在牛顿光学研究史上的地位，也远不如他所说的那么重要。

因此，当牛顿似乎决心验证他的结论以排除怀疑时，一切都更加引人瞩目。在其著作出版时，牛顿回避了玻意耳关于实验表述的疑问，他声称：

> 我要告诉所有人，那不是假设而是最严谨的实验结果。这个结果不涉及任何"为了满足各种现象而编造的数据（哲学家的典型用词），而是实验过程不断调整的结果。该结果不容任何质疑。

换句话说，牛顿的解释与实验事实并不相符（正如玻意耳对实验观察描述的那样），他的解释毫无疑问是对实验事实的一种推理。这种对实验者能力的自信,即对实验者可从实验观察直接推断出实验原理的能力的自信,是牛顿与多数皇家学会成员的不同之处。弗朗西斯·培根曾引用过牛顿的例子来说明这种科学态度。①

剑桥大学 1667 年重新开学后,牛顿回到了剑桥,从此开始声名鹊起。1668 年左右,剑桥三一学院数学教授艾萨克·巴罗看中了牛顿的才华,请牛顿帮忙准备出版他的光学讲义。这给了牛顿接替巴罗职位的机会。1669 年下半年,巴罗辞去了这个职位,开始研究神学。一夜之间,这位 27 岁的牛顿成了这所著名大学的名人,尽管对于牛顿来说,这个职位一般都是极富资历且有津贴的学者。

然而,1672 年,正是他的职位给了他信心,他将自己的《光和颜色的理论》寄给了皇家学会。1671 年,牛顿自制的微型反射式望远镜已经引起了皇家学会的注意。因此,1673 年 1 月,在塞斯·沃德的推荐下,牛顿当选为皇家学会的成员。听到这一消息,他写道:

> 我一直认为……皇家学会会审查我在哲学上的发现,正是这一发现促使我制造了望远镜,该望远镜在科学上具有更多的应用前景。我认为这是自然科学史上迄今为止即使不是最伟大,也是最与众不同的发明。

牛顿在光学上的实验促使他思考反射式望远镜,因为只有反射式望远镜可避免色差(因不同波长光的差异折射导致图像失真)。无论如何,牛顿关于光的论文在来年 2 月问世。

在伦敦,他的论文受到罗伯特·胡克的仔细审查,胡克很不情愿承认别人在他的研究领域推陈出新(特别是在他们的理论相左的情况下)。胡克承认,牛顿的实验非常正确(他甚至承认对牛顿实验的精确

---

① 牛顿是否仔细阅读过培根的作品,我们不得而知。他的图书馆中收藏有培根的《新工具》和《论说文集》,但显然没有翻阅过。

性和好奇心感到略有不快），但他坚持牛顿的理论是有漏洞的，只有他自己的光波理论才能完美解释光。他声称：

> 从迄今为止我做过的实验和观察来看，牛顿声称的那些实验，在我看来确实好像可以证明，光是通过一种均匀、统一、透明介质传播的脉冲或运动。

胡克有一点是正确的，合理解释折射现象确实需要借助光波，但他给出的原因却是错误的。① 此外，胡克之所以不同意牛顿的观点，最根本的不仅仅因为他的光波理念，而是他对一个理念的坚持，即颜色来自于折射光线的改变。他认为光谱的产生是因为光通过棱镜时，光脉冲发生扭曲。脉冲的前端遇上介质的巨大阻挠，为后端的脉冲更好地通过铺路，就好像一群探险家正在一片高高的绿草中前进。结果，光发生某种形式的"弯曲"，形成了色彩的感觉。

牛顿的论文虽然迅速发表，但他仍对胡克的攻击非常气愤。皇家学会的成员们好像也没有领悟到牛顿理论的真正价值。毕竟，正如鲁珀特·霍尔所说，"对完美统一的白光的简单性进行挑战，就是否认我们已有的智慧"。然而，克里斯蒂安·惠更斯却接受了牛顿的理论，他说："我认为牛顿先生关于光和颜色的理论非常有创新性。"

胡克在《哲学汇刊》上发表了他的批评文章，这使牛顿更加恼火，因此牛顿当年6月给奥尔登堡寄出了一封尖刻的信，他在信中说，他的竞争对手"深知一个人的研究成果不能仅靠另一个人加以评判，特别是这个人对这些研究不甚明了的情况下"。他在信中对胡克的批评逐条加以反驳。当这封信被公布于众时，胡克被认为太过分，并且更让他气愤的是，他还被要求重新考虑他的观点。

---

① 事实上，牛顿的研究比胡克的研究更接近真理。牛顿认为光波模型也可以解释他的理论，如果从红色到紫色的波长在减短的话，而事实的确如此。胡克却认为光线的波长与颜色没有关系。

尽管如此,牛顿很受伤,发誓再也不发表任何文章。当年 10 月,牛顿准备发表他在三一学院的光学授课讲义——这些讲义就是《光学》——他声称,他已经"发现了大众传媒的这点用处,在完成它之前,我是回不到从前平静的自由的"。但这总比不发表文章,白白遭受批评强。1673 年 3 月,他再次给奥尔登堡写了一封信,声称:

> 我希望得到您的同意,退出皇家学会。尽管我很珍视这个身份,但是我既不能从这个身份中受益(因为距离遥远),又不能分享这个集体带来的益处,因此我想要退出。

最终,高明的奥尔登堡平息了此次风暴,没有接受牛顿的辞呈,但这并不能阻止他的"回避"。他与胡克的不和与争议持续了数年,有时他会虚情假意地评论一番:"朋友之间需要蹉商而不是征服,我希望我和你(胡克)之间正是如此。"但牛顿越来越少给皇家学会写信。1677 年,奥尔登堡去世,胡克接替他成为皇家学会的秘书。牛顿辞职,开始在剑桥与世隔绝地工作,直到埃德蒙·哈雷激发他研究天体和地面力学,并最终出版了《自然哲学的数学原理》一书。

更多干涉

牛顿在《光学》中揭示的光的概念,大概就像牛顿自己,是惊人的先见之明和不协调的神秘性的结合。他的七种光谱色——红、橙、黄、绿、蓝、靛、紫——即使现在的小学生也背的出来,但在某种程度上,却是对彩虹颜色的随意划分,是与音阶中七个音符毫无联系的类比。让人不禁回想起开普勒的新柏拉图主义。牛顿认为光也可以用光波来解释,他认为当光接触到一个物体的表面时,光的颗粒可能在一个无孔不入的以太中发生振动,这些振动会以影像的形式传输至眼睛和大脑。这种将光视作以"以太"为介质的振动理论直到爱因斯坦的狭义相对论面世才终结。20 世纪早期,狭义相对论否定了一个空洞的"以太"

概念。然而，牛顿的以太概念好像更类似于罗伯特·弗拉德或者阿塔纳斯·珂雪奇特的想象范畴。他在 1675 年写道：

> 也许，整个自然界就是某些特定的以太组成的组织，或者是蒸汽，这些蒸汽因沉淀而浓缩，之后，这些蒸汽被浓缩成水……因此，世间万物可能都来自于以太。

你可以视这段话为量子论的前瞻，量子论认为粒子就是能量场。但也许将这段话看作是帕拉塞尔苏斯的炼金术哲学更为合理。

在《光学》一书中，牛顿明确希望将光学视作力学的一个分支。力学是颗粒在空间移动，通过力相互作用的科学。他认可玻意耳在其1664 年专著中的观点，这本关于颜色的专著认为物体的颜色是由于其表面的不规则以某种形式"阻断"光线引起的。他写道："这是讲得通的。显微镜最终可以精确地观察到身体的细胞，身体表面的颜色正是由细胞决定的。"①

微观研究揭示了颜色的另一面，这是牛顿极力想解释的。罗伯特·胡克将众多矿物质放到显微镜下观察，包括白云母或青金石，现在被称作"云母石"。胡克声称对云母石的构造十分好奇，正如他对其他常见矿石也很好奇一样。云母石可以轻易被分解为透明的、柔韧的碎片，"通过细心认真的操作，你甚至可以将云母石分解为肉眼几乎无法识别的薄碎片"。"我发现"，胡克写道：

> 云母石表面起伏不平的地方可以轻易看到几个白色的光斑或光点，而其他地方则不尽相同地附着彩虹的所有颜色；通过显微镜我可以观察到，这些颜色呈环形排列，包围着光斑或光点，有

---

① 大多数物体的颜色源自吸收的入射光的波长，还有某些光谱来自于反射光的颜色。但某些物体的确是因为其物理纹理才呈现出已有的颜色。例如蝴蝶鳞片、鸟类翅膀和昆虫表皮，这类生物由于其微观层的排列引起反射光线的互相干扰，因此只对某些波长的光线进行选择性的反射。然而，了解这些物理色的组成，需要光的波动模型。

些是圆形,有些则呈不规则状,依它们包围的光点而定;而且各种颜色的位置,即一种相对于另一种的位置,与在彩虹中一模一样。从光点向外延伸的颜色分别是蓝、紫、红、黄、绿;颜色都是从蓝、紫、红开始循环,有时到一半的时候就开始重新循环。

胡克想知道"这是否就是物体呈现其特有颜色的原因……这可能无法推理出所有颜色的真正成因"。他将孔雀尾巴上绚丽的颜色光环与珍珠母的颜色对比,却发现这类颜色更加容易理解,因为他们来自生物的身体,更加简单,更加有规律。这致使他开始了漫长的研究,研究光是否是活跃的细胞激烈运动的结果。然而,他不同意笛卡尔的理论,即彩虹的颜色是雨滴和眼睛之间旋转的以太"水珠"的结果。胡克给出了关于着色的模糊概念,他认为彩虹之所以呈现现有的颜色,是因为光线折射时发生"混淆"。

在他的第二本著作《光学》中,牛顿详细讨论了这一问题。因此牛顿占有了该问题的发现权,而可怜的胡克则被再次遗忘,这种效应被命名为"牛顿环"。牛顿通过将一个凸透镜和一个平面镜叠放在一起制造出这些光环,并且他精确计算了光环间的距离,观察了压紧玻璃表面或者在玻璃间放入水之后呈现的效果。他同样试图用折射解释这一现象。但这条路行不通,因为这些光环是通过反射形成的,是光的波动本质作用的结果。光线在上层和下层云母板表面或玻璃表面之间发生反射,云母板表面或者玻璃表面为牛顿的透镜增加了空气间隙,因而光线互相干涉。当光的波峰和波谷重合,就加强为相长干涉,从而加强了光的亮度;当光的波峰和波谷完全不合拍时,它们互相抵消,成为黑暗。两种光之间的关系取决于两块反射表面的距离和光的波长——也就是光的颜色。因此,光的相长干涉的发生区域因光的颜色而异,将反射光线分离成彩虹的光带。在 19 世纪光的波动理论被学界接受前,这些现象一直没有得到合理的解释。

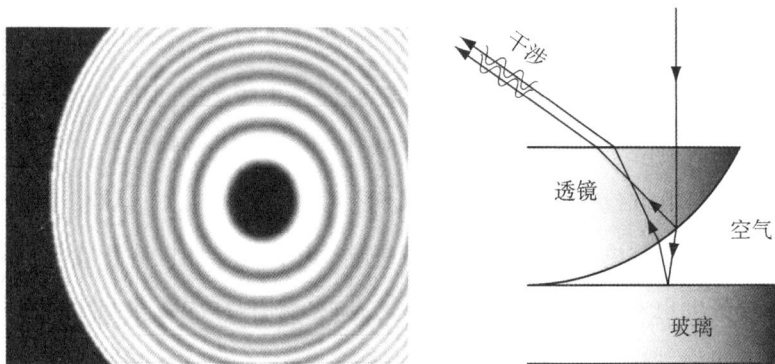

将透镜放在一块平面玻璃上时产生的光与暗的同心环叫作"牛顿环"（见左图）。这些同心环是由反射在透镜内表面的光波以及那些穿过透镜反射在玻璃表面的光波互相干涉产生的（见右图）

　　与大气层中的彩虹相比，牛顿环看起来无关紧要。这正是问题的关键所在：一切事物都是相互联系的。哪怕是微不足道的事物，即使没有彩虹那般绚丽，也值得自然哲学家穷尽一生去研究。那个时代最伟大的发现就这样在争论中产生，有些发现从未被人注意过，在当时看来也没有任何实践意义。在那个时代，即使获得人们的注意，也会被视作大自然的一种恶作剧，被无情抛弃。而事实上，这个发现是解释整个光学核心疑问——光的本质——的重要线索。不管是胡克还是牛顿，都没有意识到这一点。事实上，最微小、最偶然的问题也需引起注意，因为没有人知道这个小问题将会引起怎样巨大的波澜。

第 12 章

追击大象

作为大师,与其被世俗所烦扰,不如研究昆虫。

——托马斯·沙德韦尔的《大师》中的尼古拉斯·吉姆克拉克所说(1676)

卓越的人语言无法描述神我,难以琢磨但显而易见的是他能观察细微之物无论是在国内的大学,还是国外的大学他一直被赞美

——塞缪尔·巴特勒,《月亮上的大象》(约 16 世纪 70 年代)

1676 年 5 月下旬的某一天,罗伯特·胡克正和朋友们一起喝着咖啡,一个朋友告诉他,托马斯·沙德韦尔的一出新戏将由公爵公司表演,地点就在他们的怀特弗利河边豪华的多塞特花园剧院。公爵公司最初是由桂冠诗人威廉·达文南特(William Davenant)先生管理的,是由喜爱壮丽景象的查理二世在阴沉的克伦威尔的过渡期后设立的两个剧团之一,其赞助人是查尔斯的弟弟约克公爵,也就是后来的国王詹姆斯二世。胡克的同事们告诉他,国王查尔斯已经观看了这部作品,他们劝胡克也去看看。他们是否透露了很多关于这部戏剧的内容

不得而知，但由于爱八卦的约翰·奥布里也是在场的人之一，人们很容易猜测他们告诉了胡克足够的信息来吸引他去看。但也许是仅仅看标题便已足够诱人：《大师》。

一周后，胡克在朋友们的陪伴下来到了多塞特花园剧院。这些朋友有：钟表匠托马斯·汤普逊（Thomas Tompion）、店员约翰·戈弗雷（John Godfrey）和测量员约翰·奥利弗（John Oliver）。但是他并没有度过一个美好的夜晚。

原来《大师》这部剧就是通过傲慢的小丑尼古拉斯·吉姆克拉克（Nicholas Gimcrack）先生对英国皇家学会的活动进行恶毒的讽刺。这位绅士的第一次出场是他在进行研究。他俯卧在桌子上，模仿着碗中青蛙的动作。他解释说他正在学习游泳。他的访客看到这个场景，对他方法的有效性表示质疑时，他回答道：

> 令我感到满足的是游泳的理论部分，我并不关心实践。我很少使用这些东西，这不是我的方式。知识才是我的最终目的。

这部戏剧暗示所有的皇家学会的研究员都像吉姆克拉克那样，把他们的时间浪费在对人们没有一点用处的地方，甚至阐明不了他们要探索的现象。他们不断地宣称能够做出惊人的大事，然而他们的这些宣称总是存在于想象中，从来没有真正地实现过。

最糟糕的是，胡克越来越明显地感觉到，他自己正是这个吉姆克拉克的原型。沙德韦尔作品中这个可笑的大师用气泵研究并称量了各种"空气"。吉姆克拉克声称（依然仅仅是理论上）："在飞翔的技术上取得了巨大进展，我早就能够比那种叫作大鸨的动物飞得更快。只要我在机翼上，即便是在最平静无风的天气下，也没有任何英格兰灰狗能够追上我。"这里好像是在暗讽胡克做出的发明飞行器的断言。最明显的就是吉姆克拉克的侄女说的话了："一个为了找到醋中的醋鳗、奶酪中的小虫和李子中蓝颜料的种类而在显微镜上花了 2000 磅的醉鬼。"所有的这些都是胡克在他的著作《显微图谱》中提及的内容。

胡克被激怒了。"这群混蛋!"他愤怒地在他当晚的日记中写道,"上帝替我惩罚他们!"想到其他人可能注意到了对他的人身攻击,他感到十分痛苦、火冒三丈,又写道,"他们几乎指名道姓了",而且他十分确信,不出几周,他认识的那些经常去咖啡厅的人肯定会在背后嘲笑他。

沙德韦尔的嘲笑仅仅是针对新实验哲学及其无限的好奇心的一方面。他还暗示所有的这类工作,包括手稿、观察报告和仪器的操作,只要其目的是像小昆虫的腿的结构或是空气的重量这类不重要的问题,都是荒唐可笑的。还有一些人对这些"荒唐的研究"的反应不是嘲笑,而是道德上的谴责。这些研究不再被视作窥探上帝造物的渎神行为而被强烈反对(虽然许多新的认知唯物主义哲学家被谴责为无神论者);一个人花费时间在这些毫无用处的研究上被认为是对个人社会和宗教责任的抛弃。而且我们早已经听说了托马斯·霍布斯在哲学上的疑虑,他认为通过大量的实验并不会得到有关于世界的重要事实。由此,批评家们在批判动机和方法方面有了分歧。他们一些人是社会的、哲学的或政治上的保守派,一些是持怀疑论的自由思想家,其他人则对如何阐释这个世界抱有不同的观点。如果说他们有什么共同点的话,那就是对提问的不信任,或者说是用错误的方式或原因问他们问题。如果好奇的探索不会那么轻易被传统主义者和伦理主义者谴责为魔鬼的工作的话,那么也会有新的反对理由出现。

这些攻击伤害很大。皇家学会在 17 世纪 70 年代到 18 世纪 20 年代间只能勉强挣扎着留存下来。1671 年皇家学会有 187 名成员,到 1691 年就已经降至 116 名了,而且由于皇家学会的资金主要来自会员的会费,它的财政在这段时间已陷入了混乱。会员人数的下降在一定程度上反应了以此为业余爱好的绅士们的兴趣不可避免地下降,他们一开始报名加入学会大致因为它看起来像是种新颖的娱乐方式,但却发现成为会员并不能为他们提供当务之急的消遣。但是多方对新哲学家们的好奇的积极性和热情的好奇心猛烈抨击也引起了他们的兴趣，而且到 18 世纪中叶，知识分子们开始在别处寻找娱乐。实验科学到那时起已经充分发展而不会衰落了，但它形成了一种十分不同的特色，那就是好奇大师的参与越来越少。

打破平静

鉴于新哲学家宣布的目的就是取代旧的哲学，不可避免的，传统主义者站出来维护他们所尊敬的亚里士多德。他们的争论有时是充满恶意和带有人身攻击的，而且他们准备好采用各种手段诋毁其对手。清教徒内科医生、古典主义者亨利·斯德宝（Henry Stubbe）就经常被（也许是不公平的）视作这类人。他在不同场合反对皇家学会的言论，可以理解为个人私仇、捍卫亚里士多德，或是微妙的宗教或反保皇主义的异议（他差点因为对约克公爵的言论攻击而被绞死）。但他同时也是罗伯特·玻意耳的朋友，并经常宣称他支持伟大的科学家。他的怒气大多指向了约瑟夫·格兰维尔和托马斯·斯普拉特，亨利视他们为需要教训的傲慢自大的大师。我们至少能知道原因。在《超越极致》（*Plus ultra*）中，格兰维尔毫无保留地指责大学里充斥着"微妙的、鹰眼似的"经院学者，他们看见别人的结论却不经过自己深入的思考；还有那些"从未给世界带来过任何实用的、有益的知识，比如如何治愈被切伤的手指"的骄傲自满的医生。斯德宝在他的著作《超越极致减少到毫无加成》（*The Plus Ultra Reduced to a Non Plus*，1670）作以回应，控诉格兰维尔威胁到整个医学传统。（他是被一名愤怒的皇家学会的医生会员雇佣而做这件事的事实稍稍削弱了他的可信度。）同时，斯德宝把斯普拉特所著的《英国皇家学会史》称作是对教会、对国家、对大学的威胁，另外他还指责说机械论哲学是不可避免的无神论。英国古董商人安东尼·伍德评价斯德宝，说他有一个"燥热而又不安分的大脑"，看来是恰如其分的，不论他说斯德宝的头发是"胡萝卜色"是否准确。

然而我们并不能将斯德宝仅仅作为一个保守反动分子而摈弃。历史学家詹姆斯·雅各布指出斯德宝是一个市政改革的拥护者，支持穷人和宗教包容，并且挑战教会自私自利的神干预人类事务的断言。在致力于改变上，他与皇家学会并没有多少差别；但在改变采取的方式上，他与皇家学会大相径庭。

英-瑞学者梅里克·卡索邦是另一个很有影响力的新哲学批评家。卡索邦也和斯德宝一样批判 17 世纪的新哲学，也就是我们现在的科学主义，称这会导致无神论并且会破坏社会秩序。因为这种新哲学将科学视作唯一的仲裁者和真理的载体。他对斯普拉特和格兰维尔等人关于对《圣经》的解释应该只基于理性的建议感到十分震惊。如他所言，对在实验哲学中出现的明显的新经验和现象的痴迷实际上会阻碍真正的学习，尤其是学习那些传统和学者们提供的宗教基础：节制和谦卑。因此他质疑这些新哲学能否做到"减少所有的学习去做自然实验，或者至少由他们提供给宗教所需要学习的和平和公众的宁静"。换句话说，比起巧妙的实验来，社会更需要稳定。在《反思人类生活的行为》(*Reflections upon the Conduct of Human Life*，1690)一书中，剑桥柏拉图学派的约翰·诺里斯声音洪亮地喊出他的质疑："难道还有什么比一个人对他自己的双手极度关注，就如整天忙着跟'象限''望远镜''熔炉''弯管'和'空气泵'打交道更加荒谬和愚蠢的事情吗？"

卡索邦对那些新哲学家们将实验称作自然神学的辩护嗤之以鼻，他认为那不过是为"追逐新奇"找的借口罢了。他抱怨道，新哲学引诱人们的话语都有这样的特点："什么东西很特别，未来能有很大作用，但都目所未睹"，而不是通过介绍潮汐的过程和关于太阳和月亮的文字，引导人们去认识上帝所创造的世界。这些抱怨与之前的指责其狂妄自大类似，不久前还在马洛的《浮士德博士的悲剧》中被详述。罗马教皇亚历山大在他的《人论》（*An Essay on Man*，1732—1734）一书中，建议我们尊重自己的位置和限度。我们必须了解上帝和宇宙赐予了我们那些资源，而不要去窥探那些虚伪的援助。在他说出下面这句话时，很明显他考虑了大多数的天文学家：

> 是我们自己，也只有我们自己，去追随它。

教皇说，只有上帝能够并且应该在无垠的宇宙面前沉思：

> 他，穿过那片广袤无垠，
>
> 看见一个又有一个世界构成一个宇宙，
>
> 观察每一个体系如何运转，
>
> 那些绕着其他太阳转的行星，
>
> 每一颗星星都有属于它的子民，
>
> 或许这可以告诉我们，为何上帝创造了我们这样的世界。

这个规则对微观宇宙和宏观宇宙来说是一样的，教皇的这个主张里隐藏着对罗伯特·胡克的谴责：

> 人的幸福（能获得幸福是值得骄傲的）
>
> 不是去采取超越人类的行动或思考；
>
> 不是分享身体或灵魂的力量，
>
> 但这正是他的本性和状态所能忍受的。
>
> 为什么人类没有拥有微观的眼睛？
>
> 直白一点说，那是因为人不是苍蝇。
>
> 说用显微镜能带来更好的光学，
>
> 观察螨虫，难道不是理解上帝吗？
>
> 然后不承认人的不完美，而指责是上帝的错误；
>
> 还是说，人像他应该的那样完美：
>
> 他的知识由他的存在和位置来衡量，

　　　　　他存在于一瞬间,他存在于一个点。

此外,有什么实践的好处已经实现了吗? 你不必做一个坚定的经验主义者去怀疑实验哲学家是否用他们奇妙的大脑去做一些好的事情。约瑟夫·爱迪生(Joseph Addison),一个作家兼政客,合作出版了报纸《闲谈者》(*The Tatler*)。他建议说:

　　　　　有些人头脑中的想法是如此的古怪,虽然他们对日常生活中的事情完全的陌生,但他们却能够在所有情况下辨别一只海扇的性别,能够描述螨虫的繁殖过程。他们对这个世界简直是一无所知,他们都不认识牛和马;但与此同时,他们却能告诉你很多关于重力的事情,能告诉你跳蚤也是一种犀牛,能告诉你蜗牛是雌雄同体的。

沉溺于这些无关紧要的琐事中,不仅是一种堕落,还是一种道德松懈。这种现象在爱迪生眼里并不是要讥讽嘲笑的事,而是一个严肃的问题:"人的思想……能够胜任更高级的思考……完全不应该用在这种低劣的不相称的事物上。"纽卡斯尔公爵夫人玛格丽特·卡文迪什精心组织了反对实验哲学的语言,她强调说实验哲学并不能带来任何的实用价值,而且也不能拓展人类的能力去超越先辈所达成的成就:

　　　　　但是实验哲学家能够找到比我们先辈们所发现的更多有益的艺术吗? 不论是得到更多用于滋养我们身体的蔬菜、牲畜的增长,还是更好、更宽敞的建筑艺术来搭建我们的房屋。这样不仅他们的劳动富有价值,他们自己也能获得大家更多的赞美。但是,就像那些玩水泡泡、吹灰尘到其他人眼睛中、用雪堆出一个木马那样的事情,不仅不应该赞扬,而是要批评的,因为在这些事情中付出的劳动毫无用处,纯粹是浪费时间。因此那些沉迷于毫无益处的技艺中的人,花费的时间远超过其收获的价值。他们永远不可能利用游离的原子来制作细丝、线或羊毛;织布工永远不可能用太阳的光线来编织光网；建筑师也永远不可能用只含空气和水的泡泡来建造房屋。而且就算画师能画出在显微镜里看到的像螃蟹那样大小的虱子，有哪个家伙会相信这种东西真的存在呢？而且就算真的有人相信，他又能有什么收获呢？因为即便他相信这东西存在，这并不会指导他如何阻止它们滋生、如何捕捉它们或是如何躲避它们的叮咬。

玛丽·艾斯泰尔（Mary Astell）是一名生活在 17 世纪的女权主义者，也是批评皇家学会的人之一。她在《大师的性格》（*The Character of a Virtuoso*，1696）一文中将实验哲学家定义为："为了昆虫、蠕虫、蛆虫、苍蝇、飞蛾、甲虫、蜘蛛、蝗虫、蜗牛、蜥蜴和乌龟这些东西而抛弃人类社会的人。"艾斯泰尔还将一般人对实验哲学家的批判进一步扩大，批判这些人做的事对任何一个人都没有任何益处，得到的仅仅是一些和知识有关的小把戏，让人感觉到稀奇和古怪罢了：

> 这些"绅士"掠夺了土地和海洋的所有资源去制造小把戏，这是出于什么目的呢？我知道的是，所谓的"追求知识、发现未知的事物"是借口，但知识是什么？他们的劳动又为我们发现了什么？他们只不过是发现了一些没有被人注意到的植物、贝壳或昆虫的种类罢了，之所以没有被人注意到也仅仅是因为它们毫无用处。至于知识，即他们夸耀得最多的东西，也不过是记录了名字及区分标记的登记簿而已。

在某种程度上，这些攻击明显都是非常夸张的。即便实验哲学形成之初不是技术创新的大量来源，但亚里士多德学派的经验主义者或是古希腊名医伽林学派的传统，也不再产生任何新的有用的工作。化学、医药、冶金方面取得的实际进展，大部分来源于工匠的作品，而不是任何一种哲学。而且，后见之明的，我们现在知道，因为缺少即时应用而指责对世界信息的积累是非常短视的。然而缺少即时应用这个不争的事实被人们用作批判实验哲学的武器，暗示着培根哲学的精神主导了那个时代的哲学：知识的目的和理由，现在似乎是发展人类的生产力。

对实验哲学的抱怨并不仅仅是简单的指责其没有一点实际用处。卡文迪什和其他一些人暗示，不加拘束的好奇心会导致人们的思维从一些更重要的事情上转移开。她说，那些发明了显微镜和其他光学仪器的人，

> 给世界带来更多的是伤害而不是好处。因为好奇心让很多人都沉浸于此，把他们的全身心都投入到观察现象或对象的外部表象上来，而却把所有好的艺术和学习搁置在一边。

如果存在某种方法来区分那些浪费他们的时间用来研究蜉蝣和无关紧要的古怪事物的科学家和那些浪费他们的金钱来收集稀奇古怪的东西的人，那就会发现，这两种传统现在还是密不可分。但其实这两种传统已经开始分离了，然而对于批评者来说，这两种传统纠缠在一起更好。然而优秀的培根主义者已经对那些为了以占有而不是了解为目的囤积古玩的人失去了耐心。托马斯·布朗的《封闭的博物馆》（*Museeum olausum*，1684）是对那些仿制收藏者得到的丢失的珍稀书籍和物品的嘲讽。比如"人类脊髓中产生的蛇皮"、"青蛙头横骨制成的整洁的十字架"、"一本精确记录阿维森纳的生与死的记录，账目确认阿维森纳因为疝气发作使用九次灌肠而死"。这本书引用的大部分是一些晦涩的内部笑话，不过观点是非常直白简单的。布朗的这本小册子只是那些已经在 17 世纪成为一个完整的文学子类"讽刺好奇"的一个例子。但这种文学太过严厉了，由于他们将收集和好奇强行联系在一起，而实验哲学家们努力将自己与他们所讽刺的对象撇清关系。

这些谴责的全部争辩焦点是：好奇心是为了什么，是知识本身值得人们追求，还是说可以用知识来做一些事情？培根认为这两种价值都存在，不论是关于光的实验或是关于水果的实验。但他明确地倾向于那些能带来技术收获的知识。历史学家沃尔特·霍顿认为，早在 17

世纪，在纯理论科学家和应用科学家（那时被称为"大师"和"培根主义者"）之间已经开始出现区别。[①] 个体的科学家是否可以这样分类还存在讨论的余地，但胡克明显更加偏向于技术专家，而玻意耳更倾向于理论科学家，不过他们都不是单一类型的。但关键的是，概念上的区分已经出现，并且实验哲学的批评者发现天真的、无价值的、被培根所嘲笑的理论科学家对他们唯一有价值的地方是他们能够引人发笑。

荒谬戏剧

《大师》在很多方面是典型的复辟闹剧，里面充斥着下流的性喜剧和奇装异服，这些取悦了君王。这种通过牺牲皇家学会来制造幽默的方式与任何有关时事的讽刺调侃如出一辙，同样是取笑那个时代的敏感问题。《大师》选择这个目标来制造幽默，并且受到了热烈欢迎，说明了那些生活在伦敦上层社会的人对实验哲学家的日常活动是十分熟悉的。

沙德韦尔是一位著名的诗人和多产的剧作家，他在 1689 年接替约翰·德莱顿成为桂冠诗人。他的作品反映了英国皇家学会中的很多人，他们会因为被世人嘲笑而烦恼，会因为皇家学会把研究目标放在一些外人看来最微不足道的荒谬问题上而欢欣鼓舞。比如：空气有多重？李子为什么是蓝色的？月球上的地形是怎么样的？吉姆克拉克的侄女说他为蛆虫的生活习性绞尽脑汁，并且他钻研了 20 年，只为找出蜘蛛的几个种类。

正是这种对微小动物的研究引来了沙德韦尔的嘲笑，就好像墨菲

---

① 平心而论，玛丽·艾斯泰尔明白无所事事的半吊子科学家和那些真诚地想要学习、理解世界知识的人之间存在着巨大区别。她在对那些无价值的所谓大师们进行批判的时候，特意将玻意耳排除在外。她也承认"皇家学会由于做出了伟大而声名远播的事业，值得所有欧洲爱好学习的人们尊重与赞誉"。她解释道："虽然总体上我对皇家学会十分崇拜，但这并不代表我对皇家学会的成员不加区别地对待。"而且实际上，皇家学会的确也存在一些徒有虚名的浅薄之人。

特和他的昆虫学家同事们的尝试是个不证自明的愚蠢冒险,他们的热情似乎收效甚微。吉姆克拉克说他甚至驯服了一只蜘蛛,他给它取名叫尼克:

> 尼克知道它的名字,所以它会跟着我在房间里到处走。我用新鲜的苍蝇喂他。尼克是我见过的本性最好的并且条件也最好的蜘蛛。

吉姆克拉克有一个叫福尔马·崔菲乐(Formal Trifle)的朋友,是一个可笑的爱炫耀的人,他说:"从来没有一个这么小的生物能给吉姆克拉克带来如此大的兴趣。"

对于温文尔雅的布鲁斯和朗维尔(Longvil)这两个"富有智慧"且代表着理性声音的人来说,大师们研究这些生物,仅仅是因为他们在这里等待被研究——一个确实没有价值的理由。

> 布鲁斯:"是什么让一个人关心并去了解蚂蚁的习性呢?"

> 朗维尔:"哦,如果它能让一个大师关心,那它就成为知识,无所谓它是什么。"

沙德韦尔也从实验哲学家们对空气的研究中获得了很多乐趣。大师或许会理智地说他不会成功,不论他感兴趣的是晦涩罕见的事物或是那些平凡普通的东西。对"常识"的反应很可能是:在那些罕见的令人惊奇的事物中,没有什么需要了解的;而在那些日常生活中平凡普通的事物,我们已经知道了全部。而且实际上,像那些跟空气一样普通的被人们熟知的事物中,又有什么有趣的东西呢,以至于实验哲学家们想要去用瓶子装它、压缩它、抽空它、称量它? 但是,十分清楚的是,沙德韦尔并没有真正地理解为什么玻意耳和他的同事们要研究空气,对气体力学这种科学没有概念,也不了解空气的化学和生命供给机制中艰深复杂的问题。在 18 世纪正是对这个问题的解答,使得化学成为一门现代科学。他对实验哲学家的嘲讽是典型的讽刺作家的作风。

只关注一个实验看起来是什么样，而不去管这个实验的目的。

因此，在他的作品中，吉姆克拉克拿瓶子装空气，不是为了理解它，而是去捕捉一个地方的本质，所以一个地方周围的环境可以在另一个地方被再创造："选择你的空气，你将在我的房间里获得它：纽马克特、班斯特德、威尔特郡、伯里空气、诺威奇的空气，随心所欲。"如果他称一下空气的重量，那只是为了获得空气的特性：

> 哦，是的，我已经派出了一个助手去称量特内里费山顶的空气重量，那里的空气是最轻的，我应该拥有那里相当数量的空气。希尔内斯和恶犬岛的空气是最重的。①

当他被问"为什么要把它们都称量一遍"时，他回答说："为了知道它的重量。知识是个好东西。这也是为什么我能说出英格兰的任何一加仑空气的重量。"

爱炫耀的人受到讽刺是公平的，对过分自负的人的反击也是值得欣慰的。然而降低《大师》这部作品格调的，正是它只有对所涉及学科的浅显知识的攻击，其他什么都没有。它的嘲笑正如一种文化对那些看起来稀奇古怪的讽刺，而不得要领的滑稽动作则是另一处败笔。更糟糕的是，《大师》为了展现它的讽刺而牺牲了剧情的连贯性。剧情达到高潮的时候，因为吉姆克莱克发明了机械化的纺织机，他的房子被丝带编织工围攻。自然而然地，吉姆克拉克以自己不可能做出什么有用的东西来争辩自己是无辜的，他说："我们这些大师从来没有弄出什么有用的东西来，那不可能是我们发明的。"鉴于作品的社会背景，吉姆克拉克好像的确是无辜的，但令人不解的是，已经有很多很充分的

---

① 实际上，在这个用瓶子装空气的荒谬场景中，最后的胜利并不属于公众，反而是以公众的利益为代价。朗维尔打趣说："当然啦，这个世界是十分愚蠢的，但还没有蠢到像喝光瓶装饮料那样去干掉一瓶空气。"但是现在他们愿意支付额外的费用来购买另一种装在瓶子里的无处不在的液体，因为广告上说这是来自具有绮丽风光的山泉水。有理由怀疑，没有瓶装空气的市场，很可能是因为没有好的营销手段。

证据说明大师们在实际应用方面毫无能力，可是那些丝带编织工却还要将他们愤怒的矛头指向吉姆克拉克。这个事情的真相到底是怎样的，我们不得而知。更讽刺的是，实验哲学家在之后与已经存在的工艺工程融合在一起，他们中的代表人物有：罗伯特·斯蒂芬森（Robert Stephenson）、托马斯·特尔福德（Thomas Telford）和亨利·贝塞麦（Henry Bessemer）等，他们改变了整个工业和社会，正如丝带编织工谴责的那样。从商品的生产、人和货物的运输、通信的力量和战争的冲突，都因为科学认识的应用而不可逆转地改变了。在几乎不到 100 年的时间内，吉姆克拉克的这种无害的、滑稽的好奇心上升为对弗兰克斯坦（Victor Frankenstein）的知识浮士德式的欲望。

为了取悦大众而对实验哲学家的进取心进行攻击，让哲学家们焦躁不安。威廉·配第抱怨说："那些为了了解自然知识而做出的努力是对人们大有好处的，然而却因为最近的一部叫作《大师》的讽刺喜剧，仅仅比较了他们追求的最终结果和他们对那些低贱的、滑稽的事物采取的手段和操作，就被人们嘲笑。"他们嘲笑的目标是非常明确的：沙德韦尔刻意提及了格雷沙姆·科里吉（Gresham College），那个拒绝了吉姆克拉克会员申请请求的人。沙德韦尔的夫人怨恨地说，"他们嫉妒他"。[1]

---

[1] 吉姆克拉克并不是一名真正的皇家学会成员，这也是为什么文学作家约瑟夫·葛丽德（Joseph Glide）怀疑沙德韦尔所嘲讽的对象是否真的是皇家学会的一个原因。葛丽德指出吉姆克拉克决心为了他痴迷般的追求而忽视任何实际的好处，这恰恰使得吉姆克拉克成为了皇家学会明确表示反对的那种无所事事的大师。而且，他的朋友福马尔·崔菲乐（Formal Trifle）讲出的华丽的"哲学"辞藻和皇家学会倡导的说话和写作尽可能使意图更明显形成了强烈反差。葛丽德说，在这些方面，沙德韦尔的剧作是完全符合皇家学会的原则的。但这个论点看起来并没有很强的说服力。一方面，《大师》中有很多地方通过其他智者明确地表达了对皇家学会的正面攻击，比如巴特勒。并且如果不是为了讽刺他们的话，沙德韦尔又为什么要如此大赞周章地描述胡克和他的同僚们进行的实验呢？将某一个点进行夸张化，这是讽刺作品的标准手法。除此之外，将《大师》看作一部对皇家学会全面攻击讽刺的作品丝毫没有问题。如果说沙德韦尔在将讽刺对象明显地叫作皇家学会上有所迟疑，很可能他只是为了小心地避免伤及皇家学会赞助者——查尔斯二世的颜面（不过查尔斯二世应该不会关心这些鸡毛蒜皮的小事）。

《大师》在情节推进方面都模仿了由女性剧作家阿芙拉·贝恩（Aphra Behn）写的、1687 年在公爵剧院首演的《月亮皇帝》（*The Emperor of the Moon*）。弗吉尼亚·伍尔夫（Virginia Woolf）这样评价阿芙拉·贝恩："她的职业生涯要比她的艺术作品更加重要。"这个评价是恰如其分的，她的复辟闹剧总体来说是平淡无味的，而她的生活则比她的任何一部作品都要精彩。在 17 世纪做为一名成功的女性作家已经是非常罕见了，但是她对女性性欲的坦诚，加上她在 1665 年第二次英荷战争中作为英方间谍（在这期间她是荷兰皇室成员的情人）的事迹，向人们展示了她异常强大的性格。然而她恰恰是那种会嘲笑大师的人：在性事上的自由主义者、在社会事务上却是十足的保守主义者、忠臣的保皇主义者，对人类事物充满激情。她觉得实验哲学家们对显微镜和月亮的痴迷是没有意义的，甚至是有些病态的。《月亮皇帝》是在她 1689 年去世前演出的最后一部剧，它讲述了一个意大利那不勒斯的哲学家巴利亚多抛下自己的社会责任去追求科学研究的故事，与《大师》中的吉姆克拉克十分相似。巴利亚多观察月亮后，十分确信月亮上也有像地球一样的文明。就像堂吉诃德行侠仗义游走天下那样，巴利亚多沉醉于月亮上的旅行和居民，伴随着卢西恩（Lucian）的《真实的历史》（*True History*）、约翰·威尔金斯的《发现月亮上的世界》（*The Discovery of a World in the Moone*）、弗朗西斯·戈德温的《月亮上的人类》（*The Man in the Moon*）和他感到绝望的女儿艾娜瑞亚（Elaria）的话："其他 1000 多个叫不出名字的可笑故事"。一部喜剧作品中的角色斯卡拉莫什（Scaramouche）是艾娜瑞亚的知心朋友，①她的父亲说："或许我们可以叫他疯子，这么叫他并不违反礼

---

① 贝恩的这部剧在结构上从法国的一个叫作《月亮皇帝》的滑稽作品上借鉴很多。《月亮皇帝》这部作品由意大利著名滑稽演员朱塞佩·多梅尼科·毕安科勒力（Giuseppe-Domenico Biancolelli）表演，并在 1684 年发表。

节,毕竟他总嚷嚷着要去月亮上旅行。"

　　艾娜瑞亚的父亲整天沉迷于他的研究,都不考虑一下是否同意他女儿和她的恋人唐·钦提奥(Don Cinthio)结婚,也不关心他的侄女贝拉蒙提(Bellemante)和年轻英勇的唐·恰尔曼特(Don Charmante)的婚礼,这些事情艾娜瑞亚一直耿耿于怀,对她的父亲十分失望。她的父亲完全忽略了自己的责任(同时也忽略了浪漫爱情和床笫之事的需要),这也和吉姆克拉克异曲同工。贝恩对新的实验科学的鄙视是显而易见的,尤其是当艾娜瑞亚的女家庭教师摩普索菲勒要求斯卡拉莫什照顾巴利亚多:"我的主人的行为像下面描述的那样疯狂,他给他的每个小魔鬼都取了可怕的名字,像他的星象镜,他的十二宫图,他的望远镜和他所有的各种镜。"显微镜和占星术的预测并没有什么区别,但两者都笼罩着犹如恶魔魔法那样的迷信氛围。

　　随之而来的是一个欺骗和阴谋,最高潮莫过于向艾娜瑞亚求婚的人决定自己假扮成从月亮上来访地球的高官,这样他们便有机会赢得巴利亚多的注意并让他同意将自己的女儿嫁给他。巴利亚多对这份来自月亮高官的奉承感到受宠若惊,欣然同意了他们的结合。但随着婚礼的进行,他发现自己上当受骗了,这才意识到自己犯了错误:

　　　　巴利亚多:"你不是将要成为月亮上的皇帝吗?你是雷州的王子吗?"

　　　　钦提奥:"先生,没有这个人。这些故事都是头脑疯狂的人的胡思乱想,是编来骗傻瓜的。聪明人会嘲笑他们。好了,先生,你也不应该再被那么疯狂的事情迷惑了。"

　　　　巴利亚多:"没有月亮上的皇帝!没有月亮上的世界!"

　　　　恰尔曼特:"可笑的幻想。要不是我们对你还有一丝喜爱,你还被蒙在鼓里呢。你给你的那些镜子们取的名字让人耻笑,所有成年人都会鄙视它们。"

（巴利亚多气急败坏地跳了起来。）

巴利亚多："一把火把我的所有书都烧了吧，把我的研究也全投到火里吧，把它们都烧成灰烬。确保风把肮脏的、蔓延的、荒谬的碱都吹散……大家一起来见证我这愉快的洗心革面吧，这是讽刺剧和寓言故事里最警醒人的时刻……哲学里面什么也没有。"

在这部作品所有的取笑中，这位新科学家的结局是最严酷的了。"哲学里面什么也没有"，这些书就应该全部被烧掉，以及极力表明这样的结局是值得聪明人鼓掌欢迎的。① 没有什么比在国王最喜爱的剧场上演的对这个有着骑士般幻想的科学家的讽刺，更能反映当时新哲学家和玩物丧志的复辟王朝社会的贵族们之间出现的巨大区别。②

老鼠和大象

用智慧而不是将道德或传统作为锋利的武器去深深刺痛大师们的人有很多，沙德韦尔并不是第一个。但当本·琼森的《炼金术师》开创这个先河的时候，他所针对的目标是一个骗子炼金术师年老而又刻板的形象。约翰·多恩，我们之前提到过，他绝不是新科学的反对者，他也在他的《朝臣的图书馆》(*The Courtier's Library*，1603—1611)一书中嘲笑宫廷大师。《朝臣的图书馆》这本书是虚构的一个书籍的目录，目录里面记载了那些老一辈的大师们喜爱收集的书籍(托马斯·布朗的《封闭的博物馆》就在其中)。这些作者编造出来的书籍作品

---

① 古谚语"好奇心害死猫"很可能就出自贝恩的这部作品——《机缘》(*The Lucky Chance*，1686)，她在这部作品中更进一步地声称"好奇心太重，上不了天堂"。但是短语"忧虑伤身"则是说过度关注的危险，在文艺复兴时期这个词曾流行过。而"好奇"这个词则可以被现在古老的感觉替代。这当然完全改变了这个词的含义，但如果这就是真实所发生的，也就说明当时的文化似乎保留了这一改变。
② 有理由去怀疑多恩并不同情培根主义式的实验哲学家，因为他极度崇拜塞克斯伯爵。而赛克斯伯爵在被以叛国罪审判期间，被他的门徒培根无情背叛。

中,包含约翰·迪伊解释《圣经》托比特书中狗尾巴毛的样式的神秘意义;一卡尔达诺(Cardano)的专著《论破坏风的可行性》(*On the Nullibiety of Breaking Wind*);还有一个荒谬自大的一卷,据说是受到古玩收藏家乌利塞·阿尔德罗万迪的启发,简称《谁不?》(*Quis non*),或者叫《对过去的、现在的、将来的,理论上的或其他所有种类的知识,所有死了的、活着的还有未出生的人提出的工艺技术中所有错误的反驳》。

讽刺皇家学会很快在贵妇们中间流行起来,其中一个较早对皇家学会发起攻击的匿名的人被大家称为"格雷沙姆·科莱奇的叙事曲",这首叙事曲在 1662 年广为流传、家喻户晓,它讽刺了 1661 年丹麦大使展示的一个使用玻意耳空气泵的实验场景:

> 向丹麦大使展示
>
> 没有空气,就没有呼吸。
>
> 玻璃杯让我们获悉这些秘密,
>
> 空气从玻璃杯里被抽离,
>
> 一只猫就此死去,
>
> 猫儿死去,喵喵声不再响起。

最早有记录加入争论的诗人之一是塞缪尔·巴特勒,他的反清教讽刺诗《休迪布拉斯》(*Hudibras*),最开始两部分发表于 1663 年和 1664 年,他竭力讨好查尔斯二世。诗中讽刺的目标有很多,其中皇家学会首当其冲,特别是罗伯特·胡克。巴特勒在他的诗中,通过一位占星学家观察"腐败奶酪中生长的蛆虫"来狠狠地讽刺了胡克的显微镜观察。

巴特勒随后对皇家学会发起了全面的猛烈攻击,其中有一篇作品明确地叫作《讽刺皇家学会》,这部作品里大师们问了如下深刻的问题:

鱼在水里一直喝水但却从来不排泄，

这是为什么呢？

或者是在它们深处的家中，

无论白天还是夜晚它们为何都不睡觉呢？

巴特勒对皇家学会最猛烈的攻击体现在他写的诗《月亮上的大象》中。这首诗写于 17 世纪 70 年代，诗中期望贝恩写一部戏剧，戏剧里大师们会基于错误的观察而调整工作方向，并且在不可能的理论上花费大量精力。在某种意义上，这首诗所攻击的并不是实验的价值，而是实验方案的可靠性，暗示这会侵蚀人们的判断力，以致于一些人发现即使是平常人也能发现的，但却自以为了不起的解释。

巴特勒并没有把对月亮的观察视作无所事事的人（像巴利亚多那样）所做的事，而是将其视作掠夺的事情：这是强大帝国入侵的前奏，毕竟所有的天文学家都这样描述这个发现：

一个文明社会的晚期，

外界国家的荣耀，

让我们一起，在一个夏天的夜晚，

通过月亮发出的光芒来找到她，

让我们把所有的事物都放到列表里，

包括她的财产，她的子民，

仔细调查一番，

看看她有多少土地，它们怎样呈现，

就像爱尔兰一样真实，在那里

狡猾的测量员偷窃了一个郡，

观察她的土地，研究如何耕种，

那里什么东西最丰富，什么东西最贫乏，

做最适当的观察，

　　　　为了安置我们的新种植园，

　　　　如果社会欢迎

　　　　尝试如此辉煌的设计，

　　　　所有的人都准备加入进来，

　　　　最积极的人将会荣幸地去

　　　　在她的土地上插上第一面旗帜。[1]

这个末尾，无需多言，隐藏了性侵犯的暗喻，培根详细说明了这个问题。

　　在调查的过程中，哲学家们惊异地发现月亮的表面存在着发动战争的武装军队。他们把这些军队归入两个群体，分别叫作上沃兰和下沃兰。这两个名字来源于开普勒的《梦境》（*Somnium*）中描述的一次竞赛。这两个种族分别居住在地表的上方和下方。然后一个更加令人震惊的景象呈现在人们面前：

　　　　简直是奇迹，不可比拟的，

　　　　有一个比人类所见大很多的管子，

　　　　里面有一头来自这两个群体之一的大象

　　　　正在摆脱束缚

　　　　这是一头巨大的大象，

　　　　比任何在非洲草原上的大象都要巨大很多。

大师们兴奋极了。他们再也不用忍受来自人群的非议和讽刺了，再也不会成为咖啡屋里八卦的话题，因为这个发现足以让所有讽刺者闭嘴。他们马上就开始着手准备以皇家学会批准的方式发表一份宣言

───────────────

[1] 这里有必要指出插上第一面旗帜（进而可以看作是一种理论上的插标定界式的领土声明）对于激烈的竞争者来说的荣耀。也正是这份荣耀，在伯吉拉克·德·赛拉诺写下虚构旅行 300 年之后，这种传奇版的旅行成为现实。好奇者和殖民主义者哥伦布的故事成为了太空竞赛的理由，这依旧令人恐惧。我要补充一点，她的所有土地和财富，都随着对月球矿产资源的开采而迅速枯竭。

《接下来的事务》。但是在他们做这事的时候，望远镜被留给学会的办事员们摆弄。办事员其中的一个小伙子，发现了一些大师们都没有注意到的事情：这头"大象"更像是一只被困在管子里的田鼠。很快他的这个观点在博学多识的人中间传播开来，引起了一阵骚乱。巴特勒暗示说他们抛弃了对明显证据的信仰，反而去采用武断的理论去解释他们所看到的现象。这种他们固执且不屈不挠坚持的理论就好比：一些人发誓说"他们不会放弃哪怕'大象'这个词的一个发音"，即使其他人已经开始怀疑自己所坚持的理论，开始产生动摇。

这暗示说天文学家们胡乱解释自己在望远镜中所看到的景象。这个暗示在《休迪布拉斯》中也出现过，这部作品中，塞得若菲尔（Sidrophel）看见一个小孩一边放风筝一边欢快地呼喊，暗示了第谷·布拉赫和开普勒所说的"新星"。

　　一颗没有彗尾的彗星！

　　或者一颗从未出现过的恒星！

难以置信的愚蠢让讽刺变得更加尖锐，我们现在都知道了新的恒星、月球地貌、木星的卫星们和土星环都存在，而绝不是镜片上的污渍。

最终，巴特勒的天文学家们同意打开望远镜镜筒检查内部，在里面他们不仅发现了隐藏其中的老鼠，而且还有一大群苍蝇和蚊子。正是这些苍蝇和蚊子，让天文学家们错误地认为是月亮上的军队。犯了如此愚蠢的错误让他们感到万分羞耻、无地自容，这将他们推入到绝望的境地。虽然他们可以马上改正错误，但这绝对是一个刻骨铭心的教训。

　　那些贪婪追求美好的而不是真实事物的人们，

　　他们选择性地猜测去制造奇妙的发现，

　　自然而然的，公报记录了这些巨大的惊人谎言，

　　里面没有值得知道的真相，

　　这不是伟大和成熟；

　　对于现象的解释，

　　也并不是描述事实是什么样，而是描述他们希望是什么样；

　　收买自然来作伪证的努力是徒劳的，

　　最终，他们将用痛苦来偿还这些蔑视的代价。

这是一个压倒性的控诉：哲学家们的傲慢自大和排外性导致非常糟糕的结果，这往往伴随着轻信。这些仗着自己的学识比普通人多而骄傲自满的人，他们更容易相信那些普通人一眼便能看穿的最荒谬的事情。

　　这一控诉是不公平的。像那些低调的教授们，新哲学家打算通过实际测试来从方法、实验和观察中筛选出真实可靠的事物，并淘汰掉那些虚假的事物。他们将怀疑论从原来无知的土包子形象转变为科学家们有力的工具。但是，那显然不是从外表看起来的样子，而且不难看出原因。《哲学汇刊》依旧充斥着古怪的、奇异的奇特视角和事件，这表明收藏家们最恶劣的猎奇习惯还远远没有被消除。约翰·威尔金斯报道说："荷兰的一个女仆，用尿液浇灌废弃的种子使其生长。"沃尔特·查尔顿描述了一个巨大的重达 23 磅的"婴儿"，而且这个婴儿没有头和骨头。另一个皇家学会成员蒂莫西·克拉克（Timothy Clarke）报道了一个已经怀孕长达 18 年的女人，同时奥尔登堡的报纸登出了一则关于一个长着 4 个乳房的法国女人的新闻。玻意耳是罪魁祸首之一，他描述了玻璃可以像银（一种会在满月时膨胀的液体）一样被捶打，发现被冰封住的燕子在冰融化后飞走。就连大家公认的头脑最冷静的克里斯托弗·雷恩都描述了一种由雄性猫和雌性兔子结合所生的生物，以及他满腔热情地研究"蒂德沃思镇的幻影鼓手"。

　　皇家学会因为轻信而受到指控，因为仅仅试图收集和筛选可信的信息。历史学家露丝玛丽·赛弗雷特（Rosemary Syfret）指出："他们

把一些调查问卷送往海外，这些问卷读起来更像是从路易斯·卡罗尔
（Lewis Carroll）的作品摘抄出来，而不像一份严肃的科学调查问
卷。"——她用一封信向巴达维亚的菲利波多·沃纳迪（Philiberto
Vernatti）阐明的一个观点，她请求验证：

> 不知是不是在位于苏门答腊岛北边的桑博瑞奥的小岛上，发
> 现了一种据说詹姆斯·兰开斯特（James Lancaster）见到过的蔬
> 菜，这种蔬菜生长在树上，当人想摘取它的时候，它便会缩小，然
> 后缩到地下，除非用力握住它，否则它们将会完全收缩。不知是
> 否完全相同，当被强力握住的时候，将一只虫子放在它的根部，然
> 后根据树的生长逐渐缩小握住的力度，不久之后虫子就会变成一
> 棵树，扎根于土壤，越长越好。

结果，沃纳迪非常严肃地确认说："我从来没有遇到过一个听说过这种
植物的人。"

好奇的研究员陷入了进退两难的境地。在严密的调查下，自然显
然变得非常奇怪。充满看不见的动物、奇妙的新药物还有天空中神秘
的光，并不能排除所有先验可能性，更有甚者，先辈们对这些事情也没
有明确的认识。因此调查这种报告使人们陷入更大的谜团之中。"常
识"会不会嘲笑土星环和复杂的虱子结构？因此《哲学汇刊》成为了讽
刺家们发现的宝藏。毕竟，人们希望做实验来验证将蜘蛛放在由独角
兽的角做成的圆环里它就不会动这一现象。报告严肃地指出，当一只
蜘蛛被放在那样的环境中，它会"立即逃跑"。这样的例子看起来像是
证明了沙德韦尔作品中朗维尔提出的先进观念：只要大师关心，"就那
些学者而言，他们的叙述如果真如他们所想，那就没什么可相信的（我
们必须承认，皇家学会中没有一个人质疑过独角兽的角从哪里来。）

闪耀的世界

就像巴特勒阐述的那样，另一项对大师们的指控是，他们总是不

同意对方的意见。在当今,任何人都可以反对他们的同僚并争辩不同的观点,这被视作是科学的美德。但是,新哲学家们倾向于将反对者的反对意见全盘否定,没有一点共识。①

　　玛格丽特·卡文迪什在她虚构的反对实验哲学家的作品《新世界的描述:闪耀的世界》(*The Description of a NewWorld*,*Called The Blazing -World*)中表达了相同的抱怨。这部作品采用了熟悉的模式,假想去新大陆的旅途。故事的女主角是一名贵妇人,在她父亲靠近海边的房子里被一位商人拐走。这名商人爱上了女主角,可因为他社会地位卑微,无法公开向她表达爱意并迎娶她。而他们上的船却被吹离航线开到了北极,除了女主角外船上其他人都被冻死了,因为"她的美丽、她的年轻活力以及上帝的庇护"得以存活。这艘船被强劲的风吹到了另一个世界:闪耀的世界。这个世界在北极与地球相连,但是它有自己的太阳。女主角在这里发现了一个充满具有动物特征的人类世界。这里有熊人、狐人、鸟人、蚁人等,这里也有人类,这里的人类色彩艳丽,他们组成了这个世界的统治阶级。贵妇人被带到位于天堂岛上由黄金和宝石做的王的宫殿,就在这里,王见到贵妇人的第一面后便迎娶了她。

　　在这里,她发起一项发展科学技术的运动,让熊人担任她的实验哲学家,鸟人担任天文学家,飞人和鱼人则担任自然哲学家等,各类人都有他们的角色。所有的事情都进展得非常顺利,直到有一天王后让熊人观察天空:她发现他们的望远镜比起地球上的望远镜会导致更多的偏差。有人说太阳是静止的,而地球是运动的,其他人则反对这一说法。他们就到底有多少星星,或是月亮上的暗斑到底是陆地还是海

---

① 当然,如果是适合批评者的议题,这种情况直到现在依然会发生。科学共识,同时也被作为制度化的教条主义和审查的初步证据。

洋这些问题上无法达成一致。

看到这种混乱，王后非常生气。她说，我来讲讲自己直观的感受：

你们的望远镜会给出错误的信息，它不会引领你们找到真相，而是欺骗你们的感觉，因此我命令你们将它们打碎；并且告诉鸟人说只相信你们自己的眼睛，感受天空中物体的运动只能靠我们自己的感觉和推理。熊人回答说，不是他们望远镜导致他们的意见不一致，而是他们身体里的光学器官并没有敏感的响应，他们的理性判断也常常不一致。王后回答，如果他们的望远镜给出的是真实的信息，则将会矫正他们错误的感觉和推理。但是她说，大自然已经使得你的感觉和推理更加有规律，而你们的望远镜是工艺制作，它们只会欺骗人的感觉，因此从来不会指引你发现知识和真相。因此，我再次命令你们毁掉望远镜。你们可以通过自己的双眼更好地观察到天体的运动，而不是通过人造玻璃。

熊人们恳求王后放过他们的望远镜，他们说争论和纠纷是他们的乐趣和活动，并且主张一个比另一个更聪明，而如果世界上只有真相而没有谬误的话，智慧的进步就不可能了。他们坚称望远镜是他们唯一的乐趣，像他们的生命一样宝贵。王后的态度也缓和了，只要实验哲学家只在他们之间进行争论而不导致社会上的其他人不安就可以了。

我们可以很容易地看出，这对于天文学家们来说是不公平的，因为使用望远镜观测是他们真正在做的事情。但从根本上说，这是贵族对争论的蔑视，这种做法看起来更像是守护着无知，而不是倔强地追求知识。当熊人们因为他们获得了王后的宽容而沉浸在喜悦中的时候，他们拿出了望远镜，他们觉得这样更能够取悦王后，我们看到了那些敏锐的读者早已察觉到真相。这些哲学家们展示给王后的结果，正是罗伯特·胡克所观察到的内容：苍蝇的眼睛是有多达 14000 颗"珍珠"组成的，木炭有很多微小的孔隙，荨麻十分细小的针尖。而王后所说的话正是卡文迪什她自己想反驳胡克的关于这些结构的断言。换句话说，这位神圣美丽的、万能的、不朽的王后不是别人，正是纽卡斯尔的公爵夫人。她毫不费力地终结了她下属们的荒谬理论和徒劳的仪器。

有人可能反对说这不可能是真的，因为"纽卡斯尔的公爵夫人的灵魂"在后来的故事中出场了，她被王后传唤来作为"精神抄写员"。反而更加证明了王后是其代言人。"公爵夫人"在故事中被描述为虚假的谦逊："没有最丰富的知识，没有最好的口才，没有最聪明的才智，也没有最机敏的独创性，她只是一个普通而又理性的作家。"（至少，作者证明了她和伽利略、伽森狄和笛卡尔比起来是这样）即王后的第二面。她甚至说："我愿意成为像你这样的人，也就是一个世界的王后，倘若我不能成功，我将不得安宁……尽管我不能成为亨利五世或是查尔斯二世，但我将竭尽全力成为玛格丽特一世。"文学学者安娜·巴蒂格里（Anna Battigelli）为卡文迪什提供了一个更加费解的辩护："通过展现她所说的无穷意志和自我，（她）质疑主观干扰的程度需要被排除，以此来向胡克所言的客观准确性的前提发难。要对那种双重陷阱有信心需要相当大的信仰，特别是当有人反对《新世界的描述：闪耀的世界》中的自我夸耀、唯我论的基调的时候。

王后的其他科学家，也就是自然的历史学家、化学家、解剖学家和其他只借助自己的肉眼而不是像熊人那样用会欺骗他们感知的发明物来观察世界的科学家们，得到了王后更多的恩惠。但是他们都时刻被王后深刻的质疑提醒着自己的处境，他们对王后"如此的伟大，以至于能够评判自然哲学"这个问题感到十分惊讶。只有虱人胆敢惹怒王后，因为他们是十分学究式的经验主义者：

　　　　他们致力于将所有的事物测量到精确度达到头发丝的宽度、原子的质量那种程度。但是当他们测量出的重量很少有一致的时候，特别是当他们测量空气的时候，他们发现这是一件不可能完成的任务。因此王后变得不高兴了，她告诉他们，他们的专业中没有任何的真理和正义可言，然后王后解散了虱人的学会。

哦，如果世界上只有一个公爵夫人的话，她会对皇家学会做同样的事情吗？

浮动世界的艺术家

通过了解弗朗西斯·戈德温、伯西拉诺·德·贝尔热拉克（Cyrano de Bergerac）、塞缪尔·巴特勒和玛格丽特·卡文迪什的事迹，使得《格列佛游记》更像是一部明显的从老生常谈的话题中衍生出的作品。而且从很多角度来讲，的确是这样。但这并不能阻碍《格列佛游记》在文学上的成功，特别是它的作者有着像斯威夫特一样犀利的文笔。像其他所有的已成为当世传说的虚构小说一样，《格列佛游记》被理解成了与原作者讲述的故事不同的另一个版本。然而如果不是这样的话，这部讽刺早期英国乔治王朝时代文化的作品还能够幸存下来吗？不会的，在好莱坞所呈现的同名作品中，它掺杂了鲜明的现代主义，而且甚至已经被当作是"儿童经典"。当然，那些将《格列佛游记》列为儿童经典的介绍，都是对这部作品最肤浅的理解，而并没有领会其原本的精髓。《格列佛游记》讲述的是一个前往奇特土地的旅途，那里充满了各种奇怪的事物，居住着滑稽的人类，而这些可笑的人和事正是那个时代人们自身缺点的真实写照。如果觉得我们错过了他们的笑话，我们总是可以找到新的。但是阅读《格列佛游记》的内容，不难发现它是未成功的乌托邦的巅峰之作，它是一剂对莫尔、培根、康帕内拉的乐观幻想感到疲倦的人们的解毒剂。这里的《新亚特兰蒂斯》整个颠倒过来，本萨勒（Bensalem）也沦为了笑话。

实验哲学只是斯威夫特的目标之一,他还将目标定向了格列佛作品中天空之城的功绩。在天空之城,最强大的居民是一群全神贯注于知识的哲学家。"他们由于太过于专注,而经常陷于掉下悬崖、脑袋撞到柱子或树上、撞到其他人或是冲到狗窝的危险中。为了避免这些危险,天空之城的居民雇用了类似小丑一样的仆人,他们会使用膨胀的气球来击打哲学家的嘴巴和耳朵,将他们从沉思中拽出来以避免危险。天空之城是仅仅存在于空想的几何术语之中。在王的宫殿,他们给格列佛送来的面包被切成了"圆锥、圆柱、平行六面体和几种其他的几何形状"。

这些专家们像所有的讽刺大师们的漫画中的那样,是绝对不切实际的。格列佛说:"尽管纸面上由直尺、铅笔和圆规勾勒的这些仆人十分的灵巧,但在实际生活中的一些平常举动和行为上,我还从来没有见过除了数学和音乐外,在其他方面比他们更加笨拙、迟缓、不灵巧、不知所措的人。"①

天空之城上是一片狼藉,因为这些大师们总是能够构思出各种奇思妙想的、能够让生活更加美好的装置,但是他们却没有能力实现其中的任何一个。位于临近巴尔尼巴比岛的王国首都拉多多的发射学会,其中一位教授说:

设计构思农业和建筑业的新的规则和方法,发明新的工具用于贸易和生产,只要这些东西能够生产出来,一个人能够完成过去相当于 10 个人的工作量:或许可以在一周之内建成一座宫殿,它的材料能够一直保存完好永远也不需要修理。只要我们觉得合适,我们可以在任何季节让地球上的任何水果成熟,而

---

① 不要觉得这为天空之城的居民注入了任何艺术敏感性。这里中世纪风格的斯威夫特古典音乐,作为自然哲学的一个分支,由和谐与比例支配。

且可以让它们的产量高出现在 100 倍。像这样令人兴奋的课题
还有很多。唯一的麻烦是，现在还没有任何一个上述的项目成
功实现，但与此同时，我们整个国家却面临着到处都是废弃物，
房子都已经成为废墟，而人民缺衣少食。

《新亚特兰蒂斯》中所罗门学院的科学家的请求和这个相似是非常清
楚的。这是对培根所言的乌托邦的一种曲解，认为这里的科学家搞砸
了每个项目，他们的一些努力要么是毫无目的的、超现实主义的，妄想
用树胶、矿物和蔬菜制造出一只"赤裸裸的羊"，从屋顶向下建造房子。
或是有项目太造作且没有任何益处，比如将橡树子、大枣、栗子和蔬菜
埋在地里，然后让猪去刨，从而将土地耕作松软的技术。

想要讽刺别人，要把被讽刺的对象的特征准确地描述出来，这样
的讽刺才能够达到效果。斯威夫特像沙德韦尔一样，费劲心思将自
己所作的讽刺与皇家学会实际在进行的项目联系起来。举个例子，
天空之城中的教授据说提出了就像约翰·威尔金斯寻找的一种"宇
宙语言"。通过替换单词和对象，使得每个词语都反映其自身："这
些词语必须能准确地表达出他们的论述。"①他们已经发现了火星的
两颗卫星，其轨道都符合开普勒定律：轨道周期的平方与轨道半轴长
的立方成正比。"这充分表明了它们同样受到万有引力的支配，影响
其他天体。"

这并没有什么好笑的，但斯威夫特却决定硬要从老掉牙的题材里
制造一个荒谬出来。已经被乔叟和布鲁盖尔用文字和图像描绘过的
头发蓬乱、走火入魔的炼金术师形象。在拉加多学院里，格列佛说：

我看到的第一个人体格消瘦，双手和脸都乌黑，留着很长的

---

① 这里可能存在一种暗示，夸美纽斯认为在教育儿童的时候，应该向他们展示真实存
在且可触摸的事物，而不是用语言去描述词汇或概念。

头发和胡须,衣衫褴褛,身上还有几处被烧伤的痕迹。他的衣服、衬衫和皮肤都是一样的颜色。他已经在从黄瓜中提取阳光的项目上工作了 8 年,目的是将阳光放入密封瓶,当遇到夏天阴冷、严寒的时候,使其温暖空气。

另一个学会成员的"手上、衣服上满是污垢",他的目标是要创造一个亨尼格·勃兰特的磷分离理论和帕拉塞尔苏斯的消化与营养理论怪诞的混合体。

一来到学会,他的工作就是将人类的排泄物转化为原始食物。通过将排泄物分离为几个部分,去除因胆汁而引起的颜色,将恶臭除掉,再撇去唾液。他每周从学会得到的份额是一个装满人类排泄物的容器,大概有布里斯托尔那么大。

然而这种炼金术师的拙劣模仿跟皇家学会中的实验哲学家们并没有什么关系(我们不能指责胡克因为他的外貌俊秀而骄傲,但他的确是不寻常的)。而且他违背了大众对皇家学会实验哲学的批判:实验哲学经常与污垢和辛劳连在一起。毕竟培根曾声称知识的进步很可能需要涉及那些"低贱和肮脏的事物"。

在所有对皇家学会的批判攻击中,斯威夫特很可能算是造成最大伤害的了,因为他的这些攻击广泛流行。他的书在第一版刚开售的三个星期内便售罄,而且根据斯威夫特的朋友亚历山大·蒲柏和诗人约翰·盖伊所说:"不论是达官贵人还是凡夫俗子,从内阁到托儿所,大家都在阅读这本书。"斯威夫特对于皇家学会来说,就像一根深深扎在肉里的、坚硬的毒刺。他著名的关于在爱尔兰的英国政策的讽刺,"他鼓励穷困的爱尔兰人把他们多余的孩子吃掉"是受到了威廉·配第提出的冷血的社会顽石的启发。而且他的第一本书《一只桶的故事》(*The Tale of a Tub*,1704),主要讽刺的是政治和神学方面,讽刺了不加区别地追求一切新的知识。

刺痛

是这些讽刺作家们给实验哲学家们造成了最多的麻烦，因为没有比嘲笑更锐利的武器了。托马斯·斯普拉特在他的《英国皇家学会史》一书中承认说：

> 我们应该对那些糟糕的人怀有巨大的恐惧：我承认我相信新哲学不需要（像凯撒那样）害怕无力或忧郁和幽默与欢笑一样多。它们之所以会闹出一些笑话，很可能是因为它们还太新了……这可能比我们所有的严肃的、不悦的和教条的反对者的争论带来的伤害更大。

然而在 1664 年，约翰·伊夫林仅仅抱怨道，"一些与他们理解相称的，傲慢，无知又滑稽的小丑一直在叫嚣，他们质问皇家学会都做了些什么？"到了 1694 年，威廉·沃顿被逼无奈地说：

> 《人类的智慧》（*Men of Wit*）中狡猾的讽刺，《格雷沙姆人》中说皇家学会这些人没有做成任何伟大的事情，而且似乎将来也不会做成任何伟大的事情，那些成为大师的人，必定都是像尼古拉斯·吉姆克拉克那样：那些将自己的时间和财富都花在寻求自然中奇特但毫无用处的东西被世人嘲笑；而那些解剖不管微小或庞大动物的人；那些进行严格检查和搜索时丝毫不顾及上帝工艺的人。他们已经拥有足够财富和热情在学习的道路上越走越远，生理学的研究开始缩小到医学与力学方面。没有什么比嘲笑更有攻击力的了；而且一旦一个人被贴上可笑的标签，他们所有的工作都将被轻视，也不再有人愿意从事与他们相同的工作了。

伊夫林的朋友焦躁地说："这种嘲笑还需要多久才能从下一个时期的哲学界消失，这个问题真的难以回答。"

斯普拉特希望通过告诉"智者与嘲弄者"，皇家学会的工作是出于他们自身的兴趣来停止争吵,因为这样或许可以提供一种新的暗喻和形象来取代人们已经疲倦了的陈词滥调。在危害新哲学的同时,智者们自己很可能会失去他们所"最喜爱、最丰富的话题"。这简直是孤注一掷。

让皇家学会的人感受到严重不适的原因之一,是他们的一位赞助者居然也在嘲笑他们。查尔斯二世并没有什么获得知识的愿望,在漫画中他经常被刻画成一个花花公子的形象,但他绝不是一个傻子。他对自然哲学的兴趣好像是与生俱来的,而且他还拥有自己的实验室,使用望远镜和其他一些明显是制造的工具,尽管约翰·伊夫林对查尔斯二世的能力并不抱多大期待,但是皇家学会对他来说并不是一个严肃的事业而只是打发时间的一个令人愉悦的娱乐消遣罢了。在物质材料方面,皇家学会成员从查尔斯二世那里获得的东西也仅仅是在周年晚宴时候的一块鹿肉罢了。而且当会员之间关于当查尔斯二世1662 年来访时向他展示什么产生了巨大的争辩时,他最终决定取消对皇家学会的访问。他对实验哲学中一些奇观感到欣喜,这使得他对一些昂贵的设备产生了浓厚的兴趣,比如说空气泵,但是这种热情也可能会在很短的时间里转变为无聊和鄙视。根据塞缪尔·佩皮斯所言,当威廉·配第于 1664 年 2 月拜访国王向他介绍一种新的船舶设计的时候,他感受到了这种嘲笑:

> 白厅是公爵的会所,国王偶尔会来这里待上一两个小时嘲笑威廉·配第——配第来这里是讲他的船舶设计的事,也会嘲笑格雷沙姆学院。可怜的配第先生有一些失落,但他仍谨慎小心地为他自己辩解,并且忍受了国王愚蠢的反对意见和其他旁观者的随意评判。他向国王最好的船只发出打赌邀请,不过国王并没有接受,只是把他轰下去。国王嘲笑格雷沙姆学院,大致是因为他们花大把的时间称量空气,而且自从开始做这件事情以来,便没有

再进行过别的事。

显然，沙德韦尔的剧作只能满足他自己的成见。

19 世纪早期的作家艾萨克·迪斯雷利(Isaac Disraeli)，也就是将来的首相本杰明的父亲，他记录了一则关于查尔斯二世的趣闻，对国王的形象又有了新的诠释。某天晚上，查尔斯二世和皇家学会一起进餐，他询问成员们：如果将两桶相同重量的水放在天平上，然后将一条鱼放进其中一个桶中，它却并没有比另一个桶更重，为什么会是这样呢？在场的所有人都争相解释这个现象，每个人都从不同的角度来分析，直到国王要求他旁边的人私下里小声解释给他听，这才闹出了笑话。这个人深吸了一口气，大胆地告诉查尔斯二世，他刚才所说的事情其实是不对的。于是国王笑了起来，然后说："与众不同，伙计，你这样说就对了!"据近代为查尔斯二世写传记的詹妮·厄格洛(Jenny Uglow)称，还有很多和这类似的故事，所有的这类故事都没有正式的文档记载，而且几乎全部都是杜撰的。但这充分表明了讽刺作家为了讽刺大师而可以设定他们在明显违背常理的情况下争论。

公平的批评？

像斯德宝、卡索邦、卡文迪什，甚至是霍布斯这些人，他们用各种方式想办法维护旧模式哲学的意图是非常明显的。这是一个关于礼节、风俗和社会秩序的问题，同时，这也是一个如何进行哲学探讨的问题。中世纪的知识分子一心想要维护一种严格的等级制度。根据这种等级制度，假设将时间用在称量空气上和将时间用在阅读《圣经》上是一样合情合理的话，这种假设即便不能说它是亵渎神明，至少也是可笑的。渺小而遥远的事物之所以渺小与遥远，就是因为它们和我们的生活毫无关系。世俗的事情才值得研究，这种观点是狭隘的，那些想要从尿液中提取晶体的大师们甚至还不如那些寻找精灵的土包子们,这两种人都没有做出哪怕对人类的责任与尊严有一丁点尊重的事情。一个将自然界事物按重要性排序的文化结构方式出现在诗人威廉·金(William King)的讽刺中,讽刺的对象是访问学者寻找当地奇异物品的习惯。金在《伦敦之旅》(*A Journey to London*,1699)中的法国旅行者说道:"我发现自己很乐意并且很容易辨认出超过 100 种杂草,比五六个王子加起来都强。"立足当代,透过数百年的时光,我们现在能够更容易地判断哪种选择才具有持久的价值。

但是又是什么煽动了诗人和作家们,比如说巴特勒、沙德韦尔和斯威夫特,对实验哲学家们的好奇心如此强烈的讽刺呢？抱怨他们的指责和诋毁是不公平的,这本身就是毫无意义的;当然,这些的确是不公平的,因为绝大部分的幽默和讽刺都建立在夸张之上。这些作家们也肯定知道自己的嘲弄存在着偏见。而真正的问题是:除了他们只是想娱乐之外,他们为什么想要呈现这种远远超过对一个攻击对象的取笑范畴而含有愤怒和不满的讽刺？

戏剧和讽刺剧保卫自我的能力和攻击他人的能力一样强,安稳舒适的现状常常是不被公认的。"被苍蝇的眼睛迷住"这种现象不仅和中世纪的经院哲学相矛盾,也和新出现的资本主义不相容。在他们聪慧且令人愉悦的话语之后,这些文人们所呈现的是深刻的社会保守主义。

这还不是全部。这些针对新出现的喜爱自封为专家这种文化氛围的攻击中还掺杂着一些侮辱。这种蔑视依旧持续地(很大程度上未被认可地)滋润着今天反科学评论的土壤。这些傲慢的精英分子各自单枪匹马地维护着解释他们所看到事物的权利,他们都有谁呢？注意,巴特勒说:"他们愤慨,因为就连一个小侍从都在质疑月亮上大象的存在:

给侍从插嘴的机会,

> 不管我们提议什么都会失望，
>
> 他们应该承担老人和儿童的风险。

对于围绕在身边的虚假权威的无止境的控告都有着令人印象深刻的标题，而巴特勒火上浇油地加上了某种程度上更恰当的控诉：解释自然和实验的权利是要用会费购买的，一个人能够享受这种权利的机会和他在经济上的投入是成正比的：

> 那些向学会交了会费的人们，
>
> 都能从知识中分得一杯羹，
>
> 那些得到了名声却没有带来任何东西的人，
>
> 没有资格获得争辩的机会；
>
> 也没有任何人可以假装知道，
>
> 比他所分得的那份更多的知识。

将皇家学会当作哲学家们的小党派，成员们通过交会费的方式购买在自然哲学方面发言的权利，这种想法实在是太简单幼稚了。但对他们的批判却也并不是完全无理由的。在决定一种证词和证据是否真实可靠的时候，存在着一种传统的特权：一个绅士的言论会得到比商人更多的重视。对商人来说，皇家学会的不菲会费会让他们望而却步。

但是社会的箴言"一切尽在无言中"——随意听听一个人的话——至少按照正确的意图说话；而且像工匠、商人这些人，他们的事业价值要远比嘴上随便说的好听的话昂贵很多。像列文虎克这样没上过学的观察者的报告，毫无疑问受益于像康斯坦丁·惠更斯这样名气大的人的引荐，但至少他们会被认真对待。渐渐地，判断事物是否真实的标准在慢慢转变。从原来仅仅依靠一位绅士的证词，转变为在有可靠目击者在场的情况下，按照原本实验所描述的状态，实验现象是否能够重现。

当然，至于哪些人才是"可靠的"目击者，这个问题依然存在争议。

对于外界的人而言,他们非常容易产生这样的观念:那些可靠的人,就是在他们的圈子里大家都能接受的人。"月亮上的大象"揭示出排外性还是存在的,不仅在哪些人有资格评价、质疑实验方面,也在知识是怎样被捍卫和传播方面。沙德韦尔讽刺的大师,也就是科学原型的专业术语,很容易被看作是琼森对炼金术师行话的强力抨击。巴特勒则指控他笔下的大师意图明显地想要防止普通大众获得他们的知识,为此大师们采用了自然魔术师的方式来迷惑大众,因为他觉得让大众掌握这些知识是非常危险的:

> 因为真相太过于隐匿和美好,
>
> 以致不该出现在混乱的社会中。

巴特勒刻画了一个非常著名的形象,就叫作"大师",他定义"大师"为"一个好奇的人"。上述的那些批判通过这个形象更加直白地表达了出来。巴特勒在这里痛惜大师们的自我表彰和自封为权威、令人费解的专业术语、对赞美的渴望,以及他们的好奇心转变为对稀奇古怪东西的收集欲望的变化过程。最后的这些表明了在那个时代,科学家依旧没有明确地从猎奇者和收藏家们当中分离出来,这些收藏家们都把他们的柜子里塞满了招摇的奇怪东西。亚历山大教皇也有同样的抱怨,提到了汉斯·斯隆在他的《给伯灵顿的信》(1731)中写道:

> 吝啬鬼应该关心那些能够给他带来永远都无法享受完的财富的事物,这不奇怪。
>
> 一个浪子应该耗费他的财富去购买他从来没有机会品味的事物,这不奇怪吗?

只有科学才能在真理的问题上发言的观念以及不能标准化、不能科学化的事物不值得测量的观念。这种科学主义的新形式,因为其循环性而被巴特勒攻击。专业术语方面的问题更加棘手。像玻意耳这样的培根主义者应该尽可能地用简单明了的方式书写,抛弃炼金术师们的晦涩难懂的词语。但是尽管他们的批判者并不相信这一套，在隐秘性和排外性方面受到的抱怨并不多。威廉·金在他的文章《转变者》（*The Transactioneer*，1700）中，简洁有力地总结了他所认为的《哲学汇刊》写作方式上的特征：

> 在汇刊的最后，绝大多数课题都是最崇高的，而且用一种奇妙的方式书写，这样的话，对那些大师们而言，用像其他文章中采用的方式书写文章就有困难了，因为他们基本在模仿培根、玻意耳或其他这种级别的人物。为了使表达的形式更适应这种崇高的课题，这就导致了他们的强大神秘超越了一般绅士所能达到的水平。

换句话说，这些学术内容与语言一样苍白无力。

当吉姆克拉克解释为什么李子是青色的时候，沙德韦尔总是重复同样的主题：

> 最开始是流动性的，然后慢慢地接合、凝固、生出棱角，再然后结晶，从这里开始发芽，长出植物，然后苗壮成长，变得生机勃勃，感觉到外部世界，局部的运动，以此类推。

这里他模仿了琼森作品中的伪炼金术士斯特宝催眠状态时说的废话，而斯特宝这些话的文学修饰格式又是从拉伯雷那里学来的。但是斯特宝非常清楚，他的这些复杂的专业术语只是为了让他的客户眼花缭乱，给客户留下深刻的印象。他也知道自己所堆砌的冗长枯燥的术语是毫无意义的。然而吉姆克拉克却觉得他在说一些意义重大的事情。的确，他基本是在逐字地重复罗伯特·胡克的话，这些话是胡克在显微镜下观察青霉时，作出的关于有机物质可能逐渐变得更加有序和知觉的判断。在假定这些文字的背后是毫无意义的前提下，沙德韦尔邀请我们一起嘲笑国王的新衣。

当拗口的术语和狂妄自大结合起来的时候变得更加可笑，正如巴特勒在模仿一部名叫《皇家学会：对查尔顿医生为格雷沙姆学院的一条狗把脉的非正式回应》（ *The Royal Society*： *An Occasional Reflection upon Dr Charleton's feeling a Dog's Pulse at Gresham College* ）的短剧中的大师所特有的风格所揭示的那样。由于有个"R. B.Esq"的词，这明显是对罗伯特·玻意耳的《对几个主题的非正式回应》（ *Occasional Reflections upon Several Subjects* ，1665）的拙劣模仿，甚至到了同样写信给名为琳达莫的虚构对话者的程度。

> 琳达莫，从这里我们或许可以学到自然中是没有高级与低级之分的，但是最高峰和最低点在一个平面上是等同的，两极也是一样。因此我们可能接受来自最差劲、最可鄙的事物的指示，和那些来自更崇高、更伟大的事物的指示。即便是最勤奋、最多产的胡克先生，在他用显微镜进行观察时，机智而巧妙印证了之前的话。他观察了最有雄心壮志的政客，尤其是我们这个时代的政客们，也观察了最令人讨厌和烦恼的我们称作"虱子"的昆虫。观察结果表明，这两者在组成和结构方面并没有什么不同。

这对讽刺家们来说是个危险的游戏。一方面，它需要了解真正的知识（就像本·琼森所做的那样）。另一方面，模仿这种催眠式的话语或是复杂的风格，在简单地重现想要达到的效果上会冒很大风险。

对科学来说，行话的确是个实际的问题。但行话这个问题不仅仅科学上有，科学也不是受行话困扰最多的领域。某些词汇、术语和表达模式悄悄地潜入到学术写作中，成为会员的代号。同时，它也成为一种学习习惯和自我保护。比如说，当一个人要将一个话题问题化或是突显时。这些表达有它们的含义，不过它也并没有极度渴望获得新的含义，就像"超导"这个词那样。然而，科学家们也经常（不自觉地）使用行话，只是简单地表达他知道这个东西，并暗示他们对这个行话相关的内容比较熟悉。他们在学术讲座上使用方程及计算式和行话的作用差不多。他们这样并不是因为任何人都能跟上并理解他们的内容，只不过是这种在科学家之间的交流方式和共济会成员之间的握手一样普通。对讽刺作品来说这都是公平的游戏，但不是那种对整个科学的致命打击。但或许还存在着类似于巴特勒想激起的怀疑："任何知识若需要很多晦涩和新造的词汇，都是不值得学习的。"在他臃肿厚实的字典中，是大师以及同时代与此不相上下的"研究员"，弥补了真正知识的空白和试图美化毫无意义的好奇心。

最后的胜利

　　早期科学家们的活动总是被讽刺家们嘲笑为自证式的荒谬，但这些活动现在看起来是十分有价值的，甚至是成果丰硕的；而他们的嘲笑也避免了想象力的缺失。我们今天再来回顾，吉姆克拉克试图制作一个"助听筒"，通过这个装置人们可以听到很远距离的声音，甚至听到另一个国家的声音，我们并不会偷偷地笑，而是会因为他们的先知（即便实际上长距离通讯已经是很久之前人们的梦想了）而感觉到震撼。这还不是全部，吉姆克拉克似乎很看好远距离通讯的前景："当我完成它的时候，只需要一个人便能够向全国的人传道。"布鲁斯讽刺他说："通过这个东西，王子们就不需要动用巨大的费用和麻烦，去通过大使来交流、探讨、祝贺和慰问了。"他的讽刺在今天听起来并不像是在归谬，而更像是在夸赞了。面对布鲁斯一脸严肃的讽刺，他回答道："我希望能实现它。"但是在复辟王朝时代，他们两个都笑了，笑容一点不比对待克里斯托弗·哥伦布少。

　　今天还有谁会嘲笑描绘天体的星图——就像沙德韦尔诙谐嘲讽伽利略所绘制的月亮地图——特别是现在星图的结果在互联网这种教育和娱乐工具上很容易就能获得的情况下？现在当遇到授粉危急的时候，谁会去急切地想要了解蜜蜂的详细生理构造吗？又有谁会质

疑阐释每年毒死百万人的"水生生物"的生命机制的价值？当然了，17
世纪的大师们不可能声称他们已经预见到所研究的事物在将来会有
极大的价值——但是，就像我在下一章将要阐明的那样，那是整个
要点。

　　然而当乔纳森·斯威夫特猛烈攻击大师文化的时候，他的目标就
早已令人泄气。嘲弄者、讽刺作家和智者们看似获得了胜利。有教养
的绅士害怕从事自然哲学会使他们被当成书呆子或是像吉姆克拉克
那样被嘲笑，而且他们中的很多人把炫耀他们的无知当作是勇敢的象
征。这开启了贵族蔑视学习的传统，而这个传统丝毫没有显示出衰弱
的迹象。深思熟虑的人转向了新兴的资产阶级社会中越来越重要的
事物：贸易和商业。正是因为这些观众，约翰·洛克创作——他指控
大学将人的头脑中塞满垃圾和贬低艺术的价值，同时却表达出对数学
和自然哲学的不温不火的热情。当 1727 年艾萨克·牛顿去世的时候
（在那时他已经成为皇家造币厂厂长，与其说牛顿是《自然哲学的数学
原理》一书的作者，不如说他是一名国家公务员），大师的时代终结了。
至少在一段时间里，启蒙运动减少了人们对自然哲学的好奇心，而将
光芒撒在商业、政治和君权这些事务上。

　　文学学者克莱尔·普雷斯顿（Claire Preston）也读那些厌恶实验
哲学的文化作品，对臭名昭著的两种文化的早期预感："晚期的人文文
化不愿意放弃文本上的权威，导致古董收藏家和实验哲学家的兴趣都
放到了实物而不是书籍或手稿上，很难融入学习的主流模式。"让世界
与我们对话而不是植入我们的偏见，或许曾经让他们觉得粗俗和不
庄重。

　　但我们不能否认，有一些笑话的确是科学家们自己引火上身的。
所有的科学家都希望能够绅士般地讲出自己的观点而不用面对争论
和教条，新哲学家们则被困在激烈的关于准确性和观点优先的争吵

中，还时常伴随着某种程度的自大。他们不可能诚实地逃避精英主义的指控，即便那在一定程度上是经济上必要的结果（至少在英格兰是这样的）。而且尽管他们中绝大部分有名望的人对于奇迹、罕见又巧妙的发明有相当幼稚的欣喜，那种从容的、期待惊奇的好奇仍然随处可见。《格列佛游记》真正想表达的不是绝大部分能干的、上了年纪的科学家在不断尝试和实现目标，而是科学家们在公众中的新形象和他的全新的、不安分的好奇心。我将要转向"科学革命"的传统。

第 13 章

职业的大师或冷处理的好奇心

> 宇宙充满着神奇,也许永恒本身就足以俯视和欣赏一切。
>
> ——亨利·贝克,《神奇的显微镜》(*The Microscope Made Easy*,1744)
>
> 除非详细安排细节,否则艺术与科学将荡然不存。
>
> ——威廉·布莱克,《耶路撒冷》(*Jerusalem*,1804)

现代大师对社会认可好奇心充满信心的一个标志是他们在讽刺游戏中可能胜过沙德韦尔和斯威夫特,另外,他们对于好奇心导致过度滑稽这一见解具有讽刺意味的自知之明。他们通过搞笑诺贝尔奖来庆祝这一喜剧性的方面。搞笑诺贝尔奖由哈佛大学附属机构资助,颁发给"乍看之下令人发笑,之后发人深省"的研究。

2005 年得奖者、美国明尼苏达州大学化学工程师埃德·卡斯勒(Ed Cussler)因其对游泳"推测部分"—华而不实的研究而获此殊荣。在游泳者通过时,由于其通过游泳姿势所能获得的推力及其动作阻力是相同的,因此从理论上讲,游泳者在糖浆中应该和水中游得一样快。即使深奥难懂,这听起来也是一项十分严肃的推论——有些奇怪的是只可惜卡斯勒及其学生布莱恩·盖蒂尔芬格（Brian Gettelfinger）之后决定做实验。他们的实验不是科学家们通常采用的简化实验室模型一类实验，而是动了真格。他们向一个游泳池里注入糖浆——一种食用增稠剂溶液，依据卡斯勒的说法，"看起来像鼻涕"——并招募志愿者在注满糖浆的游泳池里游泳。其他搞笑诺贝尔奖获奖者使用磁力轻轻浮起一只青蛙，研究"将一头羊拉过不同的平面所需要的力量"，还有一项似乎在王政复辟时期就已经误入歧途的实验，研究了啤酒和大蒜对水蛭胃口的影响。

这是一项微妙的游戏。卡斯勒的研究就是一场戏剧，一种极其荒诞的科学，但是，如果他的研究不是如此成本低廉，原本可能也不会被如此放纵地接受。毕竟，很少有比斥巨资打造大型强子对撞机面临的更加无用、更加摸不着头脑的问题，比如：质量从何而来？亚原子粒子家族之间是否存在一种隐性关系？是否还存在我们无法直接感知到的其他维度？虽然有点困惑，但习惯于对学术探究冷嘲热讽的媒体接受了这些问题，认为有效得甚至意义深远，这一事实表明沙德韦尔的讽刺没有占到上风，科学对什么都感兴趣已经变得理所当然。

但是，这种显而易见的胜利是如何赢得的？代价又是什么呢？

好奇心转变

好奇心——塞萨尔·利帕在 1593 年将之描绘成头发凌乱的危险古希腊女战士阿玛宗，在接下来的一个世纪中其形象有了一个大转变。1772 年，托马斯·杰弗里斯（Thomas Jefferys）在设计化妆舞会的裙子时借鉴了利帕描绘的这一形象，但在转变过程中被改良，女战士的头发经过整理，她的愤怒特征被重新塑造成一种宁静的微笑。文学学者芭芭拉·本尼迪克特（Barbara Benedict）说，这种好奇心是一种"放肆的放纵，同时也是合理消费的象征"。在这里，好奇心被激发而不是构成威胁。

事实上,这种转变在利帕时代已经开始。1592 年,雅各布·霍芬吉尔(Jacob Hoefnagel)在他父亲乔星斯(Joris)——当时是鲁道夫二世雇佣的一位插图画家——描绘的图画基础上编纂了一本名为《原型世界》(Achetypa)的自然版画图书,提供了有关好奇心的混合道德观念。"我们不要过分好奇地以人类推理来检验宗教著作,而是被引领着去欣赏它们的创作者",一整页插图说明旨在告诉我们熟悉的虔诚信条。然而,霍芬吉尔在书中通过鲜花、贝壳、鸡蛋和昆虫等丰富细节,非常诱人地展示了这些著作。看到这些东西,谁还会对它们不好奇呢? 谁能忍住不去咬一口那个苹果呢?

托马斯·杰弗里斯在《不同国家古今服饰集》(*A Collection of the Dresses of Different Nations, Ancient and Modern*,1772)中对好奇心的描绘

16 世纪晚期,《圣经》对傲慢(也有说是好奇心)、眼高手低的告诫与普罗米修斯和伊卡洛斯有关,是对过度野心的危险的一种告诫。但

是，100 年后，当哥伦布航行被比作伊卡洛斯的飞翔时，这种雄心壮志被视为一种美德。1719 年出版的安东尼·范·列文虎克致皇家学会的书信集扉页上，通过"勇敢战胜困难"这一口号宣告了这种新时代精神，呼吁探索新大陆：不仅仅是那些海外新大陆，还包括科学探究开拓的世界。

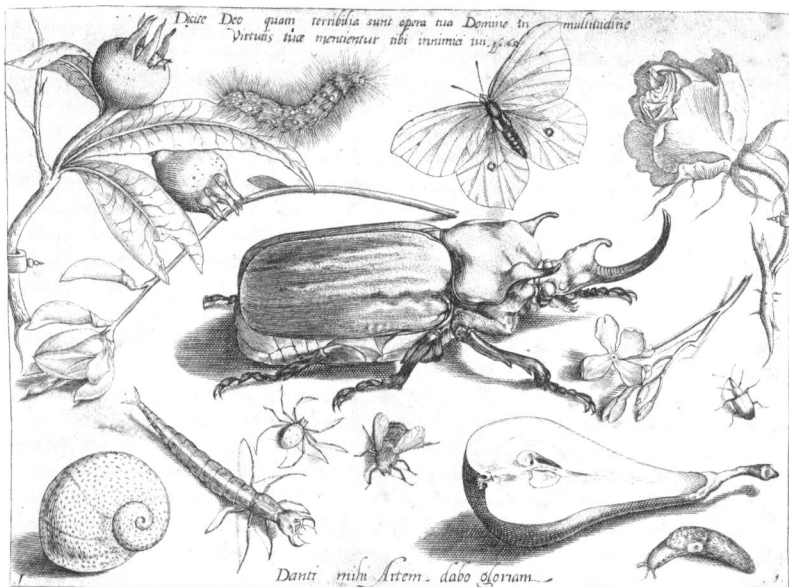

乔里斯·霍芬吉尔在《原型世界》中将自然记载成各种奇观
绘图者：毕比利·奥德赛（Bibli Odyssey）

在新实验哲学的拥护者努力将这种好奇心从恶习转变成一种中性甚至良性趋势的同时，其他学科却没有接受好奇心这种道德地位的转变。在伦理学和哲学中，好奇心往往仍然是需要摒弃的东西。正如尼尔·肯尼说的那样，在现代早期，"激发好奇心的目的几乎总是为了规范知识或规范行为，规定谁应该去尝试了解以及在什么情况下应该去尝试了解。"世界反复无常的本质意味着它可能被用来攻击或捍卫

·

任何思维方式——正如我们看到的那样，其至连弗朗西斯·培根都准备将肤浅的好奇心当成"不好的"标签。教堂布道通常将好奇心视为一种需要规避的东西，但也开始暗示可能存在一种好的好奇心。就像在现代社会，性自由主义成为表达人身自由的一种营销工具，好奇心也被用来销售书籍和小册子，所依赖的是对揭示机密文献的诱人承诺以及（自相矛盾地，考虑到收藏文化）暗示出售的商品价格亲民。如果说好奇心在 17 世纪得到认可，那也仅限于特定活动范围及对"好奇心"这一词接近现代词义的特定用途。

与"好奇心"词义相近的"神奇"（wonder）一词，其地位和含义在某些方面也经历了一种复杂和某些方面互补的变化。尽管受到中世纪神学家赞扬，但对实验哲学家来说，"神奇"充其量也只是一位可疑的盟友。他们接受它在捕捉好奇心、激励勤于提问：充当实验哲学某种招募机构，但"神奇"很容易沦为大师将其归罪于江湖骗子和江湖郎中的肤浅表象。最糟糕的是，"神奇"被认为会诱发麻木状态。笛卡尔就仔细区分"有用神奇"（赞赏）和"无用神奇"（令人惊讶的，照字面意义，就是变成"使整个身体像一座雕像一样保持不动"的"石头"）。在笛卡尔看来，"有用神奇"是"一种突如其来的灵魂惊喜，更倾向于选择性地思考那些看起来罕见、特别的对象"。如果这听起来有点像是牛顿归因于好奇心的探究刺激因素，毫无疑问是因为这两个词都处于地位转变过程中。

有时，科学家们会将神奇置于好奇心的反面，即：在研究完成、已经取得认识后才出现的东西，它本身是一项严肃、艰巨的任务，几乎难以维系。这样，神奇就可能安全、尽职地脱离现象本身而指向上帝。洛林·达斯顿和凯瑟琳·帕克说道："神奇是对好奇心的奖励而非引诱，是果实而非种子。"简·施旺麦丹在仔细研究蚂蚁行为、理解蚂蚁如何很好地协调事务后，才将之纳入其对上帝如何安排事情的神奇中。伯尔纳·德·丰特奈尔写道："众所周知,自然非常奇妙,充满神奇。"大多数现代科学家甚至是那些坚定的世俗教派科学家们赞同物理学家理查德·费曼（Richard Feynman）的话："科学只增添了刺激、神秘和敬畏之花。"

此外,这种神奇被续留给自然正常行为中明显的构思、构造和精湛技艺。按照这种观点,陌生和新奇、奇异和古怪并非合适的刺激物,换句话说,雪花才能恰如其分地引起惊奇而不是怪物。彗星之所以令人惊奇正是因为它们和行星一样遵循相同的可预测引力定律,而不是因为它们有多么与众不同。

这种神奇并非科学哲学的重要组成部分,但可能构成一种事后屈从。当今科学通常旨在培育一种见多识广的神奇。中世纪的无知、空白神奇遭到谴责和嘲笑。玛丽·贝恩·坎贝尔说道,神奇"如今是一种主要与头脑简单相联系的认知形式,包括儿童、未受到教育的（贫穷）女性、疯子和非西方文化,当然还有艺术家"。达斯顿和帕克一致赞同,自启蒙运动以来,神奇已经成为"对平凡科学的一种不体面的热情,令人联想到庸俗、外行、幼稚"。

无论是在希林（Schilling）、歌德（Goethe）的自然哲学中还是在对科学不只是短暂兴趣的塞缪尔·柯勒律治、珀西·雪莱（Percy Shelley）和拜伦勋爵（Lord Byron）等英国浪漫主义诗人的激情中,浪漫主义运动都试图利用开明适度的神奇。现在,不是上帝而是大自然本身成为了崇拜的对象。虽然威廉·巴莱（William Paley）等自然神学家和《布里吉瓦特政府论》（*Bridgewater Treatises*）①的作者在自然

---

① 这些著作由布里吉瓦特伯爵（Earl of Bridgewater）八世弗朗西斯·亨利·埃杰顿教士于1829年委托,展示上帝创造天地在动物界、植物界和矿物界中表现出来的"权力、智慧和恩惠"。作者包括威廉·普鲁特（William Prout）、威廉姆·胡威立（William Whewell）和威廉·布克兰（William Buckland）等主流科学家。撇开他们的神学议程不谈,这些都是重要的科普著作。

史细节中看到了上帝的创造物,但是对崇高——玛丽·贝恩·坎贝尔谨慎地称之为"崇高"——"杰出的"神奇在完全模糊起源的自然力量之前暴露了人性微不足道的地位。《崇高》的作者并非从事复杂精细工作、锻造精致奇迹的工匠,而是仅在整体规模上致力于大量不可侵犯的法律。他(如果存在)并不是一位奢侈挥霍的建筑师,而是遵循单一令人敬畏的秩序。正如神奇在此处被用来灌输对自然的世俗神秘而非上帝的敬畏一样,济慈(Keats)在《拉弥亚》中反对科学好奇心——对无知的颂扬从未用如此令人神魂颠倒的言语表达过——据称这种科学好奇心会使抽象的诗意神奇而非神权受到损害:

> 所有的魅力
>
> 一经冷漠哲学之手
>
> 难道不会随风飞逝?
>
> 天堂中曾出现过令人敬畏的彩虹:
>
> 我们知道她的质地、她的纹理;
>
> 她的出现带走了寻常事的呆板无趣。
>
> 哲学会折损天使的翅膀,
>
> 揭开所有的神秘,
>
> 清除令人不安的氛围和地下矿藏,
>
> 使彩虹消逝无踪。

最有名的是,无需将达尔文在生命"庄严"背后看到的巧妙自然选择机制归功于任何至上操作者,而是表明生命能够照顾到自己的细化与繁荣。然而,达尔文本人却声称"我依据真正的归纳原则而非基于任何大量事实理论工作"。他推迟出版进化论,似乎并不是因为对神学涵义的疑虑,而是因为他怀疑自己获得的事实是否能够支持他的进化理论。当然,达尔文仍然在许多科学家脑海中,尤其是那些在宇宙中没有找到上帝位置的人脑海中占到很大分量,原因之一是他表现了现代与好奇心的斗争。我们惊讶、困惑于达尔文为何因为藤壶上详细的脊髓束而推迟发表"史上最伟大的想法"，土壤的形成和攀援植物的卷曲看起来又是如何与化石记录中展现的存在之链那样获得他如此多的关注。达尔文是以赛亚·柏林的狐狸之一、发现自己不情愿地被推入到刺猬位置上吗？我怀疑达尔文的颂扬者在想到达尔文是否满足于只出版有关蚯蚓和藤壶的著作而将《物种起源》（*On the Origin of Species*）和《人类的由来》（*The Descent of Man*）作为手稿保留在书架上时，是否感到更多焦虑。对自身课题所有曲折真切的喜爱是否真的与创建综合世界理论的冲动相一致？哪一个使人更快乐呢？

其实没有必要回答这个问题，甚至也没有必要这么做。这才是要紧的问题。

驯化好奇心

不管你称之为"神奇"还是"好奇心"，对坎贝尔来说，对"虚假、不真实、超现实、悖论、不可能之事"的喜爱是艺术创造的一个先决条件。果真如此（本人持怀疑态度），那么弗朗西斯·培根和艺术大师消除这种乐趣，并以一种彬彬有礼的方式使好奇心美学拥有良好品味的决心，听起来像是对人类精神的背叛。当然，将这种指控完全归咎于实验科学那就错了，因为经院哲学家和中世纪的神学家们同样不赞同感觉上的"非理性"乐趣。许多社会团体对这些过于人性化的情感总是持怀疑态度。今天，虽然抑制的推动力往往更多来自于社会、政治和因循守旧的宗教而非科学，但我们没有更好的通融方式。但是，涌现出来的现代科学尝试通过哪些方式来控制这种本能的过度表现呢？

毫无疑问，好奇心本身不能成为实验方案的良好基础，它必须遵守规律，例如：与以实验为依据确定可靠"事实"的方法相结合，并用来形成假设和解释。否则，只能是一位好奇收藏家。我们已经看到，对好奇心的这种利用和管理涉及明确的典型科学程序和用于传递结果的相关文学体制的社会建构。随着科学的不断发展,科学变得越来越专门化,其从业者不再面临达·芬奇、玻意耳和胡克曾面临过的冗长的拟随机"待办事项"清单。如果科学对一切都充满好奇,个人则被迫缩小关注点,结果很少有人看到大局。甚至自然本身也受到更加严格的规律约束,因为自然法则会取代倾向性。洛林·达斯顿和凯瑟琳·帕克说道:"自然必须统一才能有用。"在她看来,吝啬而非充裕才是值得赞扬的。

最终,这一过程导致了世界的祛魅。正如凯瑟琳·威尔逊所说得那样,结果就是一种愿景,在这种愿景中:

> 世界不是用来取悦我们的;科学家成为揭露人类意识错觉的自我放纵并使用不可动摇的事实来替代:自然本身在道德和审美上是中立的,既不仁慈也不残酷,既不美也不丑。一个和谐的宇宙,其成员通过类比、协调和统一捆绑在一起,又因为形而上学的个性和憎恶而分开,我们只有一种物质形成一种模式来取代喜爱与冲突、小结构和机器生产出来的所有主观错觉。

她补充道:"科学家的冷漠与孤傲是他们必须为非凡远见所付出的代价。"以下是布莱克对牛顿的矛盾观点:(我)敬畏于他的卓识远见并愤怒于他目光的冷漠。

如果这听起来令人扫兴,那么我们应该抵制诱惑,不将之与中世纪的人们站在令人敬畏的壮丽大自然风光中沐浴的浪漫主义过去相对照。那种方式只存在于乌托邦神话和威廉·莫里森(William Morris)出版物自欺欺人的抒情中。培根同时利用好奇心和神奇来寻求人类救赎而不影响人类广泛美德,实现了一种极艰难的协调。这种协调肯定隐含在 17 世纪展现好奇心的狂热波动。最顽固的人暴露了本来面目成为轻信的幻想家。艺术大师制定出滑稽的超现实或怪异的实验计划,通过令人惊讶的狂热虐待他们自己的身体:牛顿因凝视阳光或在眼睛和骨头之间插入一根大孔粗引针使眼球晶体变形而近乎失明。他们自称崇尚原则而实则就像学生那样争吵。他们是虔诚的,是无神论者,谴责孩子气的好奇而又屈服于这种孩子气的好奇。

与威尔逊一同出现的是我们今天仍然认可的专业守则和哲学立场,科学家因为他/她的公众形象而消除所有激情。最好的情况是灌输(或者至少形成一种)冷静和客观权威(的印象),最糟的情况是一种精神失常,一种对性和情感的压制,一种没有一丝同情的征服世界的明显决心。

漫画一如既往地具有准确揭示性,因为漫画就是一种讽刺。真正的科学家几乎从来不喜欢讽刺。他们会认为胡克是奇怪的,而牛顿则更加奇怪。总的来说,除了可能兴趣不同外(感兴趣的可能是蜗牛,也可能是重力),他们和我们一样。对好奇心的驯化作为许可的代价在科学文献的冷酷无情中仍然表现得很明显,大部分科学文献都被剥夺了形容词和代词(尤其是第一人称单数),并被恫吓成了被动语态。这些都是很难摆脱的习惯;事实上,这些习惯提供了一种保护壳。但是,相信好奇心有价值的科学家们现在可能有理由开始考虑摆脱这些习惯,即便仅仅使一些沙德韦尔讽刺消失踪迹。

为什么感到好奇?

"好奇心是一种自然不可抑制的人类本能"这种观点仅仅是使自己随时随地成为全人类楷模的这种反射性倾向的延伸,至少目前可以这样理解。坚定地把事情弄清楚这种冲动,其进化优势是有限度的,这种限度不会延伸到让你想要去了解方解石的晶体结构、超新星的原理或者家蝇的胃解剖。是的,"你永远不知道这种冲动什么时候是有用的"——但这种冲动本身似乎很难将无限的好奇心牢牢根植于演化心理学中,甚至在我们开始思考好奇心在过去几个世纪中是为何出现如此多不同含义、不同社会效价和功能之前。

因此,我们应当警惕有关好奇心价值、魅力和意义的笼统说法。和许多人的属性一样,好奇心似乎不属于一种"基本属性",而更像是一种具备特定偶然发生的特性。因此,当今好奇心的"价值"在于好奇心如何达到目前这种状态这一问题,在本书中,我可以假装仅仅提到故事的一部分。但我仍然希望这一不完整的故事能够迫使我们重新思考,我们在使用"好奇心"这一词时想要表达什么,思考在运用我们想要了解的好奇心时的条件、结果和推论。

我怀疑大多数科学家都会同意罗伯特·玻意耳的观点,即不管是过去还是现在,实验哲学的美德之一都是享受物理发现的纯粹"快乐"。但他警告称,全身心投入到这种实验哲学方法中的人也应该会预期到会被这种无尽的好奇心激怒甚至折磨。每一次当我们窥探到更多自然秩序体系时,我们都被迫去猜想这种秩序体系在其他情况下是如何运作的:每一次发现都会引发更多问题,因此,发现总是同时伴随着"焦虑的怀疑和令人不安的好奇心"。这正是因为自然并不是互不相关的事实集合,而是一个广泛的一般原则体系:自然在一处的行为对其他地方具有借鉴意义。玻意耳表示,在这个方面,科学有别于艺术和文学,在他看来,艺术和文学呈现的是相互不影响的独立故事。他说道,如果你正在阅读《伊索寓言》,

　　　　或者其他一些不同种类的寓言集,每一篇都互相独立,当你想要中断你就可以带着那些通过仔细阅读获得的愉悦离开,不会因为对剩余部分的好奇心所困扰,不用担心需要通过剩余部分来更好地理解你已经阅读部分,也不用担心需要通过剩余部分来解释已经阅读部分,如果没有阅读剩余部分会出现理解上的不足。但是自然之书不同,就像精心设计的传奇,一环套着一环,我们探

索的事物是如此得隐秘和不完整，仅凭之前的探索不可知，而我
们的大脑在没有阅读到书籍结尾时是不会感到满足的。然而，任
何人在其短暂一生中都没有可能完成对生命奥秘的完整探索，他
们对其的追寻至少看起来是属于他们的，也会偶然遇见一些美好
的传奇，但他们永远看不到后续探索了。

好奇的实验者永不停息，但是他或她没有希望会听到故事的全部。

对玻意耳来说，好奇心的终极动力是宗教：检查上帝创造万物每
一隅、每一处的神圣职责。科学家由此成为一名"自然牧师"，开启一
项神圣的任务。这是他同时代许多科学家都采取的立场。托马斯·
布朗在他的著作《一个医生的宗教信仰》(*Religio medico*)中写道：

> 世界是用来供野兽居住的，但也供人类研究和思考：这是我
> 们亏欠上帝的原因，也是我们为没有成为野兽所报答的敬意……
> 这些都将人类高度夸大，人类对行为的明智探索、对生物的仔细
> 研究，得到的是虔诚的责任和学会想象。

布朗给这种自然神学附加了一个强大而矛盾的形象，并说道"从自然
之花中吸取神性"是科学家的目标也是义务。

为此，在玻意耳对凭幻想做出实验观察的机械"原因"保持沉默的
同时，毫不犹豫地寻求形而上学的神圣终极因。这与笛卡尔的感受不
符，笛卡尔觉得我们在依据机械原理（例如他的涡旋理论）解释物质现
象方面已经取得很大进展。托马斯·霍布斯非常强烈地坚持这一观
点，以致引来了无神论者的指责，尤其是来自剑桥柏拉图学派拉尔
夫·卡德沃斯(Ralph Cudworth)[①]的指责。他无法接受"没有任何目

---

① 卡德沃斯在"皇家学会"获得皇家特许权之前一度是其成员。他的女儿达默里斯
(Damaris)如果生在一个更开明的时代肯定会成为一名重要的女性学者。达默里斯
嫁给了贵族青年弗朗西斯·马萨姆(Francis Masham)，是约翰·洛克的一位密友，
与戈特弗里德·莱布尼茨通信，并出版了关于道德哲学和神学的著作。

的和善行意图,即没有任何心灵方向"。面对笛卡尔终极因过于神秘而使人类大脑无法捕捉的论据,卡德沃斯只能说这是"谦卑虚伪的面纱"。

笛卡尔的观点现在受到大多数科学家的青睐,他们认为偏离物理从神学角度解释物理现象是不必要且无法得到证明的。信仰可以要求神学解释,但逻辑会发现这些神学解释是多余的。然而,也许只有弗朗西斯·培根站在了最精明的立场上。因为曾担心被扣上无神论者的帽子,他坚持试图给神学戴上科学的脚镣并未给科学和神学带来帮助,因为这样做使信仰成为理性的俘虏,从而有可能处于需要不断修正以适应新发现的永恒威胁之中。他写道:"不仅仅是荒诞哲学,异端宗教同样起源于神圣事务和人类事务的荒谬结合。"我们只需见证今天为了保持拘泥字义者的原教旨主义——也就是将圣书当作自然历史阅读——而进行的中伤或操纵科学理解的可悲尝试,明白与虔诚的玻意耳相比,培根在这里表达的观点更有益。

然而,甚至连卡德沃斯都受到上帝应该掌控自然的每一个琐碎细节这种想法困扰。他担心,这种想法会使他"费力、焦虑和心烦意乱"——成为书呆子。因此,卡德沃斯假设自然拥有一定程度的自主权,允许她担任上帝的助手而无需干预。显然,卡德沃斯选择使用从帕拉塞尔苏斯化学哲学观中借鉴来的术语描述这种工匠自然。帕拉塞尔苏斯曾暗示,人体内存在一种叫作"阿契厄斯"(Archeus)的神秘灵力,能够把人所摄取的食物区分为有益的东西和无益的东西。卡德沃斯谈到"人工自然作为整个世界的阿契厄斯,控制着整个世界的波动机制,依据其指挥者预设的目的和用途忠实地从事所有事务"。

玻意耳在分享卡德沃斯在世界多样性和奇观中保留神圣之手的决心同时,发现阿契厄斯被过度拟人化。他在《自由探究世俗接受的自然观》(*A Free Enquiry into the Vulgarly Received Notion of*

Nature，1686）中抨击了"自然是一种智慧、仁慈的存在"这种观点；相反，他断言"创造性的自然"更像是一台机器，或者，用他的特别表述，更像是一台"怀孕的自动机器"。即便如此，他觉得自然可以摆脱单调乏味的机械工作，使世界充满真正艺术的光彩壮丽，例如：鸟鸣声和华丽的羽毛，"特别是那些组成孔雀尾屏的羽毛"。在上帝和自然之间应在何处画上分界限成为一个有争议的焦点，并带来了一些不快。给上帝留下太多空间似乎会使上帝成为多面手，而给自然赋予过多东西又可能剥夺它的信誉。如何在自然细节排序中清晰分辨出上帝之手（如果有的话）这一问题，将成为（并始终是）关于上帝干预自然界必要性争论的主题，无论是否涉及生命世界或宇宙起源和基本定律。① 我们现在可以看到，这一事件第一次开始变成问题，不是因为自然的主要原则被阐明——哥白尼的宇宙数学秩序可以很容易地被解释成对神性智慧和设计的表现——而是因为好奇心让哲学家们面对上帝创造物令人眼花缭乱的范围、多样性和创造物的复杂性。

没有概念

很可能，不用说也知道，达尔文从来不是像他想象地那样是培根主义者。在贝格尔号上，他不知疲倦地收集标本、样品和笔记，但是他的大脑一直在思考一般法则：物种为何形成、如何形成、为何灭绝，主宰地质和生物进化的力量有哪些。他断言，"个别事实很快就会变得无趣"。

———————————

① 今天，仍然存在对这一问题的类似情况：自然规律本身允许存在甚至需要一种创造力吗？自然选择在多大程度上决定了动物的装饰物或沟通模式的完美细节？这些完美细节在多大程度上可能会是自然法则的偶然表现作用于复杂系统所产生的中性的自适应甚至逃脱不了的结果？这些细节仅仅是卡德沃斯同僚亨利·莫尔在她的著作《戏剧情节》中使用那个时代受欢迎的戏剧意象称为"令人钦佩的上帝行为"，其自世界起源以来一直作用于地球举例吗？

真的有科学家可以在与假设保持一定距离的同时"积累事实"吗？18 世纪晚期的博物学家有时确实看起来满足于分类编目而从来不关心构建一个巨大的整合体。但即使是分类也需要预先假定一种自然秩序和组合。很难想象名副其实的好奇心（至少从今天的意义来看）会对纯粹的观察结果满意。

事实上，情况比这更糟。只要培根归纳法在数据收集阶段继续呆板下去，就不是真正的科学。不仅没有解释，甚至都没有到达解释的山麓向山顶迈出一小步——更确切地说，可能已经到达解释的山麓，却在那漫无目地游荡，找不到下一步通往山顶的道路。因为数据实在太多，因此不能没有事先假设则是在毫无意义地收集数据罢了。你不能确保将可能构建一种假设的事实组成一个相干体，除非你从一开始就知道从哪里去寻找事实。早期大师似乎能凭直觉就知道。例如：罗伯特·玻意耳的气泵发光实验很快发现某些光发射需要空气而某些光发射不需要：正如胡克暗示地那样，这一发现是区分至少两类这种现象的根本性区别，提供了关于"空中磷光现象"与其他依赖空气过程之间关系的线索。但事物往往不得不依序排列，这在很大程度上是因为我们人类是喜欢为事物寻找安放之处的一类生物。

不可否认，科学有时因为没有更好的选择而被迫带着盲目乐观徘徊在数据山麓中。然而，当科学真的如此时，我们会察觉到科学明显缺乏好奇心、想象力和活力。在这种情况下，科学家们会冒险进行毫无意义的测量，因为他们实在是不知道该干什么。他们可能会说服自己，数据有一天肯定会有用的，单纯填充数据库的行为必须与某种进展相呼应。例如：这种想法在对达尔文遗传探索的某些现代推广方面表现得很明显，试图发现和绘制出新基因而非新物种的交集。虽然在人类个体和群体基因序列解码方面有一些目的明确的问题有待研究，但基因如何工作相关简单概念的局限性以及缺乏健全的理论基础用于研究（以及企业缺少资金和人力投入），意味着有时这种基因信息的收集是轻率的。这就好像是研究人员的智慧如培根说的"负重"那样受到束缚，只能分享他相当绝望的期盼，即：我们能够将所有数据都装入一台数据处理机中加工成理论。麻省理工大学生物学家罗伯特·温伯格（Robert Weinberg）在基因体学中评论道："在 20 世纪"，

> 生物学——一门传统描述性科学——成为一种由假说驱动的实验法……这里隐含的观点是观察只能用来支持或抨击假说的作用机制，简单的观察——现象学本身——相对较少应用……现在，由假说驱动的研究的主导地位正在受到威胁。

温伯格表示，遗传学方面的小规模假说驱动项目因大规模数据收集而遭到忽视。迄今为止，他们的一个主要结论仅仅表明我们认为对数据意义及数据如何组合在一起的了解，事实上只是难题的一小部分。我们需要掌握数据，但数据本身并没有提供什么更好的办法。

无尽的前沿

大型强子对撞机这种"发现设备"可以说是走向另一个极端的一个大科学项目：假说和理论将装置的数据收集限制到了一种几乎史无前例的程度。欧洲核子研究组织（CERN）的物理学家们准确地知道他们在寻找什么——或者，至少那里的所有物理学家对于自己希望发现什么以及到哪里去发现都有着很强的理念，即使这些推定并非所有人都同意。但是我们一定会问：这项研究在多大程度上也受到好奇心驱使？即使作最乐观的估计，这种好奇心并未经委员会协商一致，但委员会全体成员在实验开始前（计划于 20 世纪 80 年代开始）数年（如果不是数十年）就没有集体商定过他们应该问什么问题吗？如果基因组计划看起来就像是 100 片大型拼图玩具自动随机匹配，没有人知道最终图像会是怎样，则大型强子对撞机看起来

就像是在组建一个巨大的团队，将唯一剩下的一片放到位置上（并且知道，如果放入的这一片不适合，将需要重新思考整个组装过程）。同时，即使是美国宇航局命名的新一代火星车（2011 年 11 月发射）"好奇号"不会改变其探索项目需要详细规划这一事实：这必须是一种融合谨慎、精细计划的好奇心。

美国宇航局的"好奇号"火星车体现了"好奇"这一词在 17 世纪时的含义。它是一台巧妙"好奇"的机械装置，应该会使罗伯特・胡克感到欣喜，和望远镜与显微镜一样，通过人为方式扩展人类探索。但是，其遥远的议程在多大程度上受自发和响应性冲动的引导？

在我看来，相比之下，使"渴望了解"精神活跃的那种好奇心——爱因斯坦称为"神圣"的好奇心——是一种自然而然的姿态。这可能是支持大型强子对撞机的宣传机器寻求好奇心的老搭档——惊奇——帮助的原因之一，因为神奇是使帆张满、维持这种所谓好奇心航行的原动力。必须记住的是：大型强子对撞机探索的真正问题对大多数外行人来说太过精细而无法明白其中的意思，于是欧洲核子研究组织及物理界的新闻发布人士就借此机会通过培养广义的神奇来回看所有事物的源头。我们可能不明白究竟探索什么，但我们可以领会问题的威严性。

但是，大型强子对撞机实验和"好奇号"火星探测车仍然说明了今天的科学家们在谈论好奇心驱动研究时通常想要表达什么意思：好奇心驱动的研究涉及的问题纯粹因知识兴趣，这通常被用来与一些经济动力或应用动力驱动的研究作对比——比如，开发出有用的技术、设备或药物。并且，越来越感觉到，市场规律正在催生一种受应用需求主导的科学——由经济底线及其承包的时间范围所主导。争论的焦点是，好奇心驱使的研究或"蓝天"研究被证明总是能够产生具有经济价值的发现和发明，例如：激光和晶体管，这是在纯粹以市场为导向的方法中无法预料到的：你往往不知道你想要发明什么。诺贝尔化学奖得主艾哈迈德·泽维尔（Ahmed Zewail）说道："好奇心驱动方法在我们现代科学中似乎越来越过时和不受重视。有些人认为，通过严格控制的研究能够获得的东西更多——就好像我们能够预测未来。我认为这是一种不幸的误解，影响了研究经费的分配。"

站在泽维尔的立场上，可以说的话题很多，尤其是在这样一个变得如此高度目标驱动、经历了许多从事基础研究的工业实验室衰弱的年代。但是现在我们可以看到，好奇心在科学中的这种假定角色和应用也是最近才发生的事情。当以前的科学家们在研究似乎极度无用或深奥的问题时，对于会出现什么没有开放式的探索，但通常会有一项深层次的议程，更确切地说是多项议程。对于文艺复兴后期的大师来说，好奇心是对宫廷惯例和圣职授予仪式的表达；而在珍宝陈列馆中，好奇心则是通过自然魔法才能表现出来的地位和权力的象征。对弗朗西斯·培根来说，尽可能多地收集关于世界运转方式的信息是最终服务于国家政权目的的政治事业；对罗伯特·玻意耳来说，对宇宙世界方方面面提问是一种宗教责任；对罗伯特·胡克来说，好奇心（尽管真实)总是与优先权、声誉和名望联系在一起。一些人试图找到上帝强加的神圣代码、宇宙和谐;一些人试图控制自然的神秘力量;还有一些人则仅仅是乐于搜集奇怪和罕见事物。对于今天的好奇心究竟是什么,也许值得仔细思考。

我在本书开篇对比了米歇尔·福柯与科学家。米歇尔·福柯将好奇心作为一种使我们周围事物显得怪异的方式,对好奇心狂热支持,而科学家则将好奇心视为一种实际归纳发现和发明的机制,同时将拓展知识作为一种消除轻信、停止神奇的途径,对好奇心抱有标准的捍卫态度。但是我认为,从不可预知的应用中寻找到的科学好奇心依据,在很大程度上是一种准则,是早期科学开拓者从培根的国家资助研究的官僚模式中采纳的一种公认准则。从今天的视角看,这种公认准则使好奇心经得起一种成本效益评估检验,正如有些人试图通过诉诸其隐藏经济价值证明保护生物圈的合理性。事实上,好奇心与神奇之间的联系无法被割裂,因为真正的好奇心(而不是偏执的迂腐、利欲熏心或解决问题)在失去神奇这种燃料的情况下会慢慢停止。唯一的改变是我们已经准备谈论这些事情。我们先是以牺牲神奇为代价解放了好奇心,然后重新接纳神奇来处理公共关系。由于畏惧了科学研究的主观性,神奇成为受害者之一。激动和福柯的狂热仍然没有记录在案,但这并不意味着它们不存在。事实上,对神奇和好奇心的热情作为研究动机的一个方面,已经成为科学更广泛的道德经济的一部分,正如洛林·达斯顿所说的那样,"无法决定科学产物的细节,(而是)成为赋予科学产物相关性和价值的框架"。

不管科学可能更偏爱什么,在流行文化方面,神奇是"热情的",而好奇心则是"冷静的",这很可能是事实。但是,冷静的好奇心看起来只是奇怪甚至带点滑稽,打着这个幌子,好奇心为搞笑诺贝尔奖选定了候选人。由于这种自嘲有助于缓解紧张和怀疑,因而受到科学界大多数人欢迎，事实也应如此。然而，这还不足以缓和对象牙塔中脱离世俗的研究人员的刻板印象，更严重的是，不足以缓和对策划一种失魂的未来、残酷无情的浮士德和核战争狂的刻板印象。

使神奇更加公开地获得许可（而不仅仅是一种营销工具），从而使科学形象一夜之间得到改善，这种想法未免太过于天真。但是，假装科学是由接受过培根理论洗礼的人执行只会徒增其在外行人看来陌生而又奇怪的危险，因为科学由那些不被认为应该由他们执行的人执行了。达斯顿认为，我们已经继承了"一种完全脱离情感、道德和审美冲动的智慧观，形成一种同时代相关科学客观性的观点，即视冲动为污物"。罗伯特·玻意耳因害怕被解读成一名狂热者而表现谨慎，并告诫詹姆斯·沃森不要在他 1953 年与弗朗西斯·克里克（Francis Crick）共同发表的经典论文中公开声称 DNA 的 X 射线结构是"迷人的"。对于希望自己的著作在严峻时代受到重视的年轻科学家来说，这也许是合理的建议。但是，即使是从理性主义视角看，这种建议也会使人误入歧途，因为它相当于隐瞒读者报告的内容信息（作者对观点的情感反应和审美反应），即意味着报告涉及一定程度的虚假。沃森之后在《双螺旋—发现 DNA 结构的故事》(The Double Helix)中写道："在我看到罗莎琳·富兰克林（Rosalind Franklin）拍摄的 X 光线绕射线谱这张照片的那一瞬间，我目瞪口呆，脉搏也快速跳动。"这一评论说明了科学是什么以及如何从事科学。你甚至可以将其称之为数据的一部分。

另一方面，真正的神奇无法制造。在文艺复兴时期的宫廷内，自然哲学家们会利用神奇和奇观来向他们的资助者兜售作品。弗朗西斯·培根认为，宣传科学的实际利益就足够了；正如皇家学会发现的那样，这未必是一种吸引国家支持的有效策略。今天，我们两者兼而有之。欧洲核子研究组织运营着一个关于丹·布朗（Dan Brown）著作《天使与魔鬼》（*Angels and Demons*）中"科学"的网站（以实验室作为特色）；来自哈勃太空望远镜的图片经着色和剪辑，用来回忆崇高的浪漫影像。在兜售科学时否定或拒绝一些不合时宜的纯粹主义、神奇和娱乐的价值是愚蠢的。但是，清楚我们自己究竟在做什么是很重要的。我们在修饰载人空间飞行的繁荣场面时，假装这是服务于重要的科学目的，我们已经迷失了道路。同样，科学家们可能开始相信他们自己宣扬的豪言壮语和口号——例如，认为在基因组测序中他们真的是在"阅读生命之书"，这是很危险的。而当兜售成为彻底的滥用——国际空间站上的批萨外卖和滑稽的高尔夫动作、商业公司委托用于计算完美点球或最棒海滩的愚蠢方程式——我们就有麻烦了。

我们已经拥有比这更好的配方成分。这简单直接地表明，摆脱市场指令的现代科学（科学在之前很少能摆脱市场指令）与制度化的好

惊人奇观：来自哈勃太空望远镜的图片与浪漫主义时代的比喻相吻合，例如来自北美洲的弗雷德里克教堂的景观

奇心和盲目的归纳数据收集相结合，都隐藏在一种经过精心控制的冷静探索话语背后，这根本不符合事实。一方面，正如沃森表现地那样，科学家们过于人性化而无法隐藏。他们可以掩盖他们的兴奋以便符合自己的职业惯例，但他们无法愚弄我们。他们会流露出对自己从事工作的热爱、敬畏和激情；甚至于连以破坏为目的的"疯狂科学家"讽刺漫画都承认这一点。好奇心无疑被视为拥有浮士德式的战栗，但是没有人会（或应该）将情绪上谨慎的培根、胡克和牛顿误认为浮士德。

危险的浮士德式痴迷另一面是像埃德·卡斯勒（Ed Cussler）那样对实验抱有惹人喜爱的唐吉诃德式幻想。虽然这无疑是一个古怪的例子，但其真正的精神正存在于这种别出心裁甚至滑稽的实验室台上的实验中，存在于小科学愉快的好奇心中。在这里，好奇心能够从与"好奇"对象本身的亲密关系中吸取活力——如 17 世纪时的好奇心那样：好奇心不是花言巧语，而是感观体验。数不清的小型研究使用廉价甚至自制的装置，粒子物理学和基因组学难以预计的毁灭力量，为

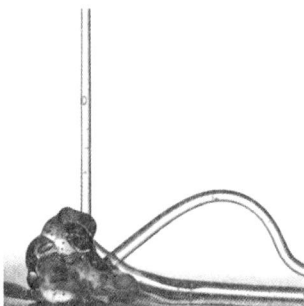

a   b

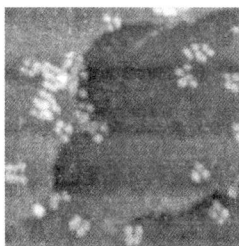

c   d   e

"小科学"可以任性冲动、反复无常，由本能直觉而非日常工作事项推动。它能发现颤栗谷物的孤波（a）或者洗发水和食物油的弹流（b）；为 DNA 折纸术（c）和显微镜下观察到的分子汽车（d）和计算机图像描绘的分子汽车（e）等令人好奇的复杂工艺开发而欢欣鼓舞

图片来源
（a）保罗·乌姆班霍瓦尔（Paul Umbanhowar），西北大学（Northwestern University）
（b）米歇尔·维斯鲁斯（Michel Versluis），特湿特大学（University of Twente）
（c）保罗·罗斯蒙德（Paul Rothemund），加州理工学院（california Institute of Technology）
（d）詹姆斯·图尔（James Tour），莱斯大学（Rice University）

世界带来源源不断的惊喜。如果你晃动一盘小金属球，它们自己会排成具有美丽几何图形的波纹图案。DNA 可以经设计和构建而折叠成世界地图和笑脸，每一个都不会超过一个蛋白质分子大小，产生科学家称为"迄今为止制造出来最高浓度的快乐"。分子可以被塑造成汽

车并配有旋转的分子车轮。洗发水的弹流可以塑造成飞跃和拱形。其中一些实验告诉我们真实的世界；一些实验使我们了解可以塑造的世界。一些实验有非常严肃的目的；而其他实验则提供适度问题以适度答案，或者仅仅依靠询问"如果……?"实验的成本可以忽略不计；实验结果可能非常有用，也可能极度无用。每一项实验都是对好奇心以及我们人性的小小致敬。

人物列表

Adelard of Bath　阿德拉德(巴思)(约 1080—约 1152):英国学者,科学著作译介者,12 世纪最具独创性的思想家。

Heinrich Cornelius Agrippa　海奈琉斯·可内琉斯·阿格里巴(1486—1535):德国医生,炼金术士,文艺复兴时期神秘主义哲学领域的重要作家。

Johann Valentin Andreae　约翰·瓦伦汀·安德烈埃(1586—1654):德国神学和哲学家,一般认为是他撰写了蔷薇十字运动的传单。

Elias Ashmole　伊莱亚斯·阿什莫尔(1617—1692):英国占玩家和政治家,提供了牛津阿什莫尔博物馆的奠基收藏。

Mary Astell　玛丽·阿斯特尔(1666—1731):英国作家,为女性争取公民社会参与权的早期女权主义者。

John Aubrey　约翰·奥布里(1626—1697):英国作家,在他同时代的众多传记文学领军人物之一。

Francis Bacon　弗朗西斯·培根(1561—1626):英国哲学家和政

治家，主张基于实验、经验主义和实用性应用知识的新哲学。

Roger Bacon 罗吉尔·培根（约 1214—1294）：英国方济各会修士和哲学家，倡导通过实验研究自然。

John Beale 约翰·比尔（约 1608—1683）：英国牧师和作家，塞缪尔·哈利布特的朋友，皇家学会早期成员。

Aphra Behn 阿芙拉·贝恩（1640—1689）：英国剧作家，在复兴期间广受欢迎，最早的女性职业作家之一。

Cyrano de Bergerac 西拉诺·德·贝尔热拉克（1619—1655）：法国士兵和剧作家，著有两部到其他世界旅行的早期"科幻小说"。

Robert Boyle 罗伯特·玻意尔（1627—1691）：盎格鲁-爱尔兰科学家，17 世纪的新实验哲学领军人物之一。

Tycho Brahe 第谷·布拉赫（1546—1601）：丹麦天文学家，第谷对天体运动的精确观测在当时无人能及。

Henning Brandt 亨尼希·勃兰特（约 1630—约 1710）：德国炼金术士，因在 1669 年前后发现磷而闻名。

William Brouncker 威廉·布朗克（1620—1684）盎格鲁-爱尔兰贵族，在查理一世治下身兼多职，在查理二世复位后备受器重。后出任皇家学会首任主席。

托马斯·布朗恩（1605—1682）：英国作家和收藏家，实验哲学支持者，破壁者手册《流行的假知识》的作者。

Giordano Bruno 乔尔丹诺·布鲁诺（1548—1600）：意大利天文学和哲学家，因信奉哥白尼学说被控为宗教异端，遭受庭审和火刑。

Tommaso Campanella 托马索·康帕内拉（1568—1639）：意大利哲学和神学家，反对亚里士多德主义，提倡近乎神秘主义的经验主义哲学，由于反对西班牙统治的政治活动而被囚禁。

Girolamo Cardano 吉罗拉莫·卡尔达诺（1501—1576）：意大利

数学和物理学家,持有异端思想,开创了概率论的研究。

Meric Casaubon 梅里克·卡索邦(1599—1671):接受英国教育的瑞士古典学者。保皇派人士,为古典人文主义传统辩护,应对来自新实验哲学的挑战。

Margaret Cavendish 玛格丽特·卡文迪什(1623—1673):泰恩河畔的纽卡斯尔公爵夫人。保皇派人士,哲学和科学领域的多产作家,反对机械哲学。

Federico Cosi 费德里科·切西(1585—1630):意大利贵族,建立了科学学会林琴学院,成员包括安巴蒂斯塔和伽利略。

John Amos Comenius (Jan Amos Komensky) 约翰·阿摩司·夸美纽斯(1592—1670):摩拉维亚作家和教育家。从哈普斯堡皇室的波西米亚新教流亡,参与了英国、瑞典和匈牙利的教育改革。

Ralph Cudworth 拉尔夫·卡德沃斯(1617—1688):英国哲学家,剑桥柏拉图学派成员之一,在很大程度上赞同新的实验哲学。

John Dee 约翰·迪伊(1527—1609):英国数学家、天文学家和神秘主义哲学家,曾任女王伊丽莎白一世的顾问。

Daniel Defoe 丹尼尔·笛福(约 1659—1731):英国作家、小说家,商人和政治时评家,著有《鲁宾逊漂流记》(1719)。

Giambattista Della Porta 安巴蒂斯塔·德拉·波尔塔(约 1535—1615):意大利自然哲学家、学者和剧作家,后文艺复兴时期神秘主义哲学最重要的代表人物之一。

René Descartes 勒内·笛卡尔(1596—1650):法国哲学家,为机械哲学、数学和哲学方法作出了伟大贡献。

John Donne 约翰·多恩(1572—1631):英国诗人和作家,对自然哲学有强烈的兴趣。

John Dury 约翰·杜里(1596—1680):苏格兰新教牧师和作家,

倡导宗教宽容，哈特利布·塞谬尔知识圈成员。

John Evelyn　约翰·伊夫林（1620—1706）：英国记者、作家，英国皇家学会创始成员之一。

Robert Fludd　罗伯特·弗拉德（1574—1637）：英国医生，神秘主义者，帕拉塞尔苏斯化学哲学的支持者。

Bernard le Bovier de Fontenelle　伯纳德·丰特奈尔（1657—1757）：法国作家，新科学、笛卡儿哲学和哥白尼学说的推广者，长期担任法国科学院秘书长。

Galileo Galilei　伽利略·伽利雷（1564—1642）：意大利天文学和数学家，建立了力学的关键理论，因支持日心说被天主教会勒令收回主张并被遭受软禁。

Pierre Gassendi　皮埃尔·伽桑狄（1592—1655）：法国哲学家，尽管是经验主义和机械哲学的支持者，却与笛卡尔有冲突。

William Gilbert　威廉·吉尔伯特（1544—1603）：英国自然哲学家，因其电磁理论闻名，认为地球本身就是一个巨大的磁铁。

约瑟夫·格兰维尔（1636—1680）：英国作家和牧师，尽管自身不是科学家，却是皇家学会和实验哲学的推广领头人。

Ambrose Godfrey Hanckwitz（known as Godfrey）　安布罗斯·戈弗雷·汉克维茨（1660—1741）：德国化学家，作为罗伯特·玻意尔的助手来到英格兰，后来成功创立药剂业。

Francis Godwin　弗朗西斯·戈德温（1562—1633）：赫里福德主教，遗作《月亮上的人》（出版于1638年）是关于太空旅行的早期科幻小说之一。

Nehemiah Grew　尼希米·格鲁（1641—1712）：英国植物学家，显微镜学先驱，皇家学会早期成员，曾任学会秘书长。

Theodore Haak　西奥多·哈克（1605—1690）：德国学者，哈特

利布圈成员,伦敦学会成员,1661 年当选皇家学会会士。伦敦学会是皇家学会的前身之一。

埃德蒙·哈雷(1656—1742):英国天文学和数学家,第二任皇家天文学家,最知名的事迹是劝服艾萨克·牛顿出版他的《原理》。

托马斯·哈里奥特(约 1560—1621):英国天文学、数学和语言学家,首位用望远镜观测月表的人,在参加沃尔特·罗利的弗吉尼亚远征途中记录了新世界的自然历史。

Samuel Hartlib 塞谬尔·哈特利布(约 1600—1662):普鲁士学者,响应弗朗西斯·培根的呼吁,支持自然哲学改革。兴趣广泛,涵盖自然科学和教育,这让他进入包括几位皇家学会创始人在内的国际学者圈的核心。

William Harvey 威廉·哈维(1578—1657):英国医生,思想偏于保守,却在解剖学尤其是血液循环方面作出了开创性发现。

Thomas Hobbes 托马斯·霍布斯(1588—1679):英国哲学家,最为人所知的是他在利维坦(1651)中表达的国家政治理论。兴趣包括科学并极为广泛,但是对新实验哲学持怀疑态度。

Robert Hooke 罗伯特·胡克(1635—1703):英国科学家和发明家,皇家学会首任实验策展人。胡克拥有惊人的机械技巧,天资聪敏,故而能在显微镜、手表、天文学力学等多个领域作出贡献。

Christiaan Huygens 克里斯蒂安·惠更斯(1629—1695):荷兰科学家、数学家和发明家,在天文学、光学、力学和钟表制作领域作出了重要发现。

Ben Jonson 本·琼森(1572—1637)英国剧作家和诗人,被视为莎士比亚的竞争对手。

Edward Kelley 爱德华·凯利(1555—1597):约翰·迪伊的助手,声称能通过迪伊的水晶球与天使交谈。凯利现在一般被认为是个骗子。

Johannes Kepler 约翰尼斯·开普勒(1571—1630)：德国天文学家，曾任布拉格皇帝鲁道夫二世的宫廷数学家，发现了行星运动定律。

阿塔纳斯·珂雪(约 1601—1680)：德国基督徒，对各领域有着广泛的兴趣，包括地质、医学、机械装置和语言学。受新柏拉图神秘主义的影响，大半生在罗马学院生活和工作。

Johannes Daniel Krafft 约翰内斯·丹尼尔·克拉夫特(17 世纪早/中期)：德国炼金术士，向欧洲推广了磷，磷有时被错认为他的发现。

Johann Kunckel 约翰·孔克尔(约 1630—1703)：德国化学家，为多位德国贵族和瑞典国王担任药剂师和化学技师。

Leonardo do Vinci 列奥纳多·达·芬奇(1452—1519)：意大利博学家，在绘画、雕塑、建筑、机械和水利工程领域的造诣为他赢得多位意大利王子和统治者的资助，其中包括公爵卢尔维克·斯福尔扎和恺撒·博尔吉亚。

Marin Mersenne 马林·梅森(1588—1648)：法国耶稣会神父和神学家，勒奈·笛卡尔哲学的支持者，为数学和声学作出了极大贡献。

John Milton 约翰·弥尔顿(1608—1674)：英国诗人和作家，著有《失乐园》，也是重要的政治思想家和新哲学支持者。

Thomas Moffett 托马斯·莫菲特(1553—1604)：英国医生和植物学家，以研究昆虫著称。

罗伯特·默雷(1608—1673)：苏格兰士兵和政治家，他与王室的亲密关系帮助皇家学会建立了皇家特许制度。

Henry More 亨利·莫尔(1614—1687)：英国哲学家，剑桥柏拉图学派的领军人物，反对笛卡尔唯物主义。

Isaac Newton 艾萨克·牛顿(1642—1727)：被推崇为历史上最

伟大的科学家,牛顿描述了力学基本定律,发展出万有引力理论,从而改造了机械哲学。他对光学和纯数学也作出了重要贡献(发明了微积分),对炼金术和占卜有浓厚兴趣。

Henry Oldenburg 亨利·奥尔登堡(1619—1677):从德国流亡到英国,皇家学会首任秘书长,动用他与欧洲大陆的关系建立了一个国际通讯员网络。

Paracelsus(Philip Theophrastus Bombastus von Hohenheim)帕拉塞尔苏斯(菲利普·泰奥弗拉斯托斯·庞贝士·冯霍恩海姆)(1493—1541):瑞士医生和炼金术士,挑战了对亚里士多德、盖伦等经验主义自然哲学经典作家的著作的盲从风气。

Samuel Pepys 塞缪尔·佩皮斯(1633—1703):英国日记记者,政客,海军行政官,皇家学会会士。

William Petty 威廉·配第(1623—1687):英国医生和博学家,皇家学会创始成员之一。

Robert Plot 罗伯特·普洛特(1640—1696):英国博物学和化学家,阿什莫尔博物馆首任监护人,皇家学会会士。

Alexander Pope 亚历山大·蒲柏(1688—1744),英国诗人、散文家和讽刺作家,乔纳森·斯威夫特的朋友。

Henry Power 亨利·帕沃尔(1623—1668):英国医生,实验主义哲学的倡导者。

Walter Raleigh 沃尔特·罗利(约 1554—1618):英国作家,朝臣,新世界的探险家和航海家,曾在伊丽莎白一世王庭风光一时。

John Ray 约翰·雷(1627—1705):英国博物学家,皇家学会会士,对动植物分类有强烈兴趣。

Laurence Rooke 劳伦斯·鲁克(1622—1662):英国天文学家,格雷沙姆学院大文学教授,皇家学会创始成员之一。

Emperor Rudolf II　皇帝鲁道夫二世(1552—1612)：哈布斯堡皇室的匈牙利和波西米亚国王，奥地利大公，神圣罗马帝国皇帝。有抑郁倾向，把他的首都布拉格变成了神秘科学的研究中心。

Girolamo Ruscelli　吉罗拉莫·卢赛利(1500—1566)：意大利作家和人文主义者，声称创立了"学术探秘法"，可通过实验研究自然界的运行机理。

Thomas Shadwell　托马斯·沙德韦尔(约 1642—1692)：英国诗人和剧作家，威廉三世时期当选 1689 年"桂冠诗人"。

William Shakespeare　威廉·莎士比亚(1564—1618)：被推崇为英格兰最伟大的作家，在伊丽莎白一世时期享有盛名。

Hans Sloane　汉斯·斯隆(1660—1753)：爱尔兰-苏格兰医生和收藏家。继艾萨克·牛顿之后出任皇家学会主席，非凡的收藏为大英博物馆的建立奠定了基础。

Edmund Spenser　埃德蒙·斯宾塞(约 1552—1599)，英国诗人，著有史诗《仙后》，这是一部伊丽莎白一世时期的寓言作品。

Thomas Sprat　托马斯·斯普拉特(1635—1713)：英国牧师，被委托撰写《伦敦的皇家学会史》(1667)。

Francesco Stelluti　弗朗西斯科·斯泰卢蒂(1577—1652)：意大利数学、天文学和显微镜学家，林琴学院最活跃的成员之一。

Henry Stubbe　亨利·斯德宝(1632—1676)：英国医生，宗教改革者，学者和辩论家，皇家学会的反对者。

Jonathan Swift　乔纳森·斯威夫特(1667—1745)盎格鲁-爱尔兰作家，讽刺作家和评论家，著有《格列佛游记》(1726)。

Bernadino Telesio　贝尔纳迪诺·特勒肖(1509—1588)：意大利哲学家，提倡用实验和实证方法来理解自然，无视亚里士多德的权威。

Antony van Leeuwenhoek　安东尼·范·列文虎克(1632—

1723)：荷兰商人，推动了显微镜学的重要进步，特别是使用自己发明的仪器在自然水域发现了微生物。

John Wallis 约翰·沃利斯（1616—1703）：英国数学家，日后创建皇家学会的伦敦学会哲学圈的灵魂人物。

Seth Ward 赛斯·沃德（1617—1689）：英国数学和天文学家，皇家学会创始成员之一，埃克塞特和索尔兹伯里主教。

John Webster 约翰·韦伯斯特（1610—1682）：英国教士和医生，其兴趣在于神秘科学和帕拉塞尔苏斯主义，这些没有成为他谨慎认同皇家学会的障碍。

John Wilkins 约翰·威尔金斯（1614—1672）：英国自然哲学家和教士，皇家学会背后的关键人物，他在牛津组建的实验俱乐部可能是皇家学会的直接前身。

Francis Willoughby（or Willughby） 弗朗西斯·威洛比（1635—1672）：英国鸟类学家，约翰·雷的学生，遗作《鸟类史》由皇家学会出版。

Christopher Wren 克里斯托弗·雷恩（1632—1723）：英国博学家，身兼天文学家、建筑师、验船师、发明家和数学家，皇家学会创始成员之一，因在伦敦大火后重建教堂（包括圣保罗大教堂）而闻名。

参考文献

J. Aubrey (2000). *Brief Lives*, ed. J. Buchanan-Brown. Penguin, London.

F. Bacon (1605/1620/1944). *Advancement of Learning & Novum Organum*. Willey.

F. Bacon (1620/1626/1980). *The Great Instauration and New Atlantis*. Harlan Davidson, Arlington Heights, IL.

F. Bacon (1824). *The Works of Francis Bacon*, Vol. I. W. Baynes & Son, London

F. Bacon (1857). *The Works of Francis Bacon*, eds J. Spedding, R. L. Ellis & D. D. Heath, Vol. III. Longman, Green, Longman & Roberts, London.

F. Bacon (1858). *The Works of Francis Bacon*, eds J. Spedding, R. L. Ellis & D. D. Heath, Vol. IV. Longman, Green, Longman & Roberts, London.

R. Barbour & C. Preston (eds) (2008). *Sir Thomas Browne: The World Proposed*. Oxford University Press, Oxford.

A. Battigelli (1998). *Margaret Cavendish and the Exiles of the Mind*. University Press of Kentucky, Lexington.

A. Behn (1687). *The Emperor of the Moon*, in M. Summers (ed.) (1913), The Works of Aphra Behn, Vol. 3. London. Available at http://www.gutenberg.org/cache/epub/10039/pg10039.html.

B. Benedict (2002). *Curiosity: A Cultural History of Early Modern Enquiry*. Chicago University Press, Chicago.

C. de Bergerac (1657/1662/1976). *Other Worlds: The Comical History of the States and Empires of the Moon and Sun*, transl. & ed. G. Strachan. New English Library, London.

M. Boas Hall (ed.) (1970). *Nature and Nature's Laws*. Macmillan, London.

D. J. Boorstin (1985). *The Discoverers*. Vintage, New York.

P. Brantlinger (1972). 'To see new worlds: curiosity in *Paradise Lost* ', *Modern Language Quarterly* 33, 355 – 69.

T. Browne (1672). *Pseudodoxia epidemica*, 6th edn. Available at http:// penelope. uchicago. edu/pseudodoxia/.

S. Brunt (1727). *A Voyage to Cacklogallinia*. J. Watson, London. Available at http://www. gutenberg. org/files/16202/16202 – h/16202 – h. htm.

P. Burke (2000). *A Social History of Knowledge: From Gutenberg to Diderot*. Polity Press, Cambridge.

S. Butler (1663 – 78). *Hudibras*. Available at http://www. gutenberg. org/ cache/epub/4937/pg4937. html.

S. Butler (*c*. 1670s/1835). 'A Satire Upon the Royal Society', in *The Poetical Works of Samuel Butler*, Vol. 2, p. 157. William Pickering, London.

S. Butler (*c*. 1670s/1835). 'The Elephant in the Moon', in *The Poetical Works of Samuel Butler*, Vol. 2, pp. 123 – 38. William Pickering, London. (Note that this is followed by an alternative version in 'long verse', that is, iambic pentameter.)

M. B. Campbell (1999). *Wonder and Science*. Cornell University Press, Ithaca.

M. Caspar (1993). *Kepler*, transl. & ed. C. D. Hellman. Dover, Mineola, NY.

M. Cavendish (1666/2001). *Observations Upon Experimental Philosophy*, ed. E. O'Neill. Cambridge University Press, Cambridge.

M. Cavendish (1668). *The Description of a New World*, Called the Blazing-World. Maxwell, London. Available at http://digital. library. upenn. edu/ women/newcastle/blazing/blazing. html.

S. Clauss (1982). 'John Wilkins' Essay Toward a Real Character: its place in the seventeenth-century episteme', *Journal of the History of Ideas* 43, 531   53.

C. M. Coffin (1937). *John Donne and the New Philosophy*. Columbia University Press, Morningside Heights.

M. Cooper & M. Hunter (eds) (2006). *Robert Hooke: Tercentennial Studies*. Ashgate, Aldershot.

N. Copernicus (1543). *De revolutionibus orbium coelestium*. Transl. in S. Hawking (ed.) (2002), *On the Shoulders of Giants*. Running Press, Philadelphia.

R. Crease (2003). *The Prism and the Pendulum*. Random House, New York.

A. C. Crombie (1969). *Augustine to Galileo Vol. 2: Science in the Later Middle Ages and Early Modern Times 13th – 17th Century*. Penguin, Harmondsworth.

A. C. Crombie (1990). *Science, Optics and Music in Medieval and Early Modern Thought*. Hambledon Press, London.

L. Daston (1995). 'Curiosity and early modern science', *Word and Image* 11 (4) 391 – 404.

L. Daston & K. Park (1998). *Wonders and the Order of Nature* 1150 – 1750.

Zone Books, New York.

A. G. Debus (1978). *Man and Nature in the Renaissance*. Cambridge University Press, Cambridge.

A. G. Debus (2006). *The Chemical Promise*. Science History Publications, Sagamore Beach, MA.

G. B. Della Porta (1658/1957). *Natural Magick*. Basic Books, New York.

F. J. Dijksterhuis (2004). *Lenses and Waves: Christiaan Huygens and the Mathematical Science of Optics in the Seventeenth Century*. Kluwer, Dordrecht.

C. Dobell (1960). *Antony van Leeuwenhoek and His 'Little Animals'*. Dover, New York.

M. Doran (1940). 'On Elizabethan "credulity"', *Journal of the History of Ideas* 1(2),151 – 76.

W. Eamon (1994). *Science and the Secrets of Nature*. Princeton University Press, Princeton.

J. Elsner & R. Cardinall (eds) (1994). *The Cultures of Collecting*. Reaktion, London.

J. Emsley (2000). *The Shocking History of Phosphorus*. Macmillan, London.

R. J. W. Evans (1973). *Rudolf II and His World*. Clarendon Press, Oxford.

R. J. W. Evans & A. Marr (eds) (2006). *Curiosity and Wonder from the Renaissance to the Enlightenment*. Ashgate, Aldershot.

P. Findlen (ed.) (2004). *Athanasius Kircher: The Last Man Who Knew Everything*. Routledge, London.

B. le Bovier de Fontenelle (1686/1990). *Conversations on the Plurality of Worlds*, intr. N. R. Gelbart, transl. H. A. Hargreaves. University of California Press, Berkeley.

B. J. Ford (1985). *Single Lens*. Heinemann, London.

D. Freedberg (2002). *The Eye of the Lynx*. University of Chicago Press, Chicago.

H. Fisch (1953). 'The scientist as priest: a note on Robert Boyle's natural theology', *Isis* 44,252 – 65.

Galileo Galilei (1610 – 1989) *Sidereus nuncius, or The Sidereal Messenger*, ed. & transl. A. van Helden. University of Chicago Press, Chicago.

Galileo Galilei (1633). *Dialogue Concerning the Two Chief World Systems: Ptolemaic and Copernican*. Transl. in S. Hawking (ed.) (2002), *On the Shoulders of Giants*. Running Press, Philadelphia.

Galileo Galilei (1638/1991). *Discourses Concerning Two New Sciences*, transl. H. Crew & A. de Salvio. Prometheus Books, Buffalo, NY.

S. Gaukroger (2001). *Francis Bacon and the Transformation of Early Modern Philosophy*. Cambridge University Press, Cambridge.

S. Gaukroger (2006). *The Emergence of a Scientific Culture*. Oxford University Press, Oxford.

B. Gettelfinger & E. L. Cussler (2004). 'Will humans swim faster or slowerin syrup?', *American Institute of Chemical Engineers Journal* 50,2646 – 7.

O. Gingerich (1993). *The Eye of Heaven*. American Institute of Physics, Melville, NY.

C. Ginzburg (1989). 'Clues: Roots of an evidential paradigm', in *Clues, Myths and the Historical Method*, transl. J. Tedeschi & A. Tedeschi, pp. 96 – 125. Johns Hopkins University Press, Baltimore.

C. Ginzburg (1990). 'High and low: the theme of forbidden knowledge in the sixteenth and seventeenth centuries', in *Myths, Emblems, Clues*, transl. J. Tedeschi & A. Tedeschi. Hutchinson, London.

J. M. Glide (1970). 'Shadwell and the Royal Society', *Studies in English Literature* 1500 – 1900 10,469 – 90.

F. Godwin (1638/2009). *The Man in the Moone*, ed. W. Poole. Broadview, Peterborough, Ontario.

J. Godwin (1979). *Athanasius Kircher*. Thames & Hudson, London.

J. V. Golinski (1989). 'A noble spectacle: phosphorus and the public culture of science in the early Royal Society', *Isis* 80,11 – 39.

P. Gouk (1999). *Music, Science and Natural Magic in Seventeenth-Century England*. Yale University Press, New Haven.

S. J. Gould (1988). 'The sharp-eyed lynx, outfoxed by nature', *Natural History*, May.

A. Grafton (1991). *Defenders of the Text*. Harvard University Press, Cambridge, MA.

A. Grafton (1996). 'The new science and the traditions of humanism', in J. Kraye (ed.), *The Cambridge Companion to Renaissance Humanism*. Cambridge University Press, Cambridge.

E. Grant (1978). 'Aristotelianism and the longevity of the medieval world view,' *History of Science* 16,93 – 106.

E. Grant (1996). *The Foundations of Modern Science in the Middle Ages*. Cambridge University Press, Cambridge.

S. Greenblatt (1991). *Marvellous Possessions: The Wonder of the New World*. University of Chicago Press, Chicago.

J. Gribbin (2005). *The Fellowship: The Story of a Revolution*. Penguin, London.

L. Guerrini (2008). 'The "Accademia dei Lincei" and the New World'. Preprint, Max-Planck Institute for the History of Science.

A. R. Hall (1992). *Isaac Newton: Adventurer in Thought*. Cambridge University Press, Cambridge.

T. Hariot (1588). *A Briefe and True Report of the New Found Land of Virginia*. London. Available in facsimile at digitalcommons. unl. edu/cgi/viewcontent. cgi? article＝1020&context＝etas.

J. Hart (2003). *Columbus, Shakespeare and the Interpretation of the New World*. Palgrave, New York.

E. N. Harvey (2005). *A History of Luminescence: From the Earliest Times to*

1900. Dover, Mineola.

S. Hawking (ed.) (2002). *On the Shoulders of Giants*. Running Press, Philadelphia.

J. Heilbron (2010). 'In retrospect: The celestial message', *Nature* 467, 398 – 9.

L. Hendrix (1995). 'Of hirsutes and insects: Joris Hoefnagel and the art of the wondrous', *Word and Image* 11(4),373 – 90.

J. Henry (2002). *Knowledge is Power*. Icon, Duxford.

J. Henry (2008). 'The fragmentation of Renaissance occultism and the decline of magic', *History of Science* xlvi, 1 – 48.

M. B. Hesse (1966). 'Hooke's philosophical algebra', *Isis* 57,67 – 83.

T. Hobbes (1651/1985). *Leviathan*, ed. C. B. Macpherson. Penguin, London.

R. Holmes (2008). *The Age of Wonder*. Harper Press, London.

R. Hooke (1665/2007). *Micrographia*. BiblioBazaar, Charleston, SC.

K. T. Hoppen (1976). 'The nature of the early Royal Society', *British Journal for the History of Science* 9,1 – 24&243 – 273.

W. E. Houghton (1941). 'The History of Trades: its relation to seventeenthcentury thought', *Journal of the History of Ideas* 2(1),33 – 60.

W. E. Houghton (1942). 'The English Virtuoso in the Seventeenth Century (I)', *Journal of the History of Ideas* 3,51 – 73.

W. E. Houghton (1942). 'The English Virtuoso in the Seventeenth Century (II)', *Journal of the History of Ideas* 3,190 – 219.

T. E. Huff (2011). *Intellectual Curiosity and the Scientific Revolution: A Global Perspective*. Cambridge University Press, Cambridge.

W. H. Huffman (1988). *Robert Fludd and the End of the Renaissance*. Routledge, London.

D. Hume (1748/2008). *An Enquiry Concerning Human Understanding*. Oxford University Press, Oxford.

M. Hunter (1981). *Science and Society in Restoration England*. Cambridge University Press, Cambridge.

M. Hunter (1983). *Elias Ashmole 1617 – 1692: The Founder of the Ashmolean Museum and His World*. Ashmolean Museum, Oxford.

M. Hunter (1989). *Establishing the New Science*. Boydell & Brewer, Woodbridge, Suffolk.

M. Hunter (1995). *Science and the Shape of Orthodoxy*. Boydell & Brewer, Woodbridge, Suffolk.

M. Hunter (2009). *Boyle: Between God and Science*. Yale University Press, New Haven.

M. Hunter (2011). 'The Royal Society and the decline of magic', *Notes and Records of the Royal Society* 65,103 – 119.

K. Hutchison (1982). 'What happened to occult qualities in the ScientificRevolution?', *Isis* 73,233 – 253.

C. Huygens (1698). *Cosmotheoros*. Adriaan Moetjens, The Hague. Available at http://www.phys.uu.nl/~huygens/cosmotheoros_en.htm.

O. Impey & A. Macgregor (eds) (1985). *The Origins of Museums: The Cabinet of Curiosities in Sixteenth and Seventeenth Century Europe*. Clarendon Press, Oxford.

S. Inwood (2002). *The Man Who Knew Too Much: The Strange and Inventive Life of Robert Hooke 1635 – 1703*. Macmillan, London.

J. R. Jacob (1983). *Henry Stubbe, Radical Protestantism and the Early Enlightenment*. Cambridge University Press, Cambridge.

L. Jardine (1974). *Francis Bacon: Discovery and the Art of Discourse*. Cambridge University Press, Cambridge.

L. Jardine & A. Stewart (1998). *Hostage to Fortune: The Troubled Life of Francis Bacon 1561 – 1626*. Victor Gollancz, London.

L. Jardine (1999). *Ingenious Pursuits: Building the Scientific Revolution*. Little, Brown & Co., London.

F. R. Johnson (1940). 'Gresham College: precursor of the Royal Society', *Journal of the History of Ideas* 1(4),413 – 438.

K. Jousten (ed.) (2008). *Handbook of Vacuum Technology*. Wiley-VCH, Weinheim.

T. DeCosta Kaufmann (1993). *The Mastery of Nature*. Princeton University Press, Princeton.

M. Kemp (2004). *Leonardo*. Oxford University Press, Oxford.

N. Kenny (1998). *Curiosity in Early Modern Europe: Word Histories*. Harrassowitz, Wiesbaden.

N. Kenny (2004). *The Uses of Curiosity in Early Modern France and Germany*. Oxford University Press Oxford.

J. Kepler (1619). *Harmonice mundi*. Transl. in S. Hawking (ed.) (2002), *On the Shoulders of Giants*. Running Press, Philadelphia.

D. Knight (1986). 'Science fiction of the seventeenth century', *Seventeenth-Century* 1,69 – 79.

R. L. Lee & A. B. Fraser (2001). *The Rainbow Bridge*. Penn State University Press, University Park.

C. Salaman (ed.) (1975 – 2010). *The Letters of Marsilio Ficino*, 8 vols. Shepheard-Walwyn, London.

C. F. Lloyd (1929). 'Shadwell and the Virtuosi', *Proceedings of the Modern Language Association* 44,472 – 94.

G. E. R. Lloyd (2002). *The Ambitions of Curiosity*. Cambridge University Press, Cambridge.

J. Locke (1690/2008). *Essay Concerning Human Understanding*, ed. P. Phemister. Oxford University Press, Oxford.

P. Marshall (2006). *The Theatre of the World*. Harvill Secker, London.

P. Mauries (2002). *Cabinets of Curiosities*. Thames & Hudson, London.

T. More (1516/1965). *Utopia*, transl. P. Turner. Penguin, Harmondsworth.

W. R. Newman (2005). *Promethean Ambitions: Alchemy and the Quest to*

Perfect Nature. University of Chicago Press, Chicago.

I. Newton (1687). *Philosophiae naturalis principia mathematica*. Transl. in S. Hawking (ed.) (2002), *On the Shoulders of Giants*. Running Press, Philadelphia.

C. Nicholls (1997). *The Chemical Theatre*. Akadine Press, Pleasantville, NY.

M. Nicolson (1935). 'The "new astronomy" and the English literary imagination', *Studies in Philology* 32, 428 – 62.

M. Nicolson (1940). '*Kepler*, the Somnium, and John Donne', *Journal of the History of Ideas* 1(3), 259 – 80.

M. Nicolson (1956). *Science and Imagination*. Cornell University Press, Ithaca.

J. D. North (1989). *The Universal Frame*. Hambledon Press, London.

R. H. Nuttall (1988). 'Pepys and the microscope', *Notes and Records of the Royal Society of London* 42, 133 – 8.

K. Park & L. Daston (eds) (2006). *The Cambridge History of Science Volume* 3: *Early Modern Science*. Cambridge University Press, Cambridge.

G. Parry (2011). *The Arch-Conjuror of England: John Dee*. Yale University Press, New Haven.

Plato (4th century bc/1971). *Timaeus and Critias*, transl. D. Lee. Penguin, Harmondsworth.

W. Poole (2005). 'The origins of Francis Godwin's "The Man in the Moone", *Philological Quarterly* 84 (spring).

L. Principe (1998). *The Aspiring Adept: Robert Boyle and His Alchemical Quest*. Princeton University Press, Princeton.

M. Purver (1967). *The Royal Society: Concept and Creation*. Routledge & Kegan Paul, London.

M. Purver & E. J. Bowen (1960). *The Beginning of the Royal Society*. Clarendon Press, Oxford.

P. M. Rattansi (1968). 'The intellectual origins of the Royal Society', *Notes and Records of the Royal Society* 23, 129 – 43.

I. A. Richter (ed.) (2008). *Leonardo da Vinci: Notebooks*. Oxford University Press, New York.

E. Rosen (ed.) (1967). *Kepler's Somnium*. University of Wisconsin Press, Madison.

P. Rossi (1968). *Francis Bacon: From Magic To Science*, transl. S. Rabinovitch. Routledge & Kegan Paul, London.

T. Shadwell (1676/1966). *The Virtuoso*, eds M. H. Nicolson & D. Rodes. Edward Arnold, London.

S. Shapin (1988). 'The house of experiment in seventeenth-century England', *Isis* 79, 373.

S. Shapin (*1996*). *The Scientific Revolution*. University of Chicago Press, Chicago.

S. Shapin & S. Schaffer (1985). *Leviathan and the Air-Pump*. Princeton

University Press, Princeton.

W. R. Shea & M. Artigas (2003). *Galileo in Rome*. Oxford University Press, Oxford.

W. R. Shea & M. Artigas (2006). *Galileo Observed*. Science History Publications, Sagamore Beach, MA.

P. H. Smith (1994). *The Business of Alchemy: Science and Culture in the Holy Roman Empire*. Princeton University Press, Princeton.

T. Sprat (*1667/1959*). *History of the Royal Society*, ed. J. I. Cope & H. W. Jones. Routledge & Kegan Paul, London.

T. Sprat (*1667/1734*). *The History of the Royal Society of London*, 4th edn. J. Knapton et al., London.

C. Swan (1995). 'Ad vivum, near het leven, from the life: defining a mode of representation', *Word and Image* 11(4), 353–72.

J. Swift (1726/1985). *Gulliver's Travels*, ed. P. Dixon & J. Chalker. Penguin, London.

R. H. Syfret (1947). 'The origins of the Royal Society', *Notes and Records of the Royal Society of London* 5, 75–136.

R. H. Syfret (1950). 'Some early critics of the Royal Society', *Notes and Records of the Royal Society of London* 8, 20–64.

L. Thorndike (1923). *History of Magic and Experimental Science*, Book II. Columbia University Press, New York.

L. Thorndike (1923). *History of Magic and Experimental Science*, Book IV. Columbia University Press, New York.

L. Thorndike (1941). *History of Magic and Experimental Science*, Book V. Columbia University Press, New York.

P. Turner (ed.) (1962). *Pliny's Natural History*. Centaur, London.

J. Uglow (2009). *A Gambling Man: Charles II and the Restoration*. Faber & Faber, London.

A. van Helden (1976). 'Saturn and his Anses', *Journal for the History of Astronomy* 5, 105–21.

C. Webster (1970). 'Macaria: Samuel Hartlib and the Great Reformation', *Acta Comeniana* 26, 147–64.

C. Webster (1982). *From Paracelsus to Newton*. Cambridge University Press, Cambridge.

J. B. West (2005). 'Robert Boyle's landmark book of 1660 with the first experiments on rarified air', *Journal of Applied Physiology* 98, 31–9.

R. S. Westfall (1977). *The Construction of Modern Science*. Cambridge University Press, Cambridge.

R. S. Westfall (1980). *Never at Rest: A Biography of Isaac Newton*. Cambridge University Press, Cambridge.

J. Wilkins (1638/1684). *The Discovery of a World in the Moone*, 5th edn. London. Available via European Cultural Heritage Online, http://echo.mpiwg-berlin.mpg.de/

C. Wilson（1995）. *The Invisible World: Early Modern Philosophy and the Invention of the Microscope*. Princeton University Press, Princeton.

B. Woolley（2001）. *The Queen's Conjurer*. Henry Holt, New York.

F. Yates（1972）. *The Rosicrucian Enlightenment*. Routledge & Kegan Paul, London.

F. Yates（2001）. *The Occult Philosophy in the Elizabethan Age*. Routledge, London.

J. P. Zetterberg（1980）. 'The mistaking of "the Mathematicks" for magic in Tudor and Stuart England', *Sixteenth Century Journal* 11(1), 83 - 98.

E. Zilsel（1941）. 'The origins of William Gilbert's scientific method', *Journal of the History of Ideas* 2(1), 1 - 32

索　引

译后记

菲利普·鲍尔(Philip Ball),1962 年生,英国著名科学作家,曾先后担任《自然》杂志的物理学科编辑和顾问编辑,是《〈自然〉百年科学经典(英汉对照版)》丛书的两位英方主编之一。他毕业于牛津大学化学系,后在布里斯托大学获物理学博士学位,其作品兼跨科学、社会学、哲学多个领域,代表作有:《生命矩阵:水的传记》(*Life's Matrix: A Biography of Water*,2000)、《预知社会:群体行为的内在法则》(*Critical Mass: How One Thing Leads to Another*,2004)、《音乐本能:音乐的作用机理及人们欲罢不能的缘由》(*The Music Instinct: How Music Works and Why We Can't Do Without It*,2010)、《好奇心:科学何以执念万物》(*Curiosity: How Science Became Interested in Everything*,2013)、《隐形:看不见的诱惑》(*Invisible: The Dangerous Allure of the Unseen*,2014),等等。其中《预知社会》获2005 年艾凡提斯科学书奖(Aventis Prizes for Science Books)。

《好奇心:科学何以执念万物》没有遵循关于科学革命的主流叙事,而着力于刻画好奇心的驯化史。如今好奇心常被认为是一种优良的品质,然而它也曾因对圣洁的亵渎而遭受谴责。16—18 世纪被认为是世界历史转型的关键时期,也被作者认为是"好奇心首次被明确断言为科学之目的"的关键时期。通过对欧洲这一时期的宗教、哲学、文艺、收藏、仪器和无形学院的细致考察,本书叙述了在新哲学进程中,哲人的奇迹观如何从敬畏转为好奇,自然之解密如何从渎神的禁忌进入知识生活,哲学和航海驱动下的狂骛好奇如何被套上理性的辔头:仪器观测取代了感官知觉,实验推理战胜了上帝信条,冷静下来的好奇心徜徉于新工具视角和实验传统之中,不再克制,甚至不受约束。

　　本书的翻译并不轻松。作者力图以好奇心为主线勾勒早期科学中的新哲学意象,为此引述了大量历史、文学和哲学方面的经典文本,其中掺杂有不少拉丁语和少量古英语。为了生动准确地记述欧洲文艺复兴和宗教改革时期的人文背景,书中的多段故事使用了白描手法以及符合语境的人物观点和评述,这也增加了翻译的难度。全书第 1 章由陈珂珂翻译,第 2—5 章由王康友翻译,第 6—9 章由王黎明翻译,第 10—13 章由朱洪启翻译。译稿承蒙中国科学院大学的郝刘祥教授、袁江洋教授和北京大学的周程教授悉心指导,译者对三位学者致以衷心的感谢。译文中必定还有不少疏漏和宜修之处,望读者多加指正。

2016 年 11 月